nekko

Japanese-Japanese Learner's Dictionary

300 of the Most Common Verbs and Adjectives

ねっこ

日日学習辞書

動詞・形容詞300

Nekko Japanese-Japanese Learner's Dictionary
300 of the Most Common Verbs and Adjectives

Printed in Japan
ISBN978-4-384-05761-4 C0581

成長《せいちょう》し、生《う》まれ変《か》わることを目指《めざ》す

日日学習辞書《にちにちがくしゅうじしょ》

砂川有里子《すなかわゆりこ》

日本語学習者《にほんごがくしゅうしゃ》の辞書使用《じしょしよう》の実態《じったい》を調《しら》べた調査《ちょうさ》によると、最近《さいきん》では書籍型《しょせきがた》の辞書《じしょ》を使《つか》う人《ひと》が少《すく》なくなっているということです。若者《わかもの》たちの本離《ほんばな》れが一因《いちいん》でしょうが、辞書《じしょ》アプリやオンライン辞書《じしょ》に優《すぐ》れたものが多《おお》く、しかも、その中《なか》には無償《むしょう》で使《つか》えるものが少《すく》なくないということが大《おお》きな原因《げんいん》だと思《おも》われます。しかし、これらの辞書《じしょ》は必《かなら》ずしも学習者《がくしゅうしゃ》の母語《ぼご》や日本語能力《にほんごのうりょく》を考慮《こうりょ》して作《つく》られたものではありません。また、英語《えいご》を媒介《ばいかい》とした日本語学習辞書《にほんごがくしゅうじしょ》は充実《じゅうじつ》していますが、その他《ほか》の言語《げんご》を媒介《ばいかい》としたものは数《かず》が限《かぎ》られています。日本語《にほんご》を学習《がくしゅう》する人々《ひとびと》がこれらの辞書《じしょ》を調《しら》べて意味《いみ》や例文《れいぶん》を参照《さんしょう》できたとしても、日本語能力《にほんごのうりょく》のレベルが合《あ》わないため単語《たんご》の意味《いみ》を調《しら》べることしかできなかったり、媒介語《ばいかいご》が分《わ》からないため調《しら》べた語《ご》や例文《れいぶん》の意味《いみ》が十分《じゅうぶん》に理解《りかい》できなかったりします。

近年《きんねん》、日本語《にほんご》を学習《がくしゅう》する人々《ひとびと》は国内《こくない》・海外《かいがい》ともに増《ふ》える一方《いっぽう》で、母語《ぼご》、学習目的《がくしゅうもくてき》、教育水準《きょういくすいじゅん》、社会階層《しゃかいかいそう》、年齢《ねんれい》など、人々《ひとびと》の属性《ぞくせい》は非常《ひじょう》に多様化《たようか》しています。これら多様《たよう》な人々《ひとびと》を満足《まんぞく》させるには、その人《ひと》たちの日本語能力《にほんごのうりょく》や興味《きょうみ》や目的《もくてき》に配慮《はいりょ》した良質《りょうしつ》の辞書《じしょ》を、日本語《にほんご》だけのモノリンガル辞書《じしょ》の形式《けいしき》で作《つく》ることが、まずは必要《ひつよう》なのではないかと思《おも》います。なぜなら、モノリンガルの信頼《しんらい》できる日本語学習辞書《にほんごがくしゅうじしょ》があれば、それが核《かく》となって多言語《たげんご》に対応《たいおう》する日本語学習辞書《にほんごがくしゅうじしょ》の開発《かいはつ》に展開《てんかい》することが可能《かのう》になるからです。

『ねっこ 日日学習辞書《にちにちがくしゅうじしょ》 動詞《どうし》・形容詞《けいようし》300』は、私《わたし》たち編集者《へんしゅうしゃ》のそのような思《おも》いから、まずは第一歩《だいいっぽ》を踏《ふ》み出《だ》そうと決意《けつい》して作《つく》られた辞書《じしょ》です。ごく初級《しょきゅう》レベルの300語《ご》しか収録《しゅうろく》されていない小《ちい》さな辞書《じしょ》ですが、日本語《にほんご》を母語《ぼご》としない人々《ひとびと》の協力《きょうりょく》のもとに語釈《ごしゃく》の示《しめ》し方《かた》や例文《れいぶん》の書《か》き方《かた》を検討《けんとう》し、初級《しょきゅう》レベルの人《ひと》でも使《つか》える日本語学習《にほんごがくしゅう》辞書《じしょ》のあり方《かた》を模索《もさく》した成果《せいか》が込《こ》められています。その結果《けっか》、語釈《ごしゃく》は句《く》や節《せつ》のような短《みじか》いものではなく、主語《しゅご》・述語《じゅつご》をはっきりさせた文《ぶん》の形《かたち》で示《しめ》した方《ほう》がいいことや、どの文化圏《ぶんかけん》のどの民族《みんぞく》に属《ぞく》する人《ひと》にも分《わ》かりやすいものにしなければならないことが分《わ》かり、通常《つうじょう》の辞書《じしょ》では「赤《あか》い」を「血《ち》や燃《も》える火《ひ》のような色《いろ》であること」などと書《か》くところを、「「赤《あか》い」はオリンピックシンボルの上《うえ》の段《だん》の、一番右《いちばんみぎ》のような色《いろ》だということです」のようなユニークな語釈《ごしゃく》となっています。また、「昨日《きのう》泊《と》まった旅館《りょかん》では、帰《かえ》るときに旅館《りょかん》の人《ひと》たちが玄関《げんかん》まで送《おく》ってくれた」という文案《ぶんあん》は、日本《にほん》の旅館《りょかん》のことを知《し》らない人《ひと》にはピンとこないだろうということで却下《きゃっか》され、「夫《おっと》は、毎朝子供《まいあさこども》たちを小学校《しょうがっこう》に送《おく》ってから仕事《しごと》に行《い》く」という誰《だれ》にでも分《わ》かる例文《れいぶん》に差《さ》し替《か》えました。また、私《わたし》たちは、規範的《きはんてき》な言葉《ことば》の使《つか》い方《かた》ではなく、日常的《にちじょうてき》に使《つか》われている「生《なま》」の日本語《にほんご》の使《つか》い方《かた》を示《しめ》すことを心《こころ》がけました。そのため、「ぬるい」は温度《おんど》に関《かか》わる意味《いみ》だけでなく、「真面目《まじめ》でなくて、真剣《しんけん》に頑張《がんば》っていないという意味《いみ》です。悪《わる》い意味《いみ》で使《つか》います」というような語釈《ごしゃく》や「大学生《だいがくせい》の頃《ころ》は、特《とく》に勉強《べんきょう》もせず、毎日楽《まいにちたの》しければ良《よ》いという、ぬるい毎日《まいにち》を送《おく》っていた」といった例文《れいぶん》まで示《しめ》されています。このように、語釈《ごしゃく》を文《ぶん》の形《かたち》で示《しめ》したり、日本《にほん》の常識《じょうしき》や日本文化《にほんぶんか》の知識《ちしき》がなくても分《わ》かるような例文《れいぶん》に限《かぎ》ったり、「生《なま》」の日本語《にほんご》を取《と》り入《い》れたりしたことで、『ねっこ 日日学習辞書《にちにちがくしゅうじしょ》 動詞《どうし》・形容詞《けいようし》300』は、これまでの辞書作《じしょづく》りの常識《じょうしき》を破《やぶ》ったユニークな辞書《じしょ》だと言《い》えます。これも多様《たよう》なバックグラウンドの人々《ひとびと》に母語《ぼご》や母文化《ぼぶんか》の隔《へだ》てなく、だれにも分《わ》かってもらえる辞書《じしょ》を作《つく》りたいという私《わたし》たちの思《おも》いの表《あらわ》れです。

辞書《じしょ》アプリやオンライン辞書《じしょ》が大勢《おおぜい》を占《し》め、書籍型《しょせきがた》の辞書《じしょ》が使《つか》われなくなりつつある現状《げんじょう》で、あえて書籍型《しょせきがた》の辞書《じしょ》に挑戦《ちょうせん》したのはなぜなのか。それは、日本語学習者《にほんごがくしゅうしゃ》や日本語教師《にほんごきょうし》だけでなく、それ以外《いがい》の多《おお》くの方々《かたがた》にこの辞書《じしょ》を手《て》に取《と》っていただき、さまざまなご意見《いけん》を頂戴《ちょうだい》し、そのご意見《いけん》を取《と》り入《い》れてどんどん成長《せいちょう》していく辞書《じしょ》、そして、将来的《しょうらいてき》には初級《しょきゅう》から上級《じょうきゅう》レベルの学習者《がくしゅうしゃ》まで満足《まんぞく》させられる辞書《じしょ》アプリやオンライン辞書《じしょ》として新《あたら》しく生《う》まれ変《か》わる辞書《じしょ》を目指《めざ》しているからです。

『ねっこ 日日学習辞書《にちにちがくしゅうじしょ》 動詞《どうし》・形容詞《けいようし》300』は、成長《せいちょう》し、生《う》まれ変《か》わるためのスタートラインに立《た》ったばかりの小《ちい》さな辞書《じしょ》ではありますが、利用者《りようしゃ》のみなさまとご一緒《いっしょ》に育《そだ》て、どんどん大《おお》きくしていきたいと思《おも》っています。是非《ぜひ》ともこの辞書《じしょ》に関《かん》するみなさまのご意見《いけん》をお寄《よ》せいただきたくお願《ねが》いいたします。

A Japanese-Japanese Dictionary to Change and Be Changed

SUNAKAWA Yuriko

An investigation into how Japanese learner's dictionaries are used shows that fewer and fewer people use physical, paper dictionaries. Part of this must be because of the younger generation's move towards the digital; there are many wonderful dictionary apps and online dictionaries available online. That many of these are free to use is no doubt another driving factor in their popularity. However, these dictionaries are not made with learners' native languages or proficiency in Japanese in mind. There are many English-based Japanese learner's dictionaries, but significantly fewer are available in other languages. Even if learners are able to find the word they are looking for and its definitions and examples, their Japanese ability may limit them to just learning the definition of a word and not how it is used. Similarly, their knowledge of the base language of the dictionary may prevent them from completely understanding the entry for the word they are looking up.

As more and more people around the world take up the Japanese language, the kinds of people that learn Japanese have become more diverse in terms of such factors as native language, reason for learning, educational background, societal position, and age. To adequately meet the needs of these learners, we believe that it is necessary to prepare a reliable monolingual Japanese dictionary with an awareness of this diverse population of learners' interests, objectives, and knowledge of Japanese. The existence of such a dictionary will also provide a solid foundation for the creation of a wide assortment of multilingual Japanese dictionaries.

We decided to create *Nekko Japanese - Japanese Learner's Dictionary 300 of the Most Common Verbs and Adjectives* as a first step toward more accessible Japanese learner's dictionary. It is a small dictionary, including only 300 of the most basic words in the Japanese language. However, it represents an attempt to create a Japanese learner's dictionary that is both useful and accessible to beginners. We consulted with non-native Japanese speakers about how best to write definitions and examples. Their feedback showed us that the best definitions are not short phrases or fragments, but complete sentences with a clear subject and predicate. It also informed us of the importance of making sure that our definitions would work for people regardless of cultural background, leading to some truly unique definitions, such as that for 赤い (akai, red). An ordinary dictionary would define this as "the color of blood or flame," but *Nekko* defines it as "the color of the rightmost ring on the top row of the symbol of the Olympic games." Similarly, an example for the word 送る (okuru, to see off or escort), 「昨日泊まった旅館では、帰るときに旅館の人たちが玄関まで送ってくれた」 ("The staff of the ryokan we stayed at yesterday saw us off at the entrance"), was shot down for being inaccessible to learners unfamiliar with Japanese ryokans. It was replaced with 「夫は、毎朝子供たちを小学校に送ってから仕事に行く」 ("My husband sees the kids off to school every morning before work"), a much more universal example.

In *Nekko*, we also set out to portray "real" Japanese as it is used in everyday conversation by including non-canonical usages. For example, for the word ぬるい, we included not just its usage as pertains to temperature, but also "unserious or not displaying serious effort. Has a bad connotation" and included an example of this usage: 「大学生の頃は、特に勉強もせず、毎日楽しければ良いという、ぬるい毎日を送っていた」(When I was a university student, I cared little about my studies and spent my days idly pursuing fun). *Nekko* is set apart from conventional dictionaries and made unique by including examples that show how a word is used in a complete sentence, avoiding information that relies on a knowledge of life in Japan or typical Japanese values or culture, and including "real" Japanese. These unique features are all reflective of our goal of making a dictionary that is easily understandable for any user, regardless of native language or culture.

Why, with the world of dictionaries dominated by apps and online dictionaries and paper dictionaries gradually falling out of use, did we decide to make nekko a paper dictionary? We hope that giving this dictionary a physical form will allow it to pass from the hands of Japanese learners and teachers to others, who can provide their unique points of view on this dictionary, leading to more diverse feedback. We hope to use this diverse feedback to eventually create a dictionary in app and online forms that can meet the needs of an even wider range of learners, from beginner to advance.

Nekko is a small dictionary now, but it is just getting started. We hope that you will join us in raising it into a bigger, better dictionary. We are eager to hear your thoughts and opinions on *Nekko*.

編集方針《へんしゅうほうしん》

本書《ほんしょ》は、第二言語《だいにげんご》として日本語《にほんご》を学《まな》ぶための学習辞書《がくしゅうじしょ》です。初級《しょきゅう》レベルから使《つか》えるモノリンガル辞書《じしょ》として編集《へんしゅう》しました。巻頭《かんとう》のコンセプトを具現化《ぐげんか》すべく、以下《いか》の編集方針《へんしゅうほうしん》を採用《さいよう》しています。

■収録語彙《しゅうろくごい》について

◎見《み》出《だ》し語《ご》の採用方針《さいようほうしん》

この辞書《じしょ》に収録《しゅうろく》されている語彙《ごい》は、以下《いか》の方法《ほうほう》で選《えら》んでいます。

基礎《きそ》となっているものは、2015年《にせんじゅうごねん》に砂川《すなかわ》有《ゆ》里《り》子《こ》先生《せんせい》を代表《だいひょう》とする研究《けんきゅう》プロジェクトが開発《かいはつ》した、日本語教科書《にほんごきょうかしょ》に収録《しゅうろく》されている語彙《ごい》のリスト;「汎用的日本語学習辞書開発《はんようてきにほんごがくしゅうじしょかいはつ》データベース」※です。私《わたし》たちは、そのリストに、研究《けんきゅう》の対象外《たいしょうがい》であった国際交流基金編著《こくさいこうりゅうききんへんちょ》『まるごと日本《にほん》のことばと文化《ぶんか》』(三修社《さんしゅうしゃ》より刊行《かんこう》)の入門《にゅうもん》から初中級《しょちゅうきゅう》までの語彙《ごい》を加《くわ》えて、独自《どくじ》の語彙《ごい》リストを作成《さくせい》しました。その中《なか》から、初級《しょきゅう》から中級《ちゅうきゅう》の逸脱度《いつだつど》の低《ひく》い動詞《どうし》と形容詞《けいようし》を中心《ちゅうしん》に、約300語《やくさんびゃくご》を選《えら》びました。

さらに、「〜てあげる」「〜てある」「〜ていく」「〜ておく」「〜てくる」「〜てほしい」「〜てみる」「〜てもらう」の8《やっ》つの表現《ひょうげん》を見《み》出《だ》し語《ご》として独立《どくりつ》させて掲載《けいさい》しています。

採用《さいよう》の語義《ごぎ》、語釈《ごしゃく》について

◎語義《ごぎ》の採用方針《さいようほうしん》

基本《きほん》となる語義《ごぎ》を第一語義《だいいちごぎ》に説明《せつめい》し、派生語義《はせいごぎ》についてはコーパスでの使用頻度《しようひんど》の高《たか》い語義《ごぎ》を採用《さいよう》しています。加《くわ》えて、使用頻度《しようひんど》の低《ひく》いものでも、執筆《しっぴつ》の先生方《せんせいがた》の教授経験《きょうじゅけいけん》から、学習者《がくしゅうしゃ》がこの語義《ごぎ》を知《し》ったら、もっとこの言葉《ことば》を使《つか》いたくなるだろうと思《おも》われる語義《ごぎ》を積極的《せっきょくてき》に採用《さいよう》しています。

◎語義《ごぎ》の提示順序《ていじじゅんじょ》

語義《ごぎ》の順番《じゅんばん》は、原則《げんそく》として、基本義《きほんぎ》から派生義《はせいぎ》の順番《じゅんばん》に並《なら》べています。ただし、一部《いちぶ》の見出《みだ》し語《ご》で、基本義《きほんぎ》より派生義《はせいぎ》の方《ほう》が使用頻度《しようひんど》が高《たか》いに場合《ばあい》ついては、その語義《ごぎ》を最初《さいしょ》に掲載《けいさい》しています(「すごい」「おかしい」など)。

◎語釈《ごしゃく》の記述方針《きじゅつほうしん》について

語釈《ごしゃく》は、句《く》や節《せつ》ではなく、見出《みだ》し語《ご》を含《ふく》んだ文《ぶん》の形《かたち》で表記《ひょうき》しています。易《やさ》しい文法《ぶんぽう》を使《つか》い、類義語《るいぎご》や関連語《かんれんご》を多《おお》く含《ふく》むことを重視《じゅうし》しています。抽象度《ちゅうしょうど》が高《たか》い言葉《ことば》やカタカナ語《ご》をなるべく使《つか》わないように、また、対義語《たいぎご》を否定《ひてい》する形《かたち》での説明《せつめい》（例《たと》えば、「汚《きたな》い」を「きれいではない」と説明《せつめい》すること）をしないように、努《つと》めています。

◎関連表現《かんれんひょうげん》

慣用句《かんようく》など、見出《みだ》し語《ご》と特定《とくてい》の言葉《ことば》が結《むす》びついて固有《こゆう》な意味《いみ》を持《も》つものは、「関連表現《かんれんひょうげん》」として取《と》り上《あ》げて説明《せつめい》しています。

■例文《れいぶん》について

◎例文《れいぶん》の機能《きのう》

この辞書《じしょ》に掲載《けいさい》されている例文《れいぶん》には、２《ふた》つの機能《きのう》があります。語釈《ごしゃく》と一緒《いっしょ》に読《よ》むことで語義《ごぎ》の理解《りかい》を助《たす》けることと、典型的《てんけいてき》な使《つか》い方《かた》を提示《ていじ》することです。

１《ひと》つ目《め》の機能《きのう》のために、例文《れいぶん》の場面《ばめん》は見出《みだ》し語《ご》が頻繁《ひんぱん》に使《つか》われる使用《しよう》場面《ばめん》であること、例文《れいぶん》の中《なか》に見出《みだ》し語《ご》と関連《かんれん》する言葉《ことば》を含《ふく》めることを重視《じゅうし》しています。

２《ふた》つ目《め》の機能《きのう》のために、通常《つうじょう》の語義《ごぎ》には３《みっ》つ以上《いじょう》の例文《れいぶん》、関連表現《かんれんひょうげん》には２《ふた》つ以上《いじょう》の例文《れいぶん》を掲載《けいさい》しています。会話文《かいわぶん》の場合《ばあい》は、話者《わしゃ》の人間《にんげん》関係《かんけい》を明記《めいき》しています。

◎作例《さくれい》のガイドライン

例文《れいぶん》は、以下《いか》のガイドラインに沿《そ》って作成《さくせい》しています。

１《いち》、見出《みだ》し語《ご》の意味《いみ》が推測《すいそく》できる。

２《に》、見出《みだ》し語《ご》が最《もっと》も使《つか》われる場面《ばめん》や話題《わだい》に沿《そ》っている。

（国立国語研究所《こくりつこくごけんきゅうじょ》の現代日本語書《げんだいにほんごか》き言葉均衡《ことばきんこう》コーパスや、NINJAL《ニンジャル》-LWP《エルダブリュピー》 for《フォー》 TWC《ティーダブリュシー》などを参照《さんしょう》）

3《さん》、可能《かのう》な限《かぎ》り、初級《しょきゅう》の文型《ぶんけい》や表現《ひょうげん》を使《つか》う。

（ガイドライン1《いち》、2《に》を満《み》たすために、中級《ちゅうきゅう》レベルの実質語《じっしつご》が必要《ひつよう》な場合《ばあい》は除《のぞ》く）

4《よん》、文章《ぶんしょう》として論理《ろんり》の飛躍《ひやく》を避《さ》ける。

5《ご》、国籍《こくせき》・性別《せいべつ》・人種《じんしゅ》・宗教《しゅうきょう》・社会階層《しゃかいかいそう》・障害《しょうがい》・性的指向《せいてきしこう》などのステレオタイプを避《さ》ける。

6《ろく》、社会文化的《しゃかいぶんかてき》な背景知識《はいけいちしき》が必要《ひつよう》な固有名詞《こゆうめいし》や地名《ちめい》は避《さ》ける。

（例《れい》：阪神対巨人《はんしんたいきょじん》、伊勢丹《いせたん》で買《か》い物《もの》、東京駅《とうきょうえき》で見送《みおく》る、など）

■細則《さいそく》

◎品詞《ひんし》について

文法項目《ぶんぽうこうもく》は、日本語教育《にほんごきょういく》の慣習《かんしゅう》に基《もと》づいて記《しる》しています。同《おな》じ語義《ごぎ》が複数《ふくすう》の品詞《ひんし》として使《つか》うことができる場合《ばあい》は、1《ひと》つの語義《ごぎ》に複数《ふくすう》の品詞《ひんし》を示《しめ》しています。

動詞《どうし》：動作《どうさ》・作用《さよう》・存在《そんざい》をあらわして、辞書形《じしょけい》が「う」段《だん》で終《お》わる語彙《ごい》。

活用《かつよう》の種類《しゅるい》によって以下《いか》の3《みっ》つに別《わか》れる。

グループ1：ます形《けい》、ない形《けい》を作《つく》るときに、辞書形《じしょけい》の最後《さいご》の「う」段《だん》を、「い」段《だん》や「あ」段《だん》に変化《へんか》させる動詞《どうし》。

グループ2：ます形《けい》、ない形《けい》を作《つく》るときに、辞書形《じしょけい》の最後《さいご》の「〜る」を取《と》る動詞《どうし》。

グループ3：「する」と「来《く》る」、名詞《めいし》に「する」をつけて動詞《どうし》になる語彙《ごい》。

い形容詞《けいようし》：名詞《めいし》を修飾《しゅうしょく》し、「〜い」で終《お》わる語彙《ごい》。

な形容詞《けいようし》：名詞《めいし》を修飾《しゅうしょく》し、「〜な」で終《お》わる語彙《ごい》。また、「〜と」の形《かたち》で動詞《どうし》を修飾《しゅうしょく》することもある。

副詞《ふくし》：動詞《どうし》、い形容詞《けいようし》、な形容詞《けいようし》を修飾《しゅうしょく》する語彙《ごい》。

名詞《めいし》：物事《ものごと》の名前《なまえ》の中《なか》で、所属《しょぞく》や所有《しょゆう》を示《しめ》す助詞《じょし》「の」でつないで、「名詞《めいし》の名詞《めいし》」という形《かたち》で使《つか》うことができる語彙《ごい》。

て形《けい》：見出《みだ》し語《ご》の動詞《どうし》について、特《とく》に「〜ている」「〜てください」などで多《おお》く使《つか》われる形《かたち》を示《しめ》す。

名詞形《めいしけい》：見出《みだ》し語《ご》の語尾《ごび》を変《か》えて、単独《たんどく》で名詞《めいし》として使《つか》うことができる場合《ばあい》、その名詞《めいし》の形《かたち》を示《しめ》す。

参考《さんこう》：見出《みだ》し語《ご》に対応《たいおう》する自動詞《じどうし》や他動詞《たどうし》を示《しめ》す。

対義語《たいぎご》：見出《みだ》し語《ご》の反対《はんたい》の意味《いみ》にある語彙《ごい》を示《しめ》す。

尊敬語《そんけいご》：見出《みだ》し語《ご》とは別《べつ》に、尊敬語《そんけいご》がある場合《ばあい》に示《しめ》す。尊敬語《そんけいご》は、相手《あいて》の行動《こうどう》を敬《うやま》っていうときに使《つか》う語彙《ごい》。

謙譲語《けんじょうご》：見出《みだ》し語《ご》とは別《べつ》に、謙譲語《けんじょうご》がある場合《ばあい》に示《しめ》す。謙譲語《けんじょうご》は、自分《じぶん》の行動《こうどう》をへりくだっていうときに使《つか》う語彙《ごい》。

◎表記規則《ひょうききそく》について

この辞書《じしょ》の表記規則《ひょうききそく》については原則《げんそく》『記者《きしゃ》ハンドブック　第１３版《だいじゅうさんぱん》』（共同通信社《きょうどうつうしんしゃ》）に基《もと》づいています。

◎振《ふ》り仮《が》名《な》について

すべての漢字《かんじ》と数字《すうじ》、アルファベットの読《よ》み方《かた》に振《ふ》り仮《が》名《な》を示《しめ》しています。数字《すうじ》の読《よ》み方《かた》については、4は「よん」、7は「なな」、9は「きゅう」と読《よ》んでいます。

◎クエスチョンマーク「？」について

すべての疑問《ぎもん》の表現《ひょうげん》に、クエスチョンマーク「？」を示《しめ》しています。

◎「くらい」「ぐらい」の揺《ゆ》れについて

「20歳《はたち》ぐらい」「10分《じゅっぷん》くらい」など、程度《ていど》の意味《いみ》を表《あらわ》す表現《ひょうげん》について、「くらい」「ぐらい」の両方《りょうほう》の表現《ひょうげん》を採用《さいよう》しています。

※参考《さんこう》：

日本語学習辞書支援《にほんごがくしゅうじしょしえん》グループ 2015《にせんじゅうご》「日本語教育語彙表《にほんごきょういくごいひょう》 Ver《バージョン》 1.0《いってんゼロ》」

http://jisho.jpn.org/

本書《ほんしょ》の構成《こうせい》

はじまる【始まる】

動1　て形　始《はじ》まって　名詞形　始《はじ》まり

☞　始《はじ》める（→p.350）　対　終《お》わる

1「始《はじ》まる」は、何《なに》か新《あたら》しいことが起《お》こるという意味《いみ》です。動1

対　終《お》わる（→p.111）

- 明日《あした》から企業《きぎょう》での研修《けんしゅう》が**始《はじ》まります**。研修《けんしゅう》は来週《らいしゅう》の金曜日《きんようび》までです。
- とてもかわいいコートを見《み》つけました。バーゲンが**始《はじ》まる**まで待《ま》って、安《やす》くなっていたら買《か》うつもりです。
- 午後8時《ごごはちじ》に最初《さいしょ》の花火《はなび》が打《う》ち上《あ》げられ、毎年恒例《まいとしこうれい》の花火大会《はなびたいかい》が**始《はじ》まった**。

2「始《はじ》まる」は、人《ひと》がいつもしてしまう癖《くせ》が出《で》るという意味《いみ》です。

動1

- また**始《はじ》まった**。不安《ふあん》になるとすぐ爪《つめ》を噛《か》む癖《くせ》、やめた方《ほう》がいいよ。
- ほら、また**始《はじ》まった**。あの人《ひと》って、いつも誰《だれ》かの悪口《わるぐち》を言《い》っているよね。
- また母《はは》の愚痴《ぐち》が**始《はじ》まった**。同《おな》じことを何回《なんかい》も言《い》うから、もう誰《だれ》も真剣《しんけん》には聞《き》かない。

関連表現1「～ても始《はじ》まらない」は、それをしてもどうにもならない、無駄《むだ》だという意味《いみ》です。

- 将来《しょうらい》のことを心配《しんぱい》**しても始《はじ》まらない**。今《いま》できることに集中《しゅうちゅう》した方《ほう》がいい。
- 思《おも》い通《どお》りにならないからと言《い》って、人《ひと》に八《や》つ当《あ》たり**しても始《はじ》まらない**よ。どうにもならないことだってあるんだから。

（さんびゃくよんじゅうきゅう）349

見出《みだ》し語《ご》は、五十音順《ごじゅうおんじゅん》に並《なら》べている。同《おな》じ発音《はつおん》の見出《みだ》し語《ご》については、漢字《かんじ》の画数《かくすう》が少《すく》ないものから多《おお》いものの順番《じゅんばん》に並《なら》べている。

品詞《ひんし》と対義語《たいぎご》は、語義《ごぎ》ごとに示《しめ》している。

例文《れいぶん》の中《なか》で、見出《みだ》し語《ご》を太字《ふとじ》で示《しめ》している。動詞《どうし》とい形容詞《けいようし》については活用《かつよう》する形《かたち》をふくめて、な形容詞《けいようし》については語幹《ごかん》を太字《ふとじ》で示《しめ》している。

特定《とくてい》の助詞《じょし》が一緒《いっしょ》に使《つか》われる場合《ばあい》は、「～を」「～が」など、波線《なみせん》を使《つか》った形《かたち》で、見出《みだ》し語《ご》と一緒《いっしょ》に示《しめ》している。

ページの数《かぞ》え方《かた》を示《しめ》している。

動1　動詞《どうし》グループ1

動2　動詞《どうし》グループ2

動3　動詞《どうし》グループ3

い形　い形容詞《けいようし》

な形　な形容詞《けいようし》

名　名詞《めいし》

副　副詞《ふくし》

て形　て形《けい》

名詞形　名詞形《めいしけい》

☞　参考《さんこう》

対　対義語《たいぎご》

尊　尊敬語《そんけいご》

謙　謙譲語《けんじょうご》

How to use this dictionary

Entries in this dictionary are listed in syllabic order. For words with identical pronunciations but different *kanji*, words are arranged by number of strokes, from fewest to most.

Part of speech and antonyms are indicated in each definition.

Entries are **bolded** in example sentences. Verbs and *i*-adjectives are bolded in the entirety of their conjugated forms. For *na*-adjectives, only the stem will be rendered in bold text.

For entries that are used in conjunction with a specific particle, that particle will be included in the entry, prefaced with a wave dash as such: 「～が」,「～を」, etc.

はじまる【始まる】

動1　て形　始《はじ》まって　名詞形　始《はじ》まり

☞　始《はじ》める（→p.350）　対　終《お》わる

1　「始《はじ》まる」は、何《なに》か新《あたら》しいことが起《お》こるという意味《いみ》です。動1

対　終《お》わる（→p.111）

- 明日《あした》から企業《きぎょう》での研修《けんしゅう》が**始《はじ》まります**。研修《けんしゅう》は来週《らいしゅう》の金曜日《きんようび》までです。
- とてもかわいいコートを見《み》つけました。バーゲンが**始《はじ》まる**まで待《ま》って、安《やす》くなっていたら買《か》うつもりです。
- 午後《ごご》８時《はちじ》に最初《さいしょ》の花火《はなび》が打《う》ち上《あ》げられ、毎年《まいとし》恒例《こうれい》の花火大会《はなびたいかい》が**始《はじ》まった**。

2　「始《はじ》まる」は、人《ひと》がいつもしてしまう癖《くせ》が出《で》るという意味《いみ》です。

動1

- また**始《はじ》まった**。不安《ふあん》になるとすぐ爪《つめ》を噛《か》む癖《くせ》、やめた方《ほう》がいいよ。
- ほら、また**始《はじ》まった**。あの人《ひと》って、いつも誰《だれ》かの悪口《わるぐち》を言《い》っているよね。
- また母《はは》の愚痴《ぐち》が**始《はじ》まった**。同《おな》じことを何回《なんかい》も言《い》うから、もう誰《だれ》も真剣《しんけん》には聞《き》かない。

関連表現１　「～ても始《はじ》まらない」は、それをしてもどうにもならない、無駄《むだ》だという意味《いみ》です。

- 将来《しょうらい》のことを心配《しんぱい》し**ても始《はじ》まらない**。今《いま》できることに集中《しゅうちゅう》した方《ほう》がいい。
- 思《おも》い通《どお》りにならないからと言《い》って、人《ひと》に八《や》つ当《あ》たりし**ても始《はじ》まらない**よ。どうにもならないことだってあるんだから。

（さんびゃくよんじゅうきゅう）349

How to say the page number.

動1 Verb Group 1

動2 Verb Group 2

動3 Verb Group 3

い形 *I*-adjective

な形 *Na*-adjective

名 Noun

副 Adverb

て形 *Te* form

名詞形 Noun form

☞ Also refer to

対 Antonym

尊 *Sonkeigo* (Honorific language)

謙 *Kenjogo* (Humble language)

Cấu trúc của cuốn từ điển này

Từ tiêu đề được sắp xếp theo thứ tự bảng chữ cái *Hiragana* . Đối với những từ tiêu đề có cách phát âm giống nhau thì được sắp xếp theo số lượng các nét chữ *Kanji* từ ít đến nhiều.

Từ loại và từ trái nghĩa sẽ được hiển thị tùy theo từng nghĩa của từ .

Trong câu ví dụ, từ tiêu đề được thể hiện bằng chữ in đậm. Đối với động từ và tính từ (*-i*) **phần in đậm** sẽ bao gồm các thể chia động từ và tính từ , còn tính từ (*-na*) thì chỉ có phần từ gốc là **được in đậm** .

Trường hợp sử dụng chung với các trợ từ được quy định cụ thể như (～を) hay (～が) thì sẽ hiển thị cùng với từ tiêu đề dưới dạng hình lượn sóng.

はじまる【始まる】

動1　て形　始《はじ》まって　名詞形　始《はじ》まり

☞　始《はじ》める（→p.350）　対　終《お》わる

1「始《はじ》まる」は、何《なに》か新《あたら》しいことが起《お》こるという意味《いみ》です。動1

対　終《お》わる（→p.111）

- 明日《あした》から企業での研修《けんしゅう》が**始《はじ》まります。**研修《けんしゅう》は来週《らいしゅう》の金曜日《きんようび》までです。
- とてもかわいいコートを見《み》つけました。バーゲンが**始《はじ》まる**まで待《ま》って、安《やす》くなっていたら買《か》うつもりです。
- 午後８時《ごごはちじ》に最初《さいしょ》の花火《はなび》が打《う》ち上《あ》げられ、毎年恒例《まいとしこうれい》の花火大会《はなびたいかい》が**始《はじ》まった。**

2「始《はじ》まる」は、人《ひと》がいつもしてしまう癖《くせ》が出《で》るという意味《いみ》です。

動1

- また**始《はじ》まった。**不安《ふあん》になるとすぐ爪《つめ》を噛《か》む癖《くせ》、やめた方《ほう》がいいよ。
- ほら、また**始《はじ》まった。**あの人《ひと》って、いつも誰《だれ》かの悪口《わるぐち》を言《い》っているよね。
- また母《はは》の愚痴《ぐち》が**始《はじ》まった。**同《おな》じことを何回《なんかい》も言《い》うから、もう誰《だれ》も真剣《しんけん》には聞《き》かない。

関連表現1「～ても始《はじ》まらない」は、それをしてもどうにもならない、無駄《むだ》だという意味《いみ》です。

- 将来《しょうらい》のことを心配《しんぱい》し**ても始《はじ》まらない。**今《いま》できることに集中《しゅうちゅう》した方《ほう》がいい。
- 思《おも》い通《どお》りにならないからと言《い》って、人《ひと》に八《や》つ当《あ》たりし**ても始《はじ》まらない**よ。どうにもならないことだってあるんだから。

（さんびゃくよんじゅうきゅう）349

Biểu thị cách đếm số trang

動1　Động từ nhóm 1

動2　Động từ nhóm 2

動3　Động từ nhóm 3

い形　Tính từ (-i)

な形　Tính từ (-na)

名　Danh từ

副　Phó từ

て形　Thể (Te)

名詞形　Các dạng danh từ

☞　Tham khảo

対　Từ trái nghĩa

尊　Từ kính ngữ

謙　Từ khiêm nhường

本书构成

单词依50音顺序排列。相同发音的单词依汉字笔划数由少至多排列。

はじまる【始まる】

動1　て形　始《はじ》まって　名詞形　始《はじ》まり

参考　始《はじ》める（→p.350）　対　終《お》わる

1 「始《はじ》まる」は、何《なに》か新《あたら》しいことが起《お》こるという意味《いみ》です。動1

対　終《お》わる（→p.111）

根据各语义表示词类与反义词。

- 明日《あした》から企業での研修《けんしゅう》が**始《はじ》まります**。研修《けんしゅう》は来週《らいしゅう》の金曜日《きんようび》までです。
- とてもかわいいコートを見《み》つけました。バーゲンが**始《はじ》まる**まで待《ま》って、安《やす》くなっていたら買《か》うつもりです。
- 午後８時《ごごはちじ》に最初《さいしょ》の花火《はなび》が打《う》ち上《あ》げられ、毎年恒例《まいとしこうれい》の花火大会《はなびたいかい》が**始《はじ》まった**。

2 「始《はじ》まる」は、人《ひと》がいつもしてしまう癖《くせ》が出《で》るという意味《いみ》です。

動1

例文中单词以粗体字表示。动词与い形容词包含活用形在内均以粗体字表示。な形容词的语干以粗体字表示。

- また**始《はじ》まった**。不安《ふあん》になるとすぐ爪《つめ》を噛《か》む癖《くせ》、やめた方《ほう》がいいよ。
- ほら、また**始《はじ》まった**。あの人《ひと》って、いつも誰《だれ》かの悪口《わるぐち》を言《い》っているよね。
- また母《はは》の愚痴《ぐち》が**始《はじ》まった**。同《おな》じことを何回《なんかい》も言《い》うから、もう誰《だれ》も真剣《しんけん》には聞《き》かない。

関連表現1 「～ても始《はじ》まらない」は、それをしてもどうにもならない、無駄《むだ》だという意味《いみ》です。

与特定助词一起使用时，如“～を”“～が”等，以波浪号形式与单词一同表示。

- 将来《しょうらい》のことを心配《しんぱい》し**ても始《はじ》まらない**。今《いま》できることに集中《しゅうちゅう》した方《ほう》がいい。
- 思《おも》い通《どお》りにならないからと言《い》って、人《ひと》に八《や》つ当《あ》たりし**ても始《はじ》まらない**よ。どうにもならないことだってあるんだから。

（さんびゃくよんじゅうきゅう）349

表示页数的读法

動1　一类动词

動2　二类动词

動3　三类动词

い形　い(一类) 形容词

な形　な(二类) 形容词

名　名词

副　副词

て形　て形

名詞形　名词形

参考　参考

対　反义词

尊　尊敬语

謙　谦让语

本書構成

單字依照50音順序排列。相同發音的單字依漢字筆畫數由少至多排列。

はじまる【始まる】

動1　て形　始《はじ》まって　名詞形　始《はじ》まり

☞　始《はじ》める（→p.350）　対　終《お》わる

1　「始《はじ》まる」は、何《なに》か新《あたら》しいことが起《お》こるという意味《いみ》です。動1

対　終《お》わる（→p.111）

根據各語義表示詞類與反義詞。

- 明日《あした》から企業での研修《けんしゅう》が**始《はじ》まります。**研修《けんしゅう》は来週《らいしゅう》の金曜日《きんようび》までです。
- とてもかわいいコートを見《み》つけました。バーゲンが**始《はじ》まる**まで待《ま》って、安《やす》くなっていたら買《か》うつもりです。
- 午後８時《ごごはちじ》に最初《さいしょ》の花火《はなび》が打《う》ち上《あ》げられ、毎年恒例《まいとしこうれい》の花火大会《はなびたいかい》が**始《はじ》まった。**

2　「始《はじ》まる」は、人《ひと》がいつもしてしまう癖《くせ》が出《て》るという意味《いみ》です。動1

例句中單字以粗體字表示。動詞與い形容詞，包括活用形在內均以粗體字表示。な形容詞的語幹以粗體字表示。

- また**始《はじ》まった。**不安《ふあん》になるとすぐ爪《つめ》を噛《か》む癖《くせ》、やめた方《ほう》がいいよ。
- ほら、また**始《はじ》まった。**あの人《ひと》って、いつも誰《だれ》かの悪口《わるぐち》を言《い》っているよね。
- また母《はは》の愚痴《ぐち》が**始《はじ》まった。**同《おな》じことを何回《なんかい》も言《い》うから、もう誰《だれ》も真剣《しんけん》には聞《き》かない。

関連表現1　「～ても始《はじ》まらない」は、それをしてもどうにもならない、無駄《むだ》だという意味《いみ》です。

與特定助詞一起使用時，如「～を」、「～が」等，以波浪號形式與單字一同表示。

- 将来《しょうらい》のことを心配《しんぱい》し**ても始《はじ》まらない。**今《いま》できることに集中《しゅうちゅう》した方《ほう》がいい。
- 思《おも》い通《どお》りにならないからと言《い》って、人《ひと》に八《や》つ当《あ》たりし**ても始《はじ》まらない**よ。どうにもならないことだってあるんだから。

（さんびゃくよんじゅうきゅう）349

表示頁數的讀法

- 動1　第一類動詞
- 動2　第二類動詞
- 動3　第三類動詞
- い形　い形容詞
- な形　な形容詞
- 名　名詞
- 副　副詞
- て形　て形
- 名詞形　名詞形
- ☞　參考
- 対　反義詞
- 尊　尊敬語
- 謙　謙讓語

यो शब्दकोश कसरी प्रयोग गर्ने

यो शब्दकोशको प्रवेश शब्द वर्णमाला अनुशार क्रमबद्ध गरीएको छ।एउटै उच्चारण हुने शब्दको बारेमा कम संख्याको खान्जीबाट बढी संख्या भएको खान्जी अनुशार राखिएको छ।

बोलीको भाग र विपरीतार्थक शब्द प्रत्येक परिभाषामा सुचित गरिएको छ।

उदाहरणमा प्रवेश शब्दलाई बोल्ड गरेर लेखिएको छ। क्रिया र ई विशेषणको बारेमा प्रयोग गर्ने शैली लगाएत ना विशेषणको बारेमा मूलशब्दलाई बोल्ड गरिएको छ।

विशेष संयोजनसंगै प्रयोग गर्ने बेलामा 「～が」「～を」 इत्यादी वेभ लाईनको प्रयोग गरेर प्रवेश शब्दसंगै देखिएको छ।

はじまる【始まる】

動1　て形　始《はじ》まって　名詞形　始《はじ》まり

☞　始《はじ》める（→p.350）　対　終《お》わる

1「始《はじ》まる」は、何《なに》か新《あたら》しいことが起《お》こるという意味《いみ》です。動1

対　終《お》わる（→p.111）

- 明日《あした》から企業《きぎょう》での研修《けんしゅう》が**始《はじ》まります**。研修《けんしゅう》は来週《らいしゅう》の金曜日《きんようび》まででです。
- とてもかわいいコートを見《み》つけました。バーゲンが**始《はじ》まる**まで待《ま》って、安《やす》くなっていたら買《か》うつもりです。
- 午後８時《ごごはちじ》に最初《さいしょ》の花火《はなび》が打《う》ち上《あ》げられ、毎年恒例《まいとしこうれい》の花火大会《はなびたいかい》が**始《はじ》まった**。

2「始《はじ》まる」は、人《ひと》がいつもしてしまう癖《くせ》が出《で》るという意味《いみ》です。

動1

- また**始《はじ》まった**。不安《ふあん》になるとすぐ爪《つめ》を噛《か》む癖《くせ》、やめた方《ほう》がいいよ。
- ほら、また**始《はじ》まった**。あの人《ひと》って、いつも誰《だれ》かの悪口《わるぐち》を言《い》っているよね。
- また母《はは》の愚痴《ぐち》が**始《はじ》まった**。同《おな》じことを何回《なんかい》も言《い》うから、もう誰《だれ》も真剣《しんけん》には聞《き》かない。

関連表現1「～ても始《はじ》まらない」は、それをしてもどうにもならない、無駄《むだ》だという意味《いみ》です。

- 将来《しょうらい》のことを心配《しんぱい》**しても始《はじ》まらない**。今《いま》できることに集中《しゅうちゅう》した方《ほう》がいい。
- 思《おも》い通《どお》りにならないからと言《い》って、人《ひと》に八《や》つ当《あ》たり**しても始《はじ》まらない**よ。どうにもならないことだってあるんだから。

（さんびゃくよんじゅうきゅう）349

動1　किया समूह १

動2　किया समूह २

動3　किया समूह ३

い形　ईविशेषण

な形　ना विशेषण

名　नाम

副　किया विशेषण

て形　ते शैली (फोर्म)

名詞形　नाम फोर्म

☞　संदर्भ

対　विपरीतार्थक शब्द

尊　सोनकेईगो (आदर गर्ने भाषा)

謙　केनज्योउगो (विनम्र भाषा)

पेज गन्ने तरीका सिकाईएको छ।

이 책의 구성

표제어는 오십음 순으로 배열되어 있다. 발음이 같은 표제어는 한자의 획수가 적은 것에서 많은 것의 순으로 정렬했다.

はじまる【始まる】

動1　て形　始《はじ》まって　名詞形　始《はじ》まり

☞ 始《はじ》める（→p.350）　対　終《お》わる

품사 및 반의어는 어의별로 표시했다.

1「始《はじ》まる」は、何《なに》か新《あたら》しいことが起《お》こるという意味《いみ》です。動1

対　終《お》わる（→p.111）

- 明日《あした》から企業での研修《けんしゅう》が**始《はじ》まります**。研修《けんしゅう》は来週《らいしゅう》の金曜日《きんようび》までです。
- とてもかわいいコートを見《み》つけました。バーゲンが**始《はじ》まる**まで待《ま》って、安《やす》くなっていたら買《か》うつもりです。
- 午後８時《ごごはちじ》に最初《さいしょ》の花火《はなび》が打《う》ち上《あ》げられ、毎年恒例《まいとしこうれい》の花火大会《はなびたいかい》が**始《はじ》まった**。

예문의 표제어는 굵은 글씨로 표시했다.
동사와 い형용사는 활용형을 포함하여, な형용사는 어간을 굵은 글씨로 표시했다.

2「始《はじ》まる」は、人《ひと》がいつもしてしまう癖《くせ》が出《で》るという意味《いみ》です。

動1

- また**始《はじ》まった。**不安《ふあん》になるとすぐ爪《つめ》を噛《か》む癖《くせ》、やめた方《ほう》がいいよ。
- ほら、また**始《はじ》まった**。あの人《ひと》って、いつも誰《だれ》かの悪口《わるぐち》を言《い》っているよね。
- また母《はは》の愚痴《ぐち》が**始《はじ》まった**。同《おな》じことを何回《なんかい》も言《い》うから、もう誰《だれ》も真剣《しんけん》には聞《き》かない。

특정 조사가 사용되는 경우에는 '~を', '~が'와 같이 '~'을 붙여 표제어와 함께 제시했다.

関連表現1「～ても始《はじ》まらない」は、それをしてもどうにもならない、無駄《むだ》だという意味《いみ》です。

- 将来《しょうらい》のことを心配《しんぱい》し**ても始《はじ》まらない**。今《いま》できることに集中《しゅうちゅう》した方《ほう》がいい。
- 思《おも》い通《どお》りにならないからと言《い》って、人《ひと》に八《や》つ当《あ》たりし**ても始《はじ》まらない**よ。どうにもならないことだってあるんだから。

（さんびゃくよんじゅうきゅう）349

페이지 숫자를 읽는 방법

動1　1그룹동사

動2　2그룹동사

動3　3그룹동사

い形　い형용사

な形　な형용사

名　명사

副　부사

て形　て형

名詞形　명사형

☞　참고

対　반의어

尊　존경어

謙　겸양어

あう【会う】

動1 て形 会《あ》って

1 「会《あ》う」は、自分《じぶん》が知《し》っている人《ひと》や動物《どうぶつ》と顔《かお》を合《あ》わせるという意味《いみ》です。**動1**

- 小学校《しょうがっこう》のときの同級生《どうきゅうせい》に**会《あ》う**のは、久《ひさ》しぶりだ。
- 大好《だいす》きだった祖母《そぼ》が去年《きょねん》亡《な》くなった。もう**会《あ》えない**のは、本当《ほんとう》に寂《さび》しい。
- 友人《ゆうじん》が飼《か》い始《はじ》めた猫《ねこ》を見《み》ていたら、実家《じっか》で飼《か》っていた猫《ねこ》を思《おも》い出《だ》して、**会《あ》いたく**なった。

あおい【青い】

い形 名詞形 青《あお》さ、青《あお》み

1 「青《あお》い」は、オリンピックシンボルの上《うえ》の段《だん》の、一番左《いちばんひだり》のような色《いろ》だという意味《いみ》です。**い形**

- 今日《きょう》はとても天気《てんき》が良《よ》く、空《そら》が**青《あお》い**。

- 友人１《ゆうじんいち》「うわー、**青《あお》くて**きれいな海《うみ》だね。」友人２《ゆうじんに》「本当《ほんとう》。宇宙《うちゅう》から地球《ちきゅう》を見《み》ると、**青《あお》く**見《み》えるって言《い》うけど、海《うみ》の色《いろ》なんだね。」
- あの俳優《はいゆう》は**青《あお》い**色《いろ》がよく似合《にあ》う。先日《せんじつ》も、**青《あお》い**サファイアのネックレスをした姿《すがた》がテレビに映《うつ》っていて、すてきだった。

2 「青《あお》い」は、新《あたら》しい葉《は》のような色《いろ》だという意味《いみ》です。 い形

- このトマトは、まだ**青《あお》い**ところがあるので、食《た》べてもおいしくないだろう。真《ま》っ赤《か》になってから食《た》べよう。
- 私《わたし》は毎朝《まいあさ》、ホウレン草《そう》やピーマンなど、**青《あお》い**野菜《やさい》をジュースにして飲《の》んでいる。
- 妻《つま》「隣《となり》の家《いえ》の庭《にわ》、芝《しば》が**青《あお》くて**きれいだね。」夫《おっと》「息子《むすこ》さんが熱心《ねっしん》に手入《てい》れをしているみたいだよ。」

3 「青《あお》い」は、顔《かお》の赤《あか》の色《いろ》が足《た》りなくて、色《いろ》が薄《うす》く、元気《げんき》ではないという意味《いみ》です。 い形

- 友人１《ゆうじんいち》「どうしたの？　顔《かお》が**青《あお》い**けど、具合悪《ぐあいわる》いの？」友人２《ゆうじんに》「うん。ちょっと気持《きも》ち悪《わる》い。」
- 弟《おとうと》が、財布《さいふ》をなくしたと言《い》って、**青《あお》く**なって家中《いえじゅう》を探《さが》している。
- プールの水《みず》が冷《つめ》たくて、体《からだ》がすっかり冷《ひ》えてしまった。唇《くちびる》も**青《あお》い**。

4 「青《あお》い」は、経験《けいけん》が足《た》りなくて、十分成長《じゅうぶんせいちょう》していないという意味《いみ》です。 い形

- 高校生《こうこうせい》の頃《ころ》は、自分《じぶん》には他《ほか》の人《ひと》にない特別《とくべつ》な才能《さいのう》があるという**青《あお》い**考《かんが》えを持《も》っていた。
- 誰《だれ》でも、中学生《ちゅうがくせい》や高校生《こうこうせい》ぐらいの**青《あお》い**時代《じだい》には人生《じんせい》の意味《いみ》について悩《なや》んだりするものだ。
- お金《かね》さえあれば何《なん》でも手《て》に入《はい》ると考《かんが》えていた昔《むかし》の自分《じぶん》は**青《あお》かった**。今《いま》はお金《かね》で買《か》えない大切《たいせつ》なものがたくさんあることを知《し》った。

あかい【赤い】

い形 **名詞形** 赤《あか》さ、赤《あか》み

1 「赤《あか》い」は、オリンピックシンボルの上《うえ》の段《だん》の、一番右《いちばんみぎ》のような色《いろ》だという意味《いみ》です。**い形**

- パスタには、トマトの**赤《あか》い**ソースがかかっていて、とてもおいしそうだ。
- 鼻血《はなぢ》が出《で》て、白《しろ》いシャツに**赤《あか》い**染《し》みを付《つ》けてしまった。
- 大勢《おおぜい》の人《ひと》の前《まえ》に出《で》ると、緊張《きんちょう》して顔《かお》が**赤《あか》く**なってしまう。
- 秋《あき》になって、木《こ》の葉《は》が**赤《あか》く**色《いろ》づいて、とてもきれいだ。

あかるい【明るい】

い形 **名詞形** 明《あか》るさ

対 暗《くら》い

1 「明《あか》るい」は、光《ひかり》がたくさんあるという意味《いみ》です。**い形** **対** 暗《くら》い（→p.160）

- 今夜《こんや》は、月《つき》が出《で》ていて、**明《あか》るい**。
- 朝《あさ》になって、空《そら》が**明《あか》るく**なってきた。もうすぐ太陽《たいよう》が昇《のぼ》る。
- 暗《くら》かったので、電気《でんき》をつけて部屋《へや》を**明《あか》るく**した。

2 「明《あか》るい」は、黒《くろ》を含《ふく》まない、目立《めだ》つ色《いろ》だという意味《いみ》です。**い形** **対** 暗《くら》い（→p.160）

- 私《わたし》は、ピンクやオレンジなどの**明《あか》るい**色《いろ》の服《ふく》が好《す》きだ。
- カーテンを**明《あか》るい**水色《みずいろ》にしたら、部屋《へや》の雰囲気《ふんいき》が随分《ずいぶん》変《か》わった。
- 黒《くろ》い髪《かみ》の毛《け》を、金髪《きんぱつ》に近《ちか》い、**明《あか》るい**茶色《ちゃいろ》に染《そ》めた。

3 「明《あか》るい」は、楽《たの》しそうだったり、幸《しあわ》せそうだったりするという意味《いみ》です。**い形** **対** 暗《くら》い（→p.160）

- 彼女《かのじょ》は、うれしそうに、**明《あか》るい**声《こえ》で私《わたし》に結婚《けっこん》の報告《ほうこく》をしてくれた。

- 彼《かれ》は、元気《げんき》で**明《あか》るく**、いつも笑顔《えがお》だ。彼《かれ》がいると、周《まわ》りも**明《あか》るく**なる。
- 事件《じけん》や事故《じこ》などの暗《くら》いニュースが多《おお》いので、出産《しゅっさん》や受賞《じゅしょう》などの**明《あか》るい**ニュースを聞《き》くとほっとする。

4 「明《あか》るい」は、未来《みらい》や将来《しょうらい》に、良《よ》いことがありそうだという意味《いみ》です。 い形 対 暗《くら》い（➡p.160）

- この国《くに》は順調《じゅんちょう》に経済《けいざい》が発展《はってん》しているので、国民《こくみん》の未来《みらい》は**明《あか》るい**だろう。
- テストの成績《せいせき》が良《よ》くなってきた。大学合格《だいがくごうかく》に向《む》けて、見通《みとお》しが**明《あか》るく**なってきた。
- アンケートでは、多《おお》くの学生《がくせい》が自分《じぶん》の将来《しょうらい》は**明《あか》るい**と答《こた》えている。その理由《りゆう》として、努力《どりょく》すれば夢《ゆめ》や目標《もくひょう》はかなうと信《しん》じているからだという意見《いけん》が多《おお》かった。

5 「～に明《あか》るい」は、～をよく知《し》っていて、詳《くわ》しいという意味《いみ》です。主《おも》に専門《せんもん》の話《はなし》や、学問《がくもん》についていいます。 い形 対 暗《くら》い（➡p.160）

- 海外《かいがい》で起《お》きた事故《じこ》について、現地《げんち》の事情《じじょう》**に明《あか》るい**人《ひと》に話《はなし》を聞《き》いた。
- 私《わたし》は、医療分野《いりょうぶんや》**に明《あか》るく**ないので、けがや病気《びょうき》についての専門的《せんもんてき》な質問《しつもん》には答《こた》えられない。
- 遠方《えんぽう》までドライブした。知《し》らない道《みち》で緊張《きんちょう》したが、一緒《いっしょ》に行《い》った友人《ゆうじん》がその辺《あた》りの地理《ちり》**に明《あか》るく**、道《みち》を案内《あんない》してくれたので助《たす》かった。

あける【開ける】

動2 **て形** **開《あ》けて**

対 **閉《し》める、埋《う》める、塞《ふさ》ぐ**

1 **「開《あ》ける」は、閉《し》めている戸《と》や窓《まど》などを開《ひら》いて、人《ひと》や物《もの》があちらからこちらに行《い》けるようにするという意味《いみ》です。** **動2** **対** **閉《し》める****（→p.198）****、閉《と》じる**

- 暑《あつ》かったので窓《まど》を**開《あ》けたら**、涼《すず》しい風《かぜ》が入《はい》ってきた。
- （両手《りょうて》に荷物《にもつ》を持《も》っているときに）「すみませんが、ドアを**開《あ》けて**もらえませんか？」
- 加戸《かど》さんは明《あか》るい人《ひと》で、いつも口《くち》を大《おお》きく**開《あ》けて**、楽《たの》しそうに笑《わら》う。

2 **「開《あ》ける」は、穴《あな》などの空間《くうかん》を作《つく》るという意味《いみ》です。** **動2** **対** **埋《う》める、塞《ふさ》ぐ**

- 片方《かたほう》の耳《みみ》に２《ふた》つ、ピアスの穴《あな》を**開《あ》けた**。
- 長《なが》すぎるベルトに穴《あな》を**開《あ》けて**、サイズを調節《ちょうせつ》した。
- タルト生地《きじ》は、オーブンに入《い》れる前《まえ》にフォークで穴《あな》を**開《あ》ける**ときれいに焼《や》ける。

3 「開《あ》ける」は、店《みせ》などのその日《ひ》の仕事《しごと》を始《はじ》めるという意味《いみ》です。

動2 **対** 閉《し》める（➡p.198）

- 平日《へいじつ》は午前10時《ごぜんじゅうじ》に店《みせ》を**開《あ》ける**ことになっている。
- 銀行《ぎんこう》は毎朝《まいあさ》9時《くじ》に窓口《まどぐち》を**開《あ》ける。**
- 土曜日《どようび》は12時《じゅうにじ》から、編《あ》み物教室《ものきょうしつ》を**開《あ》けて**います。

あげる【上げる】

動2 **て形** 上《あ》げて

☞ ～てあげる（➡p.284） **対** もらう、下《さ》げる、降《お》ろす、下《お》ろす

謙 差《さ》し上《あ》げる

1 「あげる」は、自分《じぶん》の持《も》っているものを他《ほか》の人《ひと》や動物《どうぶつ》に渡《わた》して、その人《ひと》のものにするという意味《いみ》です。 **動2** **対** もらう（➡p.430）

- 友人1《ゆうじんいち》「チョコ**あげる。**」友人2《ゆうじんに》「え、ありがとう。」
- そろそろ犬《いぬ》に餌《えさ》を**あげる**時間《じかん》だ。
- 旅行先《りょこうさき》でおいしいお菓子《かし》を見《み》つけたので、友達《ともだち》に**あげよう**と思《おも》って、買《か》ってきた。

2 「上《あ》げる」は、物《もの》を低《ひく》いところから高《たか》いところに移《うつ》すという意味《いみ》

です。**動2** **対** 下《さ》げる、降《お》ろす

- （飛行機《ひこうき》の中《なか》で）友人1《ゆうじんいち》「スーツケースを上《うえ》の棚《たな》に**上《あ》げる**の、手伝《てつだ》ってくれない？」友人2《ゆうじんに》「いいよ。」
- 子供《こども》が間違《まちが》えて飲《の》んでしまわないように、薬《くすり》は棚《たな》の高《たか》いところに**上《あ》げて**おいた。
- この蛇口《じゃぐち》は、レバーを上《うえ》に**上《あ》げる**と水《みず》が出《で》るようになっている。

3 「上《あ》げる」は、体《からだ》の一部《いちぶ》を上《うえ》の方に動《うご》かすという意味《いみ》です。

動2 **対** 下《さ》げる、下《お》ろす

- （社内会議《しゃないかいぎ》で）「何《なに》か質問《しつもん》のある方《かた》は、手《て》を**上《あ》げて**ください。」
- たくさん歩《ある》いた日《ひ》は、足《あし》を高《たか》く**上《あ》げて**寝《ね》ると疲《つか》れが取《と》れるそうですよ。
- スマホでメールを読《よ》んでいたら大《おお》きい音《おと》がしたので、顔《かお》を**上《あ》げて**外《そと》を見《み》ると、近《ちか》くにあった自転車《じてんしゃ》が倒《たお》れていた。

4 「上《あ》げる」は、温度《おんど》や値段《ねだん》などを高《たか》くするという意味《いみ》です。

動2 **対** 下《さ》げる

- 体《からだ》が冷《ひ》えないように、寝《ね》るときは少《すこ》しエアコンの温度《おんど》を**上《あ》げる**。
- 通《かよ》っている大学《だいがく》から、授業料《じゅぎょうりょう》を**上《あ》げる**という連絡《れんらく》があった。お金《かね》がかかるので大変《たいへん》だ。
- バイト先《さき》でリーダーになった。責任《せきにん》が増《ふ》えたので、給料《きゅうりょう》を**上《あ》げて**ほしい。

関連表現1 「重《おも》い腰《こし》を上《あ》げる」は、それまでしていなかったことをやっとするという意味《いみ》です。

- 夫《おっと》は運動《うんどう》が嫌《きら》いですが、最近《さいきん》ようやく**重《おも》い腰《こし》を上《あ》げて**、健康《けんこう》のためにジョギングをするようになりました。
- ずっと古《ふる》いパソコンを使《つか》っていたが、会社《かいしゃ》がやっと**重《おも》い腰《こし》を上《あ》げて**、みんなに新《あたら》しいパソコンを支給《しきゅう》してくれた。

関連表現2 「声《こえ》を上《あ》げる」は、自分《じぶん》の意見《いけん》を言《い》いにくい状況《じょうきょう》であっても、はっきりと伝《つた》えるという意味《いみ》です。

- 近所《きんじょ》に高速道路《こうそくどうろ》ができると聞《き》いた住民《じゅうみん》は、静《しず》かな生活《せいかつ》ができなくなると、反対《はんたい》の**声《こえ》を上《あ》げた**。
- なかなか景気《けいき》を回復《かいふく》することができない今《いま》の政権《せいけん》に、国民《こくみん》は批判《ひはん》の**声《こえ》を上《あ》げた**。

あさい【浅い】

い形　名詞形　浅《あさ》さ

対　深《ふか》い

1 「浅《あさ》い」は、地面《じめん》や表面《ひょうめん》から、底《そこ》までの距離《きょり》が短《みじか》いという意味《いみ》で

す。 い形 対 深《ふか》い（→p.374）

● このプールは、子供用《こどもよう》で、とても**浅《あさ》い**。50《ごじゅっ》センチくらいしかないので、誰《だれ》でも安心《あんしん》して使《つか》える。

● 太陽《たいよう》の光《ひかり》が届《とど》く海《うみ》の**浅《あさ》い**ところは、たくさんの生《い》き物《もの》が暮《く》らしている。

● 魚《さかな》を焼《や》くとき、表面《ひょうめん》に**浅《あさ》く**切《き》り込《こ》みを入《い》れておくと、早《はや》く焼《や》ける。

2 「浅《あさ》い」は、まだあまり時間《じかん》がたっていないという意味《いみ》です。

い形

● わが社《しゃ》は、5《ご》年前《ねんまえ》にできた。まだ歴史《れきし》は**浅《あさ》い**が、どんどん成長《せいちょう》している。

● このアルバイトを始《はじ》めて日《ひ》が**浅《あさ》い**ので、まだ仕事《しごと》を全部《ぜんぶ》覚《おぼ》えられていない。

● 私《わたし》と彼女《かのじょ》は友人《ゆうじん》としての付《つ》き合《あ》いが**浅《あさ》い**ので、お互《たが》いのことをよく知《し》らない。

3 「浅《あさ》い」は、質《しつ》が悪《わる》くて、十分《じゅうぶん》ではないという意味《いみ》です。 い形

対 深《ふか》い（→p.374）

● 最近《さいきん》、眠《ねむ》りが**浅《あさ》くて**、夜《よる》、何度《なんど》も目《め》が覚《さ》めてしまう。朝《あさ》もなんだかすっきりしない。

● 私《わたし》は日本《にほん》とリトアニアの歴史《れきし》についての理解《りかい》が**浅《あさ》い**ので、両国《りょうこく》がなぜ仲《なか》が良《い》いのか、よく分《わ》からない。もっと勉強《べんきょう》しよう。

● 株式投資《かぶしきとうし》を勉強《べんきょう》しようと思《おも》って、入門書《にゅうもんしょ》を買《か》って読《よ》んだが、とても内容《ないよう》が**浅《あさ》くて**、全《まった》く役《やく》に立《た》たなかった。

あそぶ【遊ぶ】

動1　て形　遊《あそ》んで　名詞形　遊《あそ》び

対　働《はたら》く、仕事《しごと》する

1 「遊《あそ》ぶ」は、好《す》きなことをして楽《たの》しい時間《じかん》を過《す》ごすという意味《いみ》です。動1

- 私《わたし》は、野球《やきゅう》やサッカーなど、ボールで**遊《あそ》ぶ**のが好《す》きだ。
- 私《わたし》の娘《むすめ》は、本《ほん》を読《よ》んだり絵《え》を描《か》いたりして1人《ひとり》で**遊《あそ》ぶ**のが好《す》きだ。
- 仕事《しごと》が忙《いそが》しくて、**遊《あそ》ぶ**時間《じかん》が全《まった》くない。この夏《なつ》は趣味《しゅみ》のキャンプが一度《いちど》もできなかった。

2 「遊《あそ》ぶ」は、仕事《しごと》など役《やく》に立《た》つことを何《なに》もしないでいるという意味《いみ》です。動1　対　働《はたら》く（→p.353）、仕事《しごと》する（→p.190）

- 兄《あに》は、大学《だいがく》を卒業《そつぎょう》してから2年《にねん》ほど**遊《あそ》んで**いたが、来月《らいげつ》やっと就職《しゅうしょく》することになった。
- 退職《たいしょく》した父《ちち》は、何《なに》もしないで**遊《あそ》んで**いるのは嫌《いや》だそうで、ボランティアで小学生《しょうがくせい》に算数《さんすう》を教《おし》えている。
- 友人1《ゆうじんいち》「毎日《まいにち》**遊《あそ》んで**いるなら、俺《おれ》の仕事《しごと》を手伝《てつだ》わない？　会社《かいしゃ》を立《た》ち上《あ》げたばかりで人《ひと》が欲《ほ》しいんだ。」友人2《ゆうじんに》「ああ、いいよ。」

3 「遊《あそ》ぶ」は、物《もの》が役《やく》に立《た》つように使《つか》われていないという意味《いみ》です。

動1

- 2《に》年前《ねんまえ》まで息子《むすこ》が使《つか》っていた部屋《へや》が**遊《あそ》んで**いるので、ホームステイを受《う》け入《い》れることにした。
- 私《わたし》は土地《とち》をたくさん持《も》っている。**遊《あそ》んで**いる土地《とち》は、今度《こんど》畑《はたけ》として近所《きんじょ》の人《ひと》に貸《か》すことにした。
- 最近《さいきん》、バイクに全然《ぜんぜん》乗《の》っていない。**遊《あそ》ばせて**おくのはもったいないので、売《う》ってしまおうと思《おも》う。

あ

あたたかい【温かい】

い形 **名詞形** 温《あたた》かさ

対 冷《つめ》たい

1 「温《あたた》かい」は、液体《えきたい》や食《た》べ物《もの》などの温度《おんど》が高《たか》すぎなくてちょうどいいという意味《いみ》です。**い形** **対** 冷《つめ》たい（→p.280）

- 寒《さむ》い中《なか》を歩《ある》き回《まわ》って体《からだ》が冷《ひ》えてしまった。喫茶店《きっさてん》で**温《あたた》かい**飲《の》み物《もの》でも飲《の》もう。
- **温《あたた》かい**お風呂《ふろ》に入《はい》ると、リラックスしてぐっすり眠《ねむ》れる。
- 友人《ゆうじん》1《いち》「料理《りょうり》ができたよ。冷《さ》めるとおいしくないから、**温《あたた》かい**うちに食《た》べよう。」友人《ゆうじん》2《に》「わー、おいしそう！　いただきます。」

2 「温《あたた》かい」は、気持《きも》ちが優《やさ》しいという意味《いみ》です。 **い形** **対** 冷《つめ》たい（→p.280）

- 車《くるま》いすで出《で》かけると、いろんな人《ひと》が助《たす》けてくれて**温《あたた》かい**気持《きも》ちになる。
- 留学《りゅうがく》したばかりの頃《ころ》は不安《ふあん》だったが、先生《せんせい》もクラスメイトも親切《しんせつ》で**温《あたた》かかった**ので、すぐに生活《せいかつ》に慣《な》れることができた。
- 最下位《さいかい》でゴールした選手《せんしゅ》に、観客《かんきゃく》から励《はげ》ますような**温《あたた》かい**拍手《はくしゅ》が起《お》こった。

あたたかい【暖かい】

い形 **名詞形** 暖《あたた》かさ

対 涼《すず》しい

1 「暖《あたた》かい」は、気温《きおん》が高《たか》くて気持《きも》ちが良《よ》いという意味《いみ》です。 **い形** **対** 涼《すず》しい（→p.215）

- 今日《きょう》はとても寒《さむ》い。早《はや》く**暖《あたた》かい**家《いえ》に帰《かえ》りたい。
- 私《わたし》の住《す》んでいる町《まち》は一年中《いちねんじゅう》**暖《あたた》かくて**、コートや手袋《てぶくろ》などは必要《ひつよう》ない。

- **暖《あたた》かい**日差《ひざ》しの中《なか》、猫《ねこ》が気持《きも》ち良《よ》さそうに寝《ね》ている。

2 **「暖《あたた》かい」は、服装《ふくそう》などが、寒《さむ》くなくて、気持《きも》ちが良《よ》いという意味《いみ》です。** **い形** **対** **涼《すず》しい**（→p.215）

- 天気予報《てんきよほう》によると今日《きょう》は雪《ゆき》が降《ふ》るそうだ。**暖《あたた》かい**服装《ふくそう》で出《で》かけよう。
- 冬《ふゆ》の朝《あさ》は、**暖《あたた》かい**布団《ふとん》からなかなか出《で》られない。
- 寒《さむ》い夜《よる》は、猫《ねこ》を抱《だ》いて寝《ね》ると**暖《あたた》かい**。
- 冷房《れいぼう》の効《き》いた部屋《へや》で仕事《しごと》をしていると足元《あしもと》が冷《ひ》えるので、膝掛《ひざか》けをかけて**暖《あたた》かく**している。

関連表現1 **「懐《ふところ》が暖《あたた》かい」は、今《いま》、金《かね》を十分《じゅうぶん》に持《も》っているという意味《いみ》です。**

- 昨日《きのう》、給料《きゅうりょう》をもらったばかりで、**懐《ふところ》が暖《あたた》かい**ので、ちょっと良《い》いお店《みせ》に食事《しょくじ》に行《い》こうと思《おも》う。
- **懐《ふところ》が暖《あたた》かい**と、ついいろいろなものを買《か》ってしまうので、あまり貯金《ちょきん》できない。

あたらしい【新しい】

い形　名詞形　新《あたら》しさ

対　古《ふる》い

1 「新《あたら》しい」は、まだ使《つか》っていないという意味《いみ》です。い形

- 今使《いまつか》っているタオルが古《ふる》くなったので、先週買《せんしゅうか》った**新《あたら》しい**タオルに替《か》えた。
- 私《わたし》は使《つか》い捨《す》てのコンタクトレンズを使《つか》っているので、毎朝《まいあさ》、**新《あたら》しい**コンタクトレンズを着《つ》ける。
- 廊下《ろうか》の電球《でんきゅう》が切《き》れたので、**新《あたら》しい**ものと交換《こうかん》した。

2 「新《あたら》しい」は、作《つく》られてからあまり時間《じかん》がたっていないという意味《いみ》です。い形　対 古《ふる》い（→p.385）

- このホテルは、去年《きょねん》できたばかりで、建物《たてもの》が**新《あたら》しい**。
- スマホのＯＳ《オーエス》を、昨日《きのう》リリースされたばかりの**新《あたら》しい**バージョンに更新《こうしん》したら、とても使《つか》いやすくなった。
- この辺《あた》りは、昔《むかし》は畑《はたけ》だったところを開発《かいはつ》して作《つく》った**新《あたら》しい**町《まち》だ。

3 「新《あたら》しい」は、今《いま》までになかった、初《はじ》めてのものだという意味《いみ》です。

い形

- 会社《かいしゃ》の近《ちか》くに**新《あたら》しく**メキシコ料理《りょうり》の店《みせ》ができた。近《ちか》いうちに食《た》べに行《い》ってみようと思《おも》う。
- エジソンは、**新《あたら》しい**発明《はつめい》をいくつもした。音《おと》を記録《きろく》できる機械《きかい》も、エジソンの発明《はつめい》だ。
- インターネット技術《ぎじゅつ》の登場《とうじょう》で、それまでなかった**新《あたら》しい**サービスが次々《つぎつぎ》と生《う》まれた。

4 「新《あたら》しい」は、これまでとは違《ちが》うという意味《いみ》です。 い形

- 今日《きょう》から**新《あたら》しい**仕事《しごと》を始《はじ》める。前《まえ》の会社《かいしゃ》での経験《けいけん》を生《い》かして、頑張《がんば》ろうと思《おも》う。
- 姉《あね》は、先月《せんげつ》恋人《こいびと》と別《わか》れたばかりなのに、もう**新《あたら》しい**恋人《こいびと》ができたそうだ。
- 選挙《せんきょ》があって**新《あたら》しい**大統領《だいとうりょう》が誕生《たんじょう》した。これで少《すこ》しでも世《よ》の中《なか》が良《よ》くなることを期待《きたい》している。

あたりまえ【当たり前】

名　な形

対　意外《いがい》

1 何《なに》かをしたら、多《おお》くの場合自然《ばあいしぜん》にそうなっていることを「当《あ》たり前《まえ》」といいます。名　な形　対　意外《いがい》（→p.55）

- 全然勉強《ぜんぜんべんきょう》をしてないんだから試験《しけん》に落《お》ちるのは**当《あ》たり前《まえ》**だ。
- 腐《くさ》った物《もの》を食《た》べたらおなかを壊《こわ》すのは**当《あ》たり前《まえ》**だ。
- そんなに甘《あま》いものや脂《あぶら》っこいものを食《た》べてばかりいたら、太《ふと》るのは**当《あ》たり前《まえ》**だ。

2 多《おお》くの人《ひと》が、同《おな》じように考《かんが》えていることを「当《あ》たり前《まえ》」といいます。名　な形

- 法律《ほうりつ》を守《まも》るのは**当《あ》たり前《まえ》**だ。
- 借《か》りたものを返《かえ》すのは**当《あ》たり前《まえ》**だ。
- 困《こま》っている人《ひと》がいたら助《たす》けるのは**当《あ》たり前《まえ》**のことだ。

あつい【厚い】

い形 **名詞形** 厚《あつ》さ、厚《あつ》み

対 薄《うす》い

1 「厚《あつ》い」は、本《ほん》やガラスなどの表《おもて》と裏《うら》までが離《はな》れているという意味《いみ》です。**い形** **対** 薄《うす》い（➡p.70）

● 友人《ゆうじん》１《いち》「随分《ずいぶん》**厚《あつ》い**小説《しょうせつ》読《よ》んでるね。何《なん》ページぐらいあるの？」友人《ゆうじん》２《に》「７００《ななひゃく》ページくらいだよ。」

● 部屋《へや》の壁《かべ》はコンクリートでできていて、とても**厚《あつ》い**ので、隣《となり》の部屋《へや》の音《おと》は全《まった》く聞《き》こえない。

● 南極大陸《なんきょくたいりく》の上《うえ》には**厚《あつ》い**氷《こおり》の層《そう》がある。その厚《あつ》さは、最《もっと》も**厚《あつ》い**ところで４０００《よんせん》メートルにもなる。

2 「厚《あつ》い」は、感謝《かんしゃ》や友情《ゆうじょう》などの誰《だれ》かに対《たい》する気持《きも》ちが強《つよ》くて、大《おお》きいという意味《いみ》です。良《よ》い意味《いみ》を持《も》つ気持《きも》ちに使《つか》います。**い形**

● 私《わたし》たちは**厚《あつ》い**友情《ゆうじょう》で結《むす》ばれている。お互《たが》いを信頼《しんらい》し、困《こま》ったときはいつも助《たす》け合《あ》ってきた。

● 祖母《そぼ》は信仰心《しんこうしん》が**厚《あつ》く**、毎日《まいにち》お祈《いの》りをしている。

● （スピーチで）「本日《ほんじつ》は、お忙《いそが》しいところお集《あつ》まりいただき、**厚《あつ》く**御礼《おんれい》

申《もう》し上《あ》げます。」

● あの医者《いしゃ》は患者《かんじゃ》からの信頼《しんらい》が**厚《あつ》い**。丁寧《ていねい》に診察《しんさつ》するし、腕《うで》も確《たし》かだ。

関連表現1 「手厚《てあつ》い」は、親切《しんせつ》で丁寧《ていねい》だという意味《いみ》です。

● けがをした子猫《こねこ》を見《み》つけたので、病院《びょういん》に連《つ》れて行《い》き、**手厚《てあつ》く**世話《せわ》をした。

● 私《わたし》の大学《だいがく》は、卒業後《そつぎょうご》の進路《しんろ》について**手厚《てあつ》く**サポートしてくれる。就職率《しゅうしょくりつ》も高《たか》い。

● **手厚《てあつ》い**保障《ほしょう》のある医療保険《いりょうほけん》に入《はい》った。これで、いつ病気《びょうき》になっても治療費《ちりょうひ》の心配《しんぱい》は要《い》らない。

あつい【暑い】

い形 **名詞形** 暑《あつ》さ

対 寒《さむ》い

1 「暑《あつ》い」は、汗《あせ》が出《で》るほど気温《きおん》が高《たか》いという意味《いみ》です。 い形

対 寒《さむ》い（→p.184）

● 私《わたし》の町《まち》は、夏《なつ》はとても**暑《あつ》くて**、40度《よんじゅうど》にもなる。

● 厚着《あつぎ》をしすぎて**暑《あつ》かった**ので、上着《うわぎ》を1枚《いちまい》脱《ぬ》いだ。

● 最近《さいきん》、毎日《まいにち》**暑《あつ》い**。家《いえ》から駅《えき》まで5分《ごふん》歩《ある》くだけで汗《あせ》が出《で》る。

あつい【熱い】

い形　名詞形　熱《あつ》さ

対　冷《つめ》たい

1 「熱《あつ》い」は、ものの温度《おんど》がとても高《たか》いという意味《いみ》です。い形

対　冷《つめ》たい（→p.280）

● 寒《さむ》いので、**熱《あつ》い**スープを飲《の》んで体《からだ》を温《あたた》めた。

● 息子《むすこ》が風邪《かぜ》をひいて、熱《ねつ》があるようだ。額《ひたい》に手《て》を当《あ》てると、とても**熱《あつ》かった**。

● 火《ひ》にかけたやかんから、**熱《あつ》い**湯気《ゆげ》が出《で》ている。

2 「熱《あつ》い」は、とても真剣《しんけん》だったり、気持《きも》ちが強《つよ》かったりするという意味《いみ》です。い形

● 兄《あに》は、学校教育《がっこうきょういく》を良《よ》くしたいという**熱《あつ》い**思《おも》いを持《も》って、教師《きょうし》になった。

● 今日《きょう》のバドミントンの試合《しあい》は、**熱《あつ》い**試合《しあい》だった。応援《おうえん》しながら、とても興奮《こうふん》した。

● 昨日《きのう》は一晩中《ひとばんじゅう》、友達《ともだち》と、将来《しょうらい》の夢《ゆめ》について**熱《あつ》く**語《かた》り合《あ》った。お互《たが》い、

必《かなら》ず夢《ゆめ》をかなえようと誓《ちか》った。

3 **「熱《あつ》い」は、今《いま》たくさんの人《ひと》からとても注目《ちゅうもく》されていたり、はやっていたりするという意味《いみ》です。** い形

- 就職活動《しゅうしょくかつどう》をしているが、ＩＴ業界《アイティーぎょうかい》が**熱《あつ》い**というので、話《はなし》を聞《き》きに行《い》った。
- 今年《ことし》は、１９７０年代《せんきゅうひゃくななじゅうねんだい》のファッションが**熱《あつ》い**そうだ。とてもはやっている。
- 今《いま》、どの国《くに》でもロボット研究《けんきゅう》が**熱《あつ》い**。多《おお》くの学生《がくせい》がこの分野《ぶんや》を目指《めざ》している。

関連表現1 **「胸《むね》が熱《あつ》くなる」は、素晴《すば》らしいものを見《み》たり聞《き》いたりして、感動《かんどう》するという意味《いみ》です。**

- 山《やま》の頂上《ちょうじょう》に登《のぼ》ると、目《め》の前《まえ》に、素晴《すば》らしい景色《けしき》が広《ひろ》がっていた。感動《かんどう》して、**胸《むね》が熱《あつ》くなった**。
- このドラマは、貧《まず》しい家《いえ》に生《う》まれた主人公《しゅじんこう》が、努力《どりょく》して夢《ゆめ》をかなえていく物語《ものがたり》だ。見《み》るたびに**胸《むね》が熱《あつ》く**なる。

関連表現2 **「目頭《めがしら》が熱《あつ》くなる」は、感動《かんどう》して涙《なみだ》が出《で》そうになるという意味《いみ》です。**

- 彼女《かのじょ》のスピーチは感動的《かんどうてき》だった。思《おも》わず、**目頭《めがしら》が熱《あつ》くなった**。
- 久《ひさ》しぶりに故郷《こきょう》へ帰《かえ》った。懐《なつ》かしい思《おも》い出《で》がよみがえり、**目頭《めがしら》が熱《あつ》く**

なった。

あびる【浴びる】

動2 **て形** 浴《あ》びて

☞ 浴《あ》びせる

1 「浴《あ》びる」は、光《ひかり》や水《みず》などをたくさん体《からだ》に受《う》けるという意味《いみ》です。

動2

- 外《そと》に出《で》て、太陽《たいよう》の光《ひかり》を**浴《あ》びる**のは、体《からだ》にも心《こころ》にも良《よ》いそうだ。
- 一日中《いちにちじゅう》海《うみ》で遊《あそ》んでいたら、紫外線《しがいせん》を**浴《あ》びて**、肌《はだ》が赤《あか》くなってしまった。
- 運動《うんどう》して汗《あせ》をかいたので、シャワーを**浴《あ》びて**すっきりしたい。

2 「浴《あ》びる」は、評価《ひょうか》や批判《ひはん》などをたくさん受《う》けるという意味《いみ》です。

動2

- 海《うみ》のごみの問題《もんだい》は、国際問題《こくさいもんだい》として、世界中《せかいじゅう》で注目《ちゅうもく》を**浴《あ》びて**いる。
- ホームランを打《う》った選手《せんしゅ》は、観客《かんきゃく》から喝采《かっさい》を**浴《あ》びた**。
- 政治家《せいじか》が会議中《かいぎちゅう》に居眠《いねむ》りをして、批判《ひはん》を**浴《あ》びて**いる。

関連表現1 「脚光《きゃっこう》を浴《あ》びる」は、たくさんの人《ひと》に注目《ちゅうもく》されるという意味《いみ》です。

- その俳優《はいゆう》はデビュー作《さく》でいきなりアカデミー賞《しょう》にノミネートされ、**脚光《きゃっこう》を浴《あ》びた**。
- 私《わたし》の住《す》む町《まち》を舞台《ぶたい》にした小説《しょうせつ》が大《だい》ヒットして町《まち》が**脚光《きゃっこう》を浴《あ》び**、観光客《かんこうきゃく》が増《ふ》えた。

あぶない【危ない】

い形

対 安全《あんぜん》

1 「危《あぶ》ない」は、けがをしそうだという意味《いみ》です。 い形 対 安全《あんぜん》
（→p.53）

- テーブルの上《うえ》に包丁《ほうちょう》を出《だ》しっぱなしにすると**危《あぶ》ない**。
- この先《さき》は崖《がけ》があって**危《あぶ》ない**ので、近《ちか》づかない方《ほう》がいい。
- 運転中《うんてんちゅう》はしっかり前《まえ》を見《み》ていないと**危《あぶ》ない**よ。
- この町《まち》は治安《ちあん》が良《い》いので、1人《ひとり》で歩《ある》いていても**危《あぶ》なくない**。

2 「危《あぶ》ない」は、悪《わる》い結果《けっか》になりそうだという意味《いみ》です。 い形

- 明日《あした》は入学試験《にゅうがくしけん》だ。あまり勉強《べんきょう》しなかったので、合格《ごうかく》は**危《あぶ》ない**かも

しれない。

- あと５分遅《ごふんおそ》かったら飛行機《ひこうき》に乗《の》り遅《おく》れるところだった。**危《あぶ》なかった。**
- 温暖化《おんだんか》が進《すす》んでいる。このままでは、地球《ちきゅう》は**危《あぶ》ない**。
- 今年《ことし》に入《はい》って、会社《かいしゃ》の経営《けいえい》が悪化《あっか》した。早《はや》く対策《たいさく》をしなければ、会社《かいしゃ》が**危《あぶ》ない**。

3 「危《あぶ》ない」は、死《し》にそうだという意味《いみ》です。

- 友達《ともだち》が急《きゅう》に倒《たお》れて救急車《きゅうきゅうしゃ》で運《はこ》ばれた。**危《あぶ》ない**状態《じょうたい》が続《つづ》いている。
- 祖父《そふ》は、病気《びょうき》で長《なが》く入院《にゅういん》しているが、回復《かいふく》の見込《みこ》みがない。そろそろ**危《あぶ》ない**かもしれない。
- 大変《たいへん》だ、海《うみ》で溺《おぼ》れている人《ひと》がいる。早《はや》く助《たす》けなければ、命《いのち》が**危《あぶ》ない**。

あまい【甘い】

い形 **名詞形** 甘《あま》さ、甘《あま》み

対 厳《きび》しい

1 「甘《あま》い」は、砂糖《さとう》のような味《あじ》や匂《にお》いだという意味《いみ》です。 い形

- 母《はは》は、ケーキやアイスクリームなど、**甘《あま》い**ものが大好《だいす》きだ。
- 砂糖《さとう》の取《と》りすぎは健康《けんこう》に良《よ》くないので、**甘《あま》い**お菓子《かし》を食《た》べすぎないよ

うにしている。

- 友人《ゆうじん》1《いち》「コーヒーにお砂糖《さとう》、入《い》れる？」友人《ゆうじん》2《に》「ううん。**甘《あま》い**の苦手《にがて》だから、お砂糖《さとう》は要《い》らない。」
- 台所《だいどころ》から、ケーキの焼《や》ける**甘《あま》い**匂《にお》いがしてくる。

2 「甘《あま》い」は、相手《あいて》が悪《わる》いことをしても叱《しか》らなかったり、人《ひと》に対《たい》して優《やさ》しくしすぎたりしているという意味《いみ》です。 い形 対 厳《きび》しい

（→p.145）

- 私《わたし》の数学《すうがく》の先生《せんせい》は**甘《あま》い**。宿題《しゅくだい》を忘《わす》れても全然《ぜんぜん》怒《おこ》らない。
- 父《ちち》は私《わたし》には厳《きび》しいが、妹《いもうと》には**甘《あま》い**。妹《いもうと》が悪《わる》いことをしても、怒《おこ》らない。
- 会社《かいしゃ》に大《おお》きい損害《そんがい》を与《あた》えたのに、減給《げんきゅう》にならないなんて、処分《しょぶん》が**甘《あま》い**と思《おも》う。

3 「甘《あま》い」は、十分《じゅうぶん》に考《かんが》えていないという意味《いみ》です。 い形

- すぐにできると思《おも》って仕事《しごと》を引《ひ》き受《う》けたが、考《かんが》えが**甘《あま》かった**。思《おも》ったよりも難《むずか》しくて、時間《じかん》がかかりそうだ。
- 友人《ゆうじん》1《いち》「ホテルの予約《よやく》、旅行《りょこう》の直前《ちょくぜん》でもいいよね？」友人《ゆうじん》2《に》「いや、それは**甘《あま》い**よ。満室《まんしつ》になったら困《こま》るから、早《はや》めに予約《よやく》した方《ほう》がいいよ。」
- 今期《こんき》の売《う》り上《あ》げは、前期《ぜんき》を上回《うわまわ》ると予想《よそう》していたが、見通《みとお》しが**甘《あま》かった**。結局《けっきょく》、前期《ぜんき》より売《う》り上《あ》げが落《お》ちてしまった。

4 「甘《あま》い」は、機能《きのう》や仕事《しごと》の質《しつ》が十分《じゅうぶん》ではないという意味《いみ》です。

い形

- この学校《がっこう》は、入《い》り口《ぐち》のセキュリティが**甘《あま》い**。誰《だれ》でも自由《じゆう》に出入《でい》りすることができるので心配《しんぱい》だ。
- 長《なが》い間《あいだ》、包丁《ほうちょう》を研《と》いでいないので、切《き》れ味《あじ》が**甘《あま》く**なってきた。
- 友人《ゆうじん》1《いち》「この自転車《じてんしゃ》、ブレーキの効《き》きが**甘《あま》い**なあ。」友人《ゆうじん》2《に》「危《あぶ》ないね。自転車店《じてんしゃてん》で修理《しゅうり》してもらおう。」
- 最近《さいきん》、空港《くうこう》の手荷物検査《てにもつけんさ》が**甘《あま》くて**、乗客《じょうきゃく》が持《も》っている刃物《はもの》を見落《みお》とすミスが多発《たはつ》している。

5 「甘《あま》い」は、音《おと》、言葉《ことば》、行動《こうどう》などが、優《やさ》しくて魅力《みりょく》があるという意味《いみ》です。 い形

- 私《わたし》は、ハープの柔《やわ》らかくて**甘《あま》い**音色《ねいろ》が好《す》きだ。
- 私《わたし》の恋人《こいびと》は、毎日《まいにち》、「好《す》きだよ」と**甘《あま》く**ささやいてくれる。
- 今《いま》だけ割引《わりびき》をするという**甘《あま》い**言葉《ことば》に釣《つ》られて、必要《ひつよう》のない高価《こうか》な品物《しなもの》を買《か》ってしまった。

関連表現1 「甘《あま》く見《み》る」は、簡単《かんたん》だと考《かんが》えるという意味《いみ》です。

- 車《くるま》の運転《うんてん》を**甘《あま》く見《み》る**と危険《きけん》だ。油断《ゆだん》すると、大《おお》きい事故《じこ》を起《お》こしてしまうこともある。
- 課題《かだい》のレポートを**甘《あま》く見《み》て**いた。思《おも》ったより手間《てま》がかかっていて、締《し》め切《き》りに間《ま》に合《あ》わないかもしれない。

関連表現2 「詰《つ》めが甘《あま》い」は、途中《とちゅう》までは成功《せいこう》したが、最後《さいご》に失敗《しっぱい》してしまうという意味《いみ》です。

- プレゼンテーション用《よう》の資料《しりょう》を作《つく》ったが、**詰《つ》めが甘《あま》く**、大事《だいじ》なポイントが抜《ぬ》けてしまっていた。
- 時間《じかん》をかけて準備《じゅんび》したのに、本番《ほんばん》で失敗《しっぱい》してしまった。リハーサルの**詰《つ》めが甘《あま》かった**と反省《はんせい》している。

関連表現3 「脇《わき》が甘《あま》い」は、注意《ちゅうい》が足《た》りないことが、相手《あいて》に攻《せ》められたり、失敗《しっぱい》したりする原因《げんいん》になるという意味《いみ》です。

- あの政治家《せいじか》は**脇《わき》が甘《あま》い**。隠《かく》していた不正《ふせい》を次々《つぎつぎ》に暴《あば》かれて、国会《こっかい》議員《ぎいん》を辞《や》めることになった。
- サッカーの試合《しあい》で負《ま》けた。守備《しゅび》の**脇《わき》が甘《あま》く**なったところを攻《せ》められて、点《てん》を取《と》られてしまった。

関連表現4 「〜は甘《あま》くない」は、〜は簡単《かんたん》ではないという意味《いみ》です。

- 就職活動《しゅうしょくかつどう》**は甘《あま》くない**。何十社《なんじゅっしゃ》も試験《しけん》を受《う》けたが、全部《ぜんぶ》落《お》ちてしまった。
- 友人《ゆうじん》1《いち》「宝《たから》くじが当《あ》たったら仕事《しごと》を辞《や》めて、毎日《まいにち》遊《あそ》ぶんだ。」友人《ゆうじん》2《に》「世《よ》の中《なか》、そんなに**甘《あま》くない**よ。当《あ》たるわけがない。真面目《まじめ》に働《はたら》くのが一番《いちばん》だよ。」

あらう【洗う】

動1 **て形** **洗《あら》って**

対 **汚《よご》す**

1 「洗《あら》う」は、水《みず》などを使《つか》ってものをきれいにするという意味《いみ》です。

動1 **対** 汚《よご》す

- 食事《しょくじ》の前《まえ》に、せっけんで手《て》を**洗《あら》う**。
- 朝寝坊《あさねぼう》してしまった。ごはんは食《た》べたが、時間《じかん》がなかったので、食器《しょっき》は**洗《あら》わず**に出《で》てきてしまった。
- 天気《てんき》が良《い》いのでシーツを**洗《あら》って**干《ほ》したら、３０分《さんじゅっぷん》ほどで乾《かわ》いた。

ある

動1 **て形** **あって**

☞ 〜てある（➡p.285） **対** ない

1 「ある」は、存在《そんざい》するという意味《いみ》です。 **動1** **対** ない（➡p.324）

- 今《いま》はいろんな薬《くすり》や治療法《ちりょうほう》が**ある**ので、昔《むかし》は治《なお》らなかった病気《びょうき》でも治《なお》すことができる。
- ＡＩ《エーアイ》の発展《はってん》によって、今《いま》**ある**職業《しょくぎょう》のほとんどは機械《きかい》に奪《うば》われてしまうそうだ。
- 友人1《ゆうじんいち》「ねえ、死後《しご》の世界《せかい》は**ある**と思《おも》う？」友人2《ゆうじんに》「天国《てんごく》とか地獄《じごく》のこと？　僕《ぼく》は信《しん》じてないけど。」

2 「ある」は、見《み》えるという意味《いみ》です。 動2 対 ない（➡p.324）

- 友人1《ゆうじんいち》「ちょっと休憩《きゅうけい》しない？」友人2《ゆうじんに》「いいね。あ、あそこにカフェが**ある**から、行《い》ってみよう。」
- この本屋《ほんや》には外国語《がいこくご》の本《ほん》がたくさん**あるので**、いつも留学生《りゅうがくせい》でにぎわっている。
- 通行人《つうこうにん》「パン屋《や》はどこですか？」住民《じゅうみん》「あそこに信号《しんごう》がありますよね？そこを右《みぎ》に曲《ま》がると、左《ひだり》にパン屋《や》が**あります**。」

3 「ある」は、持《も》っているという意味《いみ》です。 動1 対 ない（➡p.324）

- （店《みせ》での会計中《かいけいちゅう》に）友人1《ゆうじんいち》「あ、財布《さいふ》忘《わす》れちゃった！」友人2《ゆうじんに》「私《わたし》お金《かね》**ある**から、貸《か》すよ。」
- ショッピングモールは家《いえ》から遠《とお》いけど、車《くるま》が**あれば**問題《もんだい》ない。
- スマホが**ある**と、どこにいても好《す》きな映画《えいが》が見《み》られるので便利《べんり》だ。

4 「ある」は、何《なに》かがその場所《ばしょ》で行《おこな》われたり起《お》きたりするという意味《いみ》です。**動1** 対 ない（→p.324）

- もうすぐ試験《しけん》が**ある**ので、毎日《まいにち》、朝《あさ》から晩《ばん》まで勉強《べんきょう》しています。
- 明日《あした》は、大事《だいじ》なプレゼンテーションが**ある**ので、しっかり準備《じゅんび》しておきたい。
- 夜中《よなか》に地震《じしん》が**あって**目《め》が覚《さ》めた。

あるく【歩く】

動1 て形 歩《ある》いて 名詞形 歩《ある》き

1 「歩《ある》く」は、足《あし》を動《うご》かして前《まえ》に進《すす》むという意味《いみ》です。**動1**

- ハイヒールを履《は》くと足《あし》が痛《いた》くなって**歩《ある》けない**ので、いつもスニーカーを履《は》いている。
- 普段《ふだん》、学校《がっこう》へは自転車《じてんしゃ》で行《い》くが、今日《きょう》は雨《あめ》が降《ふ》っているので**歩《ある》いて**行《い》く。
- 私《わたし》の両親《りょうしん》は仲《なか》が良《よ》く、2人《ふたり》で出《で》かけるときは手《て》をつないで**歩《ある》く**。

関連表現1 「食《た》べ歩《ある》く」は、いろいろな店《みせ》に行《い》って食《た》べることを楽《たの》しむという意味《いみ》です。

- 最近《さいきん》、ラーメンを**食《た》べ歩《ある》く**のが趣味《しゅみ》だ。今月《こんげつ》だけでもう１０軒《じゅっけん》ほど行《い》った。
- 私《わたし》は旅行《りょこう》をして、知《し》らない町《まち》で**食《た》べ歩《ある》く**のが大好《だいす》きだ。

関連表現2 **「出歩《である》く」は、家《いえ》などの中《なか》にいないで、外《そと》に出《で》かけるという意味《いみ》です。**

- 台風《たいふう》が近《ちか》づいているので、外《そと》を**出歩《である》く**と危《あぶ》ない。買《か》い物《もの》に行《い》くのは明日《あした》にしよう。
- 祖父《そふ》は８０歳《はちじゅっさい》になっても元気《げんき》で、友達《ともだち》といつも**出歩《である》いて**いる。今日《きょう》は文学館《ぶんがくかん》に行《い》くそうだ。

関連表現3 **「飲《の》み歩《ある》く」は、いろいろな店《みせ》に行《い》って酒《さけ》を飲《の》むという意味《いみ》です。**

- 彼女《かのじょ》は毎晩《まいばん》、上司《じょうし》と一緒《いっしょ》に３軒《さんげん》ほど**飲《の》み歩《ある》く**。いつも、夜中《よなか》に家《いえ》に帰《かえ》るそうだ。
- 妻《つま》「今夜《こんや》は天気《てんき》が悪《わる》くなるみたいだから、**飲《の》み歩《ある》いて**いないで、早《はや》く帰《かえ》ってきたら？」夫《おっと》「分《わ》かった。１軒《いっけん》でやめて帰《かえ》るよ。」

あんぜん【安全】

名 な形

対 危《あぶ》ない、危険《きけん》

1 悪《わる》いことが起《お》きる心配《しんぱい》がないとき「安全《あんぜん》」といいます。名

な形 対 危《あぶ》ない（➡p.44）、危険《きけん》（➡p.139）

- **安全**《あんぜん》のために、自転車《じてんしゃ》に乗《の》るときはヘルメットをかぶる。
- 今日《きょう》は台風《たいふう》が近《ちか》づいているので、出《で》かけない方《ほう》が**安全**《あんぜん》だよ。
- 一人旅《ひとりたび》なので、セキュリティのしっかりした、**安全**《あんぜん》なホテルを予約《よやく》した。

いう【言う】

動1 て形 言《い》って

尊 おっしゃる 謙 申《もう》し上《あ》げる

1 「言《い》う」は、人《ひと》が言葉《ことば》を使《つか》って音声《おんせい》で表《あらわ》すという意味《いみ》です。

動1

● 大勢《おおぜい》の人《ひと》の前《まえ》で、自分《じぶん》の意見《いけん》を**言《い》う**のは苦手《にがて》だ。

● エリカさんは「ありがとうございました」と丁寧《ていねい》にお礼《れい》を**言《い》って**帰《かえ》っていった。

● 部下《ぶか》「先《さき》ほどレーさんから電話《でんわ》がありました。またかけ直《なお》すと**言《い》って**ました。」上司《じょうし》「了解《りょうかい》。ありがとう。」

● 大樹《だいき》さんは、仕事《しごと》に集中《しゅうちゅう》しているときに独《ひと》り言《ごと》を**言《い》う**ことがあります。

2 多《おお》くの人《ひと》がそのように考《かんが》えているとき「～と言《い》われる」を使《つか》います。動1

● あのレストランは、このあたりでは一番《いちばん》おいしい**と言《い》われて**いる。

● 地球《ちきゅう》が生《う》まれたのは、今《いま》から４６億年前《よんじゅうろくおくねんまえ》だ**と言《い》われて**いる。

● 「モナ・リザ」は、レオナルド・ダ・ヴィンチの最高傑作《さいこうけっさく》**と言《い》われて**います。

3 「～という」は、それにどんな名前《なまえ》が付《つ》いているか、また、それがどのように呼《よ》ばれているかを説明《せつめい》するときに使《つか》います。動1

● はじめまして。加藤《かとう》**といいます**。よろしくお願《ねが》いします。

● 今《いま》の恋人《こいびと》とは「ＲＯＳＥ《ローズ》」**という**レストランで働《はたら》いていた時《とき》に出会《であ》いました。

● 友人１《ゆうじんいち》「去年旅行《きょねんりょこう》で行《い》った遺跡《いせき》、何《なん》**という**ところだったっけ？」友人２《ゆうじんに》「インドネシアのボロブドゥールのこと？」

関連表現1 「～といえば」「～というと」は、関係《かんけい》する話題《わだい》を出《だ》す

ときに使《つか》います。

- 友人《ゆうじん》1《いち》「昨日《きのう》、久《ひさ》しぶりにウーさんから電話《でんわ》があったよ。」友人《ゆうじん》2《に》「ウーさん**といえば**、去年結婚《きょねんけっこん》したんだってね。元気《げんき》だった?」
- 同僚《どうりょう》1《いち》「テンモーさんってワインに詳《くわ》しいんだって。」同僚《どうりょう》2《に》「ワイン**というと**、会社《かいしゃ》の近《ちか》くに新《あたら》しいワインバーがオープンしたんだって。今度行《こんどい》ってみない?」
- 北京《ペキン》**といえば**、やはり万里《ばんり》の長城《ちょうじょう》ですね。見《み》ないで帰《かえ》るわけにはいきません。

いがい【意外】

な形 **名詞形** **意外《いがい》さ**

対 **当《あ》たり前《まえ》、当然《とうぜん》**

1 「意外《いがい》」は、思《おも》っていたことと、実際《じっさい》に見《み》たり聞《き》いたりしたことが、とても違《ちが》っているという意味《いみ》です。**な形** **対** 当《あ》たり前《まえ》(→p.38)、当然《とうぜん》

- 前回優勝《ぜんかいゆうしょう》した強《つよ》いチームが今回《こんかい》は1回戦《いっかいせん》で負《ま》けた。**意外**《いがい》な結果《けっか》に驚《おどろ》いた。
- 山口《やまぐち》さんはいつも成績《せいせき》が良《い》いのに、今回《こんかい》のテストで点数《てんすう》が低《ひく》かった

のは**意外**《いがい》だった。

- 短《みじか》い打《う》ち合《あ》わせの予定《よてい》だったが、**意外**《いがい》に時間《じかん》がかかってしまった。

いく【行く】

動1　て形 行《い》って　名詞形 行《い》き

☞ ～ていく（→p.286）　対 来《く》る、帰《かえ》る　尊 いらっしゃる

謙 伺《うかが》う

1 「行《い》く」は、人《ひと》や物《もの》が自分《じぶん》のところから離《はな》れるように移動《いどう》するという意味《いみ》です。**動1**　対 来《く》る（→p.163）

- バス停《てい》まで急《いそ》いで走《はし》ったが、着《つ》いたときに、ちょうどバスが**行《い》って**しまった。
- （台所《だいどころ》で）親《おや》「今《いま》、揚《あ》げ物《もの》をしていて危《あぶ》ないから、向《む》こうに**行《い》って**て。」子《こ》「はーい。」
- 旅行者《りょこうしゃ》「すみません。駅《えき》はどこですか？」住民《じゅうみん》「この道《みち》を真《ま》っすぐ**行《い》く**とありますよ。」

2 「行《い》く」は、人《ひと》が目的《もくてき》の場所《ばしょ》に出《で》かけるという意味《いみ》です。**動1**

対 帰《かえ》る（→p.118）

- 父《ちち》は会社《かいしゃ》に**行《い》って**、私《わたし》は学校《がっこう》に**行《い》きます**。
- ３０年前《さんじゅうねんまえ》、両親《りょうしん》は新婚旅行《しんこんりょこう》でハワイに**行《い》った**と聞《き》いた。
- 本屋《ほんや》に**行《い》って**、ずっと楽《たの》しみにしていた好《す》きな作家《さっか》の新刊《しんかん》を買《か》った。
- 久《ひさ》しぶりに、夫《おっと》とミュージカルを見《み》に**行《い》きました**。

3 「行《い》く」は、学校《がっこう》に入学《にゅうがく》するという意味《いみ》です。 動1

- 奨学金《しょうがくきん》をもらったので、大学《だいがく》に**行《い》く**という夢《ゆめ》が実現《じつげん》した。
- この分野《ぶんや》の専門家《せんもんか》になるために、日本《にほん》の大学《だいがく》を卒業《そつぎょう》した後《あと》、台湾《たいわん》の大学院《だいがくいん》に**行《い》く**ことにしました。
- 将来《しょうらい》は声優《せいゆう》の専門学校《せんもんがっこう》に**行《い》って**、声優《せいゆう》を目指《めざ》したい。

4 「いく」は、計画《けいかく》などが進《すす》むという意味《いみ》です。 動1

- 親《おや》にプレゼントするために初《はじ》めてケーキを焼《や》いてみましたが、うまく**いきました**。
- 転職《てんしょく》したばかりで仕事《しごと》にまだ慣《な》れていないので、仕事《しごと》が思《おも》うように**いきません**。
- ノヴィアンさんは強《つよ》いリーダーシップを持《も》っているので、計画《けいかく》はスムーズに**いくだろう**。
- 今年《ことし》は天候《てんこう》が悪《わる》かったので心配《しんぱい》しましたが、この野菜《やさい》はうまく**いけば**来週《らいしゅう》収穫《しゅうかく》できます。

関連表現1 「納得《なっとく》がいく」は、納得《なっとく》できるという意味《いみ》です。

- 私《わたし》が間違《まちが》えたんじゃないのに、上司《じょうし》に怒《おこ》られました。**納得《なっとく》がいきません。**

- **納得《なっとく》がいく**まで徹底的《てっていてき》に調査《ちょうさ》をしたので、プロジェクトは成功《せいこう》した。

関連表現2 **「満足《まんぞく》がいく」は、満足《まんぞく》できるという意味《いみ》です。**

- 吹奏楽《すいそうがく》コンクールの結果《けっか》は1位《いちい》だったが、演奏《えんそう》には**満足《まんぞく》がいかなかった。**

- 3カ月《さんかげつ》かかって絵《え》を描《か》き上《あ》げた。先生《せんせい》も褒《ほ》めてくれたが、自分《じぶん》でも**満足《まんぞく》がいく**出来《でき》だと思《おも》う。

いじわる【意地悪】

な形 **動3**

1 **相手《あいて》が嫌《いや》がると分《わ》かっているのに、相手《あいて》が困《こま》ることを言《い》ったり、したりすることを「意地悪《いじわる》」といいます。** **な形** **動3**

- あの上司《じょうし》は部下《ぶか》をいじめる**意地悪《いじわる》**な人《ひと》だ。

- 彼《かれ》は悪口《わるぐち》を言《い》ったり、無視《むし》をしたりしてジョージアさんに**意地悪《いじわる》**した。

- （小説《しょうせつ》の話《はなし》で）この母親《ははおや》は主人公《しゅじんこう》に**意地悪《いじわる》**なことばかりする人《ひと》だ。主人公《しゅじんこう》がとてもかわいそうだ。

いそがしい【忙しい】

い形 **名詞形** 忙《いそが》しさ

対 暇《ひま》

1 「忙《いそが》しい」は、することがたくさんあって、自由《じゆう》な時間《じかん》がないという意味《いみ》です。**い形** **対** 暇《ひま》(→p.368)

- 私《わたし》は、毎日《まいにち》**忙《いそが》しい**。学校《がっこう》から帰《かえ》ったら宿題《しゅくだい》をして、バイトに行《い》く。
- **忙《いそが》しい**ときに、仕事《しごと》を手伝《てつだ》ってもらえると、本当《ほんとう》に助《たす》かる。
- 友人1《ゆうじんいち》「一緒《いっしょ》に買《か》い物《もの》に行《い》かない?」友人2《ゆうじんに》「今日《きょう》はちょっと**忙《いそが》しい**から、明日《あした》はどう?」

いそぐ【急ぐ】

動1 **て形** 急《いそ》いで **名詞形** 急《いそ》ぎ

1 「急《いそ》ぐ」は、早《はや》く終《お》わるようにするという意味《いみ》です。**動1**

- あと30分《さんじゅっぷん》でお客《きゃく》さんがうちに来《く》るから、**急《いそ》いで**部屋《へや》を片付《かたづ》けよう。

- 店員《てんいん》「修理《しゅうり》には2週間《にしゅうかん》ほどかかります。」客《きゃく》「**急《いそ》いで**やってほしいのですが、1週間《いっしゅうかん》では無理《むり》でしょうか?」
- イベントの開催《かいさい》まであと1時間《いちじかん》なので、会場《かいじょう》の準備《じゅんび》を**急《いそ》がなければ**。
- 進学《しんがく》するか、就職《しゅうしょく》するかは大事《だいじ》な問題《もんだい》だ。結論《けつろん》を**急《いそ》がない**でゆっくり考《かんが》えた方《ほう》がいい。

2 「急《いそ》ぐ」は、早《はや》く行《い》こうとするという意味《いみ》です。動1

- 父《ちち》が救急車《きゅうきゅうしゃ》で運《はこ》ばれたと連絡《れんらく》が入《はい》って、病院《びょういん》へ**急《いそ》いだ**。
- 飛行機《ひこうき》の出発時間《しゅっぱつじかん》まであと40分《よんじゅっぷん》しかない。**急《いそ》がない**と間《ま》に合《あ》わない。
- よく知《し》らない町《まち》で、目的地《もくてきち》に**急《いそ》いで**いるときは、タクシーが便利《べんり》だ。
- 雨《あめ》が降《ふ》ってきそうだったので、帰《かえ》り道《みち》を**急《いそ》いだ**。

いたい【痛い】

い形 名詞形 痛《いた》さ、痛《いた》み

1 「痛《いた》い」は、体《からだ》が傷《きず》ついたり、血《ち》が出《で》たりしてつらいという意味《いみ》です。い形

- 包丁《ほうちょう》で手《て》を切《き》ってしまった。**痛《いた》くて**涙《なみだ》が出《で》た。

- 手術《しゅじゅつ》をすることになった。**痛《いた》く**ないか心配《しんぱい》だ。
- 注射《ちゅうしゃ》は**痛《いた》い**ので嫌《きら》いです。

2 「痛《いた》い」は、病気《びょうき》でつらいという意味《いみ》です。 い形

- 風邪《かぜ》をひいて、頭《あたま》が**痛《いた》い**。熱《ねつ》もある。
- おなかが**痛《いた》かった**ので、薬《くすり》を飲《の》んだ。少《すこ》し楽《らく》になってきた。
- 虫歯《むしば》を長《なが》い間《あいだ》放《ほう》っておいたら、おとといから急《きゅう》に**痛《いた》く**なってきて夜《よる》も眠《ねむ》れない。

3 長《なが》い間《あいだ》同《おな》じ姿勢《しせい》をしたり、同《おな》じ場所《ばしょ》に力《ちから》が加《くわ》わったりして体《からだ》がつらいという意味《いみ》です。 い形

- 重《おも》いかばんを持《も》って歩《ある》き続《つづ》けたので、腕《うで》が**痛《いた》い**し、足《あし》も**痛《いた》い**。
- 長《なが》い時間《じかん》、車《くるま》に乗《の》っていると腰《こし》が**痛《いた》く**なる。
- ずっとスマホの画面《がめん》を見《み》ていたので、目《め》が**痛《いた》く**なってきた。

4 「痛《いた》い」は、気持《きも》ちがつらいという意味《いみ》です。 い形

- お金《かね》の入《はい》った財布《さいふ》を落《お》としてしまった。銀行《ぎんこう》でお金《かね》を下《お》ろしたばかりだったので**痛《いた》かった**。
- チームの1人《ひとり》がけがをしてしまった。試合《しあい》が近《ちか》いので、今《いま》、メンバーが減《へ》るのはとても**痛《いた》い**。
- 決勝戦《けっしょうせん》で負《ま》けた選手《せんしゅ》が泣《な》いていた。悔《くや》しい気持《きも》ちが**痛《いた》い**ほど分《わ》かる。

関連表現1

「頭《あたま》が痛《いた》い」は、解決《かいけつ》しなければいけない難《むずか》しい問題《もんだい》があって、困《こま》っているという意味《いみ》です。

- 難《むずか》しい問題《もんだい》が次々《つぎつぎ》に起《お》きて、**頭《あたま》が痛《いた》い**。どれから解決《かいけつ》すればいいのか分《わ》からない。
- 給料《きゅうりょう》が減《へ》ってしまった。今後《こんご》の生活《せいかつ》を考《かんが》えると、**頭《あたま》が痛《いた》く**なる。

関連表現2

「心《こころ》（胸《むね》）が痛《いた》い」は、かわいそうだったり、申《もう》し訳《わけ》ないと思《おも》ったりしてつらいという意味《いみ》です。

- 貧《まず》しくて学校《がっこう》に行《い》けない子供《こども》たちのことを思《おも》うと、**胸《むね》が痛《いた》い**。
- うちのマンションは、ペット禁止《きんし》だ。犬《いぬ》が好《す》きな娘《むすめ》の気持《きも》ちを思《おも》うと**心《こころ》が痛《いた》い**が、飼《か》うことはできない。

関連表現3

「耳《みみ》が痛《いた》い」は、自分《じぶん》の弱《よわ》いところを他《ほか》の人《ひと》に言《い》われて、自分《じぶん》でも「その通《とお》りだ」と思《おも》って、つらいという意味《いみ》です。

- 「忘《わす》れ物《もの》が多《おお》すぎる」と先生《せんせい》に叱《しか》られた。自分《じぶん》でも分《わ》かっていたが、**耳《みみ》が痛《いた》い**。
- 相手《あいて》にとって**耳《みみ》が痛《いた》い**話《はなし》をするときは、傷《きず》つけないよう、言《い》い方《かた》に注意《ちゅうい》した方《ほう》がいい。

いや【嫌】

な形

対 良《よ》い

1 「嫌《いや》」は、何《なに》かを見《み》たり聞《き》いたりして、気持《きも》ちが悪《わる》いという意味《いみ》です。**な形** **対** 良《よ》い（⇒p.448）

- 悪口《わるぐち》を言《い》われて、嫌《いや》な気持《きも》ちになった。
- 大雨《おおあめ》のときに外《そと》に出《で》ると、靴《くつ》が濡《ぬ》れるので嫌《いや》だ。
- キッチンから嫌《いや》な臭《にお》いがするので見《み》たら、鍋《なべ》の中《なか》のスープが腐《くさ》っていた。
- 突然《とつぜん》、何《なに》か悪《わる》いことが起《お》こりそうな、嫌《いや》な予感《よかん》がして不安《ふあん》になった。

2 「嫌《いや》」はしたくない気持《きも》ちだいう意味《いみ》です。**な形**

- 寒《さむ》い日《ひ》には、朝《あさ》ベッドから出《で》るのが嫌《いや》になる。
- 病気《びょうき》になるのは誰《だれ》だって嫌《いや》だ。健康《けんこう》が一番《いちばん》だ。
- 友人《ゆうじん》1《いち》「ねえ、買《か》い物《もの》に行《い》かない?」友人《ゆうじん》2《に》「えー、人混《ひとご》みは疲《つか》れるから嫌《いや》だよ。」

関連表現1 「嫌《いや》というほど」は、もうこれ以上《いじょう》は無理《むり》だという意味《いみ》です。とてもひどいという意味《いみ》でも使《つか》います。

- 暑《あつ》い夏《なつ》は、**嫌《いや》というほど**かき氷《ごおり》が食《た》べてみたくなる。
- 小学生《しょうがくせい》のとき、学校《がっこう》の成績《せいせき》が悪《わる》かったので、親《おや》に**嫌《いや》というほど**勉強《べんきょう》をさせられた。
- 外国《がいこく》で言葉《ことば》が通《つう》じないつらさを**嫌《いや》というほど**味《あじ》わった。もっと勉強《べんきょう》してから行《い》けばよかったと反省《はんせい》している。

いる【要る】

動1

1 **「要《い》る」は、目的《もくてき》のために必要《ひつよう》だったり、使《つか》わなければならなかったりするという意味《いみ》です。** 動1

- ガソリン代《だい》や、税金《ぜいきん》、駐車場代《ちゅうしゃじょうだい》など、車《くるま》を持《も》つにはお金《かね》が**要《い》る**。
- 外国語《がいこくご》を身《み》に付《つ》けるには、長《なが》い時間《じかん》勉強《べんきょう》を続《つづ》ける努力《どりょく》が**要《い》る**。
- 出張《しゅっちょう》には上司《じょうし》の許可《きょか》が**要《い》る**。自分一人《じぶんひとり》だけでは決《き》められない。
- 友達《ともだち》をつくるために言葉《ことば》は**要《い》らない**。ギターを弾《ひ》いて一緒《いっしょ》に歌《うた》を歌《うた》えば、誰《だれ》とでもすぐ仲良《なかよ》くなれる。

いれる【入れる】

動2 て形 入《い》れて

対 出《だ》す、除《のぞ》く、切《き》る、消《け》す

1 「入《い》れる」は、外《そと》にあるものを中《なか》に移《うつ》すという意味《いみ》です。 動2

対 出《だ》す（➡p.241）

- 車《くるま》を車庫《しゃこ》に**入《い》れる**。
- 寒《さむ》いのでポケットに手《て》を**入《い》れた**。
- １８０《ひゃくはちじゅう》度《ど》のオーブンに**入《い》れて**３０分《さんじゅっぷん》焼《や》いたらクッキーの出来上《できあ》がりです。
- （店《みせ》で会計中《かいけいちゅう》に）店員《てんいん》「全部《ぜんぶ》で１５００円《せんごひゃくえん》です。袋《ふくろ》に**入《い》れましょう**か？」
  客《きゃく》「いいえ、すぐ使《つか》うので、このままで結構《けっこう》です。」

2 「入《い》れる」は、組織《そしき》の仲間《なかま》や、何《なに》かをするときの仲間《なかま》にするという意味《いみ》です。 動2

- 音楽《おんがく》を楽《たの》しんでほしいので、子供《こども》を合唱団《がっしょうだん》に**入《い》れた**。
- 両親《りょうしん》は、私《わたし》が子供《こども》の頃《ころ》から学費《がくひ》を少《すこ》しずつためておいてくれた。そのお金《かね》で私《わたし》を大学《だいがく》に**入《い》れて**くれた。
- 新《あたら》しいプロジェクトの仲間《なかま》に、入社《にゅうしゃ》２年目《にねんめ》の若手《わかて》スタッフを**入《い》れよ**

うと考《かんが》えている。

3 「入《い》れる」は、一緒《いっしょ》にして計算《けいさん》するという意味《いみ》です。 動2 対 **除《のぞ》く**

- 私《わたし》を**入《い》れて**、8人《はちにん》で旅行《りょこう》に行《い》った。
- レポートの締《し》め切《き》りまで、今日《きょう》を**入《い》れて**10日《とおか》しかない。
- このコートが気《き》に入《い》ったが、消費税《しょうひぜい》を**入《い》れる**と予算《よさん》を超《こ》えてしまうので、買《か》うかどうか悩《なや》んでいる。

4 「入《い》れる」は、機械《きかい》に電気《でんき》を通《とお》して動《うご》かすという意味《いみ》です。主《おも》に「電源《でんげん》」「スイッチ」などと一緒《いっしょ》に使《つか》います。 動2 対 **切《き》る**（→p.151）、**消《け》す**（→p.169）

- 部屋《へや》が暑《あつ》いので、エアコンを**入《い》れた**。
- テレビの電源《でんげん》を**入《い》れた**が画面《がめん》が映《うつ》らない。壊《こわ》れてしまったようだ。
- 空気《くうき》が乾燥《かんそう》しているから、加湿器《かしつき》のスイッチを**入《い》れた**。

5 「入《い》れる」は、湯《ゆ》を使《つか》って茶《ちゃ》やコーヒーなどを作《つく》るという意味《いみ》です。 動2

- 友人1《ゆうじんいち》「ちょっと休憩《きゅうけい》しよう。」友人2《ゆうじんに》「そうだね。お茶《ちゃ》を**入《い》れる**よ。」
- 私《わたし》は、毎朝《まいあさ》熱《あつ》いコーヒーを**入《い》れて**飲《の》んでいる。
- 彼《かれ》はお茶《ちゃ》が大好《だいす》きで、**入《い》れる**道具《どうぐ》にもこだわっている。

関連表現1 「力《ちから》を入《い》れる」は、何《なに》かを大事《だいじ》にして頑張《がんば》るという意味《いみ》です。

● 海外《かいがい》から英語《えいご》での問《と》い合《あ》わせが増《ふ》えてきたので、今年《ことし》は英語《えいご》の勉強《べんきょう》に**力《ちから》を入《い》れたい**。

● この市《し》では子育《こそだ》ての応援《おうえん》に**力《ちから》を入《い》れて**いるので、子供《こども》のいる家族《かぞく》は住《す》みやすい。

関連表現2 「手《て》に入《い》れる」は、自分《じぶん》のものにするという意味《いみ》です。

● インターネットオークションで、欲《ほ》しかった時計《とけい》を**手《て》に入《い》れた**。古《ふる》い時計《とけい》で、店《みせ》では売《う》っていないので、とてもうれしい。

● バイト代《だい》が入《はい》ったので、欲《ほ》しかったパソコンをようやく**手《て》に入《い》れた**。

関連表現3 「手《て》を入《い》れる」は、あまり良《よ》くないものを直《なお》したりして良《よ》くするという意味《いみ》です。

● 学生《がくせい》の頃《ころ》使《つか》っていた自転車《じてんしゃ》は、古《ふる》くなってはいるが、ちょっと**手《て》を入《い》れれば**、まだ使《つか》えるだろう。

● 僕《ぼく》が作《つく》ったプレゼンテーションの資料《しりょう》は少《すこ》し分《わ》かりにくかったが、上司《じょうし》が**手《て》を入《い》れたら**とても分《わ》かりやすくなった。

関連表現4 「耳《みみ》に入《い》れる」は、人《ひと》に秘密《ひみつ》の情報《じょうほう》を教《おし》えるという意味《いみ》です。

● 母《はは》の健康診断《けんこうしんだん》の結果《けっか》が良《よ》くなかったと父《ちち》から連絡《れんらく》があった。妹《いもうと》の

耳《みみ》にも入《い》れておこう。

- 会社《かいしゃ》の将来《しょうらい》を決《き》める大事《だいじ》なプロジェクトが失敗《しっぱい》に終《お》わりそうだ。これは、社長《しゃちょう》の**耳《みみ》に入《い》れて**おいた方《ほう》がいいだろう。

いろいろ

な形 **副**

1 「いろいろ」は、種類《しゅるい》などがたくさんあるという意味《いみ》です。**な形** **副**

- ホテルの朝食《ちょうしょく》は**いろいろ**な料理《りょうり》が並《なら》んでいる。何《なに》を食《た》べたらいいか迷《まよ》う。
- 高校《こうこう》を卒業《そつぎょう》した後《あと》、進学《しんがく》したり就職《しゅうしょく》したり、クラスメートが進《すす》む道《みち》は**いろいろ**だ。
- オリンピックには、アジア、アフリカ、ヨーロッパなど**いろいろ**な国《くに》や地域《ちいき》から選手《せんしゅ》がやってくる。

うごく【動く】

動1　て形　動《うご》いて　名詞形　動《うご》き

対　止《と》まる

1 「動《うご》く」は、体《からだ》やものが場所《ばしょ》を変《か》えるという意味《いみ》です。または、体《からだ》やものの一部《いちぶ》が位置《いち》を変《か》えるという意味《いみ》です。 動1　対　止《と》まる

- 事故《じこ》で骨折《こっせつ》していた足《あし》が治《なお》って、やっと自由《じゆう》に**動《うご》ける**ようになった。
- 疲《つか》れて体《からだ》が**動《うご》かない**。
- 渋滞《じゅうたい》で、もう40分《よんじゅっぷん》も車《くるま》が**動《うご》かない**。
- 部屋《へや》はとても静《しず》かで、時計《とけい》の針《はり》が**動《うご》く**音《おと》だけが聞《き》こえる。
- 寝《ね》ている犬《いぬ》の尻尾《しっぽ》が、左右《さゆう》に**動《うご》いて**いる。夢《ゆめ》でも見《み》ているのだろうか。

2 「動《うご》く」は、機械《きかい》がきちんと目的《もくてき》のために使《つか》えるという意味《いみ》です。

動1

- 洗濯機《せんたくき》のスタートボタンを押《お》したが**動《うご》かない**。故障《こしょう》かもしれない。
- パソコンが**動《うご》かなく**なってしまった。再起動《さいきどう》しても駄目《だめ》なら修理《しゅうり》に出《だ》そう。
- うちのエアコンはもう古《ふる》くてデザインが悪《わる》いので、新《あたら》しいのに変《か》えようかと思《おも》うが、まだ**動《うご》く**ので悩《なや》んでいる。

関連表現１ 「心《こころ》が動《うご》く」は、何《なに》かを見《み》たり、話《はなし》を聞《き》いたりして、それに興味《きょうみ》を持《も》つことです。

- 猫《ねこ》を飼《か》うなんて考《かんが》えたこともなかったけれど、友達《ともだち》の家《いえ》の子猫《こねこ》を見《み》て**心《こころ》が動《うご》いた**。
- 会社《かいしゃ》を辞《や》めて田舎《いなか》でのびのびと暮《く》らしている友達《ともだち》の話《はなし》を聞《き》いて、田舎《いなか》暮《ぐ》らしに**心《こころ》が動《うご》いた**。

うすい【薄い】

い形　名詞形　薄《うす》さ

対　厚《あつ》い、濃《こ》い

1

「薄《うす》い」は、本《ほん》やガラスなどの表《おもて》と裏《うら》の距離《きょり》が小《ちい》さいという意味《いみ》です。い形　対　厚《あつ》い（→p.39）

- これは厚《あつ》さ1《いっ》センチくらいの**薄《うす》い**本《ほん》なので、すぐ読《よ》める。
- 私《わたし》の部屋《へや》は壁《かべ》が**薄《うす》くて**、隣《となり》の部屋《へや》の音《おと》がよく聞《き》こえる。
- 厚《あつ》いと食《た》べにくいので、パンを**薄《うす》く**切《き》った。

2

「薄《うす》い」は、色《いろ》が白《しろ》に近《ちか》かったり、色《いろ》が弱《よわ》くて見《み》えにくかったりするという意味《いみ》です。い形　対　濃《こ》い（→p.173）

● 白《しろ》いバラかと思《おも》ったが、近《ちか》くでよく見《み》ると**薄《うす》い**ピンクのバラだった。

● 印刷《いんさつ》した書類《しょるい》の字《じ》が**薄《うす》くて**、読《よ》みづらい。インクが足《た》りなかったようだ。

● シャツにお茶《ちゃ》をこぼして汚《よご》してしまった。しかし、洗《あら》うと、汚《よご》れが**薄《うす》く**なり、ほとんど目立《めだ》たなくなった。

3 「薄《うす》い」は、味《あじ》や匂《にお》いが弱《よわ》いという意味《いみ》です。 い形 対 濃《こ》い

（→p.173）

● このスープは味《あじ》が**薄《うす》い**。塩《しお》が足《た》りないようだ。

● 友達《ともだち》から借《か》りたハンカチは、**薄《うす》く**香水《こうすい》の匂《にお》いがする。

● 私《わたし》は、あまりしょっぱくない、**薄《うす》い**味付《あじつ》けが好《す》きだ。

4 「薄《うす》い」は、受《う》け取《と》る情報《じょうほう》が少《すく》ないという意味《いみ》です。

● その人《ひと》には一度《いちど》会《あ》ったことがあるが、印象《いんしょう》が**薄《うす》くて**、顔《かお》も名前《なまえ》も覚《おぼ》えていない。

● 新《あたら》しいサービスを広《ひろ》めるために広告《こうこく》を出《だ》したが、インパクトが**薄《うす》かった**ようで、ほとんど注目《ちゅうもく》されなかった。

● この選手《せんしゅ》は、目立《めだ》たないし、試合《しあい》でもあまり活躍《かつやく》していないので、存在感《そんざいかん》が**薄《うす》い**。

5 「薄《うす》い」は、ものや情報《じょうほう》が少《すく》なくて、密度《みつど》が低《ひく》いという意味《いみ》です。

い形 対 濃《こ》い（→p.173）

● 高《たか》い山《やま》の上《うえ》は空気《くうき》が**薄《うす》い**ので、登《のぼ》っているうちに息《いき》が苦《くる》しくなる。

- 祖父《そふ》は、年《とし》をとって髪《かみ》が**薄《うす》く**なってきた。
- この報告《ほうこく》書は内容《ないよう》が**薄《うす》くて**、ほとんど参考《さんこう》にならない。

6 「薄《うす》い」は、人《ひと》やものに対《たい》する気持《きも》ちがあまりないという意味《いみ》です。 い形

- この国《くに》では、政治《せいじ》に関心《かんしん》が**薄《うす》い**人《ひと》が多《おお》いせいか、選挙《せんきょ》の投票率《とうひょうりつ》が低《ひく》い。
- 最近《さいきん》、恋人《こいびと》があまり会《あ》ってくれない。私《わたし》への愛情《あいじょう》が**薄《うす》く**なったのだろうか。
- この国《くに》では、長《なが》い間《あいだ》不景気《ふけいき》が続《つづ》き、政府《せいふ》への信頼《しんらい》が**薄《うす》く**なっている。

7 「薄《うす》い」は、関係《かんけい》があまりないという意味《いみ》です。 い形

- 都会《とかい》では、人間関係《にんげんかんけい》が**薄《うす》く**なりがちだ。隣《となり》にどんな人《ひと》が住《す》んでいるのかも知《し》らないくらいだ。
- 友人１《ゆうじんいち》「トーマス・ヌグハラさんという人《ひと》を知《し》ってる？」友人２《ゆうじんに》「知《し》ってるよ。会《あ》ったときにあいさつをするくらいの**薄《うす》い**つながりだけど。」
- 野球《やきゅう》は、ヨーロッパでは馴染《なじ》みが**薄《うす》い**が、日本《にほん》やアメリカでは人気《にんき》のスポーツだ。

8 「薄《うす》い」は、可能性《かのうせい》が低《ひく》いという意味《いみ》です。 い形

- 宝《たから》くじが当《あ》たったら、海外旅行《かいがいりょこう》をしたい。でも、その可能性《かのうせい》は**薄《うす》い**と思《おも》う。

- 期日《きじつ》までに目標《もくひょう》を達成《たっせい》できる見込《みこ》みが**薄《うす》く**なってきた。何《なん》らかの対策《たいさく》が必要《ひつよう》だ。
- 彼女《かのじょ》と付《つ》き合《あ》いたいが、望《のぞ》みは**薄《うす》**そうだ。彼女《かのじょ》には、他《ほか》に好《す》きな人《ひと》がいるようだ。

うたう【歌う】

動1　**て形**　歌《うた》って

1　「歌《うた》う」は、メロディーやリズムを付《つ》けて、声《こえ》を出《だ》すという意味《いみ》です。**動1**

- 大《おお》きい声《こえ》で歌《うた》を**歌《うた》う**のはストレス解消《かいしょう》になるので楽《たの》しい。
- 試合《しあい》が始《はじ》まる前《まえ》、選手《せんしゅ》たちは一列《いちれつ》に並《なら》んで、大《おお》きい声《こえ》で国歌《こっか》を**歌《うた》った**。
- 近所《きんじょ》のおばさんは、いつも鼻歌《はなうた》を**歌《うた》い**ながら自転車《じてんしゃ》に乗《の》っている。

うつくしい【美しい】

い形 **名詞形** 美《うつく》しさ

対 醜《みにく》い

1 「美《うつく》しい」は、姿《すがた》や形《かたち》、色《いろ》、音《おと》などがきれいだという意味《いみ》です。

い形 **対** 醜《みにく》い

- リオのカーニバルでは、**美《うつく》しく**着飾《きかざ》ったダンサーが踊《おど》りながら街《まち》をパレードする。
- この場所《ばしょ》から見《み》える夕日《ゆうひ》は、とても**美《うつく》しい**。いつまでも眺《なが》めていたくなる。
- コンサートに行《い》った。フルートの**美《うつく》しい**音色《ねいろ》に感動《かんどう》した。

2 「美《うつく》しい」は、他《ほか》の人《ひと》を大切《たいせつ》に思《おも》う気持《きも》ちや行動《こうどう》が、感動《かんどう》するほど素晴《すば》らしいという意味《いみ》です。 **い形** **対** 醜《みにく》い

- 昨日《きのう》見《み》た映画《えいが》は、2人《ふたり》の少年《しょうねん》の**美《うつく》しい**友情《ゆうじょう》の物語《ものがたり》だった。
- 犬《いぬ》が、川《かわ》で溺《おぼ》れそうになった子供《こども》を助《たす》けたという**美《うつく》しい**話《はなし》が新聞《しんぶん》に載《の》っていた。
- 彼女《かのじょ》は、心《こころ》の**美《うつく》しい**人《ひと》だ。正直《しょうじき》で、誰《だれ》に対《たい》しても優《やさ》しく、みんなに愛《あい》されている。

うる【売る】

動1 **て形** 売《う》って

対 買《か》う

1 「売《う》る」は、金《かね》をもらって自分《じぶん》のものを他《ほか》の人《ひと》のものにするという意味《いみ》です。**動1** **対** 買《か》う（→p.114）

- 古《ふる》いパソコンを友達《ともだち》に1万円《いちまんえん》で**売《う》った**。
- 後輩《こうはい》「先輩《せんぱい》のお弁当《べんとう》、おいしそうですね。どこで**売《う》って**るんですか?」
  先輩《せんぱい》「会社《かいしゃ》の前《まえ》のベトナム料理屋《りょうりや》さんだよ。」
- 両親《りょうしん》は住《す》んでいた家《いえ》を**売《う》って**、駅《えき》の近《ちか》くのマンションを買《か》った。近所《きんじょ》にスーパーがあって暮《く》らしやすそうだ。
- 持《も》っている株《かぶ》が値上《ねあ》がりしたので、**売《う》る**ことにした。

関連表現1 「売《う》り切《き》れる」は、たくさんの人《ひと》が買《か》って、売《う》るものがなくなるという意味《いみ》です。

- 近所《きんじょ》の本屋《ほんや》に好《す》きな作家《さっか》の新《あたら》しい小説《しょうせつ》を買《か》いに行《い》ったが、**売《う》り切《き》れて**しまっていて買《か》うことができなかった。
- あのケーキ屋《や》さんは人気《にんき》で、夕方《ゆうがた》にはほとんどのケーキが**売《う》り切《き》れる**。買《か》うなら予約《よやく》をした方《ほう》がいい。

うるさい

い形

対 静《しず》かだ

1 「うるさい」は、音《おと》が大《おお》きすぎるという意味《いみ》です。悪《わる》い意味《いみ》で使《つか》います。**い形** 対 静《しず》かだ（→p.191）

- 姉《あね》「テレビの音《おと》、**うるさい**。もうちょっと小《ちい》さくして。」弟《おとうと》「分《わ》かったよ。」
- 恋人《こいびと》のいびきが**うるさい**ので、夜《よる》眠《ねむ》れなくて困《こま》っている。
- 今朝《けさ》から家《いえ》の前《まえ》で道路工事《どうろこうじ》をしている。**うるさくて**、窓《まど》が開《あ》けられない。

2 「うるさい」は、注意《ちゅうい》やアドバイス、意見《いけん》や行動《こうどう》がしつこくて嫌《いや》だという意味《いみ》です。**い形**

- 医者《いしゃ》が、たばこをやめろと**うるさく**言《い》うので、少《すこ》し減《へ》らすことにした。
- 親《おや》「いつまで起《お》きているんだ。早《はや》く寝《ね》なさい。」子《こ》「**うるさい**な。分《わ》かってるよ。」
- 友人《ゆうじん》1《いち》「親《おや》が、早《はや》く結婚《けっこん》しろって**うるさくて**、嫌《いや》になる。」友人《ゆうじん》2《に》「うわー、大変《たいへん》だね。」

3 「～にうるさい」は、～についてたくさん意見《いけん》があって、細《こま》かい

ことまで気《き》にするという意味《いみ》です。 **い形**

- 彼《かれ》は、おいしい料理《りょうり》をたくさん知《し》っているらしく、味《あじ》**にうるさい**。
- あの人《ひと》は、時間《じかん》**にうるさい**。誰《だれ》かが少《すこ》し遅刻《ちこく》しただけで、機嫌《きげん》が悪《わる》くなる。
- ファッションの勉強《べんきょう》をしたおかげで、洋服《ようふく》**にはうるさく**なった。

4 **「うるさい」は、絵《え》や写真《しゃしん》などに物《もの》や柄《がら》が多《おお》すぎたりして、見《み》にくくて嫌《いや》だという意味《いみ》です。** **い形**

- このポスターは、写真《しゃしん》や文字《もじ》が多《おお》すぎて、**うるさい**。もう少《すこ》しシンプルな方《ほう》が見《み》やすい。
- 友人1《ゆうじんいち》「このシャツ、ちょっと柄《がら》が派手《はで》で、**うるさい**かな。」友人2《ゆうじんに》「そうだね。無地《むじ》のシャツの方《ほう》がいいんじゃない?」
- 前髪《まえがみ》が伸《の》びて、**うるさい**。目《め》にかかって邪魔《じゃま》だから、短《みじか》く切《き》ろうと思《おも》う。

うれしい

い形 **名詞形** うれしさ

対 悲《かな》しい

1 **「うれしい」は、良《よ》いことがあって、楽《たの》しかったり、幸《しあわ》せだった**

りするという意味《いみ》です。**い形** **対** 悲《かな》しい（→p.123）

- テストで100点《ひゃくてん》を取《と》ることができて**うれしかった**。
- 近所《きんじょ》の喫茶店《きっさてん》は、コーヒーのおかわりが無料《むりょう》なのが**うれしい**。私《わたし》は、いつも2杯《にはい》か3杯《さんばい》飲《の》む。
- 友人《ゆうじん》「チャンドラさん、来週《らいしゅう》誕生日《たんじょうび》だよね。これ、ちょっと早《はや》いけど、プレゼント。」チャンドラ「わあ、**うれしい**。ありがとう。」
- 楽《たの》しみもなく、ただ寝《ね》てるだけの毎日《まいにち》だったら、100歳《ひゃくさい》まで生《い》きられてもあまり**うれしくない**。

うんてん【運転】

名 **動3**

1 **乗《の》り物《もの》や大《おお》きい機械《きかい》などを動《うご》かすことを、「運転《うんてん》」といいます。**

名 **動3**

- 夫《おっと》は車《くるま》の免許《めんきょ》を持《も》っていないので、いつも私《わたし》が**運転《うんてん》**します。
- エアコンを付《つ》けるときにはリモコンの「**運転《うんてん》**」ボタンを押《お》します。消《け》すときは「停止《ていし》」ボタンを押《お》します。
- 列車《れっしゃ》は事故《じこ》のために止《と》まっています。**運転《うんてん》**が再開《さいかい》するのは明日《あした》です。

えらい【偉い】

い形 **名詞形** 偉《えら》さ

1 「偉《えら》い」は、人《ひと》の行動《こうどう》が素晴《すば》らしいという意味《いみ》です。い形

- 将来《しょうらい》はノーベル賞《しょう》がもらえるような、**偉《えら》い**学者《がくしゃ》になりたい。
- 子《こ》「注射《ちゅうしゃ》、痛《いた》かったけど我慢《がまん》したよ。」親《おや》「よしよし。**偉《えら》かった**ね。」
- ジャックさんは、毎月《まいつき》両親《りょうしん》にお金《かね》を送《おく》っているそうだ。とても**偉《えら》い**と思《おも》う。

2 「偉《えら》い」は、社長《しゃちょう》や市長《しちょう》など、組織《そしき》や社会《しゃかい》の中《なか》で上《うえ》の地位《ちい》だという意味《いみ》です。い形

- 子《こ》「エジプトのピラミッドって、何《なん》のために作《つく》られたの？」親《おや》「**偉《えら》い**人《ひと》のお墓《はか》だと言《い》われてるよ。」
- 同級生《どうきゅうせい》はみんな**偉《えら》く**なった。会社社長《かいしゃしゃちょう》や政治家《せいじか》、大学教授《だいがくきょうじゅ》、弁護士《べんごし》などさまざまな仕事《しごと》をしている。
- 韓国《かんこく》では大統領《だいとうりょう》の方《ほう》が首相《しゅしょう》よりも**偉《えら》く**、大《おお》きい力《ちから》を持《も》っている。

3 「えらい」は、程度《ていど》が大《おお》きいという意味《いみ》です。い形

- 歯医者《はいしゃ》に行《い》ったら、とても混《こ》んでいて、診察《しんさつ》が始《はじ》まるまでに**えらく**

時間《じかん》がかかった。

● 交差点《こうさてん》で交通事故《こうつうじこ》があったらしい。人《ひと》がたくさん集《あつ》まって、**えらい**騒《さわ》ぎだった。

● 友達《ともだち》にコーヒー豆《まめ》をあげたら、**えらく**気《き》に入《い》ったようで、自分《じぶん》でも同《おな》じ豆《まめ》を買《か》うと言《い》っていた。

関連表現1 **「えらいこと」は、大変《たいへん》なことという意味《いみ》です。**

● 親《おや》「**えらいこと**になった。宝《たから》くじで1000万円《いっせんまんえん》当《あ》たったみたいだ。」
子《こ》「え！　1000万円《いっせんまんえん》？　そりゃ大変《たいへん》だ。」

● 生卵《なまたまご》を電子《でんし》レンジで温《あたた》めたら、卵《たまご》が爆発《ばくはつ》して**えらいこと**になった。

えらぶ【選ぶ】

動1 て形 **選《えら》んで**

1 「選《えら》ぶ」は、2《ふた》つ以上《いじょう》の中《なか》などから、1《ひと》つに決《き》めるという意味《いみ》です。

動1

● いろいろな種類《しゅるい》のケーキがあって迷《まよ》ったが、いちごのケーキを**選《えら》んだ**。

● 大学《だいがく》で、建築学《けんちくがく》を専攻《せんこう》するか、環境《かんきょう》デザインを専攻《せんこう》するか迷《まよ》ったが、建築学《けんちくがく》を**選《えら》んだ**。

● 応援《おうえん》している選手《せんしゅ》がオリンピックの代表《だいひょう》に**選**《えら》**ばれた**。

関連表現1 「言葉《ことば》を選《えら》ぶ」は、失礼《しつれい》だったり、相手《あいて》を傷《きず》つけたりするような言《い》い方《かた》をしないようにするという意味《いみ》です。

● 誰《だれ》かに注意《ちゅうい》するときは、仲《なか》が良《よ》くても**言葉**《ことば》**を選**《えら》**んで**伝《つた》えた方《ほう》がいい。

● メールやＳＮＳ《エスエヌエス》では、相手《あいて》の顔《かお》が見《み》えないので、できるだけ**言葉**《ことば》**を選**《えら》**ぶ**ようにしています。

おいしい

い形 **名詞形** おいしさ

対 まずい

1 「おいしい」は、食《た》べ物《もの》や飲《の》み物《もの》の味《あじ》が良《よ》いという意味《いみ》です。

い形 **対** まずい

● あの店《みせ》のお菓子《かし》はどれも**おいしい**。すぐに売《う》り切《き》れてしまうほど人気《にんき》だ。

● テレビで見《み》た料理《りょうり》がとても**おいし**そうで、よだれが出《で》た。

● 友人1《ゆうじんいち》「この店《みせ》のコーヒー、**おいしかった**ね。」友人2《ゆうじんに》「うん、そうだね。また来《き》たいね。」

2 「おいしい」は、良《よ》いことばかりだったり、得《とく》だったりするという意味《いみ》です。 い形

- 友人《ゆうじん》1《いち》「1日《いちにち》で50万円《ごじゅうまんえん》稼《かせ》げる仕事《しごと》があるんだって。」友人《ゆうじん》2《に》「そんな**おいしい**話《はなし》、あるかな。詐欺《さぎ》じゃないの?」
- 昨日《きのう》は、先輩《せんぱい》にごはんをおごってもらい、帰《かえ》りのタクシー代《だい》も払《はら》ってもらって、とても**おいしい**思《おも》いをした。
- 彼《かれ》はいつも**おいしい**ところを持《も》っていく。この前《まえ》のプロジェクトも、準備《じゅんび》は全部《ぜんぶ》私《わたし》がやったのに、彼《かれ》が代表《だいひょう》で発表《はっぴょう》をして周《まわ》りから高《たか》く評価《ひょうか》された。

関連表現1 「空気《くうき》がおいしい」は、空気《くうき》がきれいだという意味《いみ》です。山《やま》や森《もり》など、木《き》が多《おお》いところの空気《くうき》についていいます。

- (山《やま》で)友人《ゆうじん》1《いち》「やっぱり山《やま》の上《うえ》は**空気《くうき》がおいしい**ね。」友人《ゆうじん》2《に》「そうだね。車《くるま》の排気《はいき》ガスもないし、木《き》も多《おお》いし、きれいな空気《くうき》は気持《きも》ちが良《い》いね。」
- 週末《しゅうまつ》は田舎《いなか》の別荘《べっそう》で過《す》ごしている。**おいしい空気《くうき》**を吸《す》うと、リフレッシュできる。

おおい【多い】

い形 名詞形 多《おお》さ

対 少《すく》ない

1 「多《おお》い」は、数《かず》や量《りょう》がたくさんあるという意味《いみ》です。い形 対 少《すく》ない（→p.212）

● 教師《きょうし》１《いち》「今年《ことし》の留学生《りゅうがくせい》は、６０人《ろくじゅうにん》だって。」教師《きょうし》２《に》「へえ、今年《ことし》は**多《おお》いね**。去年《きょねん》は３０人《さんじゅうにん》くらいだったよね。」

● ハンバーガーショップでコーラを注文《ちゅうもん》した。喉《のど》が渇《かわ》いていたので、量《りょう》が**多《おお》い**Ｌ《エル》サイズにした。

● さっき自分《じぶん》が送《おく》ったメールを読《よ》み直《なお》してみたら、漢字《かんじ》の変換《へんかん》ミスが**多《おお》くて**、恥《は》ずかしくなった。

● 先週《せんしゅう》から新《あたら》しいアルバイトを始《はじ》めた。最初《さいしょ》のうちは覚《おぼ》えることが**多《おお》くて**大変《たいへん》だ。

2 「多《おお》い」は、数《かず》や量《りょう》が、必要《ひつよう》とする分《ぶん》よりたくさんあって、使《つか》わないものがあるという意味《いみ》です。い形 対 少《すく》ない（→p.212）

● 友人《ゆうじん》１《いち》「あれ、ケーキが７《なな》個《こ》ある。今日《きょう》集《あつ》まるのは全部《ぜんぶ》で６人《ろくにん》だよね？」友人《ゆうじん》２《に》「あ、１個《いっこ》**多《おお》かった**？」

- 注文《ちゅうもん》したお弁当《べんとう》は１０個《じゅっこ》だったのに、１２個《じゅうにこ》届《とど》いた。２つ《ふた》**多《おお》い**。
- 友人１《ゆうじんいち》「みんながたくさん食《た》べると思《おも》って、たくさん料理《りょうり》を作《つく》ったけど、余《あま》っちゃったね。」友人２《ゆうじんに》「ちょっと**多《おお》かった**ね。」

3 「多《おお》い」は、見《み》たり聞《き》いたりすることが、何度《なんど》もあるという意味《いみ》です。 **い形** **対** **少《すく》ない**（→p.212）

- 友人１《ゆうじんいち》「お昼《ひる》ごはんって、いつもどうしてる?」友人２《ゆうじんに》「自分《じぶん》で作《つく》ったお弁当《べんとう》を食《た》べることが**多《おお》い**よ。時々《ときどき》、会社《かいしゃ》の人《ひと》と近《ちか》くの定食屋《ていしょくや》に行《い》ったりもするけど。」
- 休日《きゅうじつ》は出《で》かけるより、家《いえ》で過《す》ごすことの方《ほう》が**多《おお》い**。料理《りょうり》をしたり、本《ほん》を読《よ》んだりして過《す》ごす。
- この病気《びょうき》は若《わか》い人《ひと》に**多《おお》い**。患者《かんじゃ》の８０％《はちじゅっパーセント》は、１５歳《じゅうごさい》から３０歳《さんじゅっさい》の間《あいだ》に発症《はっしょう》すると言《い》われている。

おおきい【大きい】

い形 **名詞形** **大《おお》きさ**

対 **小《ちい》さい**

1 「大《おお》きい」は、高《たか》さや長《なが》さが他《ほか》のものより長《なが》かったり、面積《めんせき》や体《たい》

積《せき》が他《ほか》のものより多《おお》かったりするという意味《いみ》です。 い形 対 小《ちい》さい（→p.258）

- ブラジルのリオデジャネイロには、高《たか》さ30《さんじゅう》メートルほどの**大《おお》きい**キリストの像《ぞう》がある。
- このかばんは小《ちい》さすぎて、物《もの》が入《はい》らない。もっと**大《おお》きい**のが欲《ほ》しい。
- L《エル》サイズのシャツを買《か》ったが、ちょっと**大《おお》き**すぎた。M《エム》サイズにすればよかった。

2 「大《おお》きい」は、ものや組織《そしき》に関係《かんけい》する人《ひと》が多《おお》いという意味《いみ》です。

い形 対 小《ちい》さい（→p.258）

- わが社《しゃ》は、この国《くに》で一番《いちばん》**大《おお》きい**自動車会社《じどうしゃがいしゃ》だ。何十万人《なんじゅうまんにん》もの人《ひと》が働《はたら》いていて、支社《ししゃ》もたくさんある。
- オリンピックは、世界中《せかいじゅう》から選手《せんしゅ》が集《あつ》まる、とても**大《おお》きい**スポーツ大会《たいかい》だ。
- 私《わたし》には、世界的《せかいてき》なオーケストラの指揮者《しきしゃ》になるという**大《おお》きい**夢《ゆめ》がある。

3 「大《おお》きい」は、数《かず》や量《りょう》が多《おお》いという意味《いみ》です。 い形 対 小《ちい》さい（→p.258）

- トランプで一番《いちばん》**大《おお》きい**数《かず》は13《じゅうさん》だ。
- 祖母《そぼ》は耳《みみ》が遠《とお》いので、テレビの音《おと》を**大《おお》きく**しないと聞《き》こえない。
- 通信技術《つうしんぎじゅつ》が発達《はったつ》したおかげで、動画《どうが》などの容量《ようりょう》の**大《おお》きい**データの送受信《そうじゅしん》がスムーズになった。

4 「大《おお》きい」は、子供《こども》の年齢《ねんれい》が上《うえ》だという意味《いみ》です。い形 対 小《ちい》さい（→p.258）

- 瞳《ひとみ》さんには、20代《にじゅうだい》の娘《むすめ》がいるそうだ。そんなに**大《おお》きい**子供《こども》がいるとは知《し》らなかった。
- 幼稚園《ようちえん》では、**大《おお》きい**子《こ》が小《ちい》さい子《こ》の相手《あいて》をして、仲良《なかよ》く遊《あそ》んでいる。
- 5歳《ごさい》の姪《めい》は、「**大《おお》きく**なったら学校《がっこう》の先生《せんせい》になりたい」と言《い》っている。

5 「大《おお》きい」は、程度《ていど》が強《つよ》いという意味《いみ》です。い形 対 小《ちい》さい（→p.258）

- 僕《ぼく》が蹴《け》ったボールは、ゴールを**大《おお》きく**外《はず》れた。
- 私《わたし》が住《す》んでいる町《まち》は、台風《たいふう》の被害《ひがい》が**大《おお》きかった**。
- 田舎《いなか》から大都市《だいとし》に引《ひ》っ越《こ》して、人生《じんせい》が**大《おお》きく**変《か》わった。
- 私《わたし》がボクシングを好《す》きになったのは、兄《あに》の影響《えいきょう》が**大《おお》きい**。

6 「大《おお》きい」は、とても影響《えいきょう》が強《つよ》いという意味《いみ》です。良《よ》い意味《いみ》で使《つか》います。い形

- 留学時代《りゅうがくじだい》、私《わたし》の考《かんが》え方《かた》を変《か》えるほどの**大《おお》きい**出会《であ》いがあった。水野《みずの》さんと知《し》り合《あ》っていなければ、今《いま》の自分《じぶん》はいなかっただろう。
- 昨日《きのう》の試合《しあい》は、前半《ぜんはん》に得点《とくてん》できたのが**大《おお》きかった**。それによって、勝《か》てるという自信《じしん》を持《も》つことができた。
- 何《なん》でも相談《そうだん》できる先輩《せんぱい》が近《ちか》くにいてくれることは、私《わたし》にとって、とても**大《おお》きい**。

関連表現1 「気《き》が大《おお》きくなる」は、得意《とくい》になったり酒《さけ》に酔《よ》ったりした人《ひと》が、強《つよ》くなったり、怖《こわ》いものがなくなったりするという意味《いみ》です。悪《わる》い意味《いみ》で使《つか》います。

- 私《わたし》はいつも、お酒《さけ》を飲《の》むと、**気《き》が大《おお》きくなって**、誰《だれ》にでもおごってしまう。
- 給料《きゅうりょう》が入《はい》ったので、**気《き》が大《おお》きくなり**、高《たか》い時計《とけい》を買《か》ってしまった。

関連表現2 「器《うつわ》が大《おお》きい」は、自分《じぶん》の損《そん》をあまり気《き》にしなかったり、他《ほか》の人《ひと》の大《おお》きい失敗《しっぱい》を許《ゆる》したりするという意味《いみ》です。良《よ》い意味《いみ》で使《つか》います。

- 上司《じょうし》のチャンさんは、部下《ぶか》がミスをしても責《せ》めず、励《はげ》ます。**器《うつわ》の大《おお》きい**人《ひと》だ。
- 姉《あね》は**器《うつわ》が大《おお》きい**。昔《むかし》、姉《あね》がお金《かね》に困《こま》った時《とき》、兄《あに》は姉《あね》を助《たす》けなかったのに、この間《あいだ》兄《あに》がお金《かね》に困《こま》っていると言《い》ったら姉《あね》はすぐに兄《あに》にお金《かね》を貸《か》した。

おかしい

い形 **名詞形** おかしさ

1 「おかしい」は、普通《ふつう》ではなくて、変《へん》だという意味《いみ》です。悪《わる》い

意味《いみ》で使《つか》います。 **い形**

- ペットの犬《いぬ》の様子《ようす》が朝《あさ》から**おかしくて**、餌《えさ》も全然《ぜんぜん》食《た》べないので、病院《びょういん》に連《つ》れて行《い》った。
- 患者《かんじゃ》「昨日《きのう》から指先《ゆびさき》が**おかしい**んです。しびれていて、うまく動《うご》かせません。」医者《いしゃ》「それじゃ、ちょっと見《み》てみましょう。」
- 隣《となり》の家《いえ》の楽器《がっき》の音《おと》がうるさくて、頭《あたま》が**おかしく**なりそうだ。

2 **「おかしい」は、自分《じぶん》が知《し》っていることや、考《かんが》えていること、覚《おぼ》えていることと合《あ》わなくて、変《へん》だという意味《いみ》です。** **い形**

- 電源《でんげん》を入《い》れたのにテレビがつかない。**おかしい**な、壊《こわ》れたのかな。
- 待《ま》ち合《あ》わせの場所《ばしょ》に友達《ともだち》が来《こ》ない。**おかしい**と思《おも》ったら私《わたし》が日《ひ》にちを間違《まちが》えていた。
- あれ、財布《さいふ》がない。かばんに入《い》れたはずなのに、**おかしい**な。
- 同《おな》じ仕事《しごと》なのに、男性《だんせい》の方《ほう》が女性《じょせい》より給料《きゅうりょう》が高《たか》いのは**おかしい**。

3 **「おかしい」は、誰《だれ》かの話《はなし》やしていることが笑《わら》いたくなるほどおもしろいという意味《いみ》です。** **い形**

- 父《ちち》は、いつも**おかしい**話《はなし》をしてみんなを笑《わら》わせる。
- チャップリンの映画《えいが》を見《み》た。動《うご》きや表情《ひょうじょう》が**おかしくて**、笑《わら》いが止《と》まらなかった。
- 彼女《かのじょ》の話《はなし》を聞《き》いて、みんなが笑《わら》ったが、私《わたし》には何《なに》が**おかしい**のか分《わ》からなかった。

おきる【起きる】

動2 **て形** 起《お》きて

対 寝《ね》る

1

「起《お》きる」は、ベッドなどに寝《ね》ていた人《ひと》や、横《よこ》に倒《たお》れていたものが、縦《たて》になるという意味《いみ》です。**動2** **対** 寝《ね》る（→p.336）

- 一晩《ひとばん》寝《ね》ても疲《つか》れが取《と》れなくて、目《め》は覚《さ》めているのにベッドから**起《お》きられない**。
- ジョギングをしているときに、石《いし》につまずいて転《ころ》んでしまった。だが、すぐに**起《お》きて**再《ふたた》び走《はし》った。
- 昨日《きのう》はめまいがして、横《よこ》になったまま**起《お》きられなかった**ので、会社《かいしゃ》を休《やす》みました。
- この人形《にんぎょう》は底《そこ》に重《おも》りが入《はい》っているので、倒《たお》しても**起《お》きる**仕掛《しか》けになっている。

2

「起《お》きる」は、寝《ね》ていた人《ひと》や動物《どうぶつ》が目《め》を覚《さ》ますという意味《いみ》です。

動2 **対** 寝《ね》る（→p.336）

- （家族《かぞく》に）「もう7時《しちじ》だよ。早《はや》く**起《お》きて**。遅刻《ちこく》するよ。」
- 昼寝《ひるね》をしていた赤《あか》ちゃんがインターホンの音《おと》で**起《お》きて**しまった。

- 寝《ね》ていたペットの猫《ねこ》が**起《お》きて**きた。おなかがすいているようだ。
- 熱帯魚《ねったいぎょ》は短《みじか》い時間《じかん》の間《あいだ》に、眠《ねむ》ったり**起《お》きたり**を繰《く》り返《かえ》している。

3 「起《お》きる」は、予測《よそく》していない出来事《できごと》が現《あらわ》れるという意味《いみ》です。

動2

- ジェームズさんの故郷《こきょう》で地震《じしん》が**起《お》きた**ことを、ニュースで知《し》りました。
- 演奏《えんそう》が終《お》わったとたん、コンサートホールに大《おお》きい拍手《はくしゅ》が**起《お》きました**。
- チヘさんのプレゼンテーションは、ユーモアがありテンポもいいので、いつも笑《わら》いが**起《お》きる**。
- 同《おな》じ薬《くすり》を飲《の》んでも、副作用《ふくさよう》が**起《お》きる**人《ひと》もいるし、全《まった》く副作用《ふくさよう》が出《で》ない人《ひと》もいる。

関連表現1 「～する気《き》が起《お》きない」は、～をしようという気持《きも》ちにならないという意味《いみ》です。

- 疲《つか》れていて何《なに》も**する気《き》が起《お》きない**。今日《きょう》は一日《いちにち》のんびり過《す》ごそう。
- 今日《きょう》はとても暑《あつ》い。こんなに暑《あつ》くては、仕事《しごと》を**する気《き》が起《お》きない**。

おく【置く】

動1　**て形**　**置《お》いて**

☞　～ておく（→p.288）

1 「置《お》く」は、持《も》っているものをその場所《ばしょ》に下《お》ろすという意味《いみ》です。

動1

- ホテルに荷物《にもつ》を**置《お》い**たら、すぐに観光《かんこう》に行《い》こう。
- 夫《おっと》「君《きみ》に手紙《てがみ》が来《き》てるよ。」妻《つま》「ありがとう。机《つくえ》の上《うえ》に**置《お》いて**おいて。」
- この薬《くすり》は危《あぶ》ないので、子供《こども》が触《さわ》れるところには**置《お》かないで**ください。

2 「置《お》く」は、何《なに》かをその場所《ばしょ》にそのままにして、自分《じぶん》は他《ほか》の場所《ばしょ》へ行《い》くという意味《いみ》です。「行《い》く」や「帰《かえ》る」などの、移動《いどう》の意味《いみ》の動詞《どうし》と一緒《いっしょ》に使《つか》います。**動1**

- 友人1《ゆうじんいち》「もう出《で》かけるよ。」友人2《ゆうじんに》「ちょっと待《ま》って！　**置《お》いて**行《い》かないで！」
- 今日《きょう》はスマホを家《いえ》に**置《お》いて**出《で》かけてしまった。スマホがないと本当《ほんとう》に不便《ふべん》だ。
- お酒《さけ》を飲《の》んだので、乗《の》って行《い》った車《くるま》を店《みせ》に**置《お》いて**タクシーで帰《かえ》った。

3 「置《お》く」は、人《ひと》や物《もの》を、別《べつ》の状態《じょうたい》の中《なか》に移《うつ》すという意味《いみ》です。 動1

- 韓国語《かんこくご》しか通《つう》じないという環境《かんきょう》に**置《お》かれたら**、すぐに韓国語《かんこくご》を話《はな》せるようになるだろう。
- この国《くに》は独立国家《どくりつこっか》だったが、戦争《せんそう》に負《ま》けて、勝《か》った国《くに》の支配下《しはいか》に**置《お》かれた**。
- NASA《ナサ》は、動物《どうぶつ》が無重力状態《むじゅうりょくじょうたい》に**置《お》かれた**ときの行動《こうどう》を観察《かんさつ》し、その映像《えいぞう》を公開《こうかい》した。

4 「置《お》く」は、物《もの》と物《もの》を離《はな》したり、時間《じかん》と時間《じかん》の間《あいだ》をあけたりするという意味《いみ》です。 動1

- 高速道路《こうそくどうろ》を走《はし》るときは、前《まえ》の車《くるま》と十分《じゅうぶん》に距離《きょり》を**置《お》いた**方《ほう》がいい。
- この薬《くすり》は1日《いちにち》2回《にかい》飲《の》んでください。1回目《いっかいめ》を飲《の》んでから、6時間《ろくじかん》以上《いじょう》**置《お》いて**、2回目《にかいめ》を飲《の》んでください。
- 友人1《ゆうじんいち》「千尋《ちひろ》ちゃん、電話《でんわ》に出《で》ないよ。」友人2《ゆうじんに》「今日《きょう》は家《いえ》にいるはずだよ。少《すこ》し**置《お》いて**もう一度《いちど》かけてみたら?」

関連表現1 「頭《あたま》に置《お》く」は、何《なに》かをするために大事《だいじ》なことを忘《わす》れないようにするという意味《いみ》です。

- 新《あたら》しいおもちゃを作《つく》るときは、子供《こども》が使《つか》うことを**頭《あたま》に置《お》いて**、丈夫《じょうぶ》に作《つく》る。
- 「価値観《かちかん》は人《ひと》それぞれだ」ということをいつも**頭《あたま》に置《お》いて**人《ひと》と付《つ》き合《あ》

うようにしている。

関連表現2 「距離《きょり》を置《お》く」は、人《ひと》とあまり関係《かんけい》を持《も》たないようにするという意味《いみ》です。

- 自慢話《じまんはなし》ばかりする友人《ゆうじん》が嫌《いや》になり、**距離《きょり》を置《お》く**ことにした。
- 私《わたし》と姉《あね》は会《あ》うといつもけんかになるので、姉《あね》とは**距離《きょり》を置《お》いて**いる。

関連表現3 「重点《じゅうてん》を置《お》く」は、何《なに》かを一番大事《いちばんだいじ》だと考《かんが》えるという意味《いみ》です。

- 恋人《こいびと》と行《い》くレストランを選《えら》ぶときは、味《あじ》に**重点《じゅうてん》を置《お》く**。値段《ねだん》が高《たか》くても気《き》にしない。
- 今住《います》んでいる部屋《へや》を決《き》めるときには、新《あたら》しさに**重点《じゅうてん》を置《お》いた**。ちょっと駅《えき》から遠《とお》いが、気《き》に入《い》っている。

おくる【送る】

動1 **て形** 送《おく》って **名詞形** 送《おく》り

対 届《とど》く、受《う》け取《と》る、迎《むか》える

1 「送《おく》る」は、物《もの》や情報《じょうほう》が目的《もくてき》の場所《ばしょ》に届《とど》くようにするという意味《いみ》

です。**動1** **対** 届《とど》く、受《う》け取《と》る

- 友人1《ゆうじんいち》「今日《きょう》撮《と》った写真《しゃしん》、後《あと》でメールで**送**《おく》**る**ね。」友人2《ゆうじんに》「うん、ありがとう。」
- 海外旅行《かいがいりょこう》に行《い》った友達《ともだち》が、旅先《たびさき》から絵《え》はがきを**送**《おく》**って**くれた。
- 息子《むすこ》「もしもし、お母《かあ》さん？　今日《きょう》、誕生日《たんじょうび》プレゼントを**送**《おく》**った**から、明日《あした》には届《とど》くと思《おも》う。」母《はは》「ありがとう。楽《たの》しみにしてるね。」

2 「送《おく》る」は、人《ひと》がどこかへ行《い》くときに、途中《とちゅう》まで一緒《いっしょ》に行《い》くという意味《いみ》です。動1 対 迎《むか》える（→p.417）

- アメリカへ帰国《きこく》する友達《ともだち》を空港《くうこう》まで**送**《おく》**った**。
- 友人1《ゆうじんいち》「あ、もうこんな時間《じかん》。そろそろ帰《かえ》るね。」友人2《ゆうじんに》「雨《あめ》が降《ふ》ってるから駅《えき》まで車《くるま》で**送**《おく》**る**よ。」
- 夫《おっと》は、毎朝《まいあさ》子供《こども》たちを小学校《しょうがっこう》に**送**《おく》**って**から仕事《しごと》に行《い》く。

3 「送《おく》る」は、毎日《まいにち》を生《い》きるという意味《いみ》です。動1

- 好《す》きなところに住《す》んで、好《す》きな仕事《しごと》をする。そんな幸《しあわ》せな毎日《まいにち》を**送**《おく》**る**のが夢《ゆめ》だ。
- アルバイトばかりの大学生活《だいがくせいかつ》を**送**《おく》**って**、全然《ぜんぜん》勉強《べんきょう》していなかったことを後悔《こうかい》している。
- この馬《うま》は、去年《きょねん》まで競馬《けいば》で活躍《かつやく》していた。引退《いんたい》してからは、静《しず》かな日々《ひび》を**送**《おく》**って**いる。

おさない【幼い】

い形　名詞形　幼《おさな》さ

1 「幼《おさな》い」は、1人《ひとり》では何《なに》もできないほど年齢《ねんれい》が小《ちい》さいという意味《いみ》です。い形

- 息子《むすこ》は、**幼《おさな》い**妹《いもうと》をとてもかわいがっている。
- 父《ちち》は私《わたし》が**幼《おさな》い**頃《ころ》に亡《な》くなったので、父《ちち》についての記憶《きおく》はほとんどない。
- 私《わたし》の会社《かいしゃ》には、**幼《おさな》い**子供《こども》がいる親《おや》も働《はたら》きやすいように、社内《しゃない》に託児所《たくじしょ》がある。

2 「幼《おさな》い」は、子供《こども》のようだという意味《いみ》です。い形

- ジンイーさんは、２０代半《にじゅうだいなか》ばだが、高校生《こうこうせい》のような**幼《おさな》い**顔《かお》をしている。
- 彼《かれ》は、大学生《だいがくせい》だと言《い》うが、見《み》た目《め》も、考《かんが》え方《かた》も子供《こども》っぽくて、とても**幼《おさな》い**印象《いんしょう》だ。
- 恋人《こいびと》は、考《かんが》え方《かた》が**幼《おさな》くて**、頼《たよ》りないと感《かん》じることがある。もっとしっかりしてほしい。

おしえる【教える】

動2　て形　教《おし》えて　名詞形　教《おし》え

対　教《おそ》わる、習《なら》う

1

「教《おし》える」は、相手《あいて》が、学問《がくもん》や技術《ぎじゅつ》などをできるようにするという意味《いみ》です。動2　対　教《おそ》わる、習《なら》う（→p.328）

- イージュンさんは学校《がっこう》の先生《せんせい》です。高校《こうこう》で数学《すうがく》を**教《おし》えて**います。
- 祖父《そふ》はいつも私《わたし》においしい料理《りょうり》の作《つく》り方《かた》を**教《おし》えて**くれた。おかげで料理《りょうり》が上手《じょうず》になった。
- マイケルさんは仕事《しごと》を**教《おし》える**のが上手《じょうず》で、部下《ぶか》を育《そだ》てるのがうまい。

2

「教《おし》える」は、自分《じぶん》が持《も》っている知識《ちしき》や情報《じょうほう》などを人《ひと》に分《わ》かるように伝《つた》えるという意味《いみ》です。動2

- インフォメーションセンターを探《さが》しています。行《い》き方《かた》を**教《おし》えて**ほしいのですが。
- 友人１《ゆうじんいち》「この近《ちか》くで、おいしいレストランを知《し》ってたら**教《おし》えて**ほしいんだけど。」友人２《ゆうじんに》「あ、お薦《すす》めのところあるよ。」
- 会社員《かいしゃいん》「データで資料《しりょう》をお送《おく》りしますので、メールアドレスを**教《おし》えて**もらえますか?」

おそい【遅い】

い形 名詞形 遅《おそ》さ

対 早《はや》い、速《はや》い

1 「遅《おそ》い」は、予定《よてい》していた時間《じかん》や、いつもの時間《じかん》より後《あと》だという意味《いみ》です。 い形 対 早《はや》い（→p.356）

- バスがなかなか来《こ》ない。**遅《おそ》い**なあ。
- 夫《おっと》「帰《かえ》りが**遅《おそ》かった**から心配《しんぱい》したよ。」妻《つま》「連絡《れんらく》しなくてごめん。仕事《しごと》が終《お》わらなくて。」
- 急《いそ》いで空港《くうこう》に向《む》かったが、**遅《おそ》かった**。飛行機《ひこうき》はもう出発《しゅっぱつ》していた。
- （メールで）「お返事《へんじ》が**遅《おそ》く**なってすみません。」

2 「遅《おそ》い」は、長《なが》い時間《じかん》かけても進《すす》むのが少《すこ》しだったり、何《なに》かをするのに必要《ひつよう》な時間《じかん》が長《なが》かったりするという意味《いみ》です。 い形 対 早い（→p.356）、速《はや》い（→p.358）

- 私《わたし》は、食《た》べるのが**遅《おそ》い**。食事《しょくじ》のとき、いつも食《た》べ終《お》わるのが最後《さいご》になる。
- リスニングの練習《れんしゅう》をするために、再生《さいせい》スピードを**遅《おそ》く**して、ゆっくり聞《き》いた。
- パソコンが古《ふる》くなって動作《どうさ》が**遅《おそ》く**なってきた。そろそろ買《か》い替《か》えよう。

- ペットの犬《いぬ》は、最近《さいきん》、年《とし》を取《と》ったせいか歩《ある》くのが**遅《おそ》く**なった。

3 「～ても、(もう) 遅《おそ》い」は、～をするのに良《よ》い時間《じかん》はもう過《す》ぎてしまったので、今《いま》から～をしても意味《いみ》がないという意味《いみ》です。 い形

- 課題《かだい》の提出期限《ていしゅつきげん》を過《す》ぎてしまった。今《いま》から提出《ていしゅつ》し**ても、もう遅《おそ》い。**
- 恋人《こいびと》1《いち》「この間《あいだ》は本当《ほんとう》にごめん。」恋人《こいびと》2《に》「今《いま》さら謝《あやま》っ**ても遅《おそ》い**よ。私《わたし》たち、もう別《わか》れよう。」
- プレゼンテーションで失敗《しっぱい》してしまった。後悔《こうかい》し**ても遅《おそ》い**が、もっとしっかり準備《じゅんび》しておくべきだった。

関連表現1 「遅《おそ》かれ早《はや》かれ」は、いつか必《かなら》ずという意味《いみ》です。

- 人《ひと》は、**遅《おそ》かれ早《はや》かれ**死《し》ぬ。
- 妹《いもうと》「どうしよう。お母《かあ》さんの大切《たいせつ》な指輪《ゆびわ》をなくしちゃった。言《い》ったら怒《おこ》るだろうな。」姉《あね》「**遅《おそ》かれ早《はや》かれ**、分《わ》かることなんだから、早《はや》く謝《あやま》った方《ほう》がいいよ。」

おそろしい【恐ろしい】

い形　名詞形　恐《おそ》ろしさ

1 「恐《おそ》ろしい」は、とても危《あぶ》なくて、怖《こわ》いという意味《いみ》です。い形

- 列車《れっしゃ》が脱線《だっせん》し、大勢《おおぜい》の人《ひと》が死《し》ぬという**恐《おそ》ろしい**事故《じこ》があった。
- 祖母《そぼ》は、私《わたし》に戦争中《せんそうちゅう》の**恐《おそ》ろしい**体験《たいけん》を何度《なんど》も話《はな》してくれた。戦争《せんそう》は二度《にど》としてはいけないと思《おも》う。
- この病気《びょうき》は、感染《かんせん》するとほぼ１００《ひゃく》％《パーセント》の確率《かくりつ》で死《し》んでしまう**恐《おそ》ろしい**病気《びょうき》だ。

2 「恐《おそ》ろしい」は、驚《おどろ》くほど程度《ていど》が大《おお》きいという意味《いみ》です。い形

- トラックが、**恐《おそ》ろしい**スピードで私《わたし》の車《くるま》を追《お》い越《こ》して行《い》った。
- 彼女《かのじょ》は、**恐《おそ》ろしく**記憶力《きおくりょく》が良《い》い。教科書《きょうかしょ》を一度《いちど》見《み》ただけで全部《ぜんぶ》覚《おぼ》えてしまう。
- 今年《ことし》の夏《なつ》は、**恐《おそ》ろしく**暑《あつ》い。毎日《まいにち》、信《しん》じられないくらいに気温《きおん》が上《あ》がっている。

おとなしい

い形 **名詞形** おとなしさ

対 派手《はで》だ

1 「おとなしい」は、自分《じぶん》の意見《いけん》をあまり言《い》わないような、静《しず》かな性格《せいかく》だという意味《いみ》です。い形

- 彼《かれ》は入社《にゅうしゃ》したばかりの頃《ころ》は**おとなしい**人《ひと》だと思《おも》ったが、実際《じっさい》はとても積極的《せっきょくてき》でリーダーシップのある人《ひと》だった。
- 普段《ふだん》はとても**おとなしい**彼女《かのじょ》が、お酒《さけ》を飲《の》むと、とても陽気《ようき》になってよくしゃべるので驚《おどろ》いた。
- 兄《あに》はスポーツが得意《とくい》で社交的《しゃこうてき》だが、弟《おとうと》は**おとなしくて**読書《どくしょ》が趣味《しゅみ》だ。兄弟《きょうだい》でも性格《せいかく》は全然《ぜんぜん》似《に》ていない。

2 「おとなしい」は、子供《こども》や動物《どうぶつ》が、大《おお》きい声《こえ》を出《だ》さないで静《しず》かだという意味《いみ》です。い形

- 赤《あか》ちゃんを連《つ》れて飛行機《ひこうき》に乗《の》ったが、ずっと**おとなしく**寝《ね》ていてくれたので楽《らく》だった。
- ペットの犬《いぬ》はとても**おとなしくて**、めったに吠《ほ》えない。
- 隣《となり》の部屋《へや》で大《おお》きい声《こえ》を出《だ》して遊《あそ》んでいた子供《こども》たちが**おとなしく**なった。

様子《ようす》を見《み》に行《い》くと、みんな夢中《むちゅう》で漫画《まんが》を読《よ》んでいた。

あ

3 **「おとなしい」は、動物《どうぶつ》が、人《ひと》や他《ほか》の動物《どうぶつ》を傷《きず》つけないような静《しず》かな性格《せいかく》だという意味《いみ》です。** い形

- （動物園《どうぶつえん》で）スタッフ「この亀《かめ》は**おとなしい**ので噛《か》んだりしません。触《さわ》っても大丈夫《だいじょうぶ》ですよ。」
- 馬《うま》は基本的《きほんてき》に**おとなしい**動物《どうぶつ》だが、驚《おどろ》いたり興奮《こうふん》したりすると暴《あば》れることがある。
- ペットの猫《ねこ》は、子猫《こねこ》の頃《ころ》はよく引《ひ》っかいたり噛《か》んだりしたが、年《とし》を取《と》ってすっかり**おとなしく**なった。

4 **「おとなしい」は、物《もの》の色《いろ》や模様《もよう》があまり目立《めだ》っていないという意味《いみ》です。** い形 対 派手《はで》だ

- 彼女《かのじょ》はいつも黒《くろ》や紺《こん》など、**おとなしい**色《いろ》の洋服《ようふく》ばかり着《き》ている。
- 黄色《きいろ》い自転車《じてんしゃ》を買《か》った。思《おも》ったより目立《めだ》つので、もう少《すこ》し**おとなしい**色《いろ》にすればよかった。
- ２０代《にじゅうだい》の頃《ころ》は派手《はで》な服《ふく》が好《す》きだったが、３０代《さんじゅうだい》になって好《この》みが変《か》わって、**おとなしい**服《ふく》を選《えら》ぶようになった。

おなじ【同じ】

な形

対 別《べつ》、違《ちが》う

1 「同《おな》じ」は、別《べつ》のものではなくて、1《ひと》つのものだという意味《いみ》です。

な形 **対** 別《べつ》（→p.390）

- 私《わたし》とリンさんは**同《おな》じ**町《まち》に住《す》んでいて家《いえ》も近《ちか》い。
- 友達《ともだち》と**同《おな》じ**電車《でんしゃ》に乗《の》るつもりだったのに、寝坊《ねぼう》したので乗《の》れなかった。
- 先月《せんげつ》買《か》ったバッグと**同《おな》じ**ブランドの靴《くつ》を買《か》いました。
- もう何年《なんねん》も**同《おな》じ**かばんを使《つか》っている。古《ふる》くなってきたので、そろそろ買《か》い替《か》えたい。

2 「同《おな》じ」は、2《ふた》つ以上《いじょう》のものが、種類《しゅるい》が一緒《いっしょ》だったり、とても似《に》ていたりするという意味《いみ》です。**な形** **対** 違《ちが》う（→p.264）

- 若《わか》い頃《ころ》、彼《かれ》と私《わたし》はオリンピックに出《で》るという**同《おな》じ**夢《ゆめ》を追《お》いかけていました。
- また**同《おな》じ**間違《まちが》いをしないように、テストで間違《まちが》えたところはよく復習《ふくしゅう》しておこう。
- 友人《ゆうじん》1《いち》「あ、それ私《わたし》のペン。」友人《ゆうじん》2《に》「あ、ごめん。**同《おな》じ**の持《も》ってるから間違《まちが》えちゃった。」

● （喫茶店《きっさてん》で）店員《てんいん》「ご注文《ちゅうもん》は?」友人1《ゆうじんいち》「カフェオレください。」

友人2《ゆうじんに》「あ、私《わたし》も**同《おな》じ**のをください。」

おぼえる【覚える】

動2 **て形** **覚《おぼ》えて** **名詞形** **覚《おぼ》え**

対 **忘《わす》れる**

1 **「覚《おぼ》える」は、見《み》たり、聞《き》いたりしたことを心《こころ》や頭《あたま》に長《なが》く残《のこ》すという意味《いみ》です。** **動2** **対** **忘《わす》れる**（→p.467）

● 外国語《がいこくご》を勉強《べんきょう》するときは、その言葉《ことば》をたくさん使《つか》えば使《つか》うほど、早《はや》く**覚《おぼ》えられる**。

● 私《わたし》は人《ひと》の名前《なまえ》を**覚《おぼ》える**のが苦手《にがて》で、声《こえ》を掛《か》けたいのに、名前《なまえ》が思《おも》い出《だ》せなくて困《こま》る。

● ２０年《にじゅうねん》ぶりに同窓会《どうそうかい》に出席《しゅっせき》したら、顔《かお》は**覚《おぼ》えて**いるけど名前《なまえ》が思《おも》い出《だ》せない人《ひと》が何人《なんにん》かいて、話《はな》しかけるときに困《こま》った。

2 **「覚《おぼ》える」は、学《まな》んだり習《なら》ったりして、できるようになるという意味《いみ》です。** **動2**

- ブイさんは他《ほか》の社員《しゃいん》より仕事《しごと》を**覚《おぼ》える**のが早《はや》い。
- 祖父《そふ》は、パソコンの操作《そうさ》を**覚《おぼ》えて**、趣味《しゅみ》のブログを立《た》ち上《あ》げた。
- 最近《さいきん》飼《か》い始《はじ》めた犬《いぬ》が、ようやく「待《ま》て」という指示《しじ》を**覚《おぼ》えた**。

3 「覚《おぼ》える」は、体《からだ》や心《こころ》で感《かん》じるという意味《いみ》です。 動2

- あの時《とき》の上司《じょうし》の理不尽《りふじん》な対応《たいおう》には、怒《いか》りを**覚《おぼ》えました**。
- 彼《かれ》とは好《す》きな作家《さっか》が同《おな》じだと分《わ》かって、親近感《しんきんかん》を**覚《おぼ》えた**。
- 新《あたら》しく開発《かいはつ》されたロボットと会話《かいわ》をしてみたが、違和感《いわかん》を**覚《おぼ》える**ことはなく、人間《にんげん》と話《はな》しているようだった。

4 「覚《おぼ》える」は、良《よ》くない行動《こうどう》をするようになるという意味《いみ》です。 動2

- たばこを**覚《おぼ》えて**も、悪《わる》いことしかないよ。体《からだ》にも悪《わる》いし、お金《かね》もかかるし。
- 最近《さいきん》、息子《むすこ》はお酒《さけ》の味《あじ》を**覚《おぼ》えて**、毎日《まいにち》酔《よ》っ払《ぱら》って帰《かえ》ってくるので心配《しんぱい》だ。
- 愛美《あみ》さんは、離婚《りこん》してからギャンブルを**覚《おぼ》えて**しまい、借金《しゃっきん》までしているらしい。

おもい【重い】

い形 **名詞形** 重《おも》さ、重《おも》み

対 軽《かる》い

1 「重《おも》い」は、持《も》ち上《あ》げたり、動《うご》かしたりするのに大《おお》きい力《ちから》が必要《ひつよう》だという意味《いみ》です。**い形** **対** 軽《かる》い（→p.130）

- 今《いま》使《つか》っているノートパソコンは**重《おも》くて**、毎日《まいにち》持《も》ち運《はこ》ぶのが大変《たいへん》だ。あと500《ごひゃく》グラムくらい軽《かる》いのが欲《ほ》しい。
- 最近《さいきん》、体《からだ》が**重《おも》い**と思《おも》って体重《たいじゅう》を量《はか》ったら、5《ご》キロも増《ふ》えていた。ちょっと痩《や》せなくては。
- 同僚1《どうりょういち》「すみません。このダンボール運《はこ》ぶの手伝《てつだ》ってもらえませんか。**重《おも》くて**1人《ひとり》では持《も》ち上《あ》げられなくて。」同僚2《どうりょうに》「分《わ》かりました。」

2 「重《おも》い」は、人《ひと》の動《うご》きが遅《おそ》いという意味《いみ》です。**い形**

- 歯医者《はいしゃ》に行《い》かなければならないが、痛《いた》い思《おも》いをすると思《おも》うと、足《あし》が**重《おも》く**なる。
- 私《わたし》が好《す》きなサッカー選手《せんしゅ》は、最近《さいきん》、動《うご》きが**重《おも》い**ような気《き》がする。太《ふと》りすぎじゃないだろうか。
- 試験《しけん》の結果《けっか》を伝《つた》える兄《あに》の口調《くちょう》が**重《おも》い**と思《おも》ったら、やはり不合格《ふごうかく》だった。

3 「重《おも》い」は、コンピュータが計算《けいさん》をしたり、働《はたら》いたりするのが遅《おそ》いという意味《いみ》です。 い形

- 友人1《ゆうじんいち》「パソコンが古《ふる》くなって、処理《しょり》が**重《おも》く**なってきちゃったんだよね。買《か》い替《か》えようかな。」友人2《ゆうじんに》「パソコンが遅《おそ》いと、いらいらするもんね。」
- 一度《いちど》にたくさんのアプリを立《た》ち上《あ》げると、スマホが**重《おも》く**なることがある。そんなときは、使《つか》っていないアプリを終了《しゅうりょう》させると解決《かいけつ》することがある。
- 動画《どうが》の編集《へんしゅう》をしていたら、途中《とちゅう》からパソコンの動《うご》きがものすごく**重《おも》く**なって、最後《さいご》にはフリーズしてしまった。

4 「重《おも》い」は、心配《しんぱい》なことや、嫌《いや》なことがあって、気持《きも》ちが暗《くら》いという意味《いみ》です。 い形 対 軽《かる》い（→p.130）

- 来週《らいしゅう》、仕事《しごと》でとても重要《じゅうよう》な交渉《こうしょう》が控《ひか》えている。もしもうまくいかなかったらと思《おも》うと、気《き》が**重《おも》い**。
- 日曜日《にちようび》が終《お》わってしまう。明日《あした》からまた仕事《しごと》だと思《おも》うと、気分《きぶん》が**重《おも》い**。
- 大雨《おおあめ》で洪水《こうずい》が起《お》きたというニュースを見《み》た。被害《ひがい》にあった人《ひと》たちのことを思《おも》うと、心《こころ》が**重《おも》く**なる。

5 「重《おも》い」は、程度《ていど》が大《おお》きいという意味《いみ》です。悪《わる》い意味《いみ》で使《つか》います。 い形 対 軽《かる》い（→p.130）

- 子《こ》「おじいちゃんの病気《びょうき》、**重《おも》い**の？」親《おや》「いや、そんなに悪《わる》い病気《びょうき》じゃないから心配《しんぱい》しなくていいよ。」

- 私《わたし》は、次《つぎ》のプロジェクトでリーダーを任《まか》された。これまでより責任《せきにん》が**重《おも》く**なるので、一生懸命頑張《いっしょうけんめいがんば》ろうと思《おも》う。
- 自動車事故《じどうしゃじこ》を起《お》こして人《ひと》にけがをさせてしまったときに、けが人《にん》を助《たす》けずに逃《に》げると、罪《つみ》が**重《おも》く**なる。

関連表現1 **「荷《に》が重《おも》い」は、自分《じぶん》の力《ちから》と比《くら》べて仕事《しごと》が大変《たいへん》だという意味《いみ》です。**

- 上司《じょうし》「メアリー社《しゃ》との仕事《しごと》を、クリスチャンさんに頼《たの》もう思《おも》う。」部下《ぶか》「彼《かれ》はまだ経験《けいけん》が少《すく》ないから、1人《ひとり》じゃ**荷《に》が重《おも》い**と思《おも》います。私《わたし》が手伝《てつだ》いましょうか？」
- 私《わたし》はアルバイトなのに、店長《てんちょう》がやるような仕事《しごと》もやらなくてはいけないなんて、正直《しょうじき》、**荷《に》が重《おも》い**。

おもしろい【面白い】

い形 **名詞形** **面白《おもしろ》さ、面白《おもしろ》み**

対 **退屈《たいくつ》だ、つまらない**

1 **「面白《おもしろ》い」は、楽《たの》しい気持《きも》ちだという意味《いみ》です。** **い形** **対** **退屈《たいくつ》だ（→p.234）、つまらない（→p.278）**

- 妹《いもうと》「あー、つまんないな。なんか**面白《おもしろ》い**ことないかな。」兄《あに》「家《いえ》の中《なか》にいないで、どこかに出《で》かけてみたら？」
- 両親《りょうしん》が、弟《おとうと》ばかりかわいがるので、私《わたし》は**面白《おもしろ》くない**。
- 仲《なか》の良《よ》い友達《ともだち》がいないので、学校《がっこう》は**面白《おもしろ》くない**。

2 「面白《おもしろ》い」は、笑《わら》いたくなる気持《きも》ちだという意味《いみ》です。 い形

- ジョーンズさんは、**面白《おもしろ》い**人《ひと》で、いつもみんなを笑《わら》わせている。
- あのコメディアンの出《で》ているテレビ番組《ばんぐみ》は、いつも**面白《おもしろ》くて**笑《わら》える。
- 動画《どうが》サイトで見《み》た映像《えいぞう》が**面白《おもしろ》**すぎて、笑《わら》いが止《と》まらない。

3 もっと知《し》りたいと思《おも》うことを「面白《おもしろ》い」といいます。 い形

対 **退屈《たいくつ》だ(→p.234)、つまらない(→p.278)**

- カスティーヨ先生《せんせい》の話《はなし》は、とても興味深《きょうみぶか》くて、**面白《おもしろ》い**。
- 友達《ともだち》から本《ほん》を借《か》りた。**面白《おもしろ》かった**ので、夢中《むちゅう》で読《よ》んだ。
- 友人《ゆうじん》1《いち》「会社《かいしゃ》を作《つく》ろうと思《おも》うんだけど、興味《きょうみ》ない？」友人《ゆうじん》2《に》「**面白《おもしろ》**そうだね。どんな会社《かいしゃ》？」

およぐ【泳ぐ】

動1 て形 **泳《およ》いで** 名詞形 **泳《およ》ぎ**

1 「泳《およ》ぐ」は、人《ひと》や動物《どうぶつ》が水《みず》に浮《う》かんで進《すす》むという意味《いみ》です。

動1

- 娘《むすめ》は**泳《およ》ぐ**のが好《す》きで、学校《がっこう》から帰《かえ》るとすぐ近所《きんじょ》のプールに行《い》きたがる。
- この川《かわ》には、たくさんの魚《さかな》が**泳《およ》いで**いる。
- 子供《こども》の頃《ころ》はよく川《かわ》や湖《みずうみ》で**泳《およ》いだ**が、最近《さいきん》はプールでしか**泳《およ》がない**。

関連表現1 「目《め》が泳《およ》ぐ」は、不安《ふあん》などがあって、相手《あいて》の顔《かお》がきちんと見《み》られなくて目《め》が動《うご》くという意味《いみ》です。

- 仕事《しごと》の面接《めんせつ》で答《こた》えにくい質問《しつもん》をされて、思《おも》わず**目《め》が泳《およ》いで**しまった。
- 彼《かれ》は焦《あせ》っているときや緊張《きんちょう》しているとき、よく**目《め》が泳《およ》ぐ**。

おりる【降りる】

動2 **て形** **降《お》りて**

対 **上《あ》がる、登《のぼ》る、乗《の》る、座《すわ》る、就《つ》く**

1 「降《お》りる」は、高《たか》いところから低《ひく》いところに移動《いどう》するという意味《いみ》です。動2 対 上《あ》がる、登《のぼ》る、乗《の》る（→p.340）

- エレベーターで6階《ろっかい》から1階《いっかい》へ**降《お》りる。**
- ペットの猫《ねこ》はすぐにテーブルの上《うえ》に乗《の》る。そのたびに母《はは》は「**降《お》りなさい**」と注意《ちゅうい》している。
- 猫《ねこ》が木《き》に登《のぼ》ったまま、**降《お》りられなく**なって鳴《な》いている。

2 「降《お》りる」は、乗《の》り物《もの》から外《そと》に出《で》るという意味《いみ》です。動2 対 乗《の》る（→p.340）

- 飛行機《ひこうき》を**降《お》りる**ときは、棚《たな》に入《い》れた荷物《にもつ》を忘《わす》れないように注意《ちゅうい》してください。
- 博物館《はくぶつかん》に行《い》くには、どの駅《えき》で**降《お》りれば**いいですか？
- 目的地《もくてきち》に着《つ》いたので、タクシーを**降《お》りた。**

3 「降《お》りる」は、役目《やくめ》、仕事《しごと》、身分《みぶん》などを離《はな》れるという意味《いみ》です。

動2 **対** 座《すわ》る（→p.224）、就《つ》く

- 彼女《かのじょ》は高齢《こうれい》を理由《りゆう》に代表《だいひょう》の座《ざ》を**降《お》りる**ことを決《き》めた。
- その俳優《はいゆう》は主役《しゅやく》に決《き》まっていたが、病気《びょうき》になって役《やく》を**降《お》りる**ことになった。
- 仕事《しごと》を引《ひ》き受《う》けた後《あと》に、条件《じょうけん》がかなり変《か》わって大変《たいへん》になったので、私《わたし》はその仕事《しごと》を**降《お》りた**。

関連表現1 **寒《さむ》い日《ひ》に、水分《すいぶん》が凍《こお》って、地面《じめん》や物《もの》に氷《こおり》が付《つ》くことを「霜《しも》が降《お》りる」といいます。**

- 夫《おっと》「今朝《けさ》はすごく寒《さむ》いね。」妻《つま》「うん。庭《にわ》に**霜《しも》が降《お》りて**たよ。」
- 畑《はたけ》に**霜《しも》が降《お》りて**、植物《しょくぶつ》が枯《か》れてしまった。
- 車《くるま》のフロントガラスに**霜《しも》が降《お》りた**ので、お湯《ゆ》をかけて取《と》った。

おわる【終わる】

動1 **て形** 終《お》わって **名詞形** 終《お》わり

☞ 終《お》える **対** 始《はじ》まる、始《はじ》める

1 **「終《お》わる」は、それまでしていたことや、続《つづ》いていたことが止《と》まるという意味《いみ》です。** **動1** **対** 始《はじ》まる（→p.348）

- この作業《さぎょう》が**終《お》わったら**、休憩《きゅうけい》にしよう。
- 虫歯《むしば》の治療《ちりょう》で歯医者《はいしゃ》に通《かよ》っていたけど、今日《きょう》でようやく治療《ちりょう》が**終《お》わる**。
- ハッピーエンドで**終《お》わる**映画《えいが》は、幸《しあわ》せな気持《きも》ちになれるので好《す》きです。

2 「～に終《お》わる」は、最後《さいご》に、～のような結果《けっか》になるという意味《いみ》です。

動1

- クイズ大会《たいかい》で優勝《ゆうしょう》した。予想以上《よそういじょう》の良《い》い結果《けっか》**に終《お》わって**、とてもうれしい。
- 彼《かれ》の調査《ちょうさ》は十分《じゅうぶん》ではないので、プロジェクトはきっと失敗《しっぱい》**に終《お》わる**だろうと誰《だれ》もが思《おも》っていた。
- 前《まえ》の政権《せいけん》は短命《たんめい》**に終《お》わった**が、功績《こうせき》はずっと残《のこ》るだろう。

3 「～を終《お》わる」は、それまでしていたことや、続《つづ》いてきたことを止《と》めるという意味《いみ》です。主《おも》に、あいさつや発表《はっぴょう》で使《つか》います。**動1**

対 始《はじ》める（→p.350）

- これで講演《こうえん》**を終《お》わります**。本日《ほんじつ》はご参加《さんか》いただきありがとうございました。
- これで今日《きょう》の授業《じゅぎょう》**を終《お》わります**。では、また来週《らいしゅう》の水曜日《すいようび》に。
- 以上《いじょう》で私《わたし》からのあいさつ**を終《お》わります**。ご清聴《せいちょう》ありがとうございました。

関連表現1 「～終《お》わる」は、～するのが完了《かんりょう》するという意味《いみ》です。

- 食《た》べ**終《お》わったら**、食器《しょっき》を片付《かたづ》けて、テーブルを拭《ふ》いてください。

- テレビドラマのシーズン1《ワン》を見《み》**終《お》わったら**、シーズン2《ツー》が気《き》になって仕方《しかた》がない。
- 友人1《ゆうじんいち》「その本《ほん》、読《よ》み**終《お》わったら**貸《か》してくれる?」友人2《ゆうじんに》「うん、いいよ。」

かいもの【買い物】

名 動3

1 店《みせ》などに行《い》って金《かね》を払《はら》って、欲《ほ》しいものを自分《じぶん》のものにすることを「買《か》い物《もの》」といいます。名 動3

- 私《わたし》は仕事帰《しごとがえ》りに、いつもスーパーで**買《か》い物《もの》**をします。夕食《ゆうしょく》のおかずや翌日《よくじつ》の朝《あさ》ごはんを買《か》います。
- このお店《みせ》の店員《てんいん》さんはとても丁寧《ていねい》に商品《しょうひん》の説明《せつめい》をしてくれた。またこの店《みせ》で**買《か》い物《もの》**したい。
- 町《まち》の中心《ちゅうしん》には**買《か》い物《もの》**する場所《ばしょ》がたくさんあります。小《ち》さい店《みせ》やスーパー、大《おお》きいデパートもあります。

関連表現1 品物《しなもの》を買《か》った人《ひと》が得《とく》することを、「良《よ》い買《か》い物《もの》」といいます。

- この靴《くつ》は安《やす》いのに丈夫《じょうぶ》で疲《つか》れにくいので、**良《い》い買《か》い物《もの》**をしたなと思《おも》います。
- この枕《まくら》を買《か》ったときは「ちょっと高《たか》いかな」と思《おも》いましたが、**良《い》い買《か》い物《もの》**でした。実際《じっさい》に使《つか》ってみるととても快適《かいてき》で、よく眠《ねむ》れます。値段《ねだん》以上《いじょう》の価値《かち》がありました。

かう【買う】

動1 **て形** **買《か》って**

対 **売《う》る**

1 **「買《か》う」は、金《かね》を払《はら》って他《ほか》の人《ひと》のものを自分《じぶん》のものにするという意味《いみ》です。** **動1** **対** **売《う》る**（→p.75）

- 私《わたし》は、毎日《まいにち》コンビニで飲《の》み物《もの》と弁当《べんとう》を**買《か》う**。
- ２０代《にじゅうだい》でしっかりお金《かね》をためて、３０歳《さんじゅっさい》になったら家《いえ》を**買《か》いたい**と思《おも》っている。
- 欲《ほ》しいＤＶＤ《ディーブイディー》が、近所《きんじょ》の店《みせ》には売《う》っていなくて**買《か》えなかった**。インターネットで探《さが》してみよう。

2 **「買《か》う」は、他《ほか》の人《ひと》の力《ちから》を、素晴《すば》らしいと思《おも》うという意味《いみ》です。**

動１

か

- 彼女《かのじょ》の努力《どりょく》は**買《か》う**が、実力《じつりょく》はまだ足《た》りないので、次《つぎ》の試合《しあい》は別《べつ》の選手《せんしゅ》を出《だ》すつもりだ。
- ホァンさんはフランス語《ご》も英語《えいご》もできる。その語学力《ごがくりょく》が**買《か》われて**カナダ支社《ししゃ》に転勤《てんきん》になった。
- ミシェルさんは営業成績《えいぎょうせいせき》１位《いちい》の実績《じっせき》が**買《か》われ**、この春《はる》に部長《ぶちょう》になった。

関連表現１ **「怒《いか》りを買《か》う」は、相手《あいて》を怒《おこ》らせるという意味《いみ》です。**

- 学生《がくせい》のとき夜遅《よるおそ》く家《いえ》に帰《かえ》ったら父《ちち》の**怒《いか》りを買《か》って**しまい、しばらく夜《よる》の外出《がいしゅつ》を禁止《きんし》されてしまった。
- 最近《さいきん》できた工場《こうじょう》が、川《かわ》の水《みず》を汚《よご》していて、住民《じゅうみん》の**怒《いか》りを買《か》って**いる。

関連表現２ **「反感《はんかん》を買《か》う」は、相手《あいて》の気分《きぶん》を悪《わる》くして、嫌《きら》われるという意味《いみ》です。**

- 彼《かれ》はいつも自慢話《じまんばなし》ばかりしているので、周《まわ》りから**反感《はんかん》を買《か》って**いる。
- 注意《ちゅうい》するときは優《やさ》しく言《い》う方《ほう》が相手《あいて》も聞《き》いてくれる。あまり厳《きび》しく言《い》うと、**反感《はんかん》を買《か》う**。

かえす【返す】

動1 **て形** **返《かえ》して**

対 **預《あず》かる、借《か》りる、奪《うば》う**

1 **「返《かえ》す」は、預《あず》かったり借《か》りたりしたものを元《もと》の人《ひと》や場所《ばしょ》に戻《もど》すという意味《いみ》です。** **動1** **対** **預《あず》かる、借《か》りる（→p.128）、**

- 家《いえ》を建《た》てるときに銀行《ぎんこう》にお金《かね》を借《か》りた。あと２０年間《にじゅうねんかん》、毎月少《まいつきすこ》しずつお金《かね》を**返《かえ》す**予定《よてい》だ。
- 図書館《としょかん》で借《か》りた本《ほん》を明日《あした》までに**返《かえ》さない**といけないので、急《いそ》いで読《よ》んだ。
- 買《か》い物《もの》のついでに、借《か》りていたＤＶＤ《ディーブイディー》をレンタルショップへ**返《かえ》した**。
- 友達《ともだち》に借《か》りた車《くるま》で旅行《りょこう》に行《い》った。**返《かえ》す**とき、ガソリンを満《まん》タンにして**返《かえ》した**。

2 **「返《かえ》す」は、盗《ぬす》んだり奪《うば》ったりしたものを元《もと》に戻《もど》すという意味《いみ》です。** **動1** **対** **奪《うば》う**

- 店《みせ》の前《まえ》に止《と》めていた自転車《じてんしゃ》が盗《ぬす》まれてしまった。大切《たいせつ》な自転車《じてんしゃ》なので**返《かえ》して**ほしい。
- 海《うみ》の近《ちか》くに工場《こうじょう》ができてから、魚《さかな》がほとんどいなくなってしまった。

きれいな海《うみ》を**返《かえ》して**ほしい。

- 昨日《きのう》見《み》た映画《えいが》が全《まった》く面白《おもしろ》くなかった。お金《かね》と時間《じかん》を**返《かえ》して**ほしいくらいだ。

か

3 **「返《かえ》す」は、あいさつに応《こた》えたり、メールや手紙《てがみ》に返事《へんじ》をしたりするという意味《いみ》です。** **動1**

- 近所《きんじょ》の人《ひと》に「おはようございます」とあいさつされたので、私《わたし》も「おはようございます」と**返《かえ》した**。
- 学生時代《がくせいじだい》の友達《ともだち》から連絡《れんらく》が来《き》た。うれしくて、すぐに返事《へんじ》を**返《かえ》した**。
- 私《わたし》は、会社《かいしゃ》に行《い》ったら、まずお客《きゃく》さんからのメールを**返《かえ》して**から仕事《しごと》を始《はじ》める。大体毎朝《だいたいまいあさ》、5通《ごつう》くらいのメールが来《き》ている。

関連表現1 **「裏返《うらがえ》す」は、紙《かみ》などの薄《うす》いものの表《おもて》と裏《うら》を反対《はんたい》にするという意味《いみ》です。**

- モスクワの風景《ふうけい》の絵《え》はがきが届《とど》いた。**裏返《うらがえ》す**と、友達《ともだち》の名前《なまえ》が書《か》いてあった。
- 魚《さかな》は、5分《ごふん》ぐらい焼《や》いたら**裏返《うらがえ》して**、反対側《はんたいがわ》もよく焼《や》いてください。
- ジーンズは、**裏返《うらがえ》して**洗濯《せんたく》すると色《いろ》が落《お》ちにくくなる。

関連表現2 **「手《て》のひらを返《かえ》す」は、今《いま》までとは反対《はんたい》のことを言《い》ったり、したりするという意味《いみ》です。**

- あの親戚《しんせき》は、私《わたし》が貧乏《びんぼう》なときは冷《つめ》たい態度《たいど》だったのに、成功《せいこう》してお金持《かねも》ちになったら、**手《て》のひらを返《かえ》した**ように親《した》しそうに接《せっ》してくる。

- 大人気《だいにんき》だった俳優《はいゆう》と歌手《かしゅ》の結婚《けっこん》が報道《ほうどう》されると、ファンは**手《て》のひらを返《かえ》して**彼《かれ》らを批判《ひはん》した。

- あの国会議員《こっかいぎいん》は、選挙《せんきょ》に当選《とうせん》した途端《とたん》、**手《て》のひらを返《かえ》して**今《いま》までと全《まった》く違《ちが》うことを言《い》いだした。

かえる【帰る】

動1　**て形** 帰《かえ》って　**名詞形** 帰《かえ》り

対 行《い》く、来《く》る

1 「帰《かえ》る」は、自分《じぶん》の家《いえ》や故郷《こきょう》などに戻《もど》るという意味《いみ》です。動1

対 行《い》く（→p.56）

- 友人1《ゆうじんいち》「ごめん、ちょっと体調《たいちょう》が悪《わる》いから、今日《きょう》はもう家《いえ》に**帰《かえ》る**ね。」
  友人2《ゆうじんに》「大丈夫《だいじょうぶ》？　一緒《いっしょ》に行《い》こうか？」

- 取引先《とりひきさき》での打《う》ち合《あ》わせを終《お》えて、会社《かいしゃ》に**帰《かえ》る**前《まえ》にカフェに寄《よ》ってメールのチェックをした。

- 店《みせ》を出《で》たのは遅《おそ》い時間《じかん》だったが、タクシーで、無事《ぶじ》ホテルに**帰《かえ》る**ことができた。

2 「帰《かえ》る」は、自分《じぶん》たちがいるところから、客《きゃく》などが離《はな》れていなくなるという意味《いみ》です。**動1** **対** 来《く》る（→p.163）

- この店《みせ》に来《く》る観光客《かんこうきゃく》は、何《なに》も買《か》わずに**帰《かえ》る**ことが多《おお》い。
- うちに遊《あそ》びに来《き》ていた友達《ともだち》が**帰《かえ》った**後《あと》は、急《きゅう》に静《しず》かになって、寂《さび》しい気持《きも》ちになる。
- 店長《てんちょう》「お客様《きゃくさま》が**帰《かえ》ったら**、すぐにテーブルの上《うえ》を片付《かたづ》けてくれる?」
  店員《てんいん》「はい、分《わ》かりました。」

かく【書く】

動1 **て形** 書《か》いて

1 「書《か》く」は、ペンなどで紙《かみ》の上《うえ》に字《じ》や記号《きごう》を見《み》えるようにするという意味《いみ》です。**動1**

- 誰《だれ》の物《もの》か分《わ》かるように、教科書《きょうかしょ》に自分《じぶん》の名前《なまえ》を**書《か》く**。
- この漢字《かんじ》は読《よ》めるけど、**書《か》けません**。
- 漢字《かんじ》が思《おも》い出《だ》せなかったので、平仮名《ひらがな》で**書《か》いた**。
- お客《きゃく》さんの電話番号《でんわばんごう》を、忘《わす》れないように手帳《てちょう》に**書《か》いた**。
- 本日《ほんじつ》の資料《しりょう》はダウンロードできます。ＵＲＬ《ユーアールエル》をホワイトボードに**書《か》きますね**。

2 「**書《か》く**」は、文章《ぶんしょう》を作《つく》るという意味《いみ》です。 動1

● 韓国《かんこく》にいる両親《りょうしん》に手紙《てがみ》を**書《か》く**。

● 朝《あさ》、会社《かいしゃ》に来《く》るとまずメールをチェックして、返事《へんじ》を**書《か》く**。

● 同僚《どうりょう》1《いち》「先週《せんしゅう》の出張《しゅっちょう》の報告書《ほうこくしょ》、もう**書《か》いた**?」同僚《どうりょう》2《に》「まだなんだ。パソコンの調子《ちょうし》が悪《わる》いし、**書《か》く**時間《じかん》もなくて。」

● このオンラインショップは、商品《しょうひん》のレビューを**書《か》く**と送料《そうりょう》が無料《むりょう》になるそうだ。

かす【貸す】

動1 て形 **貸《か》して**

対 **借《か》りる**

1 「**貸《か》す**」は、しばらくの間《あいだ》、自分《じぶん》の物《もの》を人《ひと》に渡《わた》すという意味《いみ》です。

動1 対 借《か》りる（→p.128）

● 海外《かいがい》に転勤《てんきん》になったので、今住《います》んでいる家《いえ》は人《ひと》に**貸《か》す**ことにした。

● トラブルになるのは嫌《いや》なので、仲《なか》の良《い》い友達《ともだち》でもお金《かね》は**貸《か》さない**ことにしている。

● 1カ月前《いっかげつまえ》に友達《ともだち》に本《ほん》を**貸《か》した**が、まだ返《かえ》ってこない。

● 友人《ゆうじん》1《いち》「あ、財布《さいふ》忘《わす》れちゃった。ごめん、500円《ごひゃくえん》**貸《か》して**。」友人《ゆうじん》2《に》

「いいよ、はい。」

2 「貸《か》す」は、自分《じぶん》の力《ちから》や能力《のうりょく》で人《ひと》を助《たす》けるという意味《いみ》です。

動1 **対** 借《か》りる（→p.128）

● 上司《じょうし》「新《あたら》しいプロジェクトではぜひ、君《きみ》の力《ちから》を**貸《か》して**ほしい。君《きみ》の語学力《ごがくりょく》とリーダーシップが必要《ひつよう》だ。」部下《ぶか》「分《わ》かりました。」

● 専門家《せんもんか》に知恵《ちえ》を**貸《か》して**もらって、転職《てんしょく》に成功《せいこう》しました。

● ちょっと困《こま》ったことがあるので、弁護士《べんごし》のあなたの知恵《ちえ》を**貸《か》して**ほしい。

関連表現1 「手《て》を貸《か》す」は、自分《じぶん》の力《ちから》や能力《のうりょく》で人《ひと》を助《たす》けるという意味《いみ》です。

● 駅《えき》や街《まち》で困《こま》っている人《ひと》がいたら、積極的《せっきょくてき》に**手《て》を貸《か》す**ようにしている。

● 子供《こども》がやることに**手《て》を貸《か》さない**で、1人《ひとり》でやるのを見守《みまも》ることも大切《たいせつ》だ。

● 同僚1《どうりょういち》「このテーブルを運《はこ》ぶのに、何人《なんにん》か**手《て》を貸《か》して**ほしいんですけど。」同僚2《どうりょうに》「分《わ》かりました。私《わたし》、手伝《てつだ》います。」

関連表現2 「耳《みみ》を貸《か》す」は、人《ひと》の考《かんが》えを聞《き》くという意味《いみ》です。

● プロジェクトを成功《せいこう》させるには、自分《じぶん》の考《かんが》えにこだわらないで、他《ほか》の人《ひと》の意見《いけん》に**耳《みみ》を貸《か》す**ことも大切《たいせつ》だ。

● 最近《さいきん》、高校生《こうこうせい》の娘《むすめ》が私《わたし》の言《い》うことに**耳《みみ》を貸《か》さなく**て困《こま》っている。

● 祖父《そふ》は他《ほか》の人《ひと》の意見《いけん》に**耳《みみ》を貸《か》さない**人《ひと》だった。家族《かぞく》はみんな祖父《そふ》の言《い》うことに従《したが》っていた。

かたい【硬い】

い形　名詞形　硬《かた》さ

対　柔《やわ》らかい

1 「硬《かた》い」は、外《そと》から力《ちから》を加《くわ》えても、なかなか形《かたち》が変《か》わらないという意味《いみ》です。い形　対　柔《やわ》らかい（→p.437）

- ダイヤモンドは、世界《せかい》で一番《いちばん》**硬《かた》い**といわれている。
- 昨日《きのう》泊《と》まったホテルのベッドが**硬《かた》くて**体《からだ》が痛《いた》くなった。
- クルミは殻《から》が**硬《かた》い**ので、なかなか割《わ》れない。専用《せんよう》の道具《どうぐ》が必要《ひつよう》だ。

2 「硬《かた》い」は、緊張《きんちょう》していて表情《ひょうじょう》をうまく変《か》えられなかったり、声《こえ》がうまく出《で》なかったりするという意味《いみ》です。い形

- 私《わたし》は、写真《しゃしん》を撮《と》られるのが苦手《にがて》で、いつも表情《ひょうじょう》が**硬《かた》く**なってしまう。
- 面接官《めんせつかん》「あまり**硬《かた》く**ならずに、リラックスしてくださいね。」
- 試合《しあい》の前半《ぜんはん》、選手《せんしゅ》の動《うご》きは**硬《かた》かった**が、後半《こうはん》はいつも通《どお》りのプレイができていたと思《おも》う。

かなしい【悲しい】

い形 **名詞形** **悲《かな》しさ、悲《かな》しみ**

対 **うれしい**

1 「悲《かな》しい」は、つらくて、泣《な》きたくなるようだという意味《いみ》です。

い形 **対** **うれしい**（➡p.77）

- この町《まち》には、失恋《しつれん》の**悲《かな》しい**思《おも》い出《で》がある。
- 仲《なか》が良《よ》かった友達《ともだち》とけんかをした。謝《あやま》っても許《ゆる》してくれず、とても**悲《かな》しい**。
- かわいがっていた犬《いぬ》が死《し》んでしまった。**悲《かな》しくて**、涙《なみだ》が止《と》まらない。
- 友人《ゆうじん》1《いち》「大好《だいす》きな祖父《そふ》が重《おも》い病気《びょうき》になっちゃったんだ。」友人《ゆうじん》2《に》「**悲《かな》しい**ね。泣《な》かないで、元気《げんき》出《だ》して。」

かぶる

動1 て形 かぶって

対 脱《ぬ》ぐ

1 「かぶる」は、帽子《ぼうし》などを、頭《あたま》や顔《かお》全体《ぜんたい》に載《の》せるという意味《いみ》です。

動1 対 脱《ぬ》ぐ（➡p.332）

- 今年《ことし》の夏《なつ》に**かぶる**帽子《ぼうし》を探《さが》しているけど、似合《にあ》う物《もの》がなかなか見《み》つからない。
- バイクを運転《うんてん》するときは、ヘルメットを**かぶらなければ**ならない。
- イスラム教徒《きょうと》の女性《じょせい》は、ヒジャブやニカブなどを**かぶって**いる。

2 「〜をかぶる」は、水《みず》や粉《こな》などの〜が、上《うえ》から全体《ぜんたい》にかかるという意味《いみ》です。**動1**

- 水族館《すいぞくかん》のイルカショーを見《み》に行《い》くなら、水《みず》**をかぶる**かもしれないから、濡《ぬ》れてもいいような服《ふく》で行《い》った方《ほう》がいいよ。
- 雪《ゆき》**をかぶった**冬《ふゆ》の山《やま》はとてもきれいだ。
- 物置《ものおき》にしまっていた扇風機《せんぷうき》は、ほこり**をかぶって**いたので、使《つか》う前《まえ》にきれいに拭《ふ》いた。

3 **「～がかぶる」というときは、2《ふた》つ以上《いじょう》の～が同《おな》じになるという意味《いみ》です。** **動1**

- 同僚《どうりょう》のナエンさんとは趣味《しゅみ》が似《に》ていて、よく服《ふく》**がかぶる**。
- 親友《しんゆう》と好《す》きな人《ひと》**がかぶって**しまったときには、どうすればいいですか?
- 大事《だいじ》な予定《よてい》**が**2《ふた》つ**かぶって**しまって、どちらを優先《ゆうせん》するか、悩《なや》んでいるところです。

関連表現1 **「泥《どろ》をかぶる」は、嫌《いや》な役目《やくめ》を自分一人《じぶんひとり》でするという意味《いみ》です。**

- この問題《もんだい》の責任《せきにん》は全員《ぜんいん》にあったのに、店長一人《てんちょうひとり》が**泥《どろ》をかぶった**。店長《てんちょう》は給料《きゅうりょう》を減《へ》らされたそうだ。
- 仕事《しごと》で失敗《しっぱい》した部下《ぶか》のために、上司《じょうし》が**泥《どろ》をかぶって**退職《たいしょく》した。

関連表現2 **「猫《ねこ》をかぶる」は、本当《ほんとう》はそうではないのに、おとなしく見《み》せるという意味《いみ》です。**

- ソヨンさん、入社《にゅうしゃ》したばかりの頃《ころ》は、**猫《ねこ》をかぶって**いたのかな。最近《さいきん》は、いつも大声《おおごえ》でおしゃべりしていて、別人《べつじん》みたい。
- 小林《こばやし》さんは学校《がっこう》では**猫《ねこ》をかぶって**いるが、アルバイト先《さき》ではとても気《き》が強《つよ》くて、みんなに怖《こわ》がられているそうだ。

かゆい

い形 **名詞形** **かゆさ、かゆみ**

1 **「かゆい」は、蚊《か》に刺《さ》されたり、肌《はだ》が乾《かわ》いたりしたときに、肌《はだ》を爪《つめ》で触《さわ》って強《つよ》く動《うご》かしたくなるような感《かん》じだいう意味《いみ》です。** **い形**

- 蚊《か》に刺《さ》されてしまった。腫《は》れて、とても**かゆい**。
- アレルギーで目《め》が**かゆい**。こすっていたら赤《あか》くなってしまった。
- 忙《いそが》しすぎて、もう1週間《いっしゅうかん》もシャワーを浴《あ》びていないので、頭《あたま》がとても**かゆい**。

関連表現1 **「かゆいところに手《て》が届《とど》く」は、使《つか》う人《ひと》のために細《こま》かいことまでよく考《かんが》えられていて、満足《まんぞく》できるという意味《いみ》です。**

- この参考書《さんこうしょ》は、学習者《がくしゅうしゃ》が間違《まちが》いやすいポイントを丁寧《ていねい》に解説《かいせつ》している。**かゆいところに手《て》が届《とど》く**と評判《ひょうばん》だ。
- 最近《さいきん》の車《くるま》は、自動《じどう》でブレーキがかかったり、スマホの充電《じゅうでん》ができたりと、**かゆいところに手《て》が届《とど》く**機能《きのう》がいろいろある。

か

からい【辛い】

い形 **名詞形** 辛《から》さ、辛《から》み

1 「辛《から》い」は、唐辛子《とうがらし》や生姜《しょうが》、わさびなどを食《た》べたときのように、舌《した》が痛《いた》くなる味《あじ》だという意味《いみ》です。**い形**

- 私《わたし》は**辛《から》い**ものが好《す》きなので、いつも唐辛子《とうがらし》をたっぷり使《つか》って料理《りょうり》をする。
- 私《わたし》は、**辛《から》い**ものが苦手《にがて》だ。寿司《すし》を食《た》べるときも、いつもわさびは使《つか》わない。
- 友人《ゆうじん》１《いち》「なんか**辛《から》い**ものが食《た》べたい気分《きぶん》だな。」友人《ゆうじん》２《に》「じゃあ、タイ料理《りょうり》はどう?」

2 「辛《から》い」は、塩《しお》が多《おお》い味《あじ》だという意味《いみ》です。**い形**

- 子《こ》「このスープ、ちょっと**辛《から》い**ね。」親《おや》「塩《しお》が多《おお》かったかもね。お湯《ゆ》を足《た》して味《あじ》を調整《ちょうせい》しようかな。」
- ケーキやチョコレートなど甘《あま》いものを食《た》べたあとは、ポテトチップスなどの**辛《から》い**ものが欲《ほ》しくなる。
- 血圧《けつあつ》が高《たか》いので、塩分《えんぶん》の多《おお》い、**辛《から》い**ものは控《ひか》えるように医者《いしゃ》から言《い》われた。

3 「辛《から》い」は、評価《ひょうか》が厳《きび》しいという意味《いみ》です。 い形

- 自信《じしん》があったレポートにＢ－《ビーマイナス》という**辛《から》い**点《てん》を付《つ》けられた。先生《せんせい》は、厳《きび》しすぎると思《おも》う。
- この映画評論家《えいがひょうろんか》は、評価《ひょうか》が**辛《から》い**ことで有名《ゆうめい》だ。他《ほか》の人《ひと》が星４《ほしよっ》つを付《つ》けていても、彼女《かのじょ》の評価《ひょうか》は星１《ほしひと》つだということが多《おお》い。
- あの体操選手《たいそうせんしゅ》の演技《えんぎ》は、高《たか》い点数《てんすう》が付《つ》くと思《おも》ったが、審判《しんぱん》の採点《さいてん》は**辛《から》かった**。

かりる【借りる】

動2 **て形** **借《か》りて**

対 **返《かえ》す、貸《か》す**

1 「借《か》りる」は、他《ほか》の人《ひと》の物《もの》を少《すこ》しの間《あいだ》、使《つか》うという意味《いみ》です。

動2 **対** **返《かえ》す**（→p.116）、**貸《か》す**（→p.120）

- この図書館《としょかん》では、一度《いちど》に**借《か》りられる**本《ほん》は５冊《ごさつ》までで、それを２《に》週間以内《しゅうかんいない》に返《かえ》すのがルールです。
- 先週《せんしゅう》、雨《あめ》が降《ふ》ったときに友達《ともだち》に傘《かさ》を**借《か》りた**。返《かえ》すのを忘《わす》れていて、まだそのままだ。
- 大学《だいがく》の近《ちか》くに、２年間《にねんかん》の契約《けいやく》で、家賃《やちん》の安《やす》い部屋《へや》を**借《か》りました**。

● このヨガスタジオでは、300円《さんびゃくえん》でヨガマットとタオルが**借《か》りられる**。

2 **「借《か》りる」は、自分《じぶん》ができないことを、他《ほか》の人《ひと》やものの力《ちから》を使《つか》ってするという意味《いみ》です。** **動2** **対** **貸《か》す**（➡p.120）

● この辞書《じしょ》は、多《おお》くの専門家《せんもんか》の知恵《ちえ》を**借《か》りなければ**完成《かんせい》できないだろう。

● 世界《せかい》レベルのスポーツ選手《せんしゅ》のユニフォームは、最新《さいしん》テクノロジーの力《ちから》を**借《か》りて**進化《しんか》している。

● ベンチに座《すわ》っていたおじいさんは、孫《まご》の助《たす》けを**借《か》りて**ゆっくりと立《た》ち上《あ》がった。

関連表現1 **「言葉《ことば》を借《か》りる」は、他《ほか》の人《ひと》の言《い》ったことを使《つか》うという意味《いみ》です。**

● 友人1《ゆうじんいち》「死《し》ぬかもしれないのに、どうして危険《きけん》な山《やま》に登《のぼ》るんだろう？」
友人2《ゆうじんに》「有名《ゆうめい》な登山家《とざんか》の**言葉《ことば》を借《か》りれば**『そこに山《やま》があるから』じゃない？」

● 友人1《ゆうじんいち》「シンイーさん、どうして急《きゅう》に結婚《けっこん》する気《き》になったんだろう？」
友人2《ゆうじんに》「彼《かれ》の**言葉《ことば》を借《か》りれば**、単純《たんじゅん》に『タイミング』ってことらしいよ。」

関連表現2 **「手《て》を借《か》りる」は、手伝《てつだ》ってもらうという意味《いみ》です。**

● プロの**手《て》を借《か》りて**化粧《けしょう》をしてもらったとき、自分《じぶん》に似合《にあ》う色《いろ》や髪型《かみがた》もアドバイスしてもらって、得《とく》した気分《きぶん》だった。

● お店《みせ》を始《はじ》めたばかりの頃《ころ》は経理《けいり》の知識《ちしき》が全《まった》くなかったので、専門家《せんもんか》の**手《て》を借《か》りて**いました。

かるい【軽い】

い形　名詞形　軽《かる》さ

対　重《おも》い

1　「軽《かる》い」は、持《も》ち上《あ》げたり、動《うご》かしたりするのに大《おお》きい力《ちから》が必要《ひつよう》ではないという意味《いみ》です。い形　対　重《おも》い（→p.105）

- この荷物《にもつ》は**軽《かる》い**ので、1人《ひとり》でも楽《らく》に運《はこ》べる。
- 大人《おとな》よりも子供《こども》の方《ほう》が、体重《たいじゅう》が**軽《かる》い**。
- 夫《おっと》「君《きみ》の荷物《にもつ》も、持《も》とうか?」妻《つま》「ううん、これは**軽《かる》い**から大丈夫《だいじょうぶ》。ありがとう。」

2　「軽《かる》い」は、気持《きも》ちが楽《らく》だという意味《いみ》です。い形　対　重《おも》い（→p.105）

- 宿題《しゅくだい》が全部《ぜんぶ》終《お》わったので、気持《きも》ちが**軽《かる》い**。
- 友達《ともだち》に悩《なや》みを聞《き》いてもらって、心《こころ》が**軽《かる》く**なった。
- 大《おお》きい仕事《しごと》が無事《ぶじ》に終《お》わったので、気持《きも》ちが**軽《かる》く**なった。

3 「軽《かる》い」は、簡単《かんたん》だったり真剣《しんけん》ではなかったりするという意味《いみ》です。 い形

- 同僚《どうりょう》1《いち》「今《いま》、忙《いそが》しいですか？　**軽《かる》く**打《う》ち合《あ》わせをしたいんですが……。」同僚《どうりょう》2《に》「15分《じゅうごふん》くらいならいいですよ。」
- あまりおなかがすいていないので、夕食《ゆうしょく》は**軽《かる》い**ものにしようと思《おも》って、サラダだけにした。
- 隣《となり》の町《まち》まで歩《ある》いて行《い》けるだろうと**軽《かる》い**気持《きも》ちで出発《しゅっぱつ》したが、思《おも》ったよりも遠《とお》くて、大変《たいへん》だった。
- 就職《しゅうしょく》について深《ふか》く考《かんが》えすぎて、悩《なや》んでしまった。もう少《すこ》し**軽《かる》く**考《かんが》えてみよう。仕事《しごと》がうまくいかなかったら、辞《や》めて別《べつ》の仕事《しごと》を探《さが》せばいい。

4 「軽《かる》い」は、程度《ていど》が小《ちい》さいという意味《いみ》です。 い形 対 重《おも》い

（→p.105）

- 税金《ぜいきん》の負担《ふたん》がもう少《すこ》し**軽《かる》く**なれば、生活《せいかつ》はもっと楽《らく》になるはずだ。
- インフルエンザにかかったが、ワクチンを打《う》っていたので症状《しょうじょう》は**軽《かる》かった**。
- 風邪《かぜ》をひいたが、早《はや》めに薬《くすり》を飲《の》んで寝《ね》たので、**軽《かる》く**済《す》んだ。

関連表現1 「足取《あしど》りが軽《かる》い」は、良《よ》いことがあって、楽《たの》しそうに歩《ある》いているという意味《いみ》です。

- 久《ひさ》しぶりに恋人《こいびと》に会《あ》うので、**軽《かる》い足取《あしど》り**で駅《えき》に向《む》かった。
- 今日《きょう》、会社《かいしゃ》で来月《らいげつ》から給料《きゅうりょう》が上《あ》がると言《い》われたので、家《いえ》へ帰《かえ》る

足取《あしど》りが軽《かる》い。

関連表現2 **「口《くち》が軽《かる》い」は、他《ほか》の人《ひと》の秘密《ひみつ》をすぐに人《ひと》に話《はな》してしまうという意味《いみ》です。**

- 彼女《かのじょ》は**口《くち》が軽《かる》い**。私《わたし》が、会社《かいしゃ》を辞《や》めようか悩《なや》んでいると彼女《かのじょ》に相談《そうだん》したら、彼女《かのじょ》は社内《しゃない》のいろんな人《ひと》にそのことを話《はな》してしまった。
- 彼《かれ》は他人《たにん》のプライベートな事情《じじょう》やうわさ話《ばなし》を、誰《だれ》にでもペラペラと話《はな》す。**口《くち》が軽《かる》くて**信用《しんよう》できない。

かわいい

い形 **名詞形** **かわいさ**

対 **憎《にく》い**

1 **「かわいい」は、何《なに》かを強《つよ》く愛《あい》して大切《たいせつ》にしたい気持《きも》ちだという意味《いみ》です。自分《じぶん》より小《ちい》さいものや、弱《よわ》いものについて言《い》うときに使《つか》います。** **い形** **対** **憎《にく》い**

- 両親《りょうしん》は孫《まご》が**かわいい**ようで、服《ふく》やおもちゃなどをたくさんプレゼントしてくれる。
- 捨《す》てられていた子猫《こねこ》が**かわいくて**、家《いえ》で飼《か》うことにした。

● 昔《むかし》は自分《じぶん》が一番《いちばん》**かわいかった**が、子供《こども》が生《う》まれてからは子供《こども》が一番《いちばん》大切《たいせつ》だと思《おも》うようになった。

2 「かわいい」は、子供《こども》や、若《わか》い女《おんな》の人《ひと》、小《ちい》さい動物《どうぶつ》などの姿《すがた》や形《かたち》が良《よ》いという意味《いみ》です。 い形

● 妹《いもうと》は子供《こども》の頃《ころ》から**かわいい**と評判《ひょうばん》で、クラスメイトにとても人気《にんき》があった。

● 髪《かみ》を切《き》ってメイクをしたら、**かわいい**と褒《ほ》められた。

● 友人《ゆうじん》１《いち》「キムさんの娘《むすめ》さん、モデルをやってるんだって。」友人《ゆうじん》２《に》「あの子《こ》**かわいい**もんね。お母《かあ》さんも美人《びじん》だし。」

● 友人《ゆうじん》のＳＮＳ《エスエヌエス》には、**かわいい**猫《ねこ》の写真《しゃしん》がいっぱい上《あ》がっている。

3 「かわいい」は、子供《こども》や、若《わか》い女《おんな》の人《ひと》、小《ちい》さい動物《どうぶつ》などのようなイメージだという意味《いみ》です。 い形

● 妹《いもうと》の部屋《へや》には、パンダやテディベアなどの**かわいい**ぬいぐるみがいっぱいある。

● 出産祝《しゅっさんいわ》いにベビー服《ふく》を買《か》いに行《い》った。どれも**かわいくて**、見《み》ているだけでも楽《たの》しかった。

● バラも好《す》きだけど、スズランみたいな小《ちい》さくて**かわいい**花《はな》も好《す》きです。

● 私《わたし》はリボンやフリルのついた、**かわいい**雰囲気《ふんいき》の洋服《ようふく》はあまり好《す》きではない。

● （デパートで）父《ちち》「このシャツ、お母《かあ》さんにどうかな？」娘《むすめ》「ピンクは

お母《かあ》さんにはちょっと**かわい**すぎるんじゃない？　こっちの黒《くろ》い方《ほう》が似合《にあ》うと思《おも》う。」

4 「かわいい」は、姿《すがた》や形《かたち》が好《す》きだという意味《いみ》です。い形

● このセーター、**かわいい**。試着《しちゃく》してみようかな。

● この時計《とけい》、**かわいい**なあ。欲《ほ》しいけど、ちょっと高《たか》い。

● 友人1《ゆうじんいち》「そのかばん、すごく**かわいい**ね。どこで買《か》ったの？」友人2《ゆうじんに》「ありがとう。デパートのセールで見《み》つけたんだ。」

5 「かわいい」は、物《もの》が小《ちい》さくて良《よ》いという意味《いみ》です。い形

● 先日《せんじつ》行《い》ったレストランで食《た》べた料理《りょうり》には、人差《ひとさ》し指《ゆび》くらいの大《おお》きさの**かわいい**ニンジンが添《そ》えられていた。

● パーティーで出《だ》された料理《りょうり》は、すべて一口《ひとくち》で食《た》べられる、**かわいい**サイズだった。

● 甥《おい》のために、ドールハウスを買《か》いに行《い》った。家具《かぐ》も食器《しょっき》も、ひとつひとつが小《ちい》さくて**かわいくて**、見《み》ているだけで楽《たの》しかった。

6 「かわいい」は、性格《せいかく》や考《かんが》え方《かた》が、悪《わる》いことを考《かんが》えない子供《こども》のようだという意味《いみ》です。い形

● 友人1《ゆうじんいち》「うちの子《こ》、10歳《じゅっさい》なのにまだサンタクロースを信《しん》じてるんだよ。」友人2《ゆうじんに》「そうなんだ、**かわいい**ね。」

● 息子《むすこ》は魔法使《まほうつか》いに憧《あこが》れている。いつか自分《じぶん》も魔法《まほう》が使《つか》えるようになり

たいという、**かわいい**夢《ゆめ》を持《も》っている。

- 友人1《ゆうじんいち》「娘《むすめ》が幼稚園《ようちえん》で手紙《てがみ》を書《か》いてくれたの。『お母《かあ》さんいつもありがとう』って。」友人2《ゆうじんに》「**かわいい**！宝物《たからもの》だね。」

かわいそう

な形

1 **「かわいそう」は、弱《よわ》い立場《たちば》の人《ひと》や動物《どうぶつ》が悲《かな》しかったり苦《くる》しかったりしていることを考《かんが》えたときに、残念《ざんねん》に思《おも》う気持《きも》ちだという意味《いみ》です。** **な形**

- 勉強《べんきょう》したくても学校《がっこう》に行《い》けない、**かわいそう**な子供《こども》はたくさんいる。
- 今年《ことし》の大会《たいかい》が中止《ちゅうし》になってしまった。頑張《がんば》って練習《れんしゅう》してきた選手《せんしゅ》が**かわいそう**だ。
- 道端《みちばた》に捨《す》てられていた子猫《こねこ》を**かわいそう**だと思《おも》って家《いえ》に連《つ》れて帰《かえ》った。

かんたん【簡単】

な形

対 難《むずか》しい

1 「簡単《かんたん》」は、易《やさ》しくて、分《わ》かりやすいという意味《いみ》です。 **な形**

対 難《むずか》しい（→p.421）

- テストが**簡単**《かんたん》だったので、みんな高《たか》い点数《てんすう》を取《と》ることができた。
- このカメラは使《つか》い方《かた》がすごく**簡単**《かんたん》で、説明書《せつめいしょ》を読《よ》まなくても使《つか》える。
- ローストビーフは時間《じかん》はかかるけど、オーブンで焼《や》くだけだから**簡単**《かんたん》だ。

2 「簡単《かんたん》」は、時間《じかん》がかからなくて、面倒《めんどう》ではないという意味《いみ》です。

な形

- スペイン語《ご》を習《なら》い始《はじ》めた。**簡単**《かんたん》な自己紹介《じこしょうかい》ならできるようになった。
- この病気《びょうき》は、血液《けつえき》を調《しら》べるだけの**簡単**《かんたん》な検査《けんさ》で発見《はっけん》できる。
- 朝《あさ》は忙《いそが》しいので、いつも朝《あさ》ごはんは**簡単**《かんたん》に済《す》ませる。

きいろい【黄色い】

い形 名詞形 黄色《きいろ》み

1 「黄色《きいろ》い」は、オリンピックシンボルの下《した》の段《だん》の一番《いちばん》左《ひだり》の色《いろ》だという意味《いみ》です。**い形**

- 私《わたし》は、**黄色《きいろ》い**ひまわりの花《はな》が大好《だいす》きだ。
- 夏《なつ》には緑色《みどりいろ》だった葉《は》が、秋《あき》になって**黄色《きいろ》く**なってきた。
- 緑色《みどりいろ》のバナナが、**黄色《きいろ》く**なったらおいしく食《た》べられる。

関連表現1 「黄色《きいろ》い声《こえ》」は、女《おんな》の人《ひと》や子供《こども》たちが出《だ》す高《たか》い声《こえ》のことです。**い形**

- 大好《だいす》きな歌手《かしゅ》がテレビに出《で》てきたので、母《はは》と姉《あね》は、興奮《こうふん》して「きゃーっ!」と**黄色《きいろ》い声《こえ》**を上《あ》げた。
- 私《わたし》の家《いえ》の前《まえ》には公園《こうえん》があるので、休《やす》みの日《ひ》は子供《こども》たちの**黄色《きいろ》い声《こえ》**が一日中《いちにちじゅう》聞《き》こえる。

きく【聞く】

動1 **て形** 聞《き》いて

対 答《こた》える　**謙** うかがう

1 「聞《き》く」は、声《こえ》や音《おと》を耳《みみ》に入《い》れて意味《いみ》を知《し》るという意味《いみ》です。

動1

- 朝《あさ》はラジオでニュースを**聞《き》く**。
- 先輩《せんぱい》が来月《らいげつ》会社《かいしゃ》を辞《や》めるという話《はなし》を**聞《き》いた**。
- 友人《ゆうじん》1《いち》「けがしたって**聞《き》いた**けど、大丈夫《だいじょうぶ》？」友人《ゆうじん》1《いち》「自転車《じてんしゃ》で転《ころ》んじゃって。でも、もう大丈夫《だいじょうぶ》。」
- 友人《ゆうじん》1《いち》「ねえ、私《わたし》の話《はなし》**聞《き》いて**る？　さっきからずっとぼんやりしてて返事《へんじ》もしないけど。」友人《ゆうじん》2《に》「あ、ごめん。ちょっと考《かんが》え事《ごと》してた。」

2 「聞《き》く」は、耳《みみ》から入《はい》る音《おと》を楽《たの》しむという意味《いみ》です。 **動1**

- 料理《りょうり》をしながらラテン音楽《おんがく》を**聞《き》く**のが好《す》きです。
- 友人《ゆうじん》1《いち》「いつもイヤホンつけてるけど、どんな音楽《おんがく》**聞《き》いて**るの？」友人《ゆうじん》2《に》「イギリスのロックだよ。」
- 波《なみ》の音《おと》を**聞《き》く**とリラックスするので、休《やす》みの日《ひ》はよく海《うみ》へ出《で》かける。

3 「聞《き》く」は、知《し》らないことを質問《しつもん》するという意味《いみ》です。**動1**

対 答《こた》える

- (講演会《こうえんかい》で) 講師《こうし》「質問《しつもん》がある人《ひと》は、いつでも**聞《き》いて**ください。」
- 商品《しょうひん》を買《か》ってくれるお客《きゃく》さんの意見《いけん》を**聞《き》きたい**ので、インターネットでアンケート調査《ちょうさ》をすることにした。
- 客《きゃく》「すみません。ちょっと**お聞《き》き**したいんですが、食器売《しょっきう》り場《ば》はどこでしょうか?」店員《てんいん》「はい、食器《しょっき》は4階《よんかい》にございます。」

関連表現1 「言《い》うことを聞《き》く」は、相手《あいて》が言《い》った通《とお》りにするという意味《いみ》です。**動1**

- 親《おや》「ちゃんと野菜《やさい》を食《た》べないと駄目《だめ》だよ。**言《い》うことを聞《き》きなさい。**」子《こ》「嫌《いや》だ。野菜嫌《やさいきら》い!」
- きちんと訓練《くんれん》をすれば、犬《いぬ》は飼《か》い主《ぬし》の**言《い》うことを聞《き》く**ようになる。

きけん【危険】

名 **な形** **名詞形** 危険《きけん》さ

対 安全《あんぜん》

1 「危険《きけん》」は、悪《わる》いことが起《お》きる心配《しんぱい》があるという意味《いみ》です。**名**

な形 **対** 安全《あんぜん》（→p.53）

- 歩《ある》きながらスマホを操作《そうさ》するのは、**危険《きけん》**だからやめた方《ほう》がいい。
- 今日《きょう》は海《うみ》が荒《あ》れているので、船《ふね》を出《だ》すのは**危険《きけん》**だ。
- 今日《きょう》の気温《きおん》は40度《よんじゅうど》を超《こ》えるらしい。熱中症《ねっちゅうしょう》の**危険《きけん》**があるので外《そと》にはあまり出《で》ない方《ほう》がいい。

きたない【汚い】

い形 **名詞形** 汚《きたな》さ

対 きれいだ

1 「汚《きたな》い」は、泥《どろ》やごみなどが付《つ》いていて汚《よご》れているので、触《さわ》りたくないという意味《いみ》です。**い形** **対** きれいだ（→p.155）

- 都会《とかい》は車《くるま》が多《おお》いので、空気《くうき》が**汚《きたな》い**。
- 家《いえ》の近《ちか》くの川《かわ》は、ごみが浮《う》いていて、とても**汚《きたな》い**。魚《さかな》はいないだろう。
- 駅《えき》のトイレが**汚《きたな》かった**ので、使《つか》わないで出《で》てきてしまった。

2 「汚《きたな》い」は、部屋《へや》などの場所《ばしょ》が、きちんと整理《せいり》されていないという意味《いみ》です。悪《わる》い意味《いみ》で使《つか》います。**い形** **対** きれいだ（→p.155）

- はさみを探《さが》しているが、引《ひ》き出《だ》しの中《なか》が**汚《きたな》くて**見《み》つからない。

- 私《わたし》は片付《かたづ》けが苦手《にがて》だ。部屋《へや》はいつも散《ち》らかっていて**汚《きたな》い**。
- 木村《きむら》さんの机《つくえ》の上《うえ》はいつも**汚《きたな》くて**ごちゃごちゃしているが、本人《ほんにん》はどこに何《なに》があるのか分《わ》かるらしい。

3 「汚《きたな》い」は、下品《げひん》で、悪《わる》い印象《いんしょう》があるので嫌《いや》だという意味《いみ》です。

い形

- 「ばかやろう」とか「うるせえ」など、乱暴《らんぼう》で**汚《きたな》い**言葉《ことば》を使《つか》う人《ひと》は嫌《きら》いだ。
- 親《おや》「まだ部屋着《へやぎ》のままなの？　いつまでも**汚《きたな》い**格好《かっこう》してないで、早《はや》く着替《きが》えたら?」子《こ》「はーい。」

4 「汚《きたな》い」は、方法《ほうほう》や手段《しゅだん》が、正《ただ》しくない、ずるいという意味《いみ》です。

い形　**対**　きれいだ（→p.155）

- 高橋《たかはし》さんがカンニングをしたといううわさを聞《き》いたが、彼女《かのじょ》がそんな**汚《きたな》い**ことをするとは思《おも》えない。
- あの選手《せんしゅ》はドーピングがばれて優勝《ゆうしょう》を取《と》り消《け》された。そんな**汚《きたな》い**方法《ほうほう》で勝《か》とうとしていたとは残念《ざんねん》だ。
- 高齢者《こうれいしゃ》をだまして高価《こうか》なものを買《か》わせるような**汚《きたな》い**商売《しょうばい》はしたくない。

関連表現1 「金《かね》に汚《きたな》い」は、とても強《つよ》く金《かね》を欲《ほ》しがるという意味《いみ》です。

- あの人《ひと》は**お金《かね》に汚《きたな》い**。貸《か》したお金《かね》はなかなか返《かえ》さないし、いつもおごってもらうことばかり考《かんが》えている。

● 叔父《おじ》が脱税《だつぜい》で逮捕《たいほ》された。昔《むかし》から**お金《かね》に汚《きたな》い**人《ひと》だったが、税金《ぜいきん》もきちんと払《はら》っていなかったとは、びっくりした。

きつい

い形 **名詞形** **きつさ**

対 **緩《ゆる》い、優《やさ》しい、柔《やわ》らかい**

1 「きつい」は、服《ふく》や靴《くつ》が小《ちい》さすぎて苦《くる》しいという意味《いみ》です。い形

対 **緩《ゆる》い**（→p.445）

● （靴屋《くつや》で）店員《てんいん》「サイズはいかがですか？」客《きゃく》「ちょっと**きつい**です。もう少《すこ》し大《おお》きいのはありますか？」

● 去年《きょねん》買《か》ったズボンが**きつく**なってしまった。ちょっと太《ふと》ったかもしれない。

● ズボンのゴムが**きつくて**、おなかに痕《あと》が付《つ》いてしまった。

2 「きつい」は、ふたや栓《せん》が強《つよ》く閉《し》まっていて、外《はず》れにくいという意味《いみ》です。 い形 対 緩《ゆる》い（→p.445）

● ジャムの瓶《びん》のふたが**きつくて**開《あ》かなかったので、友人《ゆうじん》に頼《たの》んで開《あ》けてもらった。

- ねじが緩《ゆる》んではずれないように、ドライバーで**きつく**締《し》めた。
- ワインの栓《せん》が**きつくて**、なかなか抜《ぬ》けない。

3 「きつい」は、しなければいけないことが多《おお》くて時間《じかん》がないという意味《いみ》です。い形

- 今月《こんげつ》は仕事《しごと》のスケジュールが**きつくて**、中国語《ちゅうごくご》のレッスンに行《い》く時間《じかん》がない。
- シカゴでの乗《の》り換《か》え時間《じかん》が1時間《いちじかん》じゃ**きつい**な。到着《とうちゃく》が遅《おく》れたら次《つぎ》の飛行機《ひこうき》に間《ま》に合《あ》わないよ。
- 友人1《ゆうじんいち》「旅行《りょこう》の2日目《ふつかめ》だけど、買《か》い物《もの》の前《まえ》にちょっと海《うみ》で泳《およ》げるかな?」友人2《ゆうじんに》「うーん。ちょっと**きつい**かな。泳《およ》ぎたかったら、3日《みっか》目《め》の朝《あさ》、少《すこ》し早《はや》く起《お》きて海《うみ》に行《い》くのはどう?」

4 「きつい」は、大変《たいへん》でつらいという意味《いみ》です。い形

- 今《いま》の会社《かいしゃ》は、残業《ざんぎょう》が多《おお》くて**きつい**が、給料《きゅうりょう》は高《たか》い。
- 卓球部《たっきゅうぶ》に入《はい》ったが、練習《れんしゅう》が**きつくて**辞《や》めてしまった。
- 去年《きょねん》、仕事《しごと》を変《か》えた。新《あたら》しい仕事《しごと》は給料《きゅうりょう》が少《すく》なくて、生活《せいかつ》が**きつい**。
- 昨年《さくねん》、がんになった。治療《ちりょう》は**きつかった**が、順調《じゅんちょう》に回復《かいふく》している。

5 「きつい」は、性格《せいかく》や言葉《ことば》が、他《ほか》の人《ひと》を傷《きず》つけるほど強《つよ》いという意味《いみ》です。い形 対 優《やさ》しい（→p.431）、柔《やわ》らかい（→p.437）

- 姉《あね》は**きつい**性格《せいかく》で、私《わたし》はよく泣《な》かされていた。

- バイト先《さき》の店長《てんちょう》に**きつい**言《い》い方《かた》で注意《ちゅうい》されて、落《お》ち込《こ》んでいる。
- 学校《がっこう》で嫌《いや》なことがあっていらいらしていたので、つい、家族《かぞく》への口調《くちょう》が**きつく**なってしまった。あとで謝《あやま》ろう。

6 「きつい」は、力《ちから》の強《つよ》さなどの程度《ていど》が大《おお》きいということです。良《よ》い意味《いみ》では使《つか》いません。 い形

- 友人《ゆうじん》1《いち》「ねえ、この店《みせ》、ちょっと冷房《れいぼう》が**きつくない?**」友人《ゆうじん》2《に》「そうだね。ちょっと寒《さむ》いね。」
- 今日《きょう》は日差《ひざ》しが**きつかった**ので、随分《ずいぶん》日《ひ》に焼《や》けた。
- 友人《ゆうじん》1《いち》「チョンさん、随分《ずいぶん》**きつい**眼鏡《めがね》掛《か》けてるんだね。」チョン「そうなんだ。目《め》がすごく悪《わる》くてさ。」

7 「きつい」は、角度《かくど》が大《おお》きいという意味《いみ》です。 い形 対 緩《ゆる》い

（→p.445）

- 家《いえ》の前《まえ》の**きつい**坂道《さかみち》は、自転車《じてんしゃ》では上《のぼ》ることができないので、いつも自転車《じてんしゃ》を降《お》りて歩《ある》いて上《のぼ》っている。
- この道《みち》はカーブが**きつい**ので、事故《じこ》を起《お》こす車《くるま》が多《おお》い。私《わたし》はスピードを落《お》として運転《うんてん》するようにしている。
- このスロープは傾斜《けいしゃ》が**きつくて**、車《くるま》いすでは登《のぼ》れない。

きびしい【厳しい】

い形 **名詞形** 厳《きび》しさ

対 甘《あま》い、緩《ゆる》い

1 「厳《きび》しい」は、指導《しどう》や管理《かんり》をするときに、規則《きそく》をしっかり守《まも》らせていたり、規則《きそく》を破《やぶ》ることを許《ゆる》していなかったりするという意味《いみ》です。

い形 **対** 甘《あま》い（→p.45）、緩《ゆる》い（→p.445）

- お酒《さけ》の規制《きせい》が**厳《きび》しい**国《くに》では、お酒《さけ》を買《か》ったり飲《の》んだりできる場所《ばしょ》は限《かぎ》られている。
- 爆破事件《ばくはじけん》があってから、空港《くうこう》での身体検査《しんたいけんさ》が**厳《きび》しく**なった。
- 赤《あか》ちゃんのおもちゃは、安全《あんぜん》のため**厳《きび》しく**検査《けんさ》をされてから発売《はつばい》される。
- 飲酒運転《いんしゅうんてん》は**厳《きび》しく**罰《ばっ》せられる。免許《めんきょ》を取《と》り消《け》されることもある。

2 「厳《きび》しい」は、怒《おこ》っているように見《み》えるくらい真剣《しんけん》だという意味《いみ》です。**い形**

- 医者《いしゃ》が、私《わたし》のカルテを**厳《きび》しい**表情《ひょうじょう》で見《み》ていた。何《なに》か悪《わる》い病気《びょうき》なのではないかと心配《しんぱい》になった。
- 友人《ゆうじん》と議論《ぎろん》していたら意見《いけん》が対立《たいりつ》し、お互《たが》いだんだん口調《くちょう》が**厳《きび》しく**

なった。

- 将来《しょうらい》は留学《りゅうがく》したいと親《おや》に言《い》ったら、**厳《きび》しい**顔《かお》で経済的《けいざいてき》に難《むずか》しいと言《い》われた。

3 「厳《きび》しい」は、我慢《がまん》できないほど環境《かんきょう》がつらいという意味《いみ》です。

い形

- 今年《ことし》の夏《なつ》は、暑《あつ》さが**厳《きび》しい**。夜《よる》も眠《ねむ》れないほど暑《あつ》い。
- 年金《ねんきん》が少《すく》ないので生活《せいかつ》が**厳《きび》しい**。病気《びょうき》になっても病院《びょういん》に行《い》くお金《かね》もない。
- 人々《ひとびと》は戦争《せんそう》で住《す》む場所《ばしょ》を失《うしな》い、水《みず》も食《た》べ物《もの》も不足《ふそく》した**厳《きび》しい**状況《じょうきょう》にある。

4 難《むずか》しくてできないだろうと思《おも》うことを「厳《きび》しい」といいます。

い形

- この曲《きょく》は難《むずか》しいので、1カ月《いっかげつ》で弾《ひ》けるようになるのは**厳《きび》しい**と思《おも》う。
- 今日《きょう》の試合《しあい》に負《ま》けると、決勝《けっしょう》リーグ進出《しんしゅつ》はかなり**厳《きび》しく**なる。
- 今《いま》の成績《せいせき》では、スミス大学《だいがく》に合格《ごうかく》するのは**厳《きび》し**そうだと先生《せんせい》に言《い》われた。志望校《しぼうこう》を変《か》えようか迷《まよ》っている。

ぎゃく【逆】

名 な形

1 「逆《ぎゃく》」は、順番《じゅんばん》、進《すす》む方向《ほうこう》、位置《いち》、方法《ほうほう》などが反対《はんたい》だという意味《いみ》です。名 な形

- 行《い》きたい方向《ほうこう》と**逆**《ぎゃく》の電車《でんしゃ》に間違《まちが》えて乗《の》ってしまった。次《つぎ》の駅《えき》で降《お》りて戻《もど》ろう。
- オーストラリアの世界地図《せかいちず》は日本《にほん》の世界地図《せかいちず》とは上下《じょうげ》が**逆**《ぎゃく》になっています。
- 問題集《もんだいしゅう》を解《と》くときに、解答《かいとう》と解説《かいせつ》を読《よ》んでから問題《もんだい》を解《と》くなんて、順番《じゅんばん》が**逆**《ぎゃく》だ。

きゅう【急】

な形

対 緩《ゆる》い、緩《ゆる》やか

1 「急《きゅう》」は、物事《ものごと》が進《すす》むのがとても速《はや》いという意味《いみ》です。 な形

対 緩《ゆる》い（→p.445）、緩《ゆる》やか

- 川《かわ》の流《なが》れが**急**《きゅう》なところは、危《あぶ》ないので入《はい》らない方《ほう》がいい。
- 運動《うんどう》をやめたら**急**《きゅう》に太《ふと》った。1カ月《いっかげつ》で3《さん》キロも体重《たいじゅう》が増《ふ》えてしまった。
- 小学校《しょうがっこう》まではクラスで一番《いちばん》背《せ》が低《ひく》かったが、中学校《ちゅうがっこう》に入《はい》って**急**《きゅう》に背《せ》が伸《の》びてクラスで一番高《いちばんたか》くなった。
- え？　あの2人《ふたり》、結婚《けっこん》するの？　先週《せんしゅう》知《し》り合《あ》ったばかりなのに、展開《てんかい》が**急**《きゅう》だなあ。

2 「急《きゅう》」は、物事《ものごと》が起《お》きるのが突然《とつぜん》だという意味《いみ》です。 な形

- 今朝《けさ》、おなかが**急**《きゅう》に痛《いた》くなって、会社《かいしゃ》を休《やす》んだ。
- 今日《きょう》、友達《ともだち》と食事《しょくじ》に行《い》く予定《よてい》だったが、**急**《きゅう》にキャンセルになり、予定《よてい》がなくなってしまった。
- 彼女《かのじょ》が**急**《きゅう》に怒《おこ》り出《だ》したので驚《おどろ》いた。私《わたし》が何《なに》か悪《わる》いことを言《い》ったのだろうか？

- スマホと洗濯機《せんたくき》が壊《こわ》れたので新《あたら》しいものを買《か》った。**急**《きゅう》な出費《しゅっぴ》で今月《こんげつ》はお金《かね》が足《た》りない。

3 「急《きゅう》」は、物《もの》の角度《かくど》が大《おお》きいという意味《いみ》です。**な形** **対** 緩《ゆる》い（→p.445）、緩《ゆる》やか

- 坂《さか》が**急**《きゅう》だったので自転車《じてんしゃ》を押《お》して上《のぼ》った。
- この家《いえ》の階段《かいだん》は**急**《きゅう》なので、お年寄《としよ》りが上《のぼ》ったり下《お》りたりするのは大変《たいへん》だ。
- この先《さき》の道《みち》はカーブが**急**《きゅう》なので、車《くるま》を運転《うんてん》するときは、気《き》を付《つ》けてください。

きょうつう【共通】

名 **な形** **動3**

対 独特《どくとく》、特有《とくゆう》

1 「共通《きょうつう》」は、2《ふた》つ以上《いじょう》のものが、同《おな》じものを持《も》っているという意味《いみ》です。**名** **な形** **動3** **対** 独特《どくとく》、特有《とくゆう》

- 私《わたし》たちは**共通**《きょうつう》の友達《ともだち》を通《とお》して知《し》り合《あ》いました。
- 少子高齢化《しょうしこうれいか》は、先進国《せんしんこく》に**共通**《きょうつう》の問題《もんだい》だ。

- この充電器《じゅうでんき》はどのスマホでも**共通**《きょうつう》に使《つか》えます。
- **共通**《きょうつう》に理解《りかい》できる言語《げんご》があれば、どの国《くに》の人々《ひとびと》ともコミュニケーションがとれる。
- ドンヒョンさんとアンジェリカさんに**共通**《きょうつう》する特徴《とくちょう》は、社交的《しゃこうてき》でコミュニケーション能力《のうりょく》が高《たか》いところだ。

きょうりょく【強力】

な形

対 微力《びりょく》

1 「強力《きょうりょく》」は、人《ひと》やものに変化《へんか》を与《あた》える力《ちから》が大《おお》きいという意味《いみ》です。

な形 **対** 微力《びりょく》

- この接着剤《せっちゃくざい》はとても**強力**《きょうりょく》なので、何《なん》でもすぐにくっつく。
- 同僚《どうりょう》の**強力**《きょうりょく》なバックアップがあったので、プロジェクトは成功《せいこう》した。
- このゲームは無料《むりょう》で遊《あそ》べるが、課金《かきん》すれば**強力**《きょうりょく》な武器《ぶき》が手《て》に入《はい》って有利《ゆうり》になる。

きらい【嫌い】

な形

対 好《す》き

1 「嫌《きら》い」は、人《ひと》やものを、嫌《いや》だと思《おも》う気持《きも》ちだという意味《いみ》です。

な形 **対** 好《す》き（→p.211）

- 私《わたし》は何《なん》でも食《た》べます。**嫌《きら》い**な食《た》べ物《もの》はありません。
- 他人《たにん》の悪口《わるぐち》を言《い》う人《ひと》は**嫌《きら》い**だ。友達《ともだち》になりたくない。
- 子供《こども》の頃《ころ》に海《うみ》で溺《おぼ》れそうになったので、海《うみ》やプールが**嫌《きら》い**です。
- 人混《ひとご》みが**嫌《きら》い**なので、混雑《こんざつ》したところにはできるだけ行《い》きたくない。

きる【切る】

動1 **て形** 切《き》って

対 入《い》れる、超《こ》える

1 「切《き》る」は、包丁《ほうちょう》やはさみなどで1《ひと》つのものを、2《ふた》つ以上《いじょう》に分《わ》け

るという意味《いみ》です。**動1**

- スープに入《い》れる野菜《やさい》は、全部《ぜんぶ》3センチくらいに**切《き》る**。
- 気分《きぶん》を変《か》えるために長《なが》い髪《かみ》を短《みじか》く**切《き》った**。シャンプーがとても楽《らく》になった。
- 友人《ゆうじん》1《いち》「うちの猫《ねこ》、爪《つめ》が伸《の》びてきたからそろそろ**切《き》らない**となあ。」
  友人《ゆうじん》2《に》「でも猫《ねこ》って爪《つめ》を**切《き》られる**の、嫌《いや》がるよね。」

2 「切《き》る」は、包丁《ほうちょう》などで傷《きず》を付《つ》けたりするという意味《いみ》です。

動1

- よく料理中《りょうりちゅう》に包丁《ほうちょう》で手《て》を**切《き》って**しまうので、手《て》に傷《きず》がたくさんある。
- 割《わ》れたガラスを踏《ふ》んで、足《あし》を**切《き》って**しまった。
- 父《ちち》はおなかを10《じゅっ》センチくらい**切《き》る**手術《しゅじゅつ》をした。手術《しゅじゅつ》の痕《あと》がまだ残《のこ》っている。

3 「切《き》る」は、動《うご》いている機械《きかい》を止《と》めるという意味《いみ》です。**動1**

対 入《い》れる（→p.65）

- テレビのスイッチを**切《き》る**のを忘《わす》れて寝《ね》てしまい、夜中《よなか》に音《おと》で目《め》が覚《さ》めた。
- 3時間《さんじかん》かけて資料《しりょう》を作《つく》ったが、保存《ほぞん》しないでパソコンの電源《でんげん》を**切《き》って**しまった。
- 空気《くうき》を汚《よご》さないように、車《くるま》を止《と》めているときは必《かなら》ずエンジンを**切《き》る**ようにしている。

4 **「切《き》る」は、ある数《かず》より少《すく》なくなるという意味《いみ》です。** **動1**

対 **超《こ》える**

● 弟《おとうと》は足《あし》が速《はや》い。最近《さいきん》、100《ひゃく》メートルのタイムが11秒《じゅういちびょう》を**切《き》った**そうだ。

● 私《わたし》の町《まち》の人口《じんこう》は毎年《まいとし》減《へ》っていて、今年《ことし》ついに10万人《じゅうまんにん》を**切《き》って**しまった。

● 入学試験《にゅうがくしけん》まで、1週間《いっしゅうかん》を**切《き》った**。来週《らいしゅう》の今頃《いまごろ》はもう試験《しけん》が終《お》わっているんだなあ。

か

関連表現1 **「手《て》を切《き》る」は、それまで続《つづ》いていた関係《かんけい》を終《お》わらせるという意味《いみ》です。主《おも》に自分《じぶん》にとって悪《わる》い関係《かんけい》を終《お》わらせるときに使《つか》います。**

● 暴力《ぼうりょく》を振《ふ》るう恋人《こいびと》とは、早《はや》く**手《て》を切《き》る**べきだ。

● ABC社《エービーシーしゃ》との取引条件《とりひきじょうけん》はどんどん悪《わる》くなっている。そろそろあの会社《かいしゃ》とは**手《て》を切《き》ろう**と思《おも》う。

関連表現2 **「電話《でんわ》を切《き》る」は、つながっている電話《でんわ》を終《お》えることです。終了《しゅうりょう》ボタンを押《お》したり、受話器《じゅわき》を置《お》いたりすることです。**

● カスタマーサポートがずっと話《はな》し中《ちゅう》で、つながらない。一度《いちど》**電話《でんわ》を切《き》って**、少《すこ》したってからかけ直《なお》そう。

● 同僚1《どうりょういち》「この間《あいだ》、お客《きゃく》さんから電話《でんわ》があったんだけど、**電話《でんわ》を切《き》って**から名前《なまえ》を聞《き》くのを忘《わす》れたことに気《き》が付《つ》いてさ。」同僚2《どうりょうに》

「名前《なまえ》は一番最初《いちばんさいしょ》に確認《かくにん》しないと駄目《だめ》だよ。」

関連表現3 「〜きる」は、最後《さいご》まで〜するという意味《いみ》です。

- 料理《りょうり》をたくさん注文《ちゅうもん》しすぎて食《た》べ**きれ**なかったので、持《も》ち帰《かえ》るために袋《ふくろ》に入《い》れてもらった。
- 昨日《きのう》買《か》った小説《しょうせつ》は厚《あつ》かったが、面白《おもしろ》くて1日《いちにち》で読《よ》み**きった**。
- 山《やま》を登《のぼ》り**きる**と、50《ごじゅっ》キロ先《さき》の町《まち》まで見《み》ることができます。

きる【着る】

動2 **て形** 着《き》て

対 脱《ぬ》ぐ

1 「〜を着《き》る」は、服《ふく》に腕《うで》や足《あし》を通《とお》して体《からだ》につけるという意味《いみ》です。

動2 **対** 脱《ぬ》ぐ（→p.332）

- 白《しろ》いシャツ**を着《き》て**、眼鏡《めがね》を掛《か》けて、黒《くろ》いジャケットを手《て》に持《も》った人《ひと》がブラウンさんです。
- 友人《ゆうじん》1《いち》「来週《らいしゅう》の結婚式《けっこんしき》、何《なに》**着《き》て**く?」友人《ゆうじん》2《に》「この間《あいだ》買《か》ったワンピース**を着《き》て**こうかなと思《おも》ってる。」
- 山《やま》に登《のぼ》るときは、日焼《ひや》けを防《ふせ》ぐために長袖《ながそで》の服《ふく》**を着《き》た**方《ほう》がいいです。

関連表現1 「着替《きが》える」は、今着《いまき》ている服《ふく》を脱《ぬ》いで、他《ほか》の服《ふく》を着《き》るという意味《いみ》です。

- ホテルについたらすぐにパジャマに**着替《きが》えて**リラックスしたい。
- 汗《あせ》をかいたので食事《しょくじ》の前《まえ》にシャワーを浴《あ》びて服《ふく》を**着替《きが》えよう**。
- 試合《しあい》に出《で》る選手《せんしゅ》は11時《じゅういちじ》までにユニフォームに**着替《きが》えて**集合《しゅうごう》してください。

きれい

な形 **名詞形** きれいさ

対 汚《きたな》い

1 「きれい」は、色《いろ》や形《かたち》などが美《うつく》しいという意味《いみ》です。**な形**

- 大自然《だいしぜん》の中《なか》で初《はじ》めて見《み》たオーロラは、とても**きれい**だった。
- 化粧品《けしょうひん》のコマーシャルに出《で》ている俳優《はいゆう》さんは、**きれい**な人《ひと》ばかりだ。
- 今年《ことし》の夏休《なつやす》みは、バリ島《とう》の**きれい**な海《うみ》で泳《およ》ぎたい。
- 彼女《かのじょ》の字《じ》は、**きれい**で読《よ》みやすい。

2 「きれい」は、人《ひと》や物《もの》が汚《よご》れていなくて、清潔《せいけつ》だという意味《いみ》です。

な形 **対** 汚《きたな》い（→p.140）

- 食事《しょくじ》をする前《まえ》は手《て》を**きれい**に洗《あら》いましょう。
- 洗面所《せんめんじょ》のタオルが汚《よご》れていたので、**きれい**なものと交換《こうかん》した。
- お風呂場《ふろば》にかびが生《は》えていたので、**きれい**に掃除《そうじ》した。

3 「きれい」は、部屋《へや》などの場所《ばしょ》が、片付《かたづ》いているという意味《いみ》です。

な形 **対** 汚《きたな》い（➡p.140）

- 本棚《ほんだな》がむちゃくちゃだったので、本《ほん》をジャンルごとに**きれい**に並《なら》べたら、必要《ひつよう》な本《ほん》が見《み》つけやすくなった。
- 会社《かいしゃ》の机《つくえ》の上《うえ》が**きれい**な人《ひと》は、頭《あたま》の中《なか》も整理《せいり》されていて、効率《こうりつ》の良《い》い働《はたら》き方《かた》をする。
- 友達《ともだち》が遊《あそ》びに来《く》るので、部屋《へや》を**きれい**にした。

4 「きれい」は、規則《きそく》を守《まも》って正《ただ》しいという意味《いみ》です。 **な形** **対** 汚《きたな》い（➡p.140）

- どの候補者《こうほしゃ》も、選挙前《せんきょまえ》には、「違反《いはん》のない**きれい**な選挙《せんきょ》を行《おこな》う」と言《い》うものだ。
- 誰《だれ》が見《み》ても公平《こうへい》で**きれい**な試合《しあい》になったのは、審判《しんぱん》が素晴《すば》らしかったからだと思《おも》う。
- 友人《ゆうじん》1《いち》「政治家《せいじか》って、表《おもて》では**きれい**なことを言《い》ってるけど、みんな裏《うら》では悪《わる》いことをしてるんだよ。」友人《ゆうじん》2《に》「それは偏見《へんけん》じゃない?」

5 「きれいに〜」は、あとに何《なに》も残《のこ》さないで、全部《ぜんぶ》〜するという

意味《いみ》です。 **な形**

- 料理《りょうり》に使《つか》おうと思《おも》っていたハーブが、気付《きづ》いたら虫《むし》に**きれいに**食《た》べられてしまっていた。
- シャンプーが残《のこ》らないように、**きれいに**洗《あら》い流《なが》すと、髪《かみ》が健康《けんこう》になるんだって。
- テストに向《む》けて歴史《れきし》の年号《ねんごう》を暗記《あんき》したが、テストが終《お》わったら**きれいに**忘《わす》れてしまった。

くさい【臭《くさ》い】

い形 **名詞形** 臭《くさ》さ

1 「臭《くさ》い」は、匂《にお》いが悪《わる》いという意味《いみ》です。 **い形**

- しばらくトイレの掃除《そうじ》をしていないので、**臭《くさ》く**なってきた。そろそろ掃除《そうじ》しよう。
- 友人《ゆうじん》1《いち》「この車《くるま》、たばこの匂《にお》いがして**臭《くさ》い**よ。」友人《ゆうじん》2《に》「ごめん。さっきたばこ吸《す》ったんだ。窓《まど》を開《あ》けるね。」
- この虫《むし》は、攻撃《こうげき》されると**臭《くさ》い**液《えき》を出《だ》すので、触《さわ》らない方《ほう》がいい。

2 「臭《くさ》い」は、何《なに》かを隠《かく》しているようだという意味《いみ》です。 **い形**

- 友人1《ゆうじんいち》「ねえ、昨日《きのう》のドラマ見《み》た？　誰《だれ》が犯人《はんにん》だと思《おも》う？」友人2《ゆうじんに》「俺《おれ》は、あの警察官《けいさつかん》が**臭《くさ》い**と思《おも》う。」
- 最近《さいきん》、息子《むすこ》の帰《かえ》りが遅《おそ》い。友達《ともだち》の家《いえ》で勉強《べんきょう》をしていると言《い》うが、どうも**臭《くさ》い**。何《なに》か悪《わる》いことをしているのではないだろうか。
- 恋人《こいびと》が浮気《うわき》をしているかもしれない。証拠《しょうこ》はないけど、なんとなく**臭《くさ》い**。

3 「臭《くさ》い」は、演技《えんぎ》が下手《へた》だという意味《いみ》です。

- 昨日《きのう》見《み》たドラマは、若《わか》い俳優《はいゆう》の演技《えんぎ》が**臭《くさ》くて**、最後《さいご》まで見《み》ていられなかった。
- 脇役《わきやく》は皆《みな》演技《えんぎ》がうまいのに、主役《しゅやく》が**臭《くさ》い**芝居《しばい》をするので舞台《ぶたい》が台無《だいな》しだ。
- あの俳優《はいゆう》は、デビュー当時《とうじ》は演技《えんぎ》が**臭《くさ》かった**が、最近《さいきん》はうまくなったと感《かん》じる。

関連表現1 「水臭《みずくさ》い」は、本当《ほんとう》はとても親《した》しいのに、あまり親《した》しくないようだという意味《いみ》です。

- 友人1《ゆうじんいち》「困《こま》っていたなら相談《そうだん》してくれればいいのに。親友《しんゆう》なのに**水臭《みずくさ》い**な。」友人2《ゆうじんに》「ごめん。迷惑《めいわく》かけると思《おも》って言《い》えなかった。」
- 友人1《ゆうじんいち》「仲良《なかよ》くなってから長《なが》いのに、いつまでも名字《みょうじ》で呼《よ》ぶなんて**水臭《みずくさ》い**よ。名前《なまえ》で呼《よ》んで。」友人2《ゆうじんに》「うん。そうする。」

関連表現2 「～臭《くさ》い」は、～のような嫌《いや》な匂《にお》いだという意味《いみ》です。

- お昼《ひる》ごはんに、ニンニクたっぷりの料理《りょうり》を食《た》べたので、息《いき》がニンニク**臭《くさ》い**。
- 妻《つま》「なんか焦《こ》げ**臭《くさ》くない**?」夫《おっと》「あ、鍋《なべ》を火《ひ》にかけたままだった! 焦《こ》がしちゃったかも。」
- 何年《なんねん》も閉《し》めきったままの地下室《ちかしつ》は、ほこりっぽくてかび**臭《くさ》かった**。

関連表現3 **「〜くさい」は、〜のような感《かん》じだという意味《いみ》です。悪《わる》い意味《いみ》で使《つか》います。**

- 夫《おっと》「靴下《くつした》に穴《あな》が開《あ》いてるよ。貧乏《びんぼう》**くさい**から履《は》き替《か》えたら?」妻《つま》「えー、面倒《めんどう》だからいいよ。」
- 盆栽《ぼんさい》は、以前《いぜん》は年寄《としよ》り**くさい**趣味《しゅみ》だと言《い》われたが、最近《さいきん》は若《わか》い人《ひと》たちの間《あいだ》でも人気《にんき》だ。
- このウェブサイト、見《み》にくいし、デザインも素人《しろうと》**くさくて**格好《かっこう》悪《わる》い。

くやしい【悔しい】

い形 **名詞形** **悔《くや》しさ**

1 **「悔《くや》しい」は、失敗《しっぱい》したり負《ま》けたりして残念《ざんねん》だという意味《いみ》です。**

い形

- 一生懸命練習《いっしょうけんめいれんしゅう》したのに、ダンスのコンクールの本番《ほんばん》でミスをしてしまった。**悔《くや》しい。**
- 柔道《じゅうどう》の試合《しあい》で、以前《いぜん》は勝《か》ったことがある相手《あいて》に負《ま》けてしまった。とても**悔《くや》しくて**、泣《な》きたい気持《きも》ちだった。
- 自分《じぶん》が定価《ていか》で買《か》った商品《しょうひん》が、数日後《すうじつご》、値下《ねさ》げされているのを見《み》て、**悔《くや》しかった。**

2 「悔《くや》しい」は、相手《あいて》に嫌《いや》なことをされたときに、何《なに》もできなくて嫌《いや》だという意味《いみ》です。**い形**

- 子供《こども》の頃《ころ》、友達《ともだち》に「足《あし》が遅《おそ》い」と笑《わら》われて、とても**悔《くや》しかった。**
- 職場《しょくば》で先輩《せんぱい》からいじめられて、とても**悔《くや》しい**思《おも》いをしている。
- 姉《あね》に「おまえは給料《きゅうりょう》が低《ひく》い」とばかにされた。何《なに》も言《い》い返《かえ》せず、**悔《くや》しくて**涙《なみだ》が出《で》た。

くらい【暗い】

い形 名詞形 暗《くら》さ

対 明《あか》るい

1 「暗《くら》い」は、光《ひかり》が少《すく》ないという意味《いみ》です。**い形** 対 明《あか》るい

(→p.25)

● トンネルの中《なか》は**暗《くら》い**ので、車《くるま》のヘッドライトをつける。

● 友人1《ゆうじんいち》「空《そら》が**暗《くら》く**なってきたね。」友人2《ゆうじんに》「うん。雨《あめ》が降《ふ》りそうだね。」

● パソコンの画面《がめん》が**暗《くら》くて**見《み》づらいので、明《あか》るさを調整《ちょうせい》した。

2 「暗《くら》い」は、黒《くろ》に近《ちか》い色《いろ》だという意味《いみ》です。 い形 対 明《あか》るい

(→p.25)

● 私《わたし》は、黒《くろ》や灰色《はいいろ》など**暗《くら》い**色《いろ》の服《ふく》が好《す》きだ。

● 友人1《ゆうじんいち》「いつも**暗《くら》い**色《いろ》の服《ふく》着《き》てるけど、たまには赤《あか》とか、黄色《きいろ》とか明《あか》るい色《いろ》を着《き》てみたら?」友人2《ゆうじんに》「うーん。私《わたし》には似合《にあ》わないよ。」

● 今年《ことし》の口紅《くちべに》は、落《お》ち着《つ》いていて深《ふか》みのある**暗《くら》い**赤《あか》が人気《にんき》だ。

3 「暗《くら》い」は、不幸《ふこう》そうだったり、つまらなそうだったりするという意味《いみ》です。 い形 対 明《あか》るい(→p.25)

● 友人1《ゆうじんいち》「どうしたの? **暗《くら》い**顔《かお》してるけど。」友人2《ゆうじんに》「実《じつ》は、恋人《こいびと》とうまくいってないんだ。もう駄目《だめ》かも。」

● 私《わたし》は中学生《ちゅうがくせい》の頃《ころ》は、**暗《くら》い**性格《せいかく》で友達《ともだち》がほとんどいなかった。

● 景気《けいき》はますます悪化《あっか》するだろうという予測《よそく》を聞《き》いて、**暗《くら》い**気持《きも》ちになった。

4 「暗《くら》い」は、悲《かな》しいことや、つらい出来事《できごと》があるという意味《いみ》です。

い形

● 友人1《ゆうじんいち》「ねえ、その小説《しょうせつ》、どんな話《はなし》？」友人2《ゆうじんに》「戦争《せんそう》がテーマだから、**暗《くら》い**話《はなし》だよ。」

● 去年《きょねん》は、家族《かぞく》が病気《びょうき》になったり、仕事《しごと》があまりうまくいかなったり、**暗《くら》い**一年《いちねん》だった。

● 最近《さいきん》は、地震《じしん》や洪水《こうずい》などの災害《さいがい》や、殺人事件《さつじんじけん》など、**暗《くら》い**ニュースが多《おお》い気《き》がする。

5 「暗《くら》い」は、未来《みらい》や将来《しょうらい》に、良《よ》いことがなさそうだという意味《いみ》です。

い形 **対** 明《あか》るい（→p.25）

● 先月《せんげつ》失業《しつぎょう》して、次《つぎ》の仕事《しごと》がなかなか決《き》まらない。このまま就職《しゅうしょく》できなければ先《さき》は**暗《くら》い**。

● 年金《ねんきん》も少《すく》ないし、貯金《ちょきん》もあまりできない。老後《ろうご》が不安《ふあん》で、未来《みらい》は**暗《くら》い**なと感《かん》じてしまう。

● 友人《ゆうじん》の病気《びょうき》はとても深刻《しんこく》で、治《なお》る見通《みとお》しは**暗《くら》い**。

6 「～に暗《くら》い」は、～を詳《くわ》しく知《し》らないという意味《いみ》です。主《おも》に専門《せんもん》の話《はなし》や、学問《がくもん》についていいます。 **い形** **対** 明《あか》るい（→p.25）

● 経済《けいざい》**に暗《くら》い**政治家《せいじか》が、景気《けいき》を回復《かいふく》できるとは思《おも》わない。

● 私《わたし》は、国内《こくない》の事情《じじょう》については詳《くわ》しいが、国外《こくがい》の事情《じじょう》**には暗《くら》い**ので、これから勉強《べんきょう》するつもりだ。

● 引《ひ》っ越《こ》してきたばかりで、まだこの辺《あた》りの地理《ちり》**に暗《くら》い**ので、道《みち》や場所《ばしょ》を聞《き》かれても答《こた》えられない。

くる【来る】

動3 て形 来《き》て

☞ ～てくる（→p.291） 対 行《い》く、帰《かえ》る、過《す》ぎる

尊 いらっしゃる 謙 参《まい》る

1 「来《く》る」は、人《ひと》やものが自分《じぶん》の方に動《うご》くという意味《いみ》です。動3

対 行《い》く（→p.56）、帰《かえ》る（→p.118）

- 今日《きょう》は友達《ともだち》が家《いえ》に**来《く》る**ので、急《いそ》いで部屋《へや》を掃除《そうじ》しました。
- タクシーが**来《く》る**のを待《ま》っているが、なかなか**来《こ》ない**。
- うちの猫《ねこ》は、おなかがすくと私《わたし》のところに**来《き》て**、ニャーニャー鳴《な》く。
- 妹《いもうと》にメールを送《おく》ったが、まだ返事《へんじ》が**来《こ》ない**。仕事《しごと》が忙《いそが》しいのかもしれない。
- 海《うみ》の近《ちか》くで地震《じしん》があったときは、津波《つなみ》が**来《く》る**かもしれないので注意《ちゅうい》が必要《ひつよう》だ。

2 「来《く》る」は、その時《とき》になるという意味《いみ》です。動3 対 過《す》ぎる

- ついに大学《だいがく》の合格発表《ごうかくはっぴょう》の日《ひ》が**来《き》た**。どきどきしておとといからあまり眠《ねむ》れていない。
- 街《まち》の中央《ちゅうおう》にある公園《こうえん》は、春《はる》が**来《く》る**と桜《さくら》が満開《まんかい》になって観光客《かんこうきゃく》でに

ぎやかになる。

- コンピュータが発明《はつめい》されたのは、１９４０年代《せんきゅうひゃくよんじゅうねんだい》だが、一般《いっぱん》の家庭《かてい》でも使《つか》われる時代《じだい》が**来《き》た**のは、１９８０年代《せんきゅうひゃくはちじゅうねんだい》だ。
- 健康《けんこう》のために大好《だいす》きな天《てん》ぷらを食《た》べないと決《き》めたが、１週間《いっしゅうかん》で我慢《がまん》の限界《げんかい》が**来《き》て**食《た》べてしまった。

関連表現１ **「頭《あたま》にくる」は、怒《おこ》るという意味《いみ》です。**

- 彼女《かのじょ》はいつも約束《やくそく》を守《まも》らないし、謝《あやま》らない。本当《ほんとう》に**頭《あたま》にくる。**
- 兄《あに》に「絵《え》が下手《へた》だ」とばかにされて、**頭《あたま》にきて**持《も》っていたペンを投《な》げた。

関連表現２ **「〜とくる」は、何《なに》かを見《み》たりして、突然《とつぜん》、〜という気持《きも》ちになるという意味《いみ》です。**

- 友人１《ゆうじんいち》「同僚《どうりょう》に『君《きみ》の仕事《しごと》は簡単《かんたん》そうだからいいね。うらやましいよ』って言《い》われてかちん**ときた**よ。」友人２《ゆうじんに》「それは失礼《しつれい》だね。私《わたし》も腹《はら》が立《た》つと思《おも》う。」
- （映画館《えいがかん》で）友人１《ゆうじんいち》「ラストシーン、感動的《かんどうてき》で泣《な》いちゃった。」友人《ゆうじん》２《に》「私《わたし》もうる っ**ときた。**」

くるしい【苦しい】

い形　名詞形　苦《くる》しさ、苦《くる》しみ

対　楽《らく》だ

1　「苦《くる》しい」は、うまく息《いき》をすることができなくて、体《からだ》がつらいという意味《いみ》です。い形　対　楽《らく》だ（→p.458）

- 4階《よんかい》まで階段《かいだん》を走《はし》って上《のぼ》ってきたので、息《いき》が**苦《くる》しい**。
- 兄《あに》が風邪《かぜ》をひいた。せきをして、**苦《くる》し**そうにしている。
- 昨日《きのう》の食事会《しょくじかい》で食《た》べすぎた。おなかがいっぱいになって**苦《くる》しかった**。

2　「苦《くる》しい」は、悪《わる》い状況《じょうきょう》を変《か》えられなくて、困《こま》って、つらいという意味《いみ》です。い形

- 若《わか》い頃《ころ》は、仕事《しごと》も恋愛《れんあい》もうまくいかなくて、**苦《くる》しかった**。
- 飢《う》えに苦《くる》しんでいる人々《ひとびと》のことを思《おも》うと、胸《むね》が**苦《くる》しく**なる。
- 試合《しあい》は、0対0《れいたいれい》のまま、**苦《くる》しい**戦《たたか》いが続《つづ》いている。

3　「苦《くる》しい」は、金《かね》がなくて大変《たいへん》だという意味《いみ》です。い形　対　楽《らく》だ（→p.458）

- 給料《きゅうりょう》が下《さ》がって、生活《せいかつ》が**苦《くる》しい**。

- 買《か》い物《もの》をしすぎて、クレジットカードの支払《しはら》いが**苦《くる》しく**なった。
- 今月《こんげつ》は家計《かけい》が**苦《くる》しい**ので、節約《せつやく》しよう。

4 「苦《くる》しい」は、言《い》い訳《わけ》などが、うそだとすぐに分《わ》かって、信《しん》じられないぐらい下手《へた》だという意味《いみ》です。 い形

- 宿題《しゅくだい》を忘《わす》れて、「ノートをなくした」と先生《せんせい》にうそをついた。すぐにばれて、「**苦《くる》しい**言《い》い訳《わけ》をするな」と怒《おこ》られた。
- 遅刻《ちこく》した同僚《どうりょう》が、「時計《とけい》が壊《こわ》れてて……」と**苦《くる》しい**言《い》い訳《わけ》をした。素直《すなお》に謝《あやま》ればいいのにと思《おも》った。
- 政治家《せいじか》が不正《ふせい》を追及《ついきゅう》され、「自分《じぶん》は覚《おぼ》えていない」と**苦《くる》しい**説明《せつめい》をしたが、国民《こくみん》は納得《なっとく》しなかった。

くろい【黒い】

い形　名詞形　**黒《くろ》さ、黒《くろ》み**

1 「黒《くろ》い」は、オリンピックシンボルの上《うえ》の段《だん》の、真《ま》ん中《なか》の色《いろ》だという意味《いみ》です。 い形

- ごみ捨《す》て場《ば》の近《ちか》くに、**黒《くろ》い**カラスがたくさんいる。
- 首相《しゅしょう》や大統領《だいとうりょう》など、各国《かっこく》の要人《ようじん》が乗《の》る車《くるま》は**黒《くろ》い**ものが多《おお》い。

- 不正《ふせい》の証拠《しょうこ》となる書類《しょるい》は、見《み》られると都合《つごう》の悪《わる》い部分《ぶぶん》が**黒《くろ》く**塗《ぬ》りつぶされていた。

2 「黒《くろ》い」は、色《いろ》が黒《くろ》に近《ちか》いという意味《いみ》です。 い形

- 庭《にわ》の掃除《そうじ》をしていたら、首《くび》の後《うし》ろだけ日焼《ひや》けして**黒《くろ》く**なってしまった。
- シャツの襟《えり》のところは汚《よご》れやすい。**黒《くろ》く**なって、洗濯《せんたく》してもなかなか落《お》ちない。
- 近所《きんじょ》で大《おお》きい火事《かじ》があった。**黒《くろ》い**煙《けむり》があがって、消防車《しょうぼうしゃ》が何台《なんだい》も止《と》まっていた。

3 「黒《くろ》い」は、犯罪《はんざい》のように悪《わる》いという意味《いみ》です。 い形

- あの政治家《せいじか》には、企業《きぎょう》から違法《いほう》に大金《たいきん》をもらっているという**黒《くろ》い**うわさがある。
- あの歌手《かしゅ》は、以前《いぜん》から麻薬密売人《まやくみつばいにん》との**黒《くろ》い**関係《かんけい》がうわさされていた。先日《せんじつ》、とうとう麻薬《まやく》を所持《しょじ》していたことで逮捕《たいほ》された。
- 私《わたし》の市《し》の市長《しちょう》は、反社会組織《はんしゃかいそしき》との**黒《くろ》い**交際《こうさい》がばれて、失脚《しっきゃく》した。

くわしい【詳しい】

い形

1 「詳《くわ》しい」は、情報《じょうほう》の種類《しゅるい》と量《りょう》が多《おお》いという意味《いみ》です。 い形

- 隣《となり》のビルで大《おお》きい火災《かさい》があった。出火《しゅっか》の原因《げんいん》など、**詳《くわ》しい**ことはまだ分《わ》かっていないそうだ。
- 生命保険《せいめいほけん》に入《はい》ろうと思《おも》う。いろんな保険《ほけん》があるので、**詳《くわ》しく**調《しら》べて、どれに入《はい》るか決《き》めようと思《おも》う。
- 友達《ともだち》からもらった地図《ちず》は簡単《かんたん》すぎて店《みせ》の場所《ばしょ》がよく分《わ》からなかったので、スマホで**詳《くわ》しい**地図《ちず》を確認《かくにん》した。

2 「〜に詳《くわ》しい」は、〜のことをよく知《し》っていて、細《こま》かい情報《じょうほう》をたくさん持《も》っているという意味《いみ》です。 い形

- 田中《たなか》さんはコーヒー**に詳《くわ》しい**。コーヒー豆《まめ》の歴史《れきし》や、味《あじ》の違《ちが》い、おいしい入《い》れ方《かた》など何《なん》でも知《し》っている。
- 今度《こんど》初《はじ》めてキャンプに行《い》く。ローラさんは、キャンプが趣味《しゅみ》で、キャンプ場《じょう》**にも詳《くわ》しい**そうなので、おすすめの場所《ばしょ》を教《おし》えてもらおうと思《おも》う。
- 祖父《そふ》は、生《う》まれてからずっとこの町《まち》に住《す》んでいて、町《まち》の歴史《れきし》**に**とても**詳《くわ》しい**。

けす【消す】

動1 てて形 消《け》して

☞ 消《き》える　対 つける、入《い》れる

1 「消《け》す」は、火《ひ》をなくすという意味《いみ》です。 動1 対 つける

- 昨日《きのう》、火事《かじ》があった。消防車《しょうぼうしゃ》５台《だい》で火《ひ》を**消《け》した**そうだ。
- たばこの吸《す》い殻《がら》は、水《みず》をかけて完全《かんぜん》に**消《け》して**から捨《す》てるようにしている。
- 鍋《なべ》の火《ひ》をつけたまま**消《け》す**のを忘《わす》れて電話《でんわ》していたら、料理《りょうり》が焦《こ》げてしまった。

2 「消《け》す」は、熱《ねつ》や光《ひかり》、音《おと》を出《だ》す機械《きかい》を止《と》めるという意味《いみ》です。

動1 対 つける、入《い》れる（→p.65）

- 寒《さむ》くなってきたので冷房《れいぼう》を**消《け》す**。
- トイレから出《で》たら電気《でんき》を**消《け》して**ください。
- 朝《あさ》から嫌《いや》なニュースばかりだったので、テレビを**消《け》して**音楽《おんがく》をかけた。

3 「消《け》す」は、今《いま》まであったものをなくすという意味《いみ》です。 動1

- アンケート用紙《ようし》に間違《まちが》ったメールアドレスを書《か》いてしまったので、**消《け》して**書《か》き直《なお》した。

● 口《くち》の臭《にお》いを**消《け》す**ためにミント味《あじ》のガムを噛《か》む。

● 友人《ゆうじん》１《いち》「さっき撮《と》った写真《しゃしん》、私《わたし》の顔《かお》変《へん》だから**消《け》して。**」友人《ゆうじん》２《に》「え、どの写真《しゃしん》？」

関連表現1 「姿《すがた》を消《け》す」は、人《ひと》や動物《どうぶつ》がいなくなったり、ものがなくなったりするという意味《いみ》です。

● 昔《むかし》この町《まち》にたくさんいた子供《こども》は**姿《すがた》を消《け》し**、お年寄《としよ》りばかりになってしまった。

● およそ６５００万年前《ろくせんごひゃくまんねんまえ》に、恐竜《きょうりゅう》は地球上《ちきゅうじょう》から**姿《すがた》を消《け》した。**

● 駅前《えきまえ》の喫茶店《きっさてん》が、いつの間《ま》にか**姿《すがた》を消《け》して**いて、そこはラーメン屋《や》になっていた。

けっこん【結婚】

名 動3

対 離婚《りこん》

1 2人《ふたり》が、法律《ほうりつ》が認《みと》める配偶者《はいぐうしゃ》になることを、「結婚《けっこん》」といいます。

名 動3 対 離婚《りこん》

● 今年《ことし》の４月《しがつ》で**結婚《けっこん》**して２０年《にじゅうねん》になる。記念日《きねんび》には夫婦《ふうふ》で旅行《りょこう》に行《い》く予定《よてい》だ。

- 私《わたし》は今《いま》付《つ》き合《あ》っている人《ひと》と**結婚**《けっこん》して家族《かぞく》になりたいのだが、相手《あいて》はまだ**結婚**《けっこん》したいとは思《おも》っていないようだ。
- **結婚**《けっこん》のきっかけを聞《き》かれても、きちんと答《こた》えることができない人《ひと》は意外《いがい》に多《おお》いと思《おも》う。

げんき【元気】

な形　**名詞形**　元気《げんき》さ

対　病気《びょうき》

1　「元気《げんき》」は、人《ひと》や動物《どうぶつ》の体《からだ》と心《こころ》、植物《しょくぶつ》などの調子《ちょうし》が良《よ》く、力《ちから》があるという意味《いみ》です。あいさつでよく使《つか》います。　**な形**　**対**　病気《びょうき》

- 公園《こうえん》で子供《こども》たちが**元気**《げんき》に遊《あそ》んでいる。大《おお》きい声《こえ》を出《だ》したり、走《はし》り回《まわ》ったりして、楽《たの》しそうだ。
- （メールで）ご無沙汰《ぶさた》しています。**お元気**《げんき》ですか？　こちらは**元気**《げんき》です。
- 最近《さいきん》急《きゅう》に寒《さむ》くなったせいか、ベランダの鉢植《はちう》えが**元気**《げんき》がなくて枯《か》れそうだ。

けんこう【健康】

名　な形

対　病気《びょうき》、不健康《ふけんこう》

1 「健康《けんこう》」は、体《からだ》に悪《わる》いところがなく、元気《げんき》だという意味《いみ》です。

名　な形　対　病気《びょうき》、不健康《ふけんこう》

- たばことお酒《さけ》をやめたら**健康**《けんこう》になった。朝起《あさお》きるのも楽《らく》だし、疲《つか》れにくいし、何《なに》を食《た》べてもおいしく感《かん》じる。
- **健康**《けんこう》のために、毎朝《まいあさ》5《ご》キロ歩《ある》いて体力《たいりょく》作《づく》りをしている。
- この学校《がっこう》では、生徒《せいと》たちの**健康**《けんこう》を守《まも》り、元気《げんき》な体《からだ》を作《つく》るために、食生活《しょくせいかつ》の指導《しどう》を続《つづ》けています。

2 「健康《けんこう》」は、心《こころ》や考《かんが》え方《かた》が、悩《なや》みがなくて安定《あんてい》しているという意味《いみ》です。

名　な形　対　病気《びょうき》、不健康《ふけんこう》

- 仕事《しごと》のストレスで病気《びょうき》になった彼《かれ》は、心《こころ》の**健康**《けんこう》がどんなに大切《たいせつ》なのかをよく分《わ》かっている。
- 悩《なや》みや不安《ふあん》に負《ま》けない**健康**《けんこう》な心《こころ》と体《からだ》があれば、どこにいても楽《たの》しく生《い》きていけると思《おも》います。
- 人《ひと》が明《あか》るく生《い》きるために、心《こころ》を**健康**《けんこう》に保《たも》つことは大切《たいせつ》です。

3 「健康《けんこう》」は、組織《そしき》や社会《しゃかい》の機能《きのう》が、きちんと働《はたら》いているという意味《いみ》です。 名 な形

- 社長《しゃちょう》の意見《いけん》に誰《だれ》も納得《なっとく》していないのに、反論《はんろん》ができないなんて、**健康**《けんこう》な組織《そしき》とは言《い》えないと思《おも》う。
- きちんと結果《けっか》を出《だ》す人《ひと》や、真面目《まじめ》で不正《ふせい》をしない人《ひと》が評価《ひょうか》されるというのが、**健康**《けんこう》な社会《しゃかい》だろう。

こい【濃い】

い形 名詞形 濃《こ》さ

対 薄《うす》い

1 「濃《こ》い」は、色《いろ》が白《しろ》っぽくなくて、強《つよ》いという意味《いみ》です。 い形

対 薄《うす》い（→p.70）

- 彼《かれ》は、色《いろ》の**濃**《こ》**い**サングラスをかけているので、どこを見《み》ているのか全《まった》く分《わ》からない。
- 黒《くろ》い色《いろ》の車《くるま》かと思《おも》ってよく見《み》たら、**濃**《こ》**い**青色《あおいろ》だった。
- 絵《え》を描《か》くとき、影《かげ》になる部分《ぶぶん》は少《すこ》し**濃**《こ》**く**塗《ぬ》ると立体感《りったいかん》が出《で》ます。

2 「濃《こ》い」は、味《あじ》や匂《にお》いが強《つよ》いという意味《いみ》です。 い形 対 薄《うす》い

（→p.70）

- 私《わたし》は、**濃《こ》い**コーヒーは苦手《にがて》なので、いつも牛乳《ぎゅうにゅう》を入《い》れて飲《の》む。
- 友人《ゆうじん》1《いち》「この料理《りょうり》、ちょっと味《あじ》が**濃《こ》い**ね。」友人《ゆうじん》2《に》「そうだね。塩《しお》を入《い》れすぎたのかな。」
- この香水《こうすい》は、**濃《こ》い**香《かお》りが特徴《とくちょう》なので、ほんの少《すこ》し付《つ》けるだけで十分《じゅうぶん》だ。

3 「濃《こ》い」は、ものや情報《じょうほう》が多《おお》くて、密度《みつど》が高《たか》いという意味《いみ》です。

い形 **対** 薄《うす》い（→p.70）

- 天気《てんき》が悪《わる》くて、霧《きり》が**濃《こ》く**なってきた。周《まわ》りの景色《けしき》が何《なに》も見《み》えなくなった。
- 私《わたし》はひげが**濃《こ》い**ので、朝《あさ》、ひげを剃《そ》るのに時間《じかん》がかかって大変《たいへん》だ。
- 今日《きょう》の授業《じゅぎょう》は、とても内容《ないよう》が**濃《こ》く**、充実《じゅうじつ》していた。

4 「濃《こ》い」は、可能性《かのうせい》が高《たか》いという意味《いみ》です。 **い形**

- 父《ちち》の応援《おうえん》しているチームは意外《いがい》に強《つよ》い。優勝《ゆうしょう》する可能性《かのうせい》が**濃《こ》く**なってきた。
- 彼女《かのじょ》のやったことは、法律違反《ほうりついはん》の疑《うたが》いが**濃《こ》い**。逮捕《たいほ》されるかもしれない。
- ブランド品《ひん》だと思《おも》ってバッグを買《か》ったが、よく調《しら》べると、偽物《にせもの》の疑《うたが》いが**濃《こ》く**なった。買《か》ったのは失敗《しっぱい》だった。

こうきゅう【高級】

な形

1 **「高級《こうきゅう》」は、品質《ひんしつ》や内容《ないよう》などが、他《ほか》の一般的《いっぱんてき》なものよりとても良《よ》いという意味《いみ》です。** **な形**

- （レストランでメニューを見《み》ながら）友人１《ゆうじんいち》「この店《みせ》、２万円《にまんえん》のコース料理《りょうり》しかないね。私《わたし》たちには**高級《こうきゅう》**すぎない?」友人２《ゆうじんに》「たまにはいいじゃん。贅沢《ぜいたく》しようよ。」
- この酒屋《さかや》では、安《やす》いものから**高級《こうきゅう》**なものまで、さまざまなランクのワインを扱《あつか》っている。
- **高級《こうきゅう》**なブランドのお店《みせ》に入《はい》ったら、店内《てんない》の家具《かぐ》や店員《てんいん》の服装《ふくそう》まで全《すべ》てが一流《いちりゅう》で、すてきだった。
- 旅行《りょこう》で**高級《こうきゅう》**なホテルに泊《と》まった。部屋《へや》も豪華《ごうか》だったし、サービスも一流《いちりゅう》で、とても満足《まんぞく》した。

こくさいてき【国際的】

な形

1 「国際的《こくさいてき》」は、いろいろな国《くに》に関係《かんけい》しているという意味《いみ》です。

な形

- 地球温暖化《ちきゅうおんだんか》を防《ふせ》ぐために**国際的**《こくさいてき》な取《と》り組《く》みが行《おこな》われている。
- 世界《せかい》のあちこちで貧困《ひんこん》に苦《くる》しんでいる人々《ひとびと》を助《たす》けるためには、**国際的**《こくさいてき》な協力《きょうりょく》が不可欠《ふかけつ》だ。
- 私《わたし》の友人《ゆうじん》は、開発途上国《かいはつとじょうこく》の教育問題《きょういくもんだい》に取《と》り組《く》むＮＧＯ《エヌジーオー》の職員《しょくいん》として、**国際的**《こくさいてき》に活躍《かつやく》している。

コピー

名　動3

1 書類《しょるい》などを、機械《きかい》を使《つか》って、そっくり同《おな》じに作《つく》ることを「コピー」といいます。また、原物《げんぶつ》そっくりに作《つく》ったものを「コピー」といいます。

名 動3

- 外国《がいこく》に行《い》くときは、パスポートやクレジットカードの**コピー**も用意《ようい》しておくとよい。
- 上司《じょうし》「会議《かいぎ》で配《くば》る資料《しりょう》、5部《ごぶ》**コピー**しておいてくれる?」部下《ぶか》「分《わ》かりました。」
- 本《ほん》や雑誌《ざっし》を**コピー**して売《う》ることは、法律《ほうりつ》で禁止《きんし》されている。

2 商品《しょうひん》を宣伝《せんてん》するための言葉《ことば》を、「コピー」といいます。名

- 書店員《しょてんいん》が書《か》いた**コピー**を読《よ》んで、この本《ほん》に興味《きょうみ》を持《も》った。
- 多《おお》くの人《ひと》が広告《こうこく》の**コピー**に共感《きょうかん》すると、その商品《しょうひん》はよく売《う》れる。
- 「痩《や》せる」という**コピー**につられて、つい高《たか》い運動器具《うんどうきぐ》を買《か》ってしまった。

こまかい【細かい】

い形 名詞形 細《こま》かさ

対 粗《あら》い

1 「細《こま》かい」は、たくさんあるものの1《ひと》つ1《ひと》つが、とても小《ちい》さいという意味《いみ》です。い形 対 粗《あら》い

- この島《しま》のビーチの砂《すな》は、白《しろ》くて**細《こま》かくて**、とてもきれいだ。

- 私《わたし》の手帳《てちょう》には、**細《こま》かい**字《じ》で予定《よてい》がたくさん書《か》き込《こ》んである。
- 友人《ゆうじん》１《いち》「この車《くるま》、大事《だいじ》に乗《の》ってるけど、買《か》ってから１年《いちねん》になるから、**細《こま》かい**傷《きず》があるなあ。」友人《ゆうじん》２《に》「本当《ほんとう》だ、小《ちい》さい傷《きず》がたくさんあるね。」
- ハーブを**細《こま》かく**切《き》って、料理《りょうり》に散《ち》らした。

2 「細《こま》かい」は、動《うご》きが小《ちい》さいという意味《いみ》です。い形

- 歯《は》を磨《みが》くときは、手《て》をなるべく**細《こま》かく**動《うご》かすと、きれいに磨《みが》ける。
- タップダンスは、**細《こま》かく**ステップを踏《ふ》むのが難《むずか》しそうだ。
- 妹《いもうと》は、アクセサリーを作《つく》ったり、プラモデルを組《く》み立《た》てたりといった、**細《こま》かい**作業《さぎょう》が好《す》きだ。

3 「細《こま》かい」は、詳《くわ》しいという意味《いみ》です。い形

- 上司《じょうし》「先週《せんしゅう》のイベント、１０００人《せんにん》くらいお客《きゃく》さんが来《き》たんだよね？**細《こま》かい**数字《すうじ》分《わ》かる？」部下《ぶか》「ええと、正確《せいかく》には、１０３８人《せんさんじゅうはちにん》ですね。」
- 契約書《けいやくしょ》の内容《ないよう》について、**細《こま》かく**説明《せつめい》を受《う》けたあと、サインをした。
- 私《わたし》がいなくても大丈夫《だいじょうぶ》なように、部下《ぶか》に**細《こま》かく**指示《しじ》を出《だ》してから休暇《きゅうか》に入《はい》った。

4 「細《こま》かい」は、大事《だいじ》ではないという意味《いみ》です。い形

- **細《こま》かい**ことだが、会社《かいしゃ》の食堂《しょくどう》のラーメンが１０円《じゅうえん》値《ね》上《あ》がりした。
- 上司《じょうし》「この資料《しりょう》を翻訳《ほんやく》してもらいたい。**細《こま》かい**ところは省《はぶ》いていいから、要点《ようてん》だけをまとめてほしい。」部下《ぶか》「承知《しょうち》しました。」

● レポートは、大体《だいたい》書《か》き終《お》わった。あとは**細《こま》かい**修正《しゅうせい》をすれば完成《かんせい》だ。

5 「細《こま》かい」は、気《き》が付《つ》きにくいことまで考《かんが》えられているという意味《いみ》です。良《よ》い意味《いみ》で使《つか》います。 い形 対 粗《あら》い

● このレストランは、サービスがとても良《い》い。気配《きくば》りが**細《こま》かくて**、いつも心地《ここち》よく食事《しょくじ》ができる。

● この施設《しせつ》は、障害者《しょうがいしゃ》に対《たい》する**細《こま》かい**配慮《はいりょ》がされていて、目《め》の見《み》えない人《ひと》でも快適《かいてき》に利用《りよう》できる。

● 新《あたら》しい担任《たんにん》の先生《せんせい》は、一人一人《ひとりひとり》を**細《こま》かく**見《み》てくれるので、クラスメイトはみんな先生《せんせい》を信頼《しんらい》している。

関連表現1 「細《こま》かい金《かね》」は、桁《けた》の小《ちい》さい金額《きんがく》の金《かね》という意味《いみ》です。

● 両替《りょうがえ》をして、チップ用《よう》に**細《こま》かいお金《かね》**を用意《ようい》した。

● 友人１《ゆうじんいち》「カラオケ代《だい》、１人２１００円《ひとりにせんひゃくえん》でした。**細《こま》かいの**はいいよ。」
友人２《ゆうじんに》「え、いいの？　ありがとう。じゃあ、２０００円《にせんえん》ね。」

関連表現2 「金《かね》に細《こま》かい」は、金《かね》のことについてうるさいという意味《いみ》です。

● 姉《あね》は**お金《かね》に細《こま》かくて**、割《わ》り勘《かん》をすると１円《いちえん》の単位《たんい》まで請求《せいきゅう》する。

● 兄《あに》は**お金《かね》に細《こま》かい**ので、何《なに》か買《か》うときは必《かなら》ず値段《ねだん》を調《しら》べて、一番安《いちばんやす》い店《みせ》で買《か》う。

こまる【困る】

動1 て形 困《こま》って

1 「困《こま》る」は、どうしたら良《よ》いのか分《わ》からなくて、悩《なや》んだり苦《くる》しんだりするという意味《いみ》です。**動1**

- 旅行中《りょこうちゅう》にパスポートをなくしたら**困《こま》る**から、コピーをとっておこう。
- 仕事中《しごとちゅう》に分《わ》からないことや**困《こま》った**ことがあったら、ウェイさんに相談《そうだん》してください。
- この町《まち》は、階段《かいだん》は多《おお》いがエレベーターが少ないので、車《くるま》いすでの移動《いどう》に**困《こま》る**。

2 「困《こま》る」は、金《かね》、食《た》べ物《もの》などがなくて苦《くる》しむという意味《いみ》です。
動1

- ファさんは、会社《かいしゃ》を辞《や》めたが、貯金《ちょきん》があるので生活《せいかつ》は**困《こま》らない**。
- 難民《なんみん》キャンプには、水《みず》や食《た》べ物《もの》に**困《こま》って**いる人《ひと》たちがたくさんいる。
- 彼《かれ》は病気《びょうき》のお母《かあ》さんと２人暮《ふたりぐ》らしなのに、失業《しつぎょう》してしまい、かなりお金《かね》に**困《こま》って**いる。

3 「困《こま》る」は、人《ひと》がそれをすると自分《じぶん》が迷惑《めいわく》だと感《かん》じるという意味《いみ》

です。動１

- 友達《ともだち》が私《わたし》に許可《きょか》を取《と》らないで、私《わたし》の写真《しゃしん》をＳＮＳ《エスエヌエス》に載《の》せるので**困《こま》る**。
- 隣《となり》に住《す》んでいる人《ひと》がいつも夜遅《よるおそ》くまで騒《さわ》いでいるので**困《こま》って**いる。
- 兄《あに》は着《き》なくなった服《ふく》をよくくれるが、私《わたし》の趣味《しゅみ》に合《あ》わないので**困《こま》る**。

さがす【探す】

動１　て形　探《さが》して

対　見《み》つける

1　「探《さが》す」は、人《ひと》や物《もの》などを見《み》つけようとするという意味《いみ》です。

動１　対　見《み》つける

- チェロを習《なら》いたいので、教《おし》えてくれる先生《せんせい》を**探《さが》して**いる。
- （本屋《ほんや》で）客《きゃく》「すみません、日本語《にほんご》の辞書《じしょ》を**探《さが》して**いるんですが、ありますか?」店員《てんいん》「はい。２階《にかい》にございます。」
- 友人１《ゆうじんいち》「スマホを**探《さが》して**るんだけど見当《みあ》たらなくて……。僕《ぼく》の番号《ばんごう》にかけて鳴《な》らしてもらっていい?」友人２《ゆうじんに》「いいよ。」
- 行方不明《ゆくえふめい》になった女《おんな》の子《こ》を警察《けいさつ》が**探《さが》して**いるが、１週間《いっしゅうかん》たってもまだ見《み》つからない。
- 新《あたら》しい仕事《しごと》を**探《さが》して**いるが、景気《けいき》が悪《わる》いのでなかなか見《み》つからない。

さびしい／さみしい【寂しい】

い形　名詞形　寂《さび》しさ

対　にぎやかだ

1 「寂《さび》しい」は、大事《だいじ》なものをなくしたり、会《あ》いたい人《ひと》に会《あ》えなかったりして、悲《かな》しい気持《きも》ちだという意味《いみ》です。 い形

- 大学《だいがく》に通《かよ》うために、家族《かぞく》と離《はな》れて1人《ひとり》暮《ぐ》らしを始《はじ》めた。最初《さいしょ》は**寂《さび》しかった**が、最近《さいきん》は友達《ともだち》ができて毎日《まいにち》楽《たの》しい。
- 冬休《ふゆやす》みで、寮《りょう》の友達《ともだち》はみんな家《いえ》へ帰《かえ》った。残《のこ》ったのは自分《じぶん》一人《ひとり》だけで、少《すこ》し**寂《さび》しい**。
- ペットの犬《いぬ》が死《し》んでしまった。いつも散歩《さんぽ》していた道《みち》を通《とお》るとき、**寂《さび》しい**気持《きも》ちになる。

2 「寂《さび》しい」は、何《なに》かが足《た》りないような気持《きも》ちだという意味《いみ》です。
い形

- 旅行先《りょこうさき》から友達《ともだち》にはがきを送《おく》った。字《じ》だけでは**寂《さび》しい**感《かん》じがしたので、宿《やど》から見《み》える海《うみ》の景色《けしき》を描《か》いてみた。
- 妻《つま》「やっと引《ひ》っ越《こ》し終《お》わったね。でも、この部屋《へや》、広《ひろ》いからなんだか**寂《さび》しい**感《かん》じがする。」夫《おっと》「壁《かべ》に絵《え》でも飾《かざ》ってみようか？」

● シンプルなワンピースを着《き》た。襟元《えりもと》が**寂《さび》しかった**ので、スカーフを巻《ま》いた。

3 「寂《さび》しい」は、人《ひと》がいなくて静《しず》かだという意味《いみ》です。 い形 対 にぎやかだ（→p.331）

● 人通《ひとどお》りのない、**寂《さび》しい**夜《よる》の道《みち》を歩《ある》くのは、少《すこ》し怖《こわ》い。

● 友人《ゆうじん》1《いち》「久《ひさ》しぶりに来《き》たけど、駅前《えきまえ》、**寂《さび》しく**なっちゃったね。」友人《ゆうじん》2《に》「ここ何年《なんねん》かで、けっこうお店《みせ》がつぶれちゃってね。昔《むかし》はにぎやかだったんだけど。」

● そのレストランは、街《まち》の中心《ちゅうしん》から外《はず》れた、少《すこ》し**寂《さび》しい**ところにあるにも関《かか》わらず、おいしいと評判《ひょうばん》で、お客《きゃく》でいっぱいだ。

関連表現1 「口《くち》が寂《さび》しい」は、少《すこ》しだけ何《なに》かを食《た》べたいと思《おも》うという意味《いみ》です。

● なんとなく、**口《くち》が寂《さび》しい**ので、あめをなめた。

● ダイエット中《ちゅう》に**口《くち》が寂《さび》しい**ときは、ドライフルーツやナッツなどを食《た》べるようにしている。

関連表現2 「懐《ふところ》が寂《さび》しい」は、今《いま》、持《も》っている金《かね》が少《すく》ないという意味《いみ》です。

● 友人《ゆうじん》1《いち》「ねえ、明日《あした》カラオケ行《い》こうよ。」友人《ゆうじん》2《に》「ごめん。今《いま》、**懐《ふところ》が寂《さび》しい**から、また今度《こんど》。」

- 給料日前《きゅうりょうびまえ》で**懐《ふところ》が寂《さび》しい**ので、週末《しゅうまつ》は図書館《としょかん》に出《で》かけて、お金《かね》を使《つか》わずに過《す》ごそうと思《おも》う。

さむい【寒い】

い形 **名詞形** 寒《さむ》さ

対 暑《あつ》い

1 「寒《さむ》い」は、気温《きおん》が低《ひく》いという意味《いみ》です。い形 対 暑《あつ》い（→p.40）

- 部屋《へや》が**寒《さむ》い**ので、ストーブをつけた。
- **寒《さむ》くない**ように、コートを着《き》て、帽子《ぼうし》をかぶり、手袋《てぶくろ》もして出《で》かけた。
- 昨日《きのう》は気温《きおん》が高《たか》くて暖《あたた》かかったが、今朝《けさ》は急《きゅう》に気温《きおん》が下《さ》がって、とても**寒《さむ》い**。

2 「寒《さむ》い」は、冗談《じょうだん》がつまらなくて、笑《わら》えない気持《きも》ちだという意味《いみ》です。い形

- 父《ちち》は、いつもみんなを笑《わら》わせようと冗談《じょうだん》を言《い》うが、大抵《たいてい》**寒《さむ》くて**誰《だれ》も笑《わら》わない。
- あのコメディアンのギャグは、いつも**寒《さむ》い**。つまらないから、もう見《み》たくない。

● 学生《がくせい》1《いち》「あの先生《せんせい》、冗談《じょうだん》ばかり言《い》うけど、はっきり言《い》って**寒《さむ》い**よね。」

学生《がくせい》2《に》「そうかな。楽《たの》しくて良《い》いと思《おも》うよ。」

関連表現1 **「背筋《せすじ》が寒《さむ》くなる」は、恐《おそろ》しいことを考《かんが》えて、怖《こわ》くなるという意味《いみ》です。**

● 友達《ともだち》が幽霊《ゆうれい》を見《み》たそうだ。その時《とき》の話《はなし》を聞《き》いて、**背筋《せすじ》が寒《さむ》くなった。**

● 近所《きんじょ》で殺人事件《さつじんじけん》が起《お》きた。もし自分《じぶん》が襲《おそ》われていたらと思《おも》うと、**背筋《せすじ》が寒《さむ》くなる。**

関連表現2 **「懐《ふところ》が寒《さむ》い」は、今《いま》、金《かね》をあまり持《も》っていないという意味《いみ》です。**

● 旅行《りょこう》でたくさんお金《かね》を使《つか》って、**懐《ふところ》が寒《さむ》い**ので、しばらく買《か》い物《もの》はしないつもりだ。

● 今月《こんげつ》は**懐《ふところ》が寒《さむ》い**ので、アルバイトをたくさんすることにした。

ざんねん【残念】

な形

対 満足《まんぞく》

1 「残念《ざんねん》」は、自分《じぶん》が望《のぞ》んだ通《とお》りにならなくて、がっかりだという意味《いみ》です。**な形** **対** 満足《まんぞく》（→p.406）

- 応援《おうえん》していたフェンシングの選手《せんしゅ》が決勝戦《けっしょうせん》で負《ま》けたのは、とても**残念《ざんねん》**だった。
- 久《ひさ》しぶりに会《あ》えるのを楽《たの》しみにしていたので、今日《きょう》会《あ》えないのは、本当《ほんとう》に**残念《ざんねん》**です。
- 合格《ごうかく》するために一生懸命勉強《いっしょうけんめいべんきょう》しましたが、不合格《ふごうかく》という**残念《ざんねん》**な結果《けっか》でした。

2 誰《だれ》かに悪《わる》いことを伝《つた》えるとき「残念《ざんねん》」を使《つか》います。**な形**

- バイトの面接《めんせつ》で、「**残念《ざんねん》**ですが、今回《こんかい》は採用《さいよう》を見送《みおく》らせていただきます」と言《い》われてしまった。
- **残念《ざんねん》**ながら、今月《こんげつ》いっぱいでこの会社《かいしゃ》を辞《や》めて実家《じっか》に帰《かえ》ることになりました。本当《ほんとう》にお世話《せわ》になりました。
- お誘《さそ》いいただきありがとうございます。**残念《ざんねん》**ですが、その日《ひ》は予定《よてい》があるので参加《さんか》できそうにありません。

さんぽ【散歩】

名 動3

さ

1 健康《けんこう》や気分転換《きぶんてんかん》のために、外《そと》に出《で》て歩《ある》き回《まわ》ることを「散歩《さんぽ》」といいます。行《い》くところや通《とお》る道《みち》を決《き》めないことが多《おお》いです。名 動3

- 友人1《ゆうじんいち》「食事《しょくじ》が終《お》わったら、**散歩**《さんぽ》に行《い》かない？　良《い》い天気《てんき》だから。」
  友人2《ゆうじんに》「いいね。行《い》こう。」
- 大《おお》きい川沿《かわぞ》いの道《みち》をゆっくり**散歩**《さんぽ》すると、リラックスできます。
- 昨日《きのう》はとても忙《いそが》しくて、犬《いぬ》を**散歩**《さんぽ》に連《つ》れて行《い》けなかった。かわいそうなことをした。

しあわせ【幸せ】

名　な形

対　不幸《ふこう》、不幸《ふしあわ》せ

1 自分《じぶん》が満足《まんぞく》してうれしいことを「幸《しあわ》せ」といいます。名

な形　対　不幸《ふこう》（→p.378）、不幸《ふしあわ》せ

- 家族《かぞく》と過《す》ごすときは、優《やさ》しい気持《きも》ちでいっぱいになる。こんなときに**幸《しあわ》せ**を感《かん》じる。
- 大好《だいす》きなアイドルと一緒《いっしょ》に写真《しゃしん》を撮《と》ってもらったときは、とても**幸《しあわ》せ**だった。
- 祖父母《そふぼ》はいつも笑顔《えがお》で**幸《しあわ》せ**そうだ。畑仕事《はたけしごと》をしたり、絵《え》を描《か》いたりしながら、2人《ふたり》で仲良《なかよ》く暮《く》らしている。

しかくい【四角い】

い形

さ

1 「四角《しかく》い」は、正方形《せいほうけい》や長方形《ちょうほうけい》など、4つ《よっ》の角《かど》と4つ《よっ》の直線《ちょくせん》で囲《かこ》んだような形《かたち》だという意味《いみ》です。い形

- スマホの画面《がめん》も、パソコンの画面《がめん》も、どちらも**四角《しかく》い**。
- 住宅《じゅうたく》の窓《まど》は**四角《しかく》い**ものが多《おお》い。丸《まる》い窓《まど》はおしゃれだが、開《あ》け閉《し》めをするのが難《むずか》しい。
- **四角《しかく》い**テーブルを使《つか》っていたが、部屋《へや》の雰囲気《ふんいき》を変《か》えたくて、丸《まる》いテーブルに変《か》えた。

2 「四角《しかく》い」は、さいころのような、4つ《よっ》の角《かど》と4つ《よっ》の直線《ちょくせん》で囲《かこ》んだ形《かたち》を組《く》み合《あ》わせたような形《かたち》だという意味《いみ》です。い形

- 友人1《ゆうじんいち》「ティッシュペーパーもらってもいい?」友人2《ゆうじんに》「どうぞ、その赤《あか》い**四角《しかく》い**箱《はこ》に入《はい》ってるよ。」
- ニンジンをさいころのように**四角《しかく》く**切《き》って、スープの具《ぐ》にする。
- 最近《さいきん》は、**四角《しかく》い**氷《こおり》だけでなく、ハートや星《ほし》の形《かたち》の氷《こおり》を作《つく》れる製氷《せいひょう》皿《ざら》があるそうだ。

しごと【仕事】

名 **動3**

対 遊《あそ》び、遊《あそ》ぶ

1 金《かね》をもらうために働《はたら》くことを「仕事《しごと》」といいます。また、その人《ひと》の職業《しょくぎょう》も「仕事《しごと》」といいます。**名** **動3** **対** 遊《あそ》び、遊《あそ》ぶ（→p.32）

- 今日《きょう》は**仕事**《しごと》が休《やす》みなので、午前中《ごぜんちゅう》は家《いえ》の片付《かたづ》けをして、午後《ごご》は動物園《どうぶつえん》に行《い》く予定《よてい》だ。
- 最近《さいきん》は人手《ひとで》が足《た》りなくて毎日《まいにち》夜《よる》9時《くじ》まで**仕事**《しごと》している。このままでは体《からだ》を壊《こわ》してしまう。
- 今《いま》の**仕事**《しごと》は給料《きゅうりょう》もいいし、やりがいもある。ずっと続《つづ》けていきたい。

2 しなければならないことを「仕事《しごと》」といいます。**名** **動3**

- 私《わたし》の家《いえ》では、ペットの犬《いぬ》の散歩《さんぽ》は兄《あに》の**仕事**《しごと》だ。
- バイト中《ちゅう》に同僚《どうりょう》とおしゃべりをしていたら、「サボっていないで**仕事**《しごと》してください」と注意《ちゅうい》された。
- 友人1《ゆうじんいち》「来月《らいげつ》の旅行《りょこう》、ホテルと飛行機《ひこうき》の手配《てはい》しといたよ。」友人2《ゆうじんに》「え、もう？　さすが**仕事**《しごと》が早《はや》い！」

しずか【静か】

な形 **名詞形** 静《しず》かさ

対 うるさい、にぎやかだ

さ

1 「静《しず》か」は、音《おと》や声《こえ》がしていないという意味《いみ》です。 な形 対 うるさい（→p.76）、にぎやかだ（→p.331）

- この町《まち》はお寺《てら》が多《おお》くて、昼《ひる》はたくさんの観光客《かんこうきゃく》でにぎわっていますが、朝《あさ》と夜《よる》はとても**静《しず》か**です。
- 今日《きょう》は家《いえ》の中《なか》がとても**静《しず》か**だ。普段《ふだん》は気《き》にならない電気製品《でんきせいひん》の音《おと》が大《おお》きく感《かん》じられる。
- 私《わたし》は音《おと》のしない**静《しず》か**な環境《かんきょう》で勉強《べんきょう》するより、イヤホンで音楽《おんがく》を聴《き》きながら勉強《べんきょう》した方《ほう》が集中《しゅうちゅう》できる。

2 「静《しず》か」は、動《うご》きが少《すく》ないという意味《いみ》です。 な形

- ペットの猫《ねこ》を**静《しず》か**になでていたら、猫《ねこ》は気持《きも》ちよさそうに寝《ね》てしまった。
- いつもは寝《ね》ながらよく動《うご》く子供《こども》が、今日《きょう》は**静《しず》か**に眠《ねむ》っている。
- 波《なみ》が少《すく》ない**静《しず》か**な海《うみ》に、月明《つきあ》かりが映《うつ》っている。

3 「静《しず》か」は、あまり話《はな》さないで、穏《おだ》やかな性格《せいかく》だという意味《いみ》です。

な形

- おしゃべりが好《す》きなお姉《ねえ》さんと違《ちが》って、妹《いもうと》さんは**静《しず》か**な人《ひと》で、1人《ひとり》でいる時間《じかん》が好《す》きだそうです。
- キンバリーさんは、いつも私《わたし》の相談《そうだん》や悩《なや》みを**静《しず》か**に聞《き》いてくれるので、安心《あんしん》して話《はな》せる。
- 健太《けんた》さんは、**静《しず》か**な性格《せいかく》で目立《めだ》たないが、しっかりした意見《いけん》を持《も》っている信頼《しんらい》できる人《ひと》だ。

しぜん【自然】

名 **な形** **名詞形** 自然《しぜん》さ

対 不自然《ふしぜん》

1 海《うみ》や山《やま》などの人《ひと》が創《つく》らない世界《せかい》のことを「自然《しぜん》」といいます。

名

- この町《まち》は、近《ちか》くに海《うみ》も山《やま》もあって豊《ゆた》かな**自然《しぜん》**に囲《かこ》まれている。
- 川《かわ》の水《みず》で削《けず》られた岩《いわ》を見《み》ると、**自然《しぜん》**の力《ちから》の強《つよ》さを感《かん》じる。
- 太陽《たいよう》や雨《あめ》、星《ほし》や動物《どうぶつ》、草花《くさばな》などと同《おな》じように、人間《にんげん》も、**自然《しぜん》**の一部《いちぶ》として、この地球《ちきゅう》で生《い》きている。

2 「自然《しぜん》」は、他《ほか》から力《ちから》が加《くわ》わったり、無理《むり》をしたりしていないという意味《いみ》です。 **な形** **対** 不自然《ふしぜん》

- 機械翻訳《きかいほんやく》の技術《ぎじゅつ》が上《あ》がって、以前《いぜん》より日本語《にほんご》の訳《やく》が**自然**《しぜん》になった。
- 写真《しゃしん》を撮《と》られる時《とき》は作《つく》り笑顔《えがお》をしてしまうので、**自然**《しぜん》な表情《ひょうじょう》にならない。
- あの人《ひと》は、お客様《きゃくさま》との**自然**《しぜん》な会話《かいわ》の中《なか》で、自分《じぶん》の商品《しょうひん》を宣伝《せんでん》するのがうまい。

3 意志《いし》や力《ちから》がなくても、そうなるとき「自然《しぜん》」といいます。 **な形**

- 日本語《にほんご》の字幕付《じまくつ》きでアニメを見《み》ていたら、いろんな漢字《かんじ》が**自然**《しぜん》と覚《おぼ》えられました。
- 子《こ》「転《ころ》んでけがをしちゃった。」親《おや》「このくらいの傷《きず》なら**自然**《しぜん》に治《なお》るから、大丈夫《だいじょうぶ》だよ。」
- このストーブには安全装置《あんぜんそうち》がついていて、震度４以上《しんどよんいじょう》の地震《じしん》のときには**自然**《しぜん》に止《と》まるようになっている。

したしい【親しい】

い形 **名詞形** 親《した》しさ、親《した》しみ

1 「親《した》しい」は、その人《ひと》のことをよく知《し》っていて、仲《なか》が良《よ》いという意味《いみ》です。**い形**

- **親《した》しい**友達《ともだち》と一緒《いっしょ》に旅行《りょこう》に行《い》くので、とても楽《たの》しみだ。
- 私《わたし》の家族《かぞく》は、近所《きんじょ》の人《ひと》たちと**親《した》しく**付《つ》き合《あ》っている。夏《なつ》には、毎年《まいとし》誰《だれ》かの家《いえ》でバーベキューをしたりするのが、とても楽《たの》しい。
- 今度《こんど》、友人《ゆうじん》が結婚《けっこん》する。私《わたし》は特《とく》に彼女《かのじょ》と**親《した》しい**ので、結婚式《けっこんしき》でスピーチを頼《たの》まれた。

しつこい

い形 **名詞形** しつこさ

1 「しつこい」は、同《おな》じことを何度《なんど》も言《い》ったり、したりするので嫌《いや》だという意味《いみ》です。**い形**

- 子《こ》「ねえ、お父《とう》さん。新《あたら》しいゲーム買《か》ってよ。」父《ちち》「**しつこい**よ！ 駄目《だめ》だって言《い》ってるでしょ。何度《なんど》も同《おな》じことを言《い》わせないで。」
- パートナーが、たばこをやめてほしいと**しつこく**言《い》うので、仕方《しかた》なく禁煙《きんえん》した。
- 美容《びよう》クリニックの営業電話《えいぎょうでんわ》がまたかかってきた。興味《きょうみ》がないと断《ことわ》ったのに、何度《なんど》も**しつこく**電話《でんわ》してくる。

さ

2 「しつこい」は、匂《にお》いや味《あじ》、汚《よご》れなどが、消《け》すことができないくらい強《つよ》いという意味《いみ》です。悪《わる》い意味《いみ》で使《つか》います。 い形

- ケーキを作《つく》ったが、砂糖《さとう》を入《い》れすぎてしまった。ちょっと甘《あま》さが**しつこ**すぎる。
- シャツの襟《えり》の汚《よご》れが**しつこくて**、洗《あら》ってもなかなかきれいにならない。
- **しつこい**風邪《かぜ》をひいてしまい、この2カ月《にかげつ》ほどずっとせきが続《つづ》いている。

しつもん【質問】

名 動3

対 回答《かいとう》、答《こた》え、答《こた》える

1 分《わ》からないこと、疑問《ぎもん》に思《おも》うこと、知《し》りたいことなどを誰《だれ》かに

聞《き》くことを「質問《しつもん》」といいます。**名** **動3** **対** 回答《かいとう》、答《こた》え、答《こた》える

- 授業《じゅぎょう》が終《お》わった後《あと》、分《わ》からなかったところを先生《せんせい》に**質問**《しつもん》した。
- 講演《こうえん》の後《あと》、講師《こうし》は、参加者《さんかしゃ》の**質問**《しつもん》に丁寧《ていねい》に答《こた》えた。
- そのスポーツ選手《せんしゅ》は、インタビューで試合《しあい》のことから趣味《しゅみ》のことまで、いろんな**質問**《しつもん》に答《こた》えていた。

しぬ【死ぬ】

動1 **て形** 死《し》んで

対 生《い》きる、生《う》まれる

1 「死《し》ぬ」は、今《いま》まで動《うご》いていた人《ひと》や動物《どうぶつ》が、ずっと動《うご》かなくなり、命《いのち》が終《お》わるという意味《いみ》です。**動1** **対** 生《い》きる、生《う》まれる

- 映画《えいが》で見《み》た兵士《へいし》たちは、**死**《し》**ぬ**ことを少《すこ》しも怖《こわ》がっていなかった。
- キャンプ場《じょう》に行《い》ったとき、蛍光灯《けいこうとう》の下《した》に**死**《し》**んだ**虫《むし》がたくさんいた。
- かわいがっていた犬《いぬ》が**死**《し》**んで**しまいました。もう一緒《いっしょ》に遊《あそ》べないと思《おも》うと、とても悲《かな》しいです。

2 「〜が死《し》ぬ」は、何《なに》か原因《げんいん》があって、もともと持《も》っている価値《かち》が

現《あらわ》れないという意味《いみ》です。**動1**

- この映画《えいが》は、魅力的《みりょくてき》な俳優《はいゆう》がそろっているのに、脚本《きゃくほん》が悪《わる》くて俳優《はいゆう》の個性《こせい》**が死《し》んで**いる。残念《ざんねん》だ。
- この魚《さかな》はシンプルな味付《あじつ》けが一番《いちばん》おいしい。濃《こ》いソースなどをかけると、せっかくの素材《そざい》の味《あじ》**が死《し》んで**しまう。
- 額縁《がくぶち》によって絵《え》の印象《いんしょう》は変《か》わる。すてきな絵《え》でも額縁《がくぶち》が合《あ》わないと、絵《え》**が死《し》ぬ**と思《おも》う。

さ

関連表現1 「目《め》が死《し》ぬ」は、頑張《がんば》ろうとする気持《きも》ちがなくて、元気《げんき》がない表情《ひょうじょう》だという意味《いみ》です。

- 友人1《ゆうじんいち》「大丈夫《だいじょうぶ》？　いつもより元気《げんき》がなさそうだし、**目《め》が死《し》んで**いるよ。」友人2《ゆうじんに》「うん、ちょっと疲《つか》れているだけ。」
- 友人《ゆうじん》は、前《まえ》の職場《しょくば》では悩《なや》みが多《おお》くて**目《め》が死《し》んで**いたが、辞《や》めてからはとても生《い》き生《い》きしている。

しめる【閉める】

動2　**て形**　閉《し》めて

対　開《あ》ける

1　「閉《し》める」は、開《あ》いている戸《と》や窓《まど》などを合《あ》わせて、人《ひと》や物《もの》があちらからこちらに行《い》けないようにするという意味《いみ》です。**動2**　**対**　開《あ》ける（→p.27）

- 妻《つま》が寝《ね》ているので、静《しず》かに寝室《しんしつ》の戸《と》を**閉《し》めて**リビングでテレビを見《み》た。
- 友人1《ゆうじんいち》「ねえ、風《かぜ》が入《はい》って寒《さむ》いから窓《まど》を**閉《し》めて。**」友人2《ゆうじんに》「わかった。」
- 親《おや》「水道《すいどう》の蛇口《じゃぐち》、**閉《し》めなかった**でしょう。ずっと水《みず》が出《で》てたよ。」子《こ》「あ、ごめんなさい。忘《わす》れてた。」
- 着替《きが》えるときは外《そと》から見《み》えないようにカーテンを**閉《し》める。**
- 弁当箱《べんとうばこ》のふたがきちんと**閉《し》まって**いなかったので、少《すこ》し汁《しる》が漏《も》れてしまった。

2　「閉《し》める」は、店《みせ》などのその日《ひ》の仕事《しごと》を終《お》えたり、営業《えいぎょう》をやめるという意味《いみ》です。**動2**　**対**　開《あ》ける（→p.27）

- 今夜《こんや》は大雪《おおゆき》の予報《よほう》で、お客《きゃく》さんも来《こ》ないだろうから、お店《みせ》を**閉《し》めよう**と思《おも》う。

● 父《ちち》はレストランを経営《けいえい》していたが、5年前《ごねんまえ》に店《みせ》を**閉《し》めた**。その後《あと》は、食品会社《しょくひんがいしゃ》で働《はたら》いている。

● 私《わたし》の会社《かいしゃ》は海外《かいがい》にある工場《こうじょう》を**閉《し》めて**、国内《こくない》の工場《こうじょう》で生産《せいさん》する決断《けつだん》をした。

関連表現1 **「鍵《かぎ》を閉《し》める」は、鍵《かぎ》をかけて戸《と》などが動《うご》かないようにするという意味《いみ》です。**

● 家《いえ》を出《で》るときにドアの**鍵《かぎ》を閉《し》める**のを忘《わす》れてしまった。泥棒《どろぼう》が入《はい》らないか心配《しんぱい》だ。

● 親《おや》「そろそろ出《で》かけるよ。2階《にかい》の窓《まど》閉《し》めた?」子《こ》「あ、窓《まど》は閉《し》めたけど、**鍵《かぎ》を閉《し》める**のを忘《わす》れたかもしれない。ちょっと確認《かくにん》してくる。」

さ

じゅうよう【重要】

な形 **名詞形** **重要《じゅうよう》さ**

1 **「重要《じゅうよう》」は、大切《たいせつ》で必要《ひつよう》だという意味《いみ》です。** **な形**

● 社員《しゃいん》が少《すく》ない小《ちい》さい会社《かいしゃ》なので、社員一人一人《しゃいんひとりひとり》が、**重要《じゅうよう》**な仕事《しごと》をしています。

● 人《ひと》から信頼《しんらい》されるためには、時間《じかん》と約束《やくそく》を守《まも》ることがとても**重要《じゅうよう》**です。

● 国際問題《こくさいもんだい》よりも、自分《じぶん》の家庭《かてい》や暮《く》らしている地域《ちいき》の問題《もんだい》の方《ほう》が重要《じゅうよう》だと感《かん》じている人《ひと》は多《おお》いと思《おも》う。

しょうきょくてき【消極的】

な形

対 積極的《せっきょくてき》

1 「消極的《しょうきょくてき》」は、自分《じぶん》から何《なに》かをしてみようとしないでいるという意味《いみ》です。**な形** **対** 積極的《せっきょくてき》（→p.229）

● 学《まな》びたい分野《ぶんや》で選《えら》ぶのではなく、「親《おや》や先生《せんせい》に薦《すす》められたから」という**消極的**《しょうきょくてき》な理由《りゆう》で大学《だいがく》を選《えら》ぶのは良《よ》くないと思《おも》う。

● 彼《かれ》は**消極的**《しょうきょくてき》で、会議《かいぎ》でも発言《はつげん》しないし、仕事《しごと》も誰《だれ》かの指示《しじ》を待《ま》っているだけで自分《じぶん》から動《うご》こうとしない。

● 何度《なんど》もプロジェクトの失敗《しっぱい》を繰《く》り返《かえ》したせいで、もう一度《いちど》やってみようとしない、**消極的**《しょうきょくてき》な雰囲気《ふんいき》が社内《しゃない》に生《う》まれてしまった。

しょうじき【正直】

な形 **副** **名詞形** 正直《しょうじき》さ

対 不正直《ふしょうじき》

1 悪《わる》いことをして隠《かく》したり、うそをついたりしていないことを「正直《しょうじき》」といいます。 **な形** **副** **対** 不正直《ふしょうじき》

- あなたのことが好《す》きです。私《わたし》のことをどう思《おも》っているか、**正直《しょうじき》**な気持《きも》ちを教《おし》えてください。
- 彼女《かのじょ》が無断《むだん》で会社《かいしゃ》を休《やす》んだ理由《りゆう》を**正直《しょうじき》**に話《はな》すと、それまで怒《おこ》っていた上司《じょうし》も納得《なっとく》した。
- 近所《きんじょ》にオープンしたばかりのカフェに行《い》った。コーヒーもおいしくないし、サービスも悪《わる》いというのが**正直《しょうじき》**な感想《かんそう》だ。

じょうず【上手】

な形

対 下手《へた》

1 「上手《じょうず》」は、何《なに》かをうまくしたり、作《つく》ったりできるという意味《いみ》です。主《おも》に、他《ほか》の人《ひと》がすることに使《つか》います。**な形** **対** 下手《へた》（→p.389）

- 個人《こじん》レッスンで英会話《えいかいわ》を習《なら》うなら、少《すこ》しぐらい料金《りょうきん》が高《たか》くても教《おし》え方《かた》が**上手《じょうず》**な先生《せんせい》に教《おし》えてもらいたい。
- 毎日同《まいにちおな》じ曲《きょく》でトランペットの練習《れんしゅう》をしていたら、知《し》らないうちに**上手《じょうず》**に吹《ふ》けるようになっていて、とてもうれしい。
- 彼《かれ》は子供《こども》の頃《ころ》から絵《え》が**上手《じょうず》**で、今《いま》はイラストレーターとして活躍《かつやく》している。

じょうぶ【丈夫】

な形 **名詞形** 丈夫《じょうぶ》さ

対 弱《よわ》い

1 「丈夫《じょうぶ》」は、人《ひと》や動物《どうぶつ》、植物《しょくぶつ》などが病気《びょうき》になることが少《すく》なくて、元気《げんき》だという意味《いみ》です。**な形** **対** 弱《よわ》い（➡p.455）

- 息子《むすこ》は体《からだ》が**丈夫《じょうぶ》**で、今《いま》まで大《おお》きい病気《びょうき》をしたこともないし、風邪《かぜ》をひいても一晩《ひとばん》寝《ね》ればすぐに治《なお》ります。
- この植物《しょくぶつ》は、日《ひ》当《あ》たりが悪《わる》い所《ところ》でも、寒《さむ》い所《ところ》でも**丈夫《じょうぶ》**に育《そだ》つので、観葉植物《かんようしょくぶつ》として最適《さいてき》です。
- 体《からだ》を**丈夫《じょうぶ》**にするには、十分《じゅうぶん》な睡眠《すいみん》と、バランスの取《と》れた食事《しょくじ》、そして適度《てきど》な運動《うんどう》が大切《たいせつ》です。

2 「丈夫《じょうぶ》」は、物《もの》がすぐに壊《こわ》れたり破《やぶ》れたりしないという意味《いみ》です。

な形

- ボタンを付《つ》けるときには、切《き》れにくい**丈夫《じょうぶ》**な糸《いと》を使《つか》った方《ほう》がいいよ。
- この靴《くつ》は丁寧《ていねい》に作《つく》られていてとても**丈夫《じょうぶ》**なので、靴底《くつぞこ》を直《なお》せば何年《なんねん》も履《は》ける。
- この傘《かさ》は、新《あたら》しく開発《かいはつ》された**丈夫《じょうぶ》**な素材《そざい》でできていて、台風《たいふう》の日《ひ》に使《つか》っても壊《こわ》れない。

しょっぱい

い形

1 「しょっぱい」は、塩《しお》の味《あじ》が強《つよ》いという意味《いみ》です。い形

- 海《うみ》の水《みず》をなめたら**しょっぱかった**。
- 料理《りょうり》に塩《しお》を入《い》れすぎて、**しょっぱく**なってしまった。
- 子《こ》「この料理《りょうり》、ちょっと**しょっぱい**よ。」親《おや》「そうか？　塩《しお》を入《い》れすぎたかな。」

2 「しょっぱい」は、結果《けっか》が残念《ざんねん》だという意味《いみ》です。い形

- 今年《ことし》のボーナスは**しょっぱかった**。去年《きょねん》の半分《はんぶん》しか出《で》なかった。
- チェスの試合《しあい》に参加《さんか》したが、結果《けっか》は**しょっぱい**ものだった。まだまだ経験《けいけん》が足《た》りないようだ。
- ロードレース大会《たいかい》に出《で》たが、２０《にじゅっ》キロ走《はし》ったところで足《あし》が痛《いた》くなって、途中《とちゅう》でリタイアするという**しょっぱい**結果《けっか》になってしまった。

しろい【白い】

い形 **名詞形** 白《しろ》さ

さ

1 「白《しろ》い」は、インドネシアの国旗《こっき》の下《した》のような色《いろ》だという意味《いみ》です。**い形**

- 私《わたし》は、虫歯《むしば》のない、きれいな**白《しろ》い**歯《は》が自慢《じまん》だ。
- 母《はは》は、年《とし》をとって髪《かみ》の毛《け》が**白《しろ》く**なってきた。
- 今日《きょう》はとても寒《さむ》い。自分《じぶん》の吐《は》く息《いき》が、**白《しろ》く**見《み》える。
- 青《あお》い空《そら》に、**白《しろ》い**雲《くも》が浮《う》かんでいる。

2 「白《しろ》い」は、字《じ》や絵《え》などを何《なに》も書《か》いていないという意味《いみ》です。**い形**

- 今日《きょう》はテストだったが、１問《いちもん》も答《こた》えられず、テスト用紙《ようし》を**白《しろ》い**まま提出《ていしゅつ》した。
- 明日《あした》が企画書《きかくしょ》の締《し》め切《き》りだが、良《い》いアイデアが浮《う》かばない。企画書《きかくしょ》は**白《しろ》い**ままだ。
- **白《しろ》い**部分《ぶぶん》がなくなるよう、丁寧《ていねい》に色《いろ》を塗《ぬ》って絵《え》を仕上《しあ》げた。

関連表現1 「頭《あたま》の中《なか》が白《しろ》くなる」は、何《なに》も考《かんが》えられなくなるという意味《いみ》です。

- 緊張《きんちょう》して、**頭《あたま》の中《なか》が白《しろ》くなり**、覚《おぼ》えたスピーチの内容《ないよう》を忘《わす》れてしまった。
- 突然《とつぜん》、重《おも》い病気《びょうき》だと知《し》らされて、ショックで**頭《あたま》が真《ま》っ白《しろ》になった。**

関連表現2 **「白《しろ》い目《め》で見《み》る」は、人《ひと》がすることを嫌《いや》だと思《おも》ったり、やめてほしいと思《おも》ったりする気持《きも》ちで見《み》るという意味《いみ》です。**

- 他人《たにん》の悪口《わるぐち》ばかり言《い》う人《ひと》は、周《まわ》りから**白《しろ》い目《め》で見《み》られて**も仕方《しかた》がない。
- 私《わたし》は、何度注意《なんどちゅうい》されてもお酒《さけ》を飲《の》みすぎるので、家族《かぞく》に**白《しろ》い目《め》で見《み》られて**いる。

しんけん【真剣】

な形 **名詞形** **真剣《しんけん》さ**

1 「真剣《しんけん》」は、真面目《まじめ》で一生懸命《いっしょうけんめい》だという意味《いみ》です。な形

- １年間留学《いちねんかんりゅうがく》すると決《き》めて、**真剣《しんけん》**に話《はなし》をしたら、最初《さいしょ》は反対《はんたい》していた両親《りょうしん》も納得《なっとく》してくれた。
- 医者《いしゃ》を目指《めざ》す学生《がくせい》たちは、現場《げんば》の医者《いしゃ》の話《はなし》を**真剣《しんけん》**に聞《き》き、一言《ひとこと》も聞《き》き漏《も》らさないようにメモをしていた。

● 充実《じゅうじつ》した人生《じんせい》を送《おく》るために、何《なに》か**真剣《しんけん》**に取《と》り組《く》めるものを見《み》つけたい、という人《ひと》は多《おお》い。

しんせつ【親切】

な形 **名詞形** **親切《しんせつ》さ**

対 冷《つめ》たい、不親切《ふしんせつ》

1 「親切《しんせつ》」は、困《こま》っている人《ひと》や悩《なや》んでいる人《ひと》を助《たす》けようとしているという意味《いみ》です。**な形** **対** 冷《つめ》たい（→p.280）、不親切《ふしんせつ》

● 旅行先《りょこうさき》で道《みち》に迷《まよ》ったとき、**親切《しんせつ》**な人《ひと》が声《こえ》をかけてくれて、目的地《もくてきち》まで連《つ》れて行《い》ってくれた。

● 私《わたし》に日本語《にほんご》を教《おし》えてくれた石川先生《いしかわせんせい》は、困《こま》ったときには相談《そうだん》に乗《の》ってくれる**親切《しんせつ》**な先生《せんせい》でした。

● パソコンを設定《せってい》するのは初《はじ》めてでしたが、**親切《しんせつ》**な電話《でんわ》サポートのおかげで問題《もんだい》なくできました。

しんせん【新鮮】

な形 **名詞形** 新鮮《しんせん》さ

対 古《ふる》い

1 「新鮮《しんせん》」は、肉《にく》、魚《さかな》、野菜《やさい》などの食《た》べ物《もの》が新《あたら》しくて、取《と》ってから時間《じかん》がたっていないという意味《いみ》です。**な形** **対** 古《ふる》い（→p.385）

- 牧場《ぼくじょう》で食《た》べたアイスクリームは、**新鮮《しんせん》**な牛乳《ぎゅうにゅう》で作《つく》られていて、とてもおいしかった。
- 取《と》れたての**新鮮《しんせん》**な野菜《やさい》が食《た》べたくて、庭《にわ》に家庭菜園《かていさいえん》を作《つく》りました。
- 友人1《ゆうじんいち》「この店《みせ》の魚料理《さかなりょうり》、本当《ほんとう》においしいよね！」友人2《ゆうじんに》「うん。港《みなと》から直送《ちょくそう》された**新鮮《しんせん》**な魚《さかな》だけを使《つか》ってるんだって。」

2 「新鮮《しんせん》」は、空気《くうき》や水《みず》がきれいだという意味《いみ》です。**な形**

- 朝起《あさお》きたら、まず窓《まど》を開《あ》けて、部屋《へや》に**新鮮《しんせん》**な空気《くうき》を入《い》れるようにしています。
- 山《やま》の**新鮮《しんせん》**な湧《わ》き水《みず》で作《つく》られているこの酒《さけ》は、とてもおいしいと評判《ひょうばん》だ。
- 森《もり》の中《なか》は**新鮮《しんせん》**な酸素《さんそ》が豊富《ほうふ》だ。この中《なか》で深呼吸《しんこきゅう》すると、心《こころ》も体《からだ》もすっきりする。

3 「新鮮《しんせん》」は、これまでになくて新《あたら》しい感《かん》じだという意味《いみ》です。良《よ》い意味《いみ》で使《つか》います。**な形**

- 新《あたら》しい環境《かんきょう》で暮《く》らし始《はじ》めると、毎日《まいにち》の生活《せいかつ》が、なんとなく**新鮮**《しんせん》に感《かん》じられる。
- **新鮮**《しんせん》な気持《きも》ちで新年《しんねん》を迎《むか》えるために、要《い》らないものを捨《す》てて、部屋《へや》をきれいに掃除《そうじ》した。
- 「学生《がくせい》たちが出《だ》す**新鮮**《しんせん》なアイデアを、企業《きぎょう》の力《ちから》で形《かたち》にする」というプロジェクトに取《と》り組《く》んでいます。

さ

すう【吸う】

動1 て形 吸《す》って

対 吐《は》く

1 「吸《す》う」は、鼻《はな》や口《くち》から空気《くうき》を体《からだ》の中《なか》に入《い》れるという意味《いみ》です。

動1 対 吐《は》く

- たばこを**吸**《す》**う**人《ひと》は、肺《はい》や喉《のど》のがんになりやすい。
- 鼻《はな》から息《いき》を**吸**《す》**って**、ゆっくり口《くち》から吐《は》きましょう。リラックスできますよ。
- 窓《まど》を閉《し》め切《き》った部屋《へや》で長時間会議《ちょうじかんかいぎ》をしていると、外《そと》のきれいな空気《くうき》を**吸**《す》**いたく**なります。

- 火事《かじ》のとき、煙《けむり》を**吸《す》う**と危険《きけん》ですから、ハンカチを口《くち》にあてて逃《に》げてください。

2 「吸《す》う」は、唇《くちびる》を小《ちい》さく丸《まる》めて、口《くち》の中《なか》に引《ひ》き寄《よ》せるという意味《いみ》です。 動1

- 赤《あか》ちゃんが自分《じぶん》の指《ゆび》を**吸《す》い**ながら寝《ね》ている。
- 春《はる》になって花《はな》が咲《さ》くと、蜂《はち》が花《はな》の蜜《みつ》を**吸《す》い**にやってきます。
- コップのジュースが残《のこ》り少《すく》なくなってきた時《とき》にストローで**吸《す》う**と、ズズズッと音《おと》がする。

3 「吸《す》う」は、空気《くうき》や水《みず》などを集《あつ》めるという意味《いみ》です。 動1

- （電気屋《でんきや》で）客《きゃく》「どの掃除機《そうじき》が人気《にんき》ですか?」店員《てんいん》「こちらです。よくごみを**吸《す》う**と評判《ひょうばん》です。」
- 庭《にわ》にあるミカンの木《き》は、地面《じめん》から栄養《えいよう》をたくさん**吸《す》って**、たくさんの実《み》を付《つ》けた。
- 肌着《はだぎ》は、汗《あせ》をしっかり**吸《す》う**木綿《もめん》などのような素材《そざい》のものがいい。
- 空気清浄機《くうきせいじょうき》は、空気中《くうきちゅう》のほこりや花粉《かふん》だけでなく、嫌《いや》な臭《にお》いも**吸《す》って**くれます。
- 換気扇《かんきせん》の掃除《そうじ》をしたら、煙《けむり》をよく**吸《す》う**ようになった。

すき【好き】

な形

対 嫌《きら》い

1 「好《す》き」は、人《ひと》やものを気《き》に入《い》って、良《よ》いと思《おも》う気《き》持《も》ちだという意味《いみ》です。**な形** 対 嫌《きら》い（→p.151）

- 彼《かれ》は、食《た》べ物《もの》の中《なか》ではカレーが一番《いちばん》**好《す》き**で、毎日《まいにち》食《た》べても飽《あ》きないそうだ。
- **好《す》き**な音楽《おんがく》を聴《き》きながら、料理《りょうり》をするのは、ストレス解消《かいしょう》に役立《やくだ》っている。
- ダンサーになるという夢《ゆめ》がやっとかなった。今《いま》は、**好《す》き**なことで仕事《しごと》ができて幸《しあわ》せです。

2 「好《す》き」は、自分《じぶん》の望《のぞ》む通《とお》りだという意味《いみ》です。**な形**

- **好《す》き**でやっている仕事《しごと》だけど、給料《きゅうりょう》がとても安《やす》いので、やる気《き》が出《で》ないときもある。
- 彼女《かのじょ》の人生《じんせい》なんだから、彼女《かのじょ》の**好《す》き**なように生《い》きればいいと思《おも》う。人《ひと》のことに干渉《かんしょう》しすぎるのは良《よ》くないよ。
- 用意《ようい》されている道具《どうぐ》や材料《ざいりょう》を使《つか》って**好《す》き**に作品《さくひん》を作《つく》ることができる

ワークショップは、子供《こども》たちに人気《にんき》だ。

すくない【少ない】

い形 **名詞形** 少《すく》なさ

対 多《おお》い

1 「少《すく》ない」は、数《かず》や量《りょう》がちょっとだという意味《いみ》です。**い形** **対** 多《おお》い（→p.83）

- 赤《あか》いダイヤモンドは、とても数《かず》が**少《すく》ない**ので、普通《ふつう》のダイヤモンドよりもずっと値段《ねだん》が高《たか》い。
- パソコンが動《うご》かなくなったので修理《しゅうり》に出《だ》した。簡単《かんたん》に直《なお》ったそうで、費用《ひよう》は**少《すく》なく**済《す》んだ。
- この地域《ちいき》は、夏《なつ》は雨《あめ》が**少《すく》なく**、乾燥《かんそう》している。

2 「少《すく》ない」は、数《かず》や量《りょう》が、必要《ひつよう》な分《ぶん》に足《た》りていないという意味《いみ》です。

い形 **対** 多《おお》い（→p.83）

- 友人1《ゆうじんいち》「ピザを注文《ちゅうもん》しようと思《おも》うけど、4人《よにん》で3枚《さんまい》じゃ**少《すく》ない**かな。」
  友人2《ゆうじんに》「うーん。ヴーさんとか、スンさんとか、たくさん食《た》べるからちょっと足《た》りないかも。5枚《ごまい》くらい頼《たの》んだほうが良《い》いかな。」

- トランプで遊《あそ》ぼうと思《おも》ったら、カードが1枚《いちまい》**少《すく》ない**。52枚《ごじゅうにまい》あるはずなのに、51枚《ごじゅういちまい》しかない。
- 私《わたし》は生《う》まれつき歯《は》が1本《いっぽん》**少《すく》なくて**、全部《ぜんぶ》で27本《にじゅうななほん》しかない。

3 「少《すく》ない」は、見《み》たり聞《き》いたりすることが、あまりないという意味《いみ》です。い形　対　多《おお》い（➡p.83）

- 日本《にほん》では職場《しょくば》の同僚《どうりょう》をファーストネームで呼《よ》ぶことは**少《すく》ない**。
- アルバイトを始《はじ》めて2カ月《にかげつ》が経《た》った。仕事《しごと》にも慣《な》れて、ミスすることが**少《すく》なく**なった。
- 色覚異常《しきかくいじょう》は遺伝的《いでんてき》に男性《だんせい》に多《おお》く、女性《じょせい》に**少《すく》ない**と言《い》われている。

すごい

い形　名詞形　すごさ、すごみ

1 「すごい」は、素晴《すば》らしいという意味《いみ》です。い形

- 子《こ》「テスト、100点《ひゃくてん》だったよ。」親《おや》「へえ、**すごい**！　頑張《がんば》ったね。」
- 彼女《かのじょ》はオリンピックで10個《じゅっこ》のメダルを取《と》った**すごい**選手《せんしゅ》だ。
- ソンミンさんは、**すごい**才能《さいのう》を持《も》っている。1度《いちど》聞《き》いただけで、その曲《きょく》をピアノで弾《ひ》くことができる。

2 「すごい」は、程度《ていど》が大《おお》きいという意味《いみ》です。い形

- 友人《ゆうじん》１《いち》「見《み》て、この指輪《ゆびわ》。**すごい**値段《ねだん》だよ。」友人《ゆうじん》２《に》「え、２０００万円《にせんまんえん》？　高《たか》い！」
- 私《わたし》の部屋《へや》は**すごく**狭《せま》いので、ベッドを置《お》くともう他《ほか》に何《なに》も置《お》けない。
- 友人《ゆうじん》１《いち》「F１《エフワン》レースを見《み》たんだけど、**すごい**スピードだったよ。」友人《ゆうじん》２《に》「時速《じそく》３００《さんびゃっ》キロぐらいで走《はし》るんでしょ。音《おと》も**すごかった**んじゃない？」
- ペットの犬《いぬ》は、おなかがすいていたようで、**すごい**勢《いきお》いで餌《えさ》を食《た》べた。
- 友人《ゆうじん》１《いち》「今日《きょう》、博物館《はくぶつかん》に行《い》ったんだけど、**すごい**人《ひと》だったよ。」友人《ゆうじん》２《に》「ああ、あの展示《てんじ》、**すごく**人気《にんき》だもんね。今日《きょう》は日曜日《にちようび》だし、いつもよりたくさんの人《ひと》が見《み》に来《き》てたんだろうね。」

3 「すごい」は、とても怖《こわ》いという意味《いみ》です。い形

- ちょっと肩《かた》がぶつかっただけなのに、**すごい**顔《かお》で怒《ど》鳴《な》られて怖《こわ》かった。
- 試合《しあい》が始《はじ》まる直前《ちょくぜん》、選手《せんしゅ》は**すごい**目《め》つきでお互《たが》いににらみ合《あ》った。
- １０年前《じゅうねんまえ》、この町《まち》で一家《いっか》４人《よにん》が殺《ころ》されるという、**すごい**事件《じけん》が起《お》こった。

すずしい【涼しい】

い形 **名詞形** 涼《すず》しさ

対 暖《あたた》かい

さ

1 「涼《すず》しい」は、気温《きおん》が低《ひく》くて気持《きも》ちが良《よ》いという意味《いみ》です。

い形 **対** 暖《あたた》かい（→p.34）

- 外《そと》は暑《あつ》いが、店《みせ》の中《なか》は**涼《すず》しくて**気持《きも》ちが良《い》い。
- 暑《あつ》い季節《きせつ》が終《お》わり、やっと**涼《すず》しく**なってきた。
- 日《ひ》なたは暑《あつ》いが、日陰《ひかげ》に入《はい》ると少《すこ》し**涼《すず》しい**。

2 「涼《すず》しい」は、服装《ふくそう》などが、暑《あつ》くなくて、気持《きも》ちが良《よ》さそうだという意味《いみ》です。**い形** **対** 暖《あたた》かい（→p.34）

- 暑《あつ》い日《ひ》は、麻《あさ》などの**涼《すず》しい**素材《そざい》の服《ふく》を着《き》るようにしている。
- ゆったりとしたワンピースは、風《かぜ》が通《とお》るので**涼《すず》しい**。
- 今日《きょう》は暑《あつ》くなりそうなので、半袖《はんそで》のシャツに半《はん》ズボンという、**涼《すず》しい**格好《かっこう》で出《で》かけた。

関連表現1 「涼《すず》しい顔《かお》」は、本当《ほんとう》は関係《かんけい》があるのに、自分《じぶん》には関係《かんけい》のないことだと思《おも》っているような表情《ひょうじょう》のことです。

- レストランで子供《こども》が騒《さわ》いでいたが、親《おや》は**涼《すず》しい顔《かお》**で食事《しょくじ》を続《つづ》けていた。子供《こども》に注意《ちゅうい》すればいいのにと思《おも》った。
- 飼《か》っている猫《ねこ》がいなくなり、とても心配《しんぱい》したが、3日後《みっかご》、**涼《すず》しい顔《かお》**で家《いえ》に帰《かえ》ってきた。

関連表現2 **「涼《すず》しい顔《かお》」は本当《ほんとう》は大変《たいへん》なのに、大変《たいへん》ではなさそうな表情《ひょうじょう》のことです。**

- ランナーは、**涼《すず》しい顔《かお》**でフルマラソンを走《はし》りきった。
- 重要《じゅうよう》な試験《しけん》の前日《ぜんじつ》なのに、彼《かれ》は、随分《ずいぶん》**涼《すず》しい顔《かお》**をしている。自信《じしん》があるのだろうか。

すっぱい【酸っぱい】

い形 **名詞形** **酸《す》っぱさ**

1 「酸《す》っぱい」は、酢《す》のような味《あじ》だという意味《いみ》です。 い形

- **酸《す》っぱい**果物《くだもの》が食《た》べたかったので、グレープフルーツを買《か》った。
- 私《わたし》は、**酸《す》っぱい**味《あじ》が強《つよ》いコーヒーはあまり好《す》きではない。
- 私《わたし》は、**酸《す》っぱい**レモンが好《す》きで、時々《ときどき》、そのまま食《た》べる。

2 「酸《す》っぱい」は、食《た》べ物《もの》が腐《くさ》ったような嫌《いや》な匂《にお》いだという意味《いみ》です。**い形**

● 今日《きょう》は汗《あせ》をたくさんかいた。着《き》ていたシャツも、なんだか**酸《す》っぱい**匂《にお》いがする。

● 暑《あつ》い季節《きせつ》は生《なま》ごみが腐《くさ》りやすい。すぐに**酸《す》っぱい**匂《にお》いがしてくる。

● エアコンから出《で》る空気《くうき》が**酸《す》っぱい**匂《にお》いがする。長《なが》い間《あいだ》掃除《そうじ》していないので、かびが生《は》えたのかもしれない。

関連表現1 「口《くち》を酸《す》っぱくして言《い》う」は、何度《なんど》も繰《く》り返《かえ》して注意《ちゅうい》や助言《じょげん》をするという意味《いみ》です。

● 「食事《しょくじ》の前《まえ》には手《て》を洗《あら》いなさい」と、小《ちい》さい頃《ころ》から子供《こども》に**口《くち》を酸《す》っぱくして言《い》って**きたが、大人《おとな》になっても変《か》わっていない。

● きちんと健康診断《けんこうしんだん》に行《い》ってほしいと**口《くち》を酸《す》っぱくして**母《はは》に**言《い》って**いるが、なかなか行《い》こうとしない。

すてき

な形

1 「すてき」は、人《ひと》やものなどがとても素晴《すば》らしいという意味《いみ》です。

な形

- 結婚式《けっこんしき》の日《ひ》、ウェディングドレスを着《き》て微笑《ほほえ》む彼女《かのじょ》は、とても**すてき**だった。
- (買《か》い物中《ものちゅう》に)友人1《ゆうじんいち》「このネックレス、買《か》っちゃおうかな。」友人2《ゆうじんに》「いいんじゃない。色《いろ》もデザインも**すてき**だし、似合《にあ》ってるよ。」
- 子供《こども》の頃《ころ》、家族《かぞく》でよく旅行《りょこう》した。思《おも》い出《だ》すと優《やさ》しい気持《きも》ちになるような、**すてき**な思《おも》い出《で》がたくさんある。

すばらしい【素晴らしい】

い形 **名詞形** 素晴《すば》らしさ

1 「素晴《すば》らしい」は、感動《かんどう》したり驚《おどろ》いたりするほど、とても良《よ》いという意味《いみ》です。**い形**

- 展望台《てんぼうだい》から見《み》る景色《けしき》は**素晴《すば》らしい**。遠《とお》くに海《うみ》も見《み》えて、とてもきれいだ。
- 昨日《きのう》のピアノリサイタルの演奏《えんそう》は**素晴《すば》らしくて**、観客《かんきゃく》の拍手《はくしゅ》が鳴《な》りやまなかった。
- 医者《いしゃ》は、人《ひと》の命《いのち》を助《たす》ける**素晴《すば》らしい**仕事《しごと》だと思《おも》う。

2 「素晴《すば》らしい」は、程度《ていど》がとても大《おお》きいという意味《いみ》です。良《よ》い

意味《いみ》で使《つか》います。 **い形**

- 昨日《きのう》買《か》った漫画《まんが》は、**素晴《すば》らしく**面白《おもしろ》かった。また同《おな》じ作家《さっか》の作品《さくひん》を読《よ》んでみようと思《おも》う。
- 先週《せんしゅう》の日曜日《にちようび》は**素晴《すば》らしく**良《い》い天気《てんき》だったので、庭《にわ》の手入《てい》れをした。
- あの店《みせ》のパンは**素晴《すば》らしく**おいしいと評判《ひょうばん》で、いつも行列《ぎょうれつ》ができている。

する

動3 **て形** して

尊 なさる **謙** いたす

1 「する」は、人《ひと》が体《からだ》や頭《あたま》を使《つか》うという意味《いみ》です。 動3

- 今日《きょう》は、午前中《ごぜんちゅう》は部屋《へや》の掃除《そうじ》を**して**、午後《ごご》は部屋《へや》でゲームを**する**。
- 将来《しょうらい》のことを考《かんが》えるために、学生《がくせい》のうちに、いろいろなアルバイトを**したい**。
- もう少《すこ》し静《しず》かな場所《ばしょ》で暮《く》らしたいから、引《ひ》っ越《こ》しを**しよう**と思《おも》っている。

2 「～がする」は、味《あじ》、におい、音《おと》などを感《かん》じるという意味《いみ》です。

動3

● 洗濯機《せんたくき》から変《へん》な音《おと》**がする**けど、壊《こわ》れているのかな？

● このジュース、イチゴ味《あじ》って書《か》いてあるけど、イチゴの味《あじ》は全然《ぜんぜん》**しない**。ただ甘《あま》いだけだ。

● この牛乳《ぎゅうにゅう》、変《へん》なにおい**がする**から、腐《くさ》ってると思《おも》うよ。

3 「〜をした〜」は、人《ひと》や動物《どうぶつ》の外見《がいけん》について言《い》うときに使《つか》います。 動3

● ビーチリゾートから戻《もど》ってきた友人《ゆうじん》は、日《ひ》に焼《や》けた肌《はだ》**をしている**。

● このアニメは、青《あお》い髪《かみ》**をした**男《おとこ》の子《こ》が主人公《しゅじんこう》だ。

● 長《なが》い爪《つめ》**をした**この動物《どうぶつ》は、ナマケモノという動物《どうぶつ》です。

4 かかる金額《きんがく》や時間《じかん》を表《あらわ》すときに「する」といいます。 動3

● 新発売《しんはつばい》のスマホは１０万円《じゅうまんえん》も**する**。

● 髪《かみ》を切《き》りすぎたショックも、何日《なんにち》か**したら**、気《き》にならなくなるよ。

● あと１週間《いっしゅうかん》も**すれば**、退院《たいいん》できると思《おも》う。

● この桃《もも》は、あと２《に》、３日《さんにち》**すると**食《た》べ頃《ごろ》になるよ。

5 どのような仕事《しごと》をしているかを説明《せつめい》するときに「〜をする」といいます。 動3

● 英語《えいご》の講師《こうし》**をする**のは、授業《じゅぎょう》の準備《じゅんび》に時間《じかん》がかかったりして、思《おも》ったより大変《たいへん》だ。

● 私《わたし》の母《はは》は小学校《しょうがっこう》の教師《きょうし》**をして**いる。

- 彼女《かのじょ》は、映画監督《えいがかんとく》になる前《まえ》は、俳優《はいゆう》を**して**いたそうです。

ずるい

い形 **名詞形** ずるさ

1 **「ずるい」は、うそを言《い》うなど、正《ただ》しくない方法《ほうほう》を使《つか》って良《よ》い結果《けっか》を得《え》ようとして、悪《わる》いという意味《いみ》です。** **い形**

- 彼女《かのじょ》はいつも後片付《あとかたづ》けのときになると、「トイレに行《い》く」などとうそをついていなくなるので、**ずるい**。
- みんな順番《じゅんばん》に並《なら》んでいるのに、後《あと》から来《き》て割《わ》り込《こ》むのは**ずるい**。
- 彼《かれ》は**ずるい**人《ひと》だ。みんなでごはんを食《た》べて割《わ》り勘《かん》にするとき、いつも「財布《さいふ》を忘《わす》れた」と言《い》って、お金《かね》を払《はら》わない。

2 **「ずるい」は、自分以外《じぶんいがい》の人《ひと》が良《よ》い思《おも》いをしているので、良《よ》くないという意味《いみ》です。** **い形**

- お兄《にい》ちゃんばっかりおもちゃ買《か》ってもらって**ずるい**！
- 全然勉強《ぜんぜんべんきょう》してないのに俺《おれ》より良《い》い点数《てんすう》取《と》るなんて**ずるい**なあ。
- あいつは背《せ》が高《たか》いというだけで、そんなにうまくないのに試合《しあい》に出《で》られる。**ずるい**と思《おも》う。

するどい【鋭い】

い形　名詞形　鋭《するど》さ

対　鈍《にぶ》い

1 「鋭《するど》い」は、包丁《ほうちょう》やナイフなどがとがっていて、よく切《き》ることができるという意味《いみ》です。い形　対　鈍《にぶ》い

- あの鳥《とり》のくちばしは、**鋭《するど》く**とがっている。
- 割《わ》れたガラスの**鋭《するど》い**破片《はへん》で、指《ゆび》を切《き》ってしまった。
- このナイフは、切《き》れ味《あじ》が**鋭《するど》い**。どんなものでもよく切《き》れる。

2 「鋭《するど》い」は、意見《いけん》や質問《しつもん》などの質《しつ》が良《よ》かったり、大事《だいじ》なことを分《わ》かっていたりするという意味《いみ》です。い形

- ダニエルさんは、よく**鋭《するど》い**質問《しつもん》をして、先生《せんせい》を驚《おどろ》かせている。
- この記事《きじ》は、今《いま》の政権《せいけん》の問題点《もんだいてん》を**鋭《するど》く**指摘《してき》していて、読《よ》みごたえがあった。
- 親友《しんゆう》はいつも、私《わたし》の本当《ほんとう》の気持《きも》ちを**鋭《するど》く**見抜《みぬ》いてしまうので、ごまかせない。

3 「鋭《するど》い」は、動《うご》きが速《はや》くて、勢《いきお》いがあるという意味《いみ》です。い形

さ

- 車いすバスケットボールの試合《しあい》を見《み》た。選手《せんしゅ》たちは**鋭**《するど》**く**パスをつないで、あっという間《ま》にシュートを決《き》めた。
- 先週《せんしゅう》のマラソン大会《たいかい》では、本命《ほんめい》の選手《せんしゅ》が**鋭**《するど》**い**走《はし》りを見《み》せて優勝《ゆうしょう》した。
- あのテニス選手《せんしゅ》のサーブは、回転《かいてん》が**鋭**《するど》**い**ので、相手《あいて》の選手《せんしゅ》は打《う》ち返《かえ》しにくい。

4 「鋭《するど》い」は、人《ひと》を傷《きず》つけるほど強《つよ》いという意味《いみ》です。 い形

- 海辺《うみべ》をはだしで歩《ある》いていて、**鋭**《するど》**い**痛《いた》みを感《かん》じた。貝《かい》を踏《ふ》んでしまったようだ。
- 車《くるま》を運転中《うんてんちゅう》、反対車線《はんたいしゃせん》の車《くるま》のヘッドライトの**鋭**《するど》**い**光《ひかり》が目《め》に入《はい》り、一瞬《いっしゅん》、前《まえ》が見《み》えなくなった。
- 家《いえ》に帰《かえ》る途中《とちゅう》、目《め》つきの**鋭**《するど》**い**人《ひと》がこちらを見《み》ていて、怖《こわ》かった。

5 「鋭《するど》い」は、耳《みみ》や鼻《はな》、舌《した》、頭《あたま》の働《はたら》きがとても良《よ》くて、反応《はんのう》が早《はや》いという意味《いみ》です。 い形 対 鈍《にぶ》い

- 犬《いぬ》は、**鋭**《するど》**い**聴覚《ちょうかく》を持《も》っている。人間《にんげん》の4倍《よんばい》も遠《とお》くの音《おと》が聞《き》こえる。
- 妹《いもうと》は、**鋭**《するど》**い**感性《かんせい》を生《い》かして、芸術家《げいじゅつか》になった。
- 彼《かれ》は嗅覚《きゅうかく》も味覚《みかく》も**鋭**《するど》**い**。ワインのソムリエとして、その能力《のうりょく》を生《い》かしている。

すわる【座る】

動1　て形　座《すわ》って　名詞形　座《すわ》り

対　立《た》つ、降《お》りる

1

「座《すわ》る」は、膝《ひざ》を曲《ま》げて、床《ゆか》や椅子《いす》などに尻《しり》をつけて体《からだ》を支《ささ》えるという意味《いみ》です。動1　対　立《た》つ（→p.249）

- ソファに**座《すわ》って**ゆっくりとお茶《ちゃ》を飲《の》む時間《じかん》が好《す》きだ。
- 混《こ》んでいると思《おも》っていた電車《でんしゃ》が、案外《あんがい》すいていて、座席《ざせき》に**座《すわ》る**ことができた。
- 映画館《えいがかん》で私《わたし》の前《まえ》に**座《すわ》って**いる人《ひと》の帽子《ぼうし》が邪魔《じゃま》で、映画《えいが》がよく見《み》えませんでした。

2

「座《すわ》る」は、人《ひと》がその立場《たちば》や地位《ちい》に就《つ》くという意味《いみ》です。動1
対　降《お》りる（→p.110）

- 社長《しゃちょう》が退任《たいにん》することになり、副社長《ふくしゃちょう》だったグォ氏《し》が社長《しゃちょう》の椅子《いす》に**座《すわ》る**ことになった。
- 彼《かれ》は3年前《さんねんまえ》に世界大会《せかいたいかい》で優勝《ゆうしょう》してから、ずっとトップの座《ざ》に**座《すわ》り**続《つづ》けている。
- 新人《しんじん》の俳優《はいゆう》が、監督《かんとく》に指名《しめい》されて主役《しゅやく》の座《ざ》に**座《すわ》った**。

せいかく【正確】

な形　名詞形　正確《せいかく》さ

対　不正確《ふせいかく》

1　「正確《せいかく》」は、間違《まちが》いがないという意味《いみ》です。な形　対　不正確《ふせいかく》

- 子供《こども》にも分《わ》かるように、言葉《ことば》だけで自分《じぶん》の考《かんが》えを**正確**《せいかく》に伝《つた》えるのは難《むずか》しい。
- このシステムを使《つか》えば、これまでより速《はや》く、**正確**《せいかく》にデータを分析《ぶんせき》することができます。
- スマホに表示《ひょうじ》される時刻《じこく》は**正確**《せいかく》だと思《おも》っていたけど、ずれることもあるんですね。知《し》りませんでした。

せいけつ【清潔】

な形　名詞形　清潔《せいけつ》さ

対　不潔《ふけつ》

1 「清潔《せいけつ》」は、汚《よご》れがなくて、きれいだという意味《いみ》です。な形

対　不潔《ふけつ》

- 赤《あか》ちゃんは、**清潔**《せいけつ》で柔《やわ》らかいタオルに包《つつ》まれて気《き》持《も》ち良《よ》さそうです。
- ジャムを作《つく》ったので、熱湯《ねっとう》で消毒《しょうどく》した**清潔**《せいけつ》な空《あ》き瓶《びん》に、ジャムが熱《あつ》いうちに入《い》れて保存《ほぞん》しました。
- この綿棒《めんぼう》は1本《いっぽん》ずつ包装《ほうそう》されているので、持《も》ち歩《ある》いても汚《よご》れません。いつでも**清潔**《せいけつ》に使《つか》えます。

2 「清潔《せいけつ》」は、人《ひと》のすることが正《ただ》しくて、うそがないという意味《いみ》です。

な形

- 彼《かれ》は正直《しょうじき》で**清潔**《せいけつ》な人《ひと》だ。彼《かれ》が出世《しゅっせ》のために人《ひと》をだますなんて、私《わたし》はとても信《しん》じられません。
- あの俳優《はいゆう》は**清潔**《せいけつ》なイメージがあるので、いろいろな企業《きぎょう》の広告《こうこく》によく出《で》ている。
- この政党《せいとう》は、約束《やくそく》したことを実行《じっこう》に移《うつ》し、国民《こくみん》に信頼《しんらい》される**清潔**《せいけつ》な

政治《せいじ》を実現《じつげん》している。

ぜいたく【贅沢】

な形 **動3** **名詞形** 贅沢《ぜいたく》さ

1 「贅沢《ぜいたく》」は、必要《ひつよう》とする以上《いじょう》に金《かね》を使《つか》っているという意味《いみ》です。

な形 **動3**

- **贅沢《ぜいたく》**しているわけではないのに、どうしてお金《かね》が全然《ぜんぜん》たまらないんだろう。
- 高級《こうきゅう》な車《くるま》に乗《の》ったり、一流《いちりゅう》のホテルに泊《と》まったりして、お金《かね》をたくさん使《つか》う**贅沢《ぜいたく》**な体験《たいけん》をしてみたい。
- 宝《たから》くじで１等《いっとう》が当《あ》たったら、豪華《ごうか》な船《ふね》で１００日間《ひゃくにちかん》を**贅沢《ぜいたく》**に過《す》ごす、世界一周《せかいいっしゅう》クルーズに参加《さんか》したい。

2 「贅沢《ぜいたく》」は、必要《ひつよう》とする以上《いじょう》に時間《じかん》や物《もの》が多《おお》いという意味《いみ》です。

な形

- シルクを**贅沢《ぜいたく》**に使《つか》ったウェディングドレスは、歩《ある》くたびに裾《すそ》がきれいに動《うご》いて、とても美《うつく》しい。
- 高《たか》い化粧水《けしょうすい》を少《すこ》しずつ使《つか》うより、安《やす》い化粧水《けしょうすい》を**贅沢《ぜいたく》**に使《つか》う方《ほう》が、保湿《ほしつ》がしっかりできると思《おも》う。

- 昔《むかし》、貴族《きぞく》たちは、時間《じかん》もお金《かね》も**贅沢《ぜいたく》**に使《つか》って、有名《ゆうめい》な画家《がか》に肖像画《しょうぞうが》を描《か》かせたそうだ。

3 「贅沢《ぜいたく》」は、その人《ひと》の社会的《しゃかいてき》な立場《たちば》に似合《にあ》っていないという意味《いみ》です。 **な形**

- 子供《こども》なのに、高級《こうきゅう》ブランドのバッグを持《も》つなんて**贅沢《ぜいたく》**だ。
- キャンペーンに応募《おうぼ》したら、ファーストクラスのチケットが当《あ》たった。学生《がくせい》の自分《じぶん》には**贅沢《ぜいたく》**な旅《たび》だった。
- ほとんど運転《うんてん》しないのに、ポルシェを持《も》っているなんて**贅沢《ぜいたく》**だ。

関連表現1 他《ほか》の人《ひと》にとっては幸《しあわ》せで悩《なや》まなくていいのに、悩《なや》むことを「贅沢《ぜいたく》な悩《なや》み」といいます。

- 友人1《ゆうじんいち》「複数《ふくすう》の大学《だいがく》から奨学金《しょうがくきん》のオファーをもらって、どこに行《い》こうか悩《なや》んでるんだ。」友人2《ゆうじんに》「なんて**贅沢《ぜいたく》な悩《なや》み**だ。うらやましい。」
- 友人1《ゆうじんいち》「欲《ほ》しいものがなくて、お金《かね》だけがたまっていく。何《なに》か有意義《ゆういぎ》な使《つか》い道《みち》はないかなあ?」友人2《ゆうじんに》「**贅沢《ぜいたく》な悩《なや》み**だな。寄付《きふ》でもしたらどう?」

せっきょくてき【積極的】

な形

対 消極的《しょうきょくてき》

1 自分《じぶん》からしてみようと思《おも》うことを「積極的《せっきょくてき》」といいます。な形

対 消極的《しょうきょくてき》（→p.200）

● 先日《せんじつ》引《ひ》っ越《こ》してきたフーさんは、自分《じぶん》から祭《まつ》りの準備《じゅんび》や畑仕事《はたけしごと》を手伝《てつだ》って、**積極的**《せっきょくてき》に村《むら》の人《ひと》と仲良《なかよ》くなろうとしている。

● エミリーちゃんは好奇心《こうきしん》が強《つよ》くて、何《なん》でも自分《じぶん》で調《しら》べるし、分《わ》からないことは専門家《せんもんか》を探《さが》して聞《き》きに行《い》くような、とても**積極的**《せっきょくてき》な子供《こども》だ。

● この企業《きぎょう》では高齢者《こうれいしゃ》が多《おお》く働《はたら》いている。高齢者《こうれいしゃ》を**積極的**《せっきょくてき》に採用《さいよう》して、彼《かれ》らの知恵《ちえ》や経験《けいけん》を生《い》かしているそうだ。

せまい【狭い】

い形 **名詞形** 狭《せま》さ

対 広《ひろ》い

1 「狭《せま》い」は、面積《めんせき》や幅《はば》が小《ちい》さいという意味《いみ》です。**い形** **対** 広《ひろ》い（→p.370）

- 私《わたし》の部屋《へや》は**狭《せま》い**ので、友達《ともだち》が来《き》ても、泊《と》まれるスペースがない。
- この道《みち》は**狭《せま》い**ので、大《おお》きい車《くるま》やバスは通《とお》れない。
- エコノミークラスの座席《ざせき》は**狭《せま》い**ので、ファーストクラスの広々《ひろびろ》とした空間《くうかん》がうらやましい。

2 「狭《せま》い」は、範囲《はんい》が小《ちい》さいという意味《いみ》です。**い形** **対** 広《ひろ》い（→p.370）

- 私《わたし》は行動範囲《こうどうはんい》が**狭《せま》い**。普段《ふだん》は会社《かいしゃ》と家《いえ》の往復《おうふく》だけだし、休《やす》みの日《ひ》も家《いえ》の近所《きんじょ》で過《す》ごしている。
- 海外《かいがい》に出《で》ていろんな人《ひと》に出会《であ》い、自分《じぶん》がとても**狭《せま》い**世界《せかい》で生《い》きてきたことを知《し》った。
- 目《め》の前《まえ》の問題《もんだい》だけに集中《しゅうちゅう》していると、視野《しや》が**狭《せま》く**なって、思《おも》いがけない失敗《しっぱい》をしてしまうので注意《ちゅうい》が必要《ひつよう》だ。

- 完璧主義《かんぺきしゅぎ》の人《ひと》は、ミスに対《たい》する許容範囲《きょようはんい》が**狭《せま》い**。どんなに小《ちい》さいミスでも許《ゆる》すことができない。

関連表現1 **「心《こころ》が狭《せま》い」は、自分《じぶん》とは違《ちが》う考《かんが》え方《かた》を否定《ひてい》する性格《せいかく》だという意味《いみ》です。悪《わる》い意味《いみ》で使《つか》います。**

- 彼《かれ》はいつも自分《じぶん》が正《ただ》しいと思《おも》っていて、人《ひと》の意見《いけん》を聞《き》かない。**心《こころ》の狭《せま》い**人《ひと》だ。
- ライバルの成功《せいこう》を認《みと》められない私《わたし》は、**心《こころ》が狭《せま》い**と思《おも》う。

せんたく【洗濯】

名 動3

1 **汚《よご》れてしまった服《ふく》や靴下《くつした》などを洗《あら》ってきれいにすることを「洗濯《せんたく》」といいます。** 名 動3

- 服《ふく》が汚《よご》れたので、すぐに**洗濯《せんたく》**した。
- 今日《きょう》は天気《てんき》がいいので、シーツを**洗濯《せんたく》**して干《ほ》した。
- 旅行《りょこう》に行《い》くときは荷物《にもつ》を少《すく》なくしたいので、旅行先《りょこうさき》で**洗濯《せんたく》**をする。コインランドリーのあるホテルが便利《べんり》だ。

そうじ【掃除】

名 動3

1 ごみやほこりを取《と》って、きれいにすることを「掃除《そうじ》」といいます。

名 動3

- トイレは毎日《まいにち》**掃除《そうじ》**しているので、いつも清潔《せいけつ》だ。
- 妹《いもうと》は**掃除《そうじ》**が苦手《にがて》で、彼女《かのじょ》の部屋《へや》はいつも散《ち》らかっていて、汚《きたな》い。
- 忙《いそが》しくてしばらく**掃除《そうじ》**しなかったら、部屋《へや》のあちこちにほこりがたまっている。

そん【損】

な形 動3

対 得《とく》

1 必要以上《ひつよういじょう》に金《かね》を使《つか》ってしまうことや、入《はい》って来《く》る予定《よてい》の金《かね》が減《へ》ってしまうことを「損《そん》」といいます。 な形 動3 対 得《とく》（→p.306）

- 税金《ぜいきん》についてよく知《し》らないと、払《はら》わなくてもいいお金《かね》を払《はら》って、**損**《そん》をすることがある。
- 昨日《きのう》オンラインショップで買《か》ったセーターが、今日《きょう》はセール価格《かかく》で半額《はんがく》になっていた。**損**《そん》な買《か》い物《もの》をしてしまったなあ。
- 古《ふる》いおもちゃを２００円《にひゃくえん》で売《う》った後《あと》で、それが５万円《ごまんえん》ぐらいの価値《かち》があると分《わ》かった。**損**《そん》な取引《とりひき》をしてしまった。
- １カ月９８０円《いっかげつきゅうひゃくはちじゅうえん》で映画《えいが》が何本《なんぼん》でも見《み》られるサービスを知《し》らないで、１週間《いっしゅうかん》のレンタル料《りょう》が１０００円《せんえん》のＤＶＤ《ディーブイディー》を借《か》りてしまった。**損**《そん》した。

2 **「損《そん》」は、性格《せいかく》や不利《ふり》な立場《たちば》のせいで、自分《じぶん》にとって良《よ》いことがないという意味《いみ》です。** **な形** **動3** **対** 得《とく》（→p.306）

- 小《ちい》さい頃《ころ》、弟《おとうと》とけんかすると「お兄《にい》ちゃんなんだから我慢《がまん》しなさい」と親《おや》に言《い》われた。年上《としうえ》は**損**《そん》だ。
- シゥインさんは本当《ほんとう》は親切《しんせつ》な人《ひと》なのに、見《み》た目《め》が怖《こわ》いので怖《こわ》い人《ひと》だと思《おも》われている。**損**《そん》していると思《おも》う。
- 人《ひと》に頼《たよ》るのが苦手《にがて》で、自分《じぶん》で何《なん》とかしようとしてしまう。頼《たよ》ることができれば楽《らく》なのに、**損**《そん》な性格《せいかく》だ。

たいくつ【退屈】

な形　**動3**　**名詞形**　**退屈《たいくつ》さ**

対　**面白《おもしろ》い**

1 「退屈《たいくつ》」は、何《なに》もすることがなくて、楽《たの》しくないという意味《いみ》です。

な形　**動3**　**対**　面白《おもしろ》い（→p.107）

- 旅行《りょこう》に行《い》ったが、台風《たいふう》でホテルから出《で》られなくなってしまった。本当《ほんとう》に**退屈《たいくつ》**な1日《いちにち》だった。
- 弟《おとうと》「あーあ、**退屈《たいくつ》**だなあ。」姉《あね》「暇《ひま》なの？　一緒《いっしょ》に映画《えいが》でも見《み》に行《い》く？」
- 赤《あか》ちゃんが泣《な》く理由《りゆう》はいろいろあって、**退屈《たいくつ》**すると泣《な》くこともある。
- 入院中《にゅういんちゅう》は、体《からだ》も自由《じゆう》に動《うご》かせないし、ごはんもおいしくないし、楽《たの》しいことがなくて**退屈《たいくつ》**だった。

2 「退屈《たいくつ》」は、物事《ものごと》に興味《きょうみ》が持《も》てないでいるという意味《いみ》です。

な形　**動3**　**対**　面白《おもしろ》い（→p.107）

- 今《いま》の仕事《しごと》は**退屈《たいくつ》**で面白《おもしろ》くないので、転職《てんしょく》しようと思《おも》う。
- 社長《しゃちょう》の話《はなし》が長《なが》くて**退屈《たいくつ》**だったので、何度《なんど》もあくびをしてしまった。
- 同《おな》じ趣味《しゅみ》の友達《ともだち》といると楽《たの》しくて、何時間《なんじかん》話《はな》しても全《まった》く**退屈《たいくつ》**しない。

だいじょうぶ【大丈夫】

な形

1 「大丈夫《だいじょうぶ》」は、強《つよ》くてしっかりしていて安全《あんぜん》だという意味《いみ》です。

な形

- この建物《たてもの》は強《つよ》い地震《じしん》が来《き》ても**大丈夫《だいじょうぶ》**なように建《た》てられています。
- このセーターは洗濯機《せんたくき》で洗《あら》っても**大丈夫《だいじょうぶ》**なので、手《て》入《い》れが楽《らく》です。
- このお皿《さら》は耐熱《たいねつ》ガラスでできているので、オーブンに入《い》れても**大丈夫《だいじょうぶ》**です。

2 「大丈夫《だいじょうぶ》」は、心配《しんぱい》なことに対《たい》して、問題《もんだい》がないという意味《いみ》です。

な形

- 上司《じょうし》「明日《あした》の午後《ごご》、打《う》ち合《あ》わせをしたいんだけど、時間《じかん》ある？」部下《ぶか》「はい。私《わたし》は何時《なんじ》からでも**大丈夫《だいじょうぶ》**です。」
- 予約《よやく》をキャンセルしたい場合《ばあい》は、3日前《みっかまえ》までにお知《し》らせいただければ**大丈夫《だいじょうぶ》**です。
- 弟《おとうと》「明日《あした》の試験《しけん》が心配《しんぱい》で落《お》ち着《つ》かない」姉《あね》「毎日《まいにち》何時間《なんじかん》も勉強《べんきょう》したんだから**大丈夫《だいじょうぶ》**。合格《ごうかく》できるよ。」
- 健康診断《けんこうしんだん》の結果《けっか》が届《とど》いた。**大丈夫《だいじょうぶ》**かなと少《すこ》し心配《しんぱい》していたが、どこにも問題《もんだい》はなくてほっとした。

たいせつ【大切】

な形 名詞形 **大切《たいせつ》さ**

1 **なくなると困《こま》ったり悲《かな》しくなったりするほど重要《じゅうよう》なこと、また、覚《おぼ》えておかなければいけないことを「大切《たいせつ》」といいます。** **な形**

- 病気《びょうき》になって、健康《けんこう》が一番《いちばん》**大切《たいせつ》**だと初《はじ》めて分《わ》かった。
- ペットは**大切《たいせつ》**な家族《かぞく》なので、災害《さいがい》のときは一緒《いっしょ》に避難《ひなん》する。
- 教科書《きょうかしょ》で**大切《たいせつ》**だと思《おも》うところはアンダーラインを引《ひ》いて、付箋《ふせん》をはっておく。後《あと》で復習《ふくしゅう》するときに効率《こうりつ》が良《い》い。

2 **なくしたり、傷《きず》が付《つ》いたり、無駄《むだ》にしないように気《き》を付《つ》けて使《つか》うことを「大切《たいせつ》に～」といいます。** **な形**

- 亡《な》くなった祖父《そふ》にもらった時計《とけい》は、ケースに入《い》れて**大切《たいせつ》に**しまってある。
- 図書館《としょかん》で借《か》りた本《ほん》は、汚《よご》したりなくしたりしないように、**大切《たいせつ》に**扱《あつか》います。
- もうすぐ卒業《そつぎょう》だ。残《のこ》り少《すく》ない毎日《まいにち》を**大切《たいせつ》に**過《す》ごそうと思《おも》う。
- 資源《しげん》は限《かぎ》りがあるので、**大切《たいせつ》に**使《つか》わなければならない。私《わたし》は水《みず》を無駄《むだ》にしないようにしています。

たいへん【大変】

な形 **副** **名詞形** **大変《たいへん》さ**

対 **楽《らく》**

1 「大変《たいへん》」は、普通《ふつう》ではないぐらい、程度《ていど》が大《おお》きいという意味《いみ》です。

な形 **副**

- 去年《きょねん》の冬休《ふゆやす》みは、トロントを旅行《りょこう》した。気温《きおん》は毎日《まいにち》マイナスで**大変《たいへん》**な寒《さむ》さだったが、とても楽《たの》しかった。
- １年《いちねん》に１回《いっかい》しかない試験《しけん》の日《ひ》に寝坊《ねぼう》するという**大変《たいへん》**な失敗《しっぱい》をしてしまいました。
- 父《ちち》は、自分《じぶん》で食《た》べたり、息《いき》をしたりするのも難《むずか》しいという**大変《たいへん》**な病気《びょうき》にかかってしまい、栄養《えいよう》や呼吸《こきゅう》を医者《いしゃ》に管理《かんり》してもらっている。
- レジェス教授《きょうじゅ》の指導《しどう》がなければ論文《ろんぶん》は完成《かんせい》できなかったと思《おも》います。教授《きょうじゅ》には**大変《たいへん》**感謝《かんしゃ》しています。
- 先日《せんじつ》イベントの手伝《てつだ》いをしました。朝《あさ》から晩《ばん》まで広《ひろ》い会場《かいじょう》を動《うご》き回《まわ》って、**大変《たいへん》**疲《つか》れました。
- 部屋《へや》が広《ひろ》く清潔《せいけつ》で、スタッフのサービスもとても良《よ》かったので、あのホテルには**大変**《たいへん》満足《まんぞく》しています。

2 「大変《たいへん》」は、努力《どりょく》がたくさん必要《ひつよう》だったり、苦労《くろう》が多《おお》かったりするという意味《いみ》です。 な形 対 楽《らく》（→p.458）

- 転職《てんしょく》したばかりで、覚《おぼ》えなければならないことがたくさんあるので、**大変**《たいへん》です。
- 昨年《さくねん》は、地震《じしん》や台風《たいふう》の被害《ひがい》が大《おお》きくて**大変**《たいへん》な一年《いちねん》だった。
- 1人《ひとり》暮《ぐ》らしを始《はじ》めたばかりの頃《ころ》は、生活《せいかつ》に必要《ひつよう》な家具《かぐ》や家電《かでん》をそろえるお金《かね》がなくて**大変**《たいへん》でした。
- この学校《がっこう》は、宿題《しゅくだい》は難《むずか》しいし、発表《はっぴょう》の授業《じゅぎょう》も多《おお》くて準備《じゅんび》がとても**大変**《たいへん》でしたが、充実《じゅうじつ》した3カ月《さんかげつ》を過《す》ごしました。

たかい【高い】

い形 名詞形 高《たか》さ

対 低《ひく》い、安《やす》い

1 「高《たか》い」は、下《した》から上《うえ》までの距離《きょり》が長《なが》いという意味《いみ》です。 い形

対 低《ひく》い（→p.361）

- 私《わたし》の身長《しんちょう》は175《ひゃくななじゅうご》センチだが、妹《いもうと》は私《わたし》より背《せ》が**高**《たか》**くて**、180《ひゃくはちじゅっ》

センチある。

- エベレストは、世界《せかい》で一番《いちばん》高《たか》い山《やま》だ。高《たか》さは８８４８《はっせんはっぴゃくよんじゅうはち》メートルだ。
- 家《いえ》の隣《となり》に**高《たか》い**建物《たてもの》が建《た》ったせいで、日《ひ》当《あ》たりが悪《わる》くなってしまった。
- 刑務所《けいむしょ》の周《まわ》りは**高《たか》い**塀《へい》で囲《かこ》まれている。

2 **「高《たか》い」は、地面《じめん》や床《ゆか》などから離《はな》れて上《うえ》の方《ほう》にあるという意味《いみ》です。** **い形** **対** 低《ひく》い（→p.361）

- （図書館《としょかん》で）借《か》りたい本《ほん》が、本棚《ほんだな》の**高《たか》い**ところにあったので、踏《ふ》み台《だい》を使《つか》って取《と》った。
- 優勝《ゆうしょう》した選手《せんしゅ》は、拳《こぶし》を**高《たか》く**上《あ》げて喜《よろこ》んだ。
- 友人《ゆうじん》の新《あたら》しい家《いえ》は、天井《てんじょう》が**高《たか》い**ので広々《ひろびろ》としていて開放感《かいほうかん》がある。

3 **「高《たか》い」は、値段《ねだん》が大《おお》きいという意味《いみ》です。** **い形** **対** 安《やす》い（→p.433）

- 駅前《えきまえ》の駐車場《ちゅうしゃじょう》は料金《りょうきん》が**高《たか》い**ので、駅《えき》から少《すこ》し離《はな》れた安《やす》いところに車《くるま》を止《と》めた。
- 私《わたし》の家《いえ》から大学《だいがく》までは遠《とお》いので、移動《いどう》に時間《じかん》がかかるし、交通費《こうつうひ》も**高《たか》い**。
- 年末年始《ねんまつねんし》は、飛行機《ひこうき》のチケットが**高《たか》く**なる。安《やす》い時期《じき》に比《くら》べて２倍《にばい》くらいになることもある。
- 本屋《ほんや》で手《て》に入《はい》らなかった本《ほん》をインターネットで購入《こうにゅう》した。１冊《いっさつ》だけ買《か》ったので、送料《そうりょう》の方《ほう》が**高《たか》く**なってしまった。

4 「高《たか》い」は、計算《けいさん》したり、測《はか》ったりした数字《すうじ》が他《ほか》より大《おお》きいという意味《いみ》です。 い形 対 低《ひく》い（→p.361）

- 明日《あした》は８０％《はちじゅっパーセント》という**高《たか》い**確率《かくりつ》で雨《あめ》が降《ふ》るそうだ。
- 砂糖《さとう》やバターをたっぷり使《つか》ったお菓子《かし》はカロリーが**高《たか》い**。
- 旅行先《りょこうさき》は気温《きおん》が**高《たか》い**ので、半袖《はんそで》のシャツやショートパンツなど、夏物《なつもの》の服《ふく》をスーツケースに入《い》れた。
- この村《むら》は、住民《じゅうみん》の平均年齢《へいきんねんれい》が**高《たか》い**。若者《わかもの》がどんどん都市《とし》へ出《で》ていってしまうからだ。

5 「高《たか》い」は、他《ほか》のものより質《しつ》が良《よ》かったり、重要《じゅうよう》だったりするという意味《いみ》です。 い形 対 低《ひく》い（→p.361）

- あの選手《せんしゅ》は、活躍《かつやく》が**高《たか》く**評価《ひょうか》され、今年《ことし》のＭＶＰ《エムブイピー》に選《えら》ばれた。
- 妹《いもうと》の目標《もくひょう》は、会社《かいしゃ》で出世《しゅっせ》して、**高《たか》い**地位《ちい》に就《つ》くことだそうだ。そのために必死《ひっし》で努力《どりょく》している。
- コミュニケーション能力《のうりょく》が**高《たか》い**ことは、良《い》い人材《じんざい》の条件《じょうけん》の１《ひと》つだ。
- あのホテルは５《いつ》つ星《ぼし》だけあって、サービスの質《しつ》がとても**高《たか》い**。
- わが社《しゃ》は金属加工《きんぞくかこう》の分野《ぶんや》で**高《たか》い**技術《ぎじゅつ》を持《も》っており、国内《こくない》トップのシェアを誇《ほこ》っている。

6 「高《たか》い」は、心《こころ》や考《かんが》え方《かた》が立派《りっぱ》だという意味《いみ》です。 い形

- 簡単《かんたん》には達成《たっせい》できない**高《たか》い**目標《もくひょう》だからこそ、頑張《がんば》ろうと思《おも》う。
- 世《よ》の中《なか》の役《やく》に立《た》つ事業《じぎょう》をやろうと、理想《りそう》を**高《たか》く**持《も》って会社《かいしゃ》を作《つく》った。

● 彼女《かのじょ》は環境問題《かんきょうもんだい》への意識《いしき》が**高《たか》く**、地球《ちきゅう》に優《やさ》しい生活《せいかつ》をしている。

だす【出す】

動1 て形 **出《だ》して**

☞ 出《で》る（→p.296） 対 入《い》れる、隠《かく》す

1 「出《だ》す」は、人《ひと》やものを中《なか》から外《そと》に移《うつ》すという意味《いみ》です。**動1**

対 入《い》れる（→p.65）

● このパソコンは、面倒《めんどう》な設定《せってい》が必要《ひつよう》ない。箱《はこ》から**出《だ》したら**すぐに使《つか》えるのがいい。

● 加熱《かねつ》した料理《りょうり》を電子《でんし》レンジから**出《だ》す**ときは、熱《あつ》くなっているので気《き》を付《つ》けましょう。

● 空港《くうこう》の手荷物検査《てにもつけんさ》を通《とお》るときは、パソコンやタブレットをかばんから**出《だ》して**トレイに入《い》れなければならない。

● 試合中《しあいちゅう》にけがをした選手《せんしゅ》をコートの外《そと》に**出《だ》して**、手《て》当《あ》てをしました。

2 「～に出《だ》す」は、～に出席《しゅっせき》させたり、参加《さんか》させたりするという意味《いみ》です。**動1**

● この学校《がっこう》から5名《ごめい》の生徒《せいと》をスピーチコンテスト**に出《だ》す**ことになりました。

- 父《ちち》が趣味《しゅみ》で描《か》いた絵《え》を展覧会《てんらんかい》**に出《だ》したら**、賞《しょう》をもらえたそうだ。
- コーチが試合《しあい》**に出《だ》す**のは、実力《じつりょく》のある選手《せんしゅ》だけだ。

3 「出《だ》す」は、隠《かく》れていたり、見《み》えなかったものを見《み》せるという意味《いみ》です。 **動１** **対** 隠《かく》す

- 彼《かれ》は感情《かんじょう》をあまり**出《だ》さない**ので、喜《よろこ》んでいるのか悲《かな》しんでいるのか分《わ》からないことがある。
- 背中《せなか》を**出《だ》した**ドレスをかっこよく着《き》るために、ジムに通《かよ》って体《からだ》を鍛《きた》えています。
- 顔《かお》を**出《だ》さない**で発信《はっしん》ができるからといって、ＳＮＳ《エスエヌエス》などで無責任《むせきにん》なことを言《い》うのは良《よ》くない。

4 「出《だ》す」は、多《おお》くの人《ひと》に知《し》ってもらうようにするという意味《いみ》です。 **動１**

- これまで１００カ国以上旅《ひゃっかこくいじょうたび》をしてきたので、面白《おもしろ》い体験《たいけん》をまとめて本《ほん》を**出《だ》そう**と思《おも》っています。
- 今回《こんかい》、新車《しんしゃ》の宣伝《せんでん》をするのに、テレビやインターネットに広告《こうこく》を**出《だ》す**つもりはありません。
- 大統領《だいとうりょう》が次《つぎ》にどんなメッセージを**出《だ》す**のか、世界中《せかいじゅう》が注目《ちゅうもく》している。

5 「出《だ》す」は、あるところから別《べつ》のところへ向《む》かうようにするという意味《いみ》です。 **動１**

● その日《ひ》は海《うみ》が荒《あ》れていて船《ふね》が**出《だ》せなかった**ので、楽《たの》しみにしていたホエールウォッチングは諦《あきら》めました。

● 前《まえ》から働《はたら》きたかった会社《かいしゃ》が社員《しゃいん》を募集《ぼしゅう》しているので、メールを**出《だ》して**みようと思《おも》います。

● 来週《らいしゅう》、大切《たいせつ》な取引先《とりひきさき》の社長《しゃちょう》がいらっしゃるので、空港《くうこう》まで迎《むか》えの車《くるま》を**出《だ》す**ように手配《てはい》しました。

6 「～に出《だ》す」は、～のサービスをしてもらうという意味《いみ》です。

動1

● 調子《ちょうし》が悪《わる》いパソコンを修理《しゅうり》**に出《だ》す**より、そろそろ新《あたら》しいのを買《か》った方《ほう》がよさそうだ。

● 5《ご》%《パーセント》割引《わりび》きのチケットをもらったから、冬《ふゆ》のコートをクリーニング**に出《だ》そう。**

● 革靴《かわぐつ》の底《そこ》が減《へ》ってしまったので、修理《しゅうり》**に出《だ》した。**

7 「出《だ》す」は、書類《しょるい》などを特定《とくてい》の場所《ばしょ》に届《とど》けるという意味《いみ》です。

動1

● 婚姻届《こんいんとどけ》を**出《だ》す**とき、一緒《いっしょ》に提出《ていしゅつ》しなければならない書類《しょるい》は何《なん》ですか?

● さっき入学願書《にゅうがくがんしょ》を**出《だ》して**きました。この大学《だいがく》では、法学《ほうがく》を学《まな》びたいと思《おも》っています。

● 来月《らいげつ》で会社《かいしゃ》を辞《や》めることにした。今日《きょう》、辞表《じひょう》を**出《だ》す**つもりだ。

8 「出《だ》す」は、結果《けっか》をはっきりさせるという意味《いみ》です。 動1

- このプロジェクトは、チームワークがうまく機能《きのう》したので良《い》い結果《けっか》が**出《だ》せた**のだと思《おも》う。
- 営業部《えいぎょうぶ》の新人《しんじん》は、この1週間《いっしゅうかん》で取引先《とりひきさき》を3件《さんけん》も増《ふ》やすという成果《せいか》を**出《だ》した**。
- 話《はな》し合《あ》いで決《き》められない場合《ばあい》は、多数決《たすうけつ》で結論《けつろん》を**出《だ》しましょう**。

9 「出《だ》す」は、発生《はっせい》させたり増《ふ》やしたりするという意味《いみ》です。 動1

- 子供《こども》が突然《とつぜん》熱《ねつ》を**出《だ》して**しまった。明日《あした》は学校《がっこう》を休《やす》ませよう。
- 台風《たいふう》や洪水《こうずい》などの自然災害《しぜんさいがい》で、死者《ししゃ》やけが人《にん》を**出《だ》さない**ように、対策《たいさく》が必要《ひつよう》です。
- ビジネスで利益《りえき》を**出《だ》す**ためには、コストを減《へ》らすことが大切《たいせつ》です。
- 彼《かれ》を傷《きず》つけてしまうかもしれないけど、勇気《ゆうき》を**出《だ》して**私《わたし》の本当《ほんとう》の気持《きも》ちを伝《つた》えようと思《おも》う。

10 「出《だ》す」は、人《ひと》や動物《どうぶつ》にあげるという意味《いみ》です。 動1

- 病院《びょういん》で**出《だ》して**もらった薬《くすり》が効《き》いて、だんだん熱《ねつ》が下《さ》がってきました。
- 上司《じょうし》「ヤーウェン社長《しゃちょう》がお見《み》えになったら、お茶《ちゃ》を**出《だ》して**もらえる?」
部下《ぶか》「はい、分《わ》かりました。」
- このレストランは料理《りょうり》を**出《だ》す**タイミングが早《はや》いので、ゆっくり食《た》べられない。

● 仕事《しごと》の指示《しじ》を**出《だ》す**ときは、締《し》め切《き》りだけでなく、その仕事《しごと》の目的《もくてき》も伝《つた》えた方《ほう》が、良《い》い結果《けっか》につながる。

● 日本《にほん》では、盲導犬《もうどうけん》には英語《えいご》で指示《しじ》を**出《だ》す**ことが多《おお》い。発音《はつおん》がシンプルで短《みじか》いからというのが理由《りゆう》だ。

11 「出《だ》す」は、金《かね》を払《はら》うという意味《いみ》です。 動1

● 親《おや》がお金《かね》を**出《だ》して**くれて、夏休《なつやす》みにずっとしてみたかった語学留学《ごがくりゅうがく》をすることができました。

● (カフェの会計中《かいけいちゅう》に) 友人1《ゆうじんいち》「いくら?」友人2《ゆうじんに》「いいよ、ここは私《わたし》が**出《だ》し**とく。」

● 似合《にあ》わなくなった服《ふく》をフリーマーケットで売《う》った。高《たか》いお金《かね》を**出《だ》して**買《か》ったのに、安《やす》い値段《ねだん》でしか売《う》れなかった。

● 社長《しゃちょう》「来週《らいしゅう》から1週間《いっしゅうかん》、東京《とうきょう》の展示会《てんじかい》を手伝《てつだ》ってくれないか? 出張手当《しゅっちょうてあて》や食事手当《しょくじてあて》は**出《だ》す**よ。」社員《しゃいん》「はい、承知《しょうち》しました。」

関連表現1 「口《くち》に出《だ》す」は、思《おも》っていることを言葉《ことば》で言《い》うという意味《いみ》です。

● **口《くち》には出《だ》さない**が、心《こころ》の中《なか》では「いつかこの会社《かいしゃ》を辞《や》めて自分《じぶん》の会社《かいしゃ》を作《つく》ろう!」と思《おも》っている。

● 私《わたし》は、相手《あいて》に対《たい》する感謝《かんしゃ》の気持《きも》ちは、できるだけ**口《くち》に出《だ》して**伝《つた》えるようにしている。

関連表現2　**「口《くち》を出《だ》す」は、人《ひと》が話《はな》しているところに、無理《むり》に入《はい》るという意味《いみ》です。**

- カフェで隣《となり》に座《すわ》った人《ひと》たちが間違《まちが》ったことを話《はな》していたので、我慢《がまん》できずに横《よこ》から**口《くち》を出《だ》して**しまった。
- 子供《こども》のけんかに親《おや》が**口《くち》を出《だ》す**のは、やめた方《ほう》がいい。

関連表現3　**「口《くち》を出《だ》す」は、自分《じぶん》の意見《いけん》を言《い》うという意味《いみ》です。良《よ》い意味《いみ》では使《つか》いません。**

- あなたは私《わたし》の仕事《しごと》のことを何《なに》も知《し》らないんだから、仕事《しごと》に**口《くち》を出《だ》さない**でほしい。
- 彼《かれ》は恋人《こいびと》のファッションについて、会《あ》うたびに**口《くち》を出《だ》す**。

関連表現4　**「手《て》を出《だ》す」は、新《あたら》しく始《はじ》めるという意味《いみ》です。良《よ》い意味《いみ》では使《つか》いません。**

- お金《かね》を増《ふ》やしたくて株式投資《かぶしきとうし》に**手《て》を出《だ》したら**、失敗《しっぱい》してしまい、前《まえ》より貯金《ちょきん》が減《へ》ってしまった。
- 一度麻薬《いちどまやく》に**手《て》を出《だ》したら**、やめるのはとても難《むずか》しいと言《い》われている。

関連表現5　**「手《て》を出《だ》す」は、けんかをして相手《あいて》をなぐったり、傷《きず》つけたりするという意味《いみ》です。**

- 家族《かぞく》をばかにされたので、つい怒《おこ》って**手《て》を出《だ》して**しまった。けがをさせてしまったのは悪《わる》かったが、相手《あいて》の発言《はつげん》は許《ゆる》せない。

● どんなにひどいことを言《い》われても殴《なぐ》っちゃ駄目《だめ》。先《さき》に**手《て》を出《だ》した**方《ほう》が不利《ふり》になるから。

関連表現6 **「手《て》を出《だ》す」は、人《ひと》と恋愛関係《れんあいかんけい》になろうとするという意味《いみ》です。悪《わる》い意味《いみ》で使《つか》います。**

● 私《わたし》の娘《むすめ》はとても美人《びじん》だ。いろんな男《おとこ》がすぐに**手《て》を出《だ》そう**とするので、親《おや》としては心配《しんぱい》だ。

● 彼《かれ》は真面目《まじめ》でおとなしい人《ひと》だから、他人《たにん》の妻《つま》に**手《て》を出《だ》す**なんてすぐには信《しん》じられなかった。

関連表現7 **「〜だす」は、〜をし始《はじ》めると言《い》う意味《いみ》です。**

● この漫画《まんが》はとても面白《おもしろ》い。読《よ》み**だしたら**やめられなくなる。

● 発車《はっしゃ》のベルが鳴《な》り終《お》わると、電車《でんしゃ》はゆっくりと動《うご》き**だした**。

ただしい【正しい】

い形 **名詞形** **正《ただ》しさ**

1 「正《ただ》しい」は、事実《じじつ》に合《あ》っていて、間違《まちが》いがないという意味《いみ》です。

い形

- 友人《ゆうじん》1《いち》「ねえ、さっきのテストの2《に》番目《ばんめ》の問題《もんだい》、**正《ただ》しい**答《こた》えって何《なん》だったか分《わ》かる?」友人《ゆうじん》2《に》「ちょっと待《ま》って、インターネットで調《しら》べるから。」
- パスワードが**正《ただ》しくない**というエラーが出《で》て、ログインできない。
- 友人《ゆうじん》1《いち》「私《わたし》の時計《とけい》、ちょっと遅《おく》れてるんだ。**正《ただ》しい**時間《じかん》、分《わ》かる?」
  友人《ゆうじん》2《に》「えーと、4時《よじ》45分《よんじゅうごふん》だよ。」
- 教科書《きょうかしょ》に書《か》いてあるからといって**正《ただ》しい**とは限《かぎ》らない。間違《まちが》ったことが書《か》かれていることもある。

2 「正《ただ》しい」は、ルールや法律《ほうりつ》に合《あ》っていたり、正義《せいぎ》だったりするという意味《いみ》です。 **い形**

- いくら相手《あいて》が悪《わる》いからといって、暴力《ぼうりょく》を振《ふ》るうのは**正《ただ》しい**やり方《かた》ではない。
- 健康《けんこう》を保《たも》つためには、栄養《えいよう》のバランスが整《ととの》った**正《ただ》しい**食生活《しょくせいかつ》をすることが大切《たいせつ》です。

● 遺言書《ゆいごんしょ》は、フルネームの署名《しょめい》がないと、**正**《ただ》**しい**遺言書《ゆいごんしょ》とは認《みと》められないので注意《ちゅうい》が必要《ひつよう》です。

たつ【立つ】

動1 て形 立《た》って

☞ 立《た》てる 対 座《すわ》る、寝《ね》る、倒《たお》れる、去《さ》る

1 「立《た》つ」は、足《あし》を地面《じめん》につけて体《からだ》を真《ま》っすぐにするという意味《いみ》です。**動1** 対 座《すわ》る（→p.224)、寝《ね》る（→p.336)

● バスが満員《まんいん》で座《すわ》ることができなかった。目的地《もくてきち》まで４０分間《よんじゅっぷんかん》ずっと**立**《た》**って**いた。

● 去年《きょねん》生《う》まれた妹《いもうと》の子供《こども》は、もう**立**《た》**って**歩《ある》くことができるそうだ。子供《こども》の成長《せいちょう》は早《はや》い。

● 座《すわ》っているときは気付《きづ》かなかったが、彼《かれ》は**立**《た》**つ**ととても背《せ》の高《たか》い人《ひと》だと分《わ》かった。

2 「立《た》つ」は、木《き》などが地面《じめん》から空《そら》に向《む》かって真《ま》っすぐになっているという意味《いみ》です。**動1** 対 倒《たお》れる

● 大学《だいがく》の庭《にわ》には、大《おお》きい木《き》が**立**《た》**って**いる。私《わたし》は、その下《した》に座《すわ》って本《ほん》を

読《よ》むのが好《す》きだ。

- 待《ま》ち合《あ》わせのレストランは、入《い》り口《ぐち》に赤《あか》い看板《かんばん》が**立《た》って**いるので、すぐ分《わ》かると思《おも》います。
- 公園《こうえん》の真《ま》ん中《なか》に、時計《とけい》がついた小《ちい》さい塔《とう》が**立《た》って**いる。

3 「～に立《た》つ」は、その場所《ばしょ》で仕事《しごと》をするという意味《いみ》です。 動1

対 去《さ》る

- 母《はは》が今入院《いまにゅういん》しているので、僕《ぼく》がかわりに台所《だいどころ》**に立《た》って**いる。少《すこ》し料理《りょうり》がうまくなった気《き》がする。
- 私《わたし》は、子供《こども》の頃《ころ》、人前《ひとまえ》に出《で》るのが苦手《にがて》だったが、今《いま》は俳優《はいゆう》として舞台《ぶたい》**に立《た》って**いる。
- 母《はは》は若《わか》いときは教壇《きょうだん》**に立《た》って**、化学《かがく》を教《おし》えていたそうだ。

4 「～に立《た》つ」は、もし～だったらと想像《そうぞう》するという意味《いみ》です。

動1

- 買《か》う人《ひと》の立場《たちば》**に立《た》つ**と、商品《しょうひん》は、安《やす》さだけでなく、安全《あんぜん》であることも大切《たいせつ》だ。
- プレゼンテーションをするときは、聞《き》く人《ひと》の視点《してん》**に立《た》って**情報《じょうほう》を整理《せいり》して、分《わ》かりやすく伝《つた》えるようにしている。
- 都市《とし》の開発《かいはつ》は、長期的《ちょうきてき》な視野《しや》**に立《た》って**計画《けいかく》するべきだ。

5 「～に立《た》つ」は、～になるという意味《いみ》です。

● 交渉《こうしょう》で優位《ゆうい》**に立《た》つ**には、しっかりとした戦略《せんりゃく》が必要《ひつよう》だ。

● ニュースでフィギュアスケートの試合《しあい》の結果《けっか》が流《なが》れた。ロシアの選手《せんしゅ》が最高得点《さいこうとくてん》を出《だ》して首位《しゅい》**に立《た》った**そうだ。

● 温暖化《おんだんか》の影響《えいきょう》で魚《さかな》が取《と》れなくなってきた。水産業《すいさんぎょう》は苦境《くきょう》**に立《た》たされている**。

6 「立《た》つ」は、上《うえ》に向《む》かって広《ひろ》がるという意味《いみ》です。 動1

● 寒《さむ》いのでカフェで温《あたた》かいスープを注文《ちゅうもん》した。湯気《ゆげ》が**立《た》って**、おいしそうだ。

● 山《やま》の頂上《ちょうじょう》から煙《けむり》が**立《た》って**いる。ニュースによると噴火《ふんか》したそうだ。

● グラスを回《まわ》すと、ワインの香《かお》りがよく**立《た》つ**。

7 「立《た》つ」は、予定《よてい》などが決《き》まるという意味《いみ》です。 動1

● バイトのシフトが決《き》まるのがいつもぎりぎりなので、なかなか来月《らいげつ》の予定《よてい》が**立《た》たない**。

● 信号《しんごう》トラブルで電車《でんしゃ》が止《と》まってしまった。復旧《ふっきゅう》の見通《みとお》しが**立《た》たなかった**ので、タクシーで移動《いどう》した。

● レポートを書《か》き終《お》えるめどが**立《た》った**ので、少《すこ》し休憩《きゅうけい》しようと思《おも》う。

関連表現1 「気《き》が立《た》つ」は、とても緊張《きんちょう》して、気持《きも》ちが落《お》ち着《つ》かないという意味《いみ》です。

● 弟《おとうと》は大事《だいじ》な試験《しけん》が近《ちか》づいて**気《き》が立《た》って**いる。少《すこ》しそっとしておこう。

た

● うちの猫《ねこ》はいつもはおとなしいが、赤《あか》ちゃんを生《う》んで**気《き》が立《た》って**いる。子猫《こねこ》に触《さわ》ろうとすると、とても怒《おこ》る。

関連表現2 「席《せき》を立《た》つ」は、仕事《しごと》や話《はな》し合《あ》いの途中《とちゅう》で、その場所《ばしょ》を離《はな》れるという意味《いみ》です。

● お客《きゃく》さんとの会議中《かいぎちゅう》に上司《じょうし》から電話《でんわ》があったので、お客《きゃく》さんに謝《あやま》って**席《せき》を立《た》った**。

● 家族《かぞく》でレストランに食事《しょくじ》に行《い》ったが、兄《あに》は父《ちち》とけんかをして、途中《とちゅう》で**席《せき》を立《た》って**帰《かえ》ってしまった。

関連表現3 「歯《は》が立《た》たない」は、固《かた》くて食《た》べられないという意味《いみ》です。

● 安《やす》い肉《にく》を買《か》ったら、固《かた》くて**歯《は》が立《た》たなかった**。

● 古《ふる》くなったパンは、とても**歯《は》が立《た》たなかった**ので、捨《す》てることにした。

関連表現4 「歯《は》が立《た》たない」は、固《かた》くて切《き》ったりできないという意味《いみ》です。

● ココナッツの皮《かわ》はとても厚《あつ》くて、小《ちい》さい包丁《ほうちょう》ではとても**歯《は》が立《た》たない**。

● 雪《ゆき》かきをしようと思《おも》ったが、雪《ゆき》が凍《こお》ってしまっていて、プラスチックのシャベルでは**歯《は》が立《た》たなかった**。鉄《てつ》のシャベルが必要《ひつよう》だ。

関連表現5 「歯《は》が立《た》たない」は、相手《あいて》が強《つよ》くて勝《か》つことができな

いという意味《いみ》です。

- 息子《むすこ》はとてもテニスがうまい。私《わたし》もテニスが得意《とくい》だが、息子《むすこ》には全《まった》く**歯《は》が立《た》たない**。
- 新《あたら》しい洗剤《せんざい》は、今《いま》までの洗剤《せんざい》では**歯《は》が立《た》たなかった**汚《よご》れも、きれいに落《お》とします。
- 宿題《しゅくだい》で出《で》た問題《もんだい》が難《むずか》しすぎて**歯《は》が立《た》たない**ので、先輩《せんぱい》に教《おし》えてもらおうと思《おも》う。

関連表現6　「腹《はら》が立《た》つ」は、怒《おこ》るという意味《いみ》です。

- 弟《おとうと》とダーツに行《い》くと、いつも下手《へた》だとしつこく言《い》われるので、本当《ほんとう》に**腹《はら》が立《た》つ**。
- 喫茶店《きっさてん》でコーヒーを１杯頼《いっぱいたの》んだら、３０分《さんじゅっぷん》も待《ま》たされて**腹《はら》が立《た》った**。

関連表現7　「役《やく》に立《た》つ」は、便利《べんり》だという意味《いみ》です。

- すごい暴風雨《ぼうふうう》で、さした傘《かさ》が全然《ぜんぜん》**役《やく》に立《た》たず**、全身《ぜんしん》が濡《ぬ》れてしまった。
- 懐中電灯《かいちゅうでんとう》は停電《ていでん》のときに**役《やく》に立《た》つ**。

たのしい【楽しい】

い形 **名詞形** 楽《たの》しさ、楽《たの》しみ

対 つまらない

1 「楽《たの》しい」は、うれしくて、満足《まんぞく》した気持《きも》ちだという意味《いみ》です。

い形 **対** つまらない（→p.278）

- 昨日《きのう》は、仲《なか》の良《い》い友達《ともだち》とおしゃべりをしながらごはんを食《た》べた。とても**楽《たの》しい**時間《じかん》だった。
- 子供《こども》の頃《ころ》、家族《かぞく》の誕生日《たんじょうび》にはいつも、みんなで大《おお》きいケーキを作《つく》った。**楽《たの》しい**思《おも》い出《で》だ。
- 友人１《ゆうじんいち》「何《なん》の話《はなし》してるの？　**楽《たの》し**そうだね。」友人２《ゆうじんに》「今度《こんど》みんなで遊園地《ゆうえんち》に行《い》こうって話《はな》してたんだ。一緒《いっしょ》にどう？」
- 友人１《ゆうじんいち》「旅行《りょこう》、どうだった？」友人２《ゆうじんに》「すっごく**楽《たの》しかった**！　毎日《まいにち》ビーチで泳《およ》いだり、ショッピングしたり。また行《い》きたい。」

たべる【食べる】

動2 て形 食《た》べて

対 吐《は》く 尊 召《め》し上《あ》がる 謙 いただく

た

1 「食《た》べる」は、何《なに》かを口《くち》に入《い》れて、噛《か》んでおなかに入《い》れるという意味《いみ》です。動2 対 吐《は》く

- 忙《いそが》しくても、毎日《まいにち》朝《あさ》ごはんを**食《た》べる**。
- 友人《ゆうじん》1《いち》「明日《あした》、一緒《いっしょ》にごはん**食《た》べよう**よ。」友人《ゆうじん》2《に》「いいね、行《い》こう。私《わたし》、肉《にく》が**食《た》べたい**！」
- 親《おや》「野菜《やさい》も残《のこ》さないで**食《た》べない**と駄目《だめ》よ。」子《こ》「もうおなかいっぱいで**食《た》べられない**よ。」
- 私《わたし》は、豚肉《ぶたにく》は**食《た》べません**。

2 「食《た》べる」は、仕事《しごと》をして生活《せいかつ》を続《つづ》けるという意味《いみ》です。動2

- 将来《しょうらい》は歌手《かしゅ》として**食《た》べて**いきたいので、毎日《まいにち》歌《うた》の練習《れんしゅう》をしている。
- 友人《ゆうじん》1《いち》「夫《おっと》の給料《きゅうりょう》だけでは**食《た》べられない**から、私《わたし》も働《はたら》こうと思《おも》う。」友人《ゆうじん》2《に》「私《わたし》が働《はたら》いている会社《かいしゃ》、新《あたら》しい人《ひと》探《さが》してるよ。よかったらどう？」

だめ【駄目】

な形

1 「駄目《だめ》」は、何《なに》かをしようとしても無駄《むだ》だという意味《いみ》です。**な形**

- あなたが何度告白《なんどこくはく》しても**駄目**《だめ》だと思《おも》うよ。彼女《かのじょ》には他《ほか》に好《す》きな人《ひと》がいるんだから。
- 言《い》い訳《わけ》しても**駄目**《だめ》だよ。証拠《しょうこ》があるんだから。
- このセミナー、締《し》め切《き》りは先週《せんしゅう》だったので、今《いま》から申《もう》し込《こ》んでも**駄目**《だめ》かもしれないが、どうしても参加《さんか》したいので問《と》い合《あ》わせてみよう。

2 「駄目《だめ》」は、何《なに》かをしようとしてもできないでいるという意味《いみ》です。**な形**

- （マラソンで）友人1《ゆうじんいち》「頑張《がんば》って！　残《のこ》りあと1《いち》キロだよ。」友人2《ゆうじんに》「もう**駄目**《だめ》。これ以上走《いじょうはし》れないよ。」
- 掃除機《そうじき》の調子《ちょうし》が悪《わる》かったので自分《じぶん》で直《なお》そうとしたけど**駄目**《だめ》だった。明日《あした》、新《あたら》しいのを買《か》おう。
- いろんな言葉《ことば》を勉強《べんきょう》してみたけど全然《ぜんぜん》**駄目**《だめ》で、ひとつも身《み》に付《つ》けることができなかった。

3 「駄目《だめ》」は、役《やく》に立《た》たないという意味《いみ》です。 な形

- １０年前《じゅうねんまえ》に中古《ちゅうこ》で買《か》った車《くるま》は、何度《なんど》も修理《しゅうり》してきたが、とうとうエンジンが**駄目《だめ》**になった。
- 買《か》っておいた野菜《やさい》が傷《いた》んで**駄目《だめ》**になってしまった。
- 麻薬《まやく》は人間《にんげん》を**駄目《だめ》**にするので、絶対《ぜったい》に使《つか》ってはいけない。

4 「駄目《だめ》」は、してはいけないという意味《いみ》です。 な形

- 猫《ねこ》を飼《か》いたいんだけど、うちのマンション、ペットを飼《か》っちゃ**駄目《だめ》**っていう決《き》まりがあるんですよ。
- 歯《は》の治療《ちりょう》で麻酔《ますい》をしたから、３０分《さんじゅっぷん》は食《た》べたり飲《の》んだりしては**駄目《だめ》**だと言《い》われた。
- 子供《こども》「お母《かあ》さん、新《あたら》しいゲーム買《か》って。」母《はは》「**駄目《だめ》**。先月《せんげつ》も買《か》ったばかりだから。」

た

たんじゅん【単純】

な形 名詞形 単純《たんじゅん》さ

対 複雑《ふくざつ》

1 「単純《たんじゅん》」は、構造《こうぞう》が簡単《かんたん》だったり、考《かんが》え方《かた》やり方《かた》が分《わ》かりやす

かったりするという意味《いみ》です。 **な形** **対** 複雑《ふくざつ》（→p.377）

- 毎日《まいにち》ケーキを食《た》べたいという**単純《たんじゅん》**な理由《りゆう》から、子供《こども》の頃《ころ》はケーキ屋《や》になりたいと思《おも》っていた。
- **単純《たんじゅん》**な計算《けいさん》ミスをしたせいで大学受験《だいがくじゅけん》に失敗《しっぱい》してしまった。
- 私《わたし》はお弁当工場《べんとうこうじょう》で、パックにごはんを詰《つ》めるという、誰《だれ》にでもできる**単純《たんじゅん》**な作業《さぎょう》の仕事《しごと》をしている。
- この国《くに》が抱《かか》えている貧困問題《ひんこんもんだい》は、お金《かね》で支援《しえん》すれば解決《かいけつ》するという**単純《たんじゅん》**なものではない。
- 水《みず》の分子《ぶんし》は、水素原子《すいそげんし》２個《にこ》と酸素原子《さんそげんし》１個《いっこ》が結《むす》びついた**単純《たんじゅん》**な構造《こうぞう》をしている。

ちいさい【小さい】

い形 **名詞形** 小《ちい》ささ

対 大《おお》きい

1 「小《ちい》さい」は、高《たか》さや長《なが》さが他《ほか》のものより短《みじか》かったり、面積《めんせき》や体積《たいせき》が他《ほか》のものより少《すく》なかったりするという意味《いみ》です。 **い形** **対** 大《おお》きい（→p.84）

- 私《わたし》は、中学生《ちゅうがくせい》までは体《からだ》が**小《ちい》さく**、背《せ》も160《ひゃくろくじゅっ》センチくらいしかなかったが、高校《こうこう》になって急《きゅう》に背《せ》が伸《の》びた。高校《こうこう》を卒業《そつぎょう》する頃《ころ》には、180《ひゃくはちじゅっ》センチになっていた。

- （靴屋《くつや》で）客《きゃく》「この靴《くつ》、少《すこ》し大《おお》きいです。もう少《すこ》し**小《ちい》さい**サイズのものはありますか?」店員《てんいん》「はい、少々《しょうしょう》お待《ま》ちください。すぐにお持《も》ちします。」
- 最近《さいきん》、目《め》が悪《わる》くなって、眼鏡《めがね》を掛《か》けないと**小《ちい》さい**字《じ》が読《よ》めない。
- 友人1《ゆうじんいち》「家《いえ》を買《か》ったんだって？　今度《こんど》遊《あそ》びに行《い》かせて。」友人2《ゆうじんに》「いいよ。3部屋《さんへや》しかない**小《ちい》さい**家《いえ》だけど。」

2 「小《ちい》さい」は、ものや組織《そしき》に関係《かんけい》する人《ひと》が少《すく》ないという意味《いみ》です。

い形　対 大《おお》きい（→p.84）

- 私《わたし》は、社員20人《しゃいんにじゅうにん》ほどの規模《きぼ》の**小《ちい》さい**会社《かいしゃ》で働《はたら》いている。
- 私《わたし》は派手《はで》な結婚式《けっこんしき》は苦手《にがて》だ。自分《じぶん》が結婚《けっこん》するときは、家族《かぞく》だけで行《おこな》う**小《ちい》さい**結婚式《けっこんしき》にしようと思《おも》う。
- 弟《おとうと》が所属《しょぞく》しているラグビーチームは、地元《じもと》の**小《ちい》さい**大会《たいかい》で勝《か》ち続《つづ》け、来月《らいげつ》はとうとう全国《ぜんこく》の強《つよ》いチームが集《あつ》まる大《おお》きい大会《たいかい》に出場《しゅつじょう》することになった。

3 「小《ちい》さい」は、量《りょう》や数《かず》が少《すく》ないという意味《いみ》です。 い形　対 大《おお》きい（→p.84）

- 親《おや》「ちょっと電話《でんわ》するから、テレビの音《おと》**小《ちい》さく**して。」子《こ》「はーい。」
- 今《いま》使《つか》っているUSB《ユーエスビー》メモリは、容量《ようりょう》が**小《ちい》さくて**、2《に》ギガバイトしかない。仕事《しごと》のデータが増《ふ》えてきたので、もっと容量《ようりょう》の大《おお》きいものを買《か》わないといけない。

- ナノは、マイクロよりも1000《せん》倍《ばい》**小《ちい》さい**単位《たんい》だ。

4 「小《ちい》さい」は、子供《こども》の年齢《ねんれい》が下《した》だという意味《いみ》です。 い形 対 大《おお》きい（→p.84）

- 友人《ゆうじん》1《いち》「今度《こんど》、近《ちか》くのプールに遊《あそ》びに行《い》かない？　6歳《ろくさい》以下《いか》の**小《ちい》さい**子供《こども》は無料《むりょう》だって。」友人《ゆうじん》2《に》「うちの子《こ》、まだ5歳《ごさい》だから無料《むりょう》だ。いいね。」
- 友人《ゆうじん》1《いち》「**小《ちい》さい**頃《ころ》は、怖《こわ》くて、夜《よる》1人《ひとり》で寝《ね》られなかったな。」友人《ゆうじん》2《に》「私《わたし》も、小学生《しょうがくせい》になるまで、親《おや》と一緒《いっしょ》に寝《ね》てた。」
- 楽器《がっき》でもスポーツでも、プロとして活躍《かつやく》している人《ひと》は、**小《ちい》さい**頃《ころ》から一生懸命《いっしょうけんめい》練習《れんしゅう》している。

5 「小《ちい》さい」は、程度《ていど》が弱《よわ》いという意味《いみ》です。 い形 対 大《おお》きい（→p.84）

- 大型《おおがた》の台風《たいふう》が来《き》たが、私《わたし》の住《す》んでいるところは、影響《えいきょう》が**小《ちい》さかった**ので、すぐにいつも通《どお》りの生活《せいかつ》が戻《もど》った。
- 別《わか》れ際《ぎわ》、ワンさんは「またね。」と言《い》って**小《ちい》さく**手《て》を振《ふ》った。
- 上司《じょうし》「明日《あした》の打《う》ち合《あ》わせには社長《しゃちょう》もいらっしゃるので、**小《ちい》さい**ミスもないように、資料《しりょう》をよく確認《かくにん》しておいてください。」部下《ぶか》「分《わ》かりました。しっかりチェックします。」

● 先月《せんげつ》からスーパーのビニール袋《ぶくろ》が有料《ゆうりょう》になった。1枚《いちまい》2円《にえん》ほどだが、毎回《まいかい》のことだと**小《ちい》さい**負担《ふたん》ではないので、エコバッグを持《も》って買《か》い物《もの》に行《い》こうと思《おも》う。

関連表現1 **「器《うつわ》が小《ちい》さい」は、自分《じぶん》が損《そん》をするかもしれないと気《き》にしすぎていたり、他《ほか》の人《ひと》の細《こま》かな失敗《しっぱい》を許《ゆる》すことができなかったりするという意味《いみ》です。悪《わる》い意味《いみ》で使《つか》います。**

● 同僚《どうりょう》が私《わたし》より先《さき》に昇進《しょうしん》した。私《わたし》は、自分《じぶん》の方《ほう》が先《さき》に昇進《しょうしん》すると思《おも》っていたので、素直《すなお》に同僚《どうりょう》に「おめでとう」と言《い》うことができない。そんな**器《うつわ》の小《ちい》さい**自分《じぶん》が嫌《いや》になる。

● あの人《ひと》は部下《ぶか》のちょっとした失敗《しっぱい》もすごく責《せ》める。**器《うつわ》が小《ちい》さい**人《ひと》で、リーダーには向《む》かないと思《おも》う。

関連表現2 **「気《き》が小《ちい》さい」は、すぐに怖《こわ》がったり、緊張《きんちょう》したりするという意味《いみ》です。**

● 私《わたし》は、子供《こども》の頃《ころ》から**気《き》が小《ちい》さくて**、人前《ひとまえ》で話《はな》すのが苦手《にがて》だった。

● 株式投資《かぶしきとうし》を勧《すす》められたが、私《わたし》は**気《き》が小《ちい》さい**ので、「損《そん》をするかもしれない」と考《かんが》えて、できない。

関連表現3 **「小《ちい》さくなる」は、隠《かく》れたいと思《おも》ったり、目立《めだ》たないようにしたりすることです。**

● 先週《せんしゅう》、近《ちか》くに雷《かみなり》が落《お》ちた。ペットの犬《いぬ》はとても怖《こわ》がって、**小《ちい》さくなっ**

て震《ふる》えていた。

- 私《わたし》は学生《がくせい》のとき、勉強《べんきょう》が苦手《にがて》で、授業《じゅぎょう》では当《あ》てられないように、教室《きょうしつ》の後《うし》ろの方《ほう》で**小《ちい》さくなって**いた。

ちかい【近い】

い形 **名詞形** 近《ちか》さ

対 遠《とお》い

1 「近《ちか》い」は、場所《ばしょ》と場所《ばしょ》の距離《きょり》が小《ちい》さいという意味《いみ》です。 い形

対 遠《とお》い（→p.303）

- 私《わたし》の家《いえ》は、駅《えき》から**近《ちか》い**。歩《ある》いて3分《さんぷん》くらいだ。
- サーフィンが趣味《しゅみ》なので、海《うみ》に**近《ちか》い**町《まち》に引《ひ》っ越《こ》した。
- 通行人《つうこうにん》「ここから一番《いちばん》**近《ちか》い**コンビニは、どこですか?」住民《じゅうみん》「その角《かど》を曲《ま》がったところにありますよ。」

2 「近《ちか》い」は、出来事《できごと》と出来事《できごと》の間《あいだ》の時間《じかん》が短《みじか》いという意味《いみ》です。

い形 **対** 遠《とお》い（→p.303）

- テストが**近《ちか》い**ので、最近《さいきん》は毎晩《まいばん》、遅《おそ》くまで勉強《べんきょう》している。
- 友人《ゆうじん》1《いち》「今日《きょう》は楽《たの》しかったね。**近《ちか》い**うちに、また遊《あそ》ぼうよ。」友人《ゆうじん》2《に》

「うん。来週《らいしゅう》も暇《ひま》だから、連絡《れんらく》して。」

- 宇宙開発《うちゅうかいはつ》の研究《けんきゅう》が進《すす》んでいる。**近《ちか》い**将来《しょうらい》、宇宙旅行《うちゅうりょこう》が実現《じつげん》するだろう。

3 **「近《ちか》い」は、関係《かんけい》が深《ふか》くて、親《した》しいという意味《いみ》です。** **い形** **対** **遠《とお》い**（→p.303）

- 結婚式《けっこんしき》には、家族《かぞく》や親戚《しんせき》、親《した》しい友人《ゆうじん》など、**近《ちか》い**人《ひと》だけを招待《しょうたい》した。
- 大阪市《おおさかし》とホーチミン市《し》は姉妹都市《しまいとし》で、**近《ちか》い**関係《かんけい》にある。
- この情報《じょうほう》は、社長《しゃちょう》に**近《ちか》い**人《ひと》から入手《にゅうしゅ》したので確《たし》かだと思《おも》う。

4 **「近《ちか》い」は、同《おな》じところや似《に》ているところが多《おお》いという意味《いみ》です。**

い形

- チンパンジーは、人間《にんげん》にとても**近《ちか》い**生《い》き物《もの》だ。
- まだ半分《はんぶん》も課題《かだい》ができていない。明日《あした》までに終《お》わらせるのは不可能《ふかのう》に**近《ちか》い**。
- ルークさんは、私《わたし》より２《に》歳《さい》年上《としうえ》だ。年《とし》が**近《ちか》い**ので話《はな》しやすい。
- 友人１《ゆうじんいち》「私《わたし》のかばん見《み》なかった？　黒《くろ》に**近《ちか》い**青色《あおいろ》のかばんなんだけど。」友人２《ゆうじんに》「黒《くろ》っぽいかばんなら、あっちの椅子《いす》の上《うえ》にあったよ。」

5 **「～（数字《すうじ》）近《ちか》い」は、～に少《すこ》し足《た》りないが、大体同《だいたいおな》じ数《かず》だという意味《いみ》です。** **い形**

- 結婚式《けっこんしき》には、１００人《ひゃくにん》**近《ちか》い**人《ひと》が集《あつ》まってくれた。

- 私《わたし》たちが知《し》り合《あ》ってから、もうすぐ9年《きゅうねん》になる。10年**近《じゅうねんちか》い**付《つ》き合《あ》いなので、家族《かぞく》のように大事《だいじ》な関係《かんけい》だ。
- 彼《かれ》はとても背《せ》が高《たか》い。2《に》メートル**近《ちか》く**ありそうだ。

関連表現1 **「トイレが近《ちか》い」は、短《みじか》い間《あいだ》に何度《なんど》もトイレに行《い》きたくなるという意味《いみ》です。**

- お茶《ちゃ》をたくさん飲《の》むと、**トイレが近《ちか》く**なる。
- 最近《さいきん》、**トイレが近《ちか》く**なった。夜《よる》、何度《なんど》もトイレに行《い》きたくなるので、よく眠《ねむ》れない。

ちがう【違う】

動1 て形 **違《ちが》って** 名詞形 **違《ちが》い**

対 同《おな》じだ、合《あ》う

1 「違《ちが》う」は、何《なに》かを比《くら》べたときに差《さ》があるという意味《いみ》です。

動1 対 同《おな》じだ（→p.102）

- メニューに載《の》っている写真《しゃしん》と、出《で》てきた料理《りょうり》が全然**違《ぜんぜんちが》う**。もっと量《りょう》が多《おお》いと思《おも》ったのに、少《すく》なくて残念《ざんねん》だ。
- 同僚《どうりょう》のヂーウェイさんは、いつも元気《げんき》にあいさつしてくれるが、今朝《けさ》はいつもと様子《ようす》が**違《ちが》って**、表情《ひょうじょう》が暗《くら》い。

● このスカーフは、1《ひと》つ1《ひと》つ手《て》で染《そ》めているので、少《すこ》しずつ色《いろ》が**違《ちが》います**。

2 「違《ちが》う」は、答《こた》えや情報《じょうほう》などが、正《ただ》しくないという意味《いみ》です。

動1 **対** 合《あ》う

● テストで、最後《さいご》の問題《もんだい》の答《こた》えが**違《ちが》って**いて、満点《まんてん》が取《と》れなかった。とても残念《ざんねん》だ。

● 上司《じょうし》「この漢字《かんじ》が**違《ちが》う**よ。『感心《かんしん》』じゃなくて、『関心《かんしん》』。」部下《ぶか》「あ、変換《へんかん》ミスをしてました。直《なお》します。」

● 郵送《ゆうそう》で送《おく》った資料《しりょう》が戻《もど》ってきたので、よく見《み》たら、住所《じゅうしょ》が**違《ちが》って**いた。

● （電話《でんわ》で）発信者《はっしんしゃ》「もしもし、市役所《しやくしょ》ですか?」受信者《じゅしんしゃ》「いいえ、**違《ちが》います**。」

関連表現1 「話《はなし》が違《ちが》う」は、前《まえ》に聞《き》いていたことと内容《ないよう》が変《か》わっているという意味《いみ》です。

● （面接《めんせつ》で）面接官《めんせつかん》「お給料《きゅうりょう》は18万円《じゅうはちまんえん》です。」応募者《おうぼしゃ》「それは**話《はなし》が違《ちが》います**。ホームページには25万円《にじゅうごまんえん》と書《か》いてありますよね。」

● 旅行会社《りょこうがいしゃ》の人《ひと》からこのツアーでは5《いつ》つ星《ぼし》ホテルに泊《と》まると聞《き》いていたが、実際《じっさい》は3《み》つ星《ぼし》で、**話《はなし》が**全然《ぜんぜん》**違《ちが》う**と思《おも》った。

● このスーツケースはとても丈夫《じょうぶ》だと薦《すす》められて買《か》ったのに、1回《いっかい》使《つか》っただけで壊《こわ》れてしまった。**話《はなし》が違《ちが》う**!と思《おも》った。

関連表現2「一味違《ひとあじちが》う」は、他《ほか》のものにはない、良《よ》いところがあるという意味《いみ》です。

- 彼女《かのじょ》は考《かんが》え方《かた》がユニークで、他《ほか》の人《ひと》とは**一味違《ひとあじちが》う**。
- この旅行《りょこう》ツアーは、地元《じもと》の人《ひと》しか知《し》らない場所《ばしょ》や店《みせ》を訪《おとず》れる。定番《ていばん》の観光《かんこう》スポットを巡《めぐ》るツアーとは**一味違《ひとあじちが》った**旅《たび》ができるのが魅力《みりょく》だ。

ちゃいろい【茶色い】

い形

1 「茶色《ちゃいろ》い」は、コーヒーや紅茶《こうちゃ》のような色《いろ》だという意味《いみ》です。

い形

- 白《しろ》い服《ふく》にコーヒーをこぼしてしまい、**茶色《ちゃいろ》い**染《し》みができた。
- 川《かわ》の水《みず》の色《いろ》が**茶色《ちゃいろ》い**。大雨《おおあめ》が降《ふ》って、たくさんの土《つち》が川《かわ》に流《なが》れ込《こ》んだようだ。
- 父《ちち》に、**茶色《ちゃいろ》い**革《かわ》の財布《さいふ》をプレゼントした。
- 秋《あき》になって、葉《は》が枯《か》れて**茶色《ちゃいろ》く**なってきた。

つうじる【通じる】

動2 て形 **通《つう》じて**

た

1 「通《つう》じる」は、道《みち》でつながるという意味《いみ》です。動2

- シルクロードは、アジアからヨーロッパまで**通《つう》じて**いる。
- 展望台《てんぼうだい》へ**通《つう》じる**道《みち》は、工事《こうじ》のため通行止《つうこうど》めになっている。
- 地図《ちず》を見《み》ると、麓《ふもと》から山頂《さんちょう》まで**通《つう》じる**道《みち》がいくつかある。

2 「通《つう》じる」は、電話《でんわ》やインターネットなどで、相手《あいて》とつながるという意味《いみ》です。動2

- 今《いま》から飛行機《ひこうき》に乗《の》るので、しばらく携帯電話《けいたいでんわ》は**通《つう》じなく**なります。
- 台風《たいふう》で電線《でんせん》が切《き》れた影響《えいきょう》か、昨日《きのう》から電話《でんわ》が**通《つう》じなく**なってしまった。
- 山奥《やまおく》なのでインターネットが**通《つう》じるか**どうか分《わ》からない。目的地《もくてきち》までの地図《ちず》を持《も》って行《い》こう。

3 「通《つう》じる」は、相手《あいて》が自分《じぶん》の考《かんが》えや発言《はつげん》を分《わ》かったり、相手《あいて》が自分《じぶん》の話《はな》す言語《げんご》を分《わ》かったりするという意味《いみ》です。動2

- 家《いえ》で飼《か》っている猫《ねこ》には、気持《きも》ちが**通《つう》じる**ようで、私《わたし》が寂《さび》しいときはいつも近《ちか》くに来《き》てくれる。

- 大学《だいがく》で２《に》年間《ねんかん》ドイツ語《ご》を勉強《べんきょう》したのに、ドイツでは自分《じぶん》のドイツ語《ご》が全然《ぜんぜん》**通《つう》じなくて**がっかりした。
- 私《わたし》の父《ちち》は真面目《まじめ》すぎて、冗談《じょうだん》が**通《つう》じない**ことが多《おお》い。
- 世《よ》の中《なか》には、いろんな価値観《かちかん》や考《かんが》え方《かた》を持《も》つ人《ひと》がいて、話《はなし》が**通《つう》じない**人《ひと》もいる。

4 ～を使《つか》って、ものや情報《じょうほう》を届《とど》けることを表《あらわ》すとき、「～を通《つう》じて」を使《つか》います。 動2

- ユニセフ**を通《つう》じて**恵《めぐ》まれない子供《こども》たちに寄付《きふ》をした。
- 大雨《おおあめ》の場合《ばあい》、花火大会《はなびたいかい》は中止《ちゅうし》です。中止《ちゅうし》のときは、ホームページ**を通《つう》じて**お知《し》らせします。
- ２人《ふたり》は共通《きょうつう》の友人《ゆうじん》**を通《つう》じて**知《し》り合《あ》い、結婚《けっこん》することになりました。

5 「通《つう》じる」は、その活動《かつどう》を経験《けいけん》するという意味《いみ》です。「通《つう》じて」の形《かたち》で、経験《けいけん》をすることで変化《へんか》があるときに使《つか》います。 動2

- 社内《しゃない》のスポーツ大会《たいかい》を**通《つう》じて**、他《ほか》の部署《ぶしょ》の人《ひと》たちと仲良《なかよ》くなった。
- 学生時代《がくせいじだい》のクラブ活動《かつどう》を**通《つう》じて**、仲間《なかま》と協力《きょうりょく》することの大切《たいせつ》さを学《まな》んだ。
- 面接《めんせつ》では、アルバイト経験《けいけん》を**通《つう》じて**どんなことを学《まな》んだかと聞《き》かれた。
- ４《よ》年間《ねんかん》の海外生活《かいがいせいかつ》を**通《つう》じて**、いろいろな文化《ぶんか》や価値観《かちかん》に触《ふ》れて、自分《じぶん》の考《かんが》え方《かた》も変化《へんか》した。

つかう【使う】

動1 て形 **使《つか》って**

た

1 「使《つか》う」は、道具《どうぐ》や材料《ざいりょう》を活用《かつよう》するという意味《いみ》です。動1

- 父《ちち》は、歩《ある》くときに膝《ひざ》が痛《いた》いと言《い》って、最近《さいきん》杖《つえ》を**使《つか》う**ようになった。
- スマホでもいいけど、長《なが》い文章《ぶんしょう》を書《か》くならパソコンを**使《つか》った**方《ほう》が楽《らく》だ。
- いつも**使《つか》って**いるシャンプーが少《すく》なくなってきたので、あとで注文《ちゅうもん》しておこう。
- あの店《みせ》はフルーツを**使《つか》った**お菓子《かし》が有名《ゆうめい》だ。
- 相手《あいて》に自分《じぶん》の考《かんが》えを伝《つた》えたいなら、分《わ》かりやすい言葉《ことば》を**使《つか》いましょう**。
- 赤《あか》は注目《ちゅうもく》を集《あつ》める色《いろ》なので、広告《こうこく》や商品《しょうひん》パッケージなどによく**使《つか》われる**。

2 「使《つか》う」は、金《かね》、もの、時間《じかん》などを何《なに》かをするために減《へ》らすという意味《いみ》です。動1

- ためたお金《かね》を、夏休《なつやす》みの旅行《りょこう》に全部《ぜんぶ》**使《つか》って**しまったので、またゼロから貯金《ちょきん》を始《はじ》めます。
- 介護士《かいごし》は体力《たいりょく》を**使《つか》う**仕事《しごと》です。私《わたし》は体《からだ》を動《うご》かしている方《ほう》が好《す》きなので、毎日《まいにち》楽《たの》しく働《はたら》いています。

● 記述問題《きじゅつもんだい》に時間《じかん》を**使《つか》った**せいで、他《ほか》の問題《もんだい》を解《と》く時間《じかん》が足《た》りなくなってしまった。

3 **「〜を使《つか》う」は、何《なに》かをするために、考《かんが》え方《かた》や方法《ほうほう》などを利用《りよう》するという意味《いみ》です。** **動1**

● 今日《きょう》は会社《かいしゃ》に行《い》きたくなかったので、仮病《けびょう》を**使《つか》って**休《やす》んだ。

● 友人1《ゆうじんいち》「この数学《すうがく》の問題《もんだい》、どうやって解《と》いた？」友人2《ゆうじんに》「ああ、これはこの公式《こうしき》を**使《つか》って**解《と》いたよ。」

● インターホンが鳴《な》ったが、知《し》らない人《ひと》だったので、居留守《いるす》を**使《つか》って**出《で》なかった。

4 **「使《つか》う」は、人《ひと》を雇《やと》ったり、命令《めいれい》したりして仕事《しごと》をさせるという意味《いみ》です。** **動1**

● あの映画《えいが》では、通行人役《つうこうにんやく》で、多《おお》くの人《ひと》をエキストラとして**使《つか》って**いる。

● 多《おお》くの農家《のうか》では、収穫《しゅうかく》の忙《いそが》しい時期《じき》はアルバイトを**使《つか》って**いる。

● 弁護士《べんごし》を**使《つか》って**裁判《さいばん》を起《お》こし、慰謝料《いしゃりょう》の請求《せいきゅう》をした。

関連表現1 **「頭《あたま》を使《つか》う」は、何《なに》かをするために、よく考《かんが》えるという意味《いみ》です。**

● 料理《りょうり》をしているときは、材料《ざいりょう》や調理《ちょうり》の手順《てじゅん》を考《かんが》えたりして、常《つね》に**頭《あたま》を使《つか》って**いる。

● この仕事《しごと》は、単純作業《たんじゅんさぎょう》ばかりで**頭《あたま》を使《つか》わない**ので3日《みっか》で飽《あ》きてしまった。

関連表現2 「気《き》を使《つか》う」は、相手《あいて》のことをいろいろ心配《しんぱい》するという意味《いみ》です。

● 長生《ながい》きをしてほしいので、祖母《そぼ》の食事《しょくじ》には**気《き》を使《つか》って**います。

● お客様《きゃくさま》がいつもいい気分《きぶん》で過《す》ごせるように**気《き》を使《つか》う**のは、接客業《せっきゃくぎょう》の基本《きほん》です。

た

つかれる【疲れる】

動2 て形 **疲《つか》れて** 名詞形 **疲《つか》れ**

1 「疲《つか》れる」は、働《はたら》いたり運動《うんどう》をしたりして、体《からだ》や心《こころ》が元気《げんき》ではなくなるという意味《いみ》です。**動2**

● ずっとパソコンの画面《がめん》を見《み》ていると、目《め》が**疲《つか》れる**。

● 今日《きょう》は、いつもより長《なが》い時間《じかん》ジムでトレーニングをしたので、とても**疲《つか》れた**。

● 毎日《まいにち》忙《いそが》しくて、体《からだ》だけじゃなくて心《こころ》まで**疲《つか》れて**しまって、何《なに》もやる気《き》がしません。

つく【着く】

動1 て形 着《つ》いて

対 発《た》つ

1 「着《つ》く」は、決《き》めた場所《ばしょ》に移動《いどう》して、そこにいるという意味《いみ》です。

動1 対 発《た》つ

- 7時《しちじ》に家《いえ》を出《で》れば、8時《はちじ》に会社《かいしゃ》に**着《つ》く**。
- 友人1《ゆうじんいち》「迎《むか》えに行《い》くから、駅《えき》に**着《つ》いたら**連絡《れんらく》して。」友人2《ゆうじんに》「ありがとう。電車《でんしゃ》を降《お》りたらメールする。」
- 空港《くうこう》からホテルに送《おく》った荷物《にもつ》がまだ**着《つ》かない**。

2 「着《つ》く」は、体《からだ》の一部《いちぶ》がその場所《ばしょ》に触《さわ》るという意味《いみ》です。**動1**

- 私《わたし》は泳《およ》げないので、足《あし》が底《そこ》に**着《つ》かない**深《ふか》いプールには怖《こわ》くて入《い》れない。
- この建物《たてもの》は天井《てんじょう》がとても低《ひく》いので、頭《あたま》が**着《つ》いて**しまう。
- 短《みじか》かった髪《かみ》が肩《かた》に**着《つ》く**まで伸《の》びた。

関連表現1 「席《せき》に着《つ》く」は、椅子《いす》などに座《すわ》るという意味《いみ》です。

- （パーティーで）司会者《しかいしゃ》「まもなく開宴《かいえん》となりますので、皆様《みなさま》**席《せき》にお**

着《つ》きください。」

- コーヒーを注文《ちゅうもん》して**席《せき》に着《つ》こう**と思《おも》ったら、空《あ》いている席《せき》が1《ひと》つもなかった。

関連表現2 **「地《ち》に足《あし》が着《つ》く」は、気持《きも》ちや考《かんが》えがしっかりしているという意味《いみ》です。**

- 両親《りょうしん》はちゃんと働《はたら》いて貯金《ちょきん》をするなど、**地《ち》に足《あし》が着《つ》いた**人生《じんせい》を送《おく》ることを私《わたし》に望《のぞ》んでいる。
- 昨日《きのう》受《う》けた試験《しけん》の結果《けっか》が来月《らいげつ》出《で》る。心配《しんぱい》で**地《ち》に足《あし》が着《つ》かない**感《かん》じだ。
- 友人《ゆうじん》に新《あたら》しい恋人《こいびと》ができた。毎日《まいにち》浮《う》かれていて**地《ち》に足《あし》が着《つ》いていない**様子《ようす》だ。

た

つくる【作る】

動1 **て形** **作《つく》って** **名詞形** **作《つく》り**

対 **壊《こわ》す**

1 **「作《つく》る」は、建築物《けんちくぶつ》や作品《さくひん》など、今《いま》までなかったものを生《う》み出《だ》すという意味《いみ》です。** **動1** **対** **壊《こわ》す**

- 将来《しょうらい》は映画監督《えいがかんとく》になって、映画《えいが》を**作《つく》りたい**。

● 庭《にわ》に小《ちい》さい池《いけ》を**作《つく》って**、金魚《きんぎょ》を飼《か》うつもりです。

● この町《まち》は、昔《むかし》、海《うみ》だったところを埋《う》め立《た》てて**作《つく》られました**。

2 「作《つく》る」は、原料《げんりょう》、材料《ざいりょう》などを使《つか》って、生《う》み出《だ》すという意味《いみ》です。

動1

● 木《き》や貝殻《かいがら》など自然《しぜん》の素材《そざい》を使《つか》って、アクセサリーを**作《つく》る**のが好《す》きです。

● この地域《ちいき》では、樹齢《じゅれい》100《ひゃく》年以上《ねんいじょう》のブドウの木《き》から素晴《すば》らしい味《あじ》のワインが**作《つく》られて**いる。

● この本《ほん》には、小麦粉《こむぎこ》で**作《つく》る**お菓子《かし》や料理《りょうり》のレシピがたくさん載《の》っている。

3 「作《つく》る」は、野菜《やさい》や果物《くだもの》などを育《そだ》てるという意味《いみ》です。 動1

● 先週末《せんしゅうまつ》、お米《こめ》を**作《つく》って**いる友人《ゆうじん》の家《いえ》に行《い》って農作業《のうさぎょう》を体験《たいけん》してきた。

● 母《はは》が**作《つく》った**無農薬《むのうやく》の野菜《やさい》の方《ほう》が、スーパーで買《か》ったものよりおいしい。

● この地域《ちいき》は果物《くだもの》の生産《せいさん》で有名《ゆうめい》で、夏《なつ》は桃《もも》、秋《あき》はブドウが**作《つく》られています**。

4 「作《つく》る」は、努力《どりょく》して良《よ》くするという意味《いみ》です。 動1

● 営業担当者《えいぎょうたんとうしゃ》にとって、お客様《きゃくさま》との信頼関係《しんらいかんけい》を**作《つく》る**ことはとても大切《たいせつ》だ。

● 将来《しょうらい》は地域《ちいき》の人《ひと》と協力《きょうりょく》して、誰《だれ》もが安全《あんぜん》に暮《く》らせるような社会《しゃかい》を**作《つく》りたい**。

- 病気《びょうき》にならない強《つよ》い体《からだ》を**作《つく》る**ために、食生活《しょくせいかつ》に気《き》を使《つか》っています。

つける【付ける】

動2 **て形** **付《つ》けて**

☞ **付《つ》く**

1 「付《つ》ける」は、そこにあるものに、他《ほか》のものを加《くわ》えるという意味《いみ》です。動2

- パンにバターとジャムを**付《つ》けて**食《た》べる。
- 旅行《りょこう》の記念《きねん》に買《か》ったキーホルダーを家《いえ》の鍵《かぎ》に**付《つ》ける**。
- 自転車《じてんしゃ》にかごを**付《つ》けた**。荷物《にもつ》を入《い》れることができて便利《べんり》だ。
- ガイドブックを読《よ》んで、行《い》きたいレストランに印《しるし》を**付《つ》けて**おいた。
- 眼鏡《めがね》のレンズは、傷《きず》を**付《つ》けない**ように柔《やわ》らかい布《ぬの》で拭《ふ》いた方《ほう》がいい。

2 「付《つ》ける」は、そこにあるものに、他《ほか》のものを加《くわ》えて全体《ぜんたい》を変《か》えるという意味《いみ》です。動2

- 塩《しお》と胡椒《こしょう》で肉《にく》に味《あじ》を**付《つ》けて**から、よく焼《や》きます。
- 最近《さいきん》、疲《つか》れやすいので、体力《たいりょく》を**付《つ》ける**ためにスポーツジムに通《かよ》い始《はじ》めた。

- 子供《こども》に何《なん》でも使《つか》い終《お》わったらすぐに片付《かたづ》ける癖《くせ》を**付《つ》けさせれば**、部屋《へや》は散《ち》らからない。

3 「付《つ》ける」は、文字《もじ》で記録《きろく》するという意味《いみ》です。 動2

- 私《わたし》は、毎日《まいにち》使《つか》ったお金《かね》の記録《きろく》を**付《つ》ける**ようにしている。
- 私《わたし》は、中学生《ちゅうがくせい》の頃《ころ》から毎日《まいにち》日記《にっき》を**付《つ》けて**いる。
- 家計簿《かけいぼ》を**付《つ》け**はじめてから、無駄遣《むだづか》いが減《へ》ってお金《かね》が少《すこ》しずつたまるようになった。

4 「付《つ》ける」は、成績《せいせき》、点数《てんすう》などで評価《ひょうか》するという意味《いみ》です。 動2

- 先生《せんせい》が、レポートにをＡ＋《エープラス》を**付《つ》けて**くれた。
- 昨日《きのう》のバイオリンの発表会《はっぴょうかい》の演奏《えんそう》は、１００点満点《ひゃくてんまんてん》を**付《つ》けたい**くらい良《よ》くできた。

関連表現1 「気《き》を付《つ》ける」は、失敗《しっぱい》したりけがをしたりしないように注意《ちゅうい》するという意味《いみ》です。

- 道《みち》を渡《わた》るときは車《くるま》に**気《き》を付《つ》けて**。
- 今夜《こんや》は寒《さむ》いらしいので、風邪《かぜ》をひかないように**気《き》を付《つ》けて**ね。
- 社外《しゃがい》の人《ひと》にメールをするときは、間違《まちが》いがないように**気《き》を付《つ》けて**確認《かくにん》している。

関連表現2 **「手《て》を付《つ》ける」は、仕事《しごと》を始《はじ》めるという意味《いみ》です。**

- 出社《しゅっしゃ》すると、まずメールの返信《へんしん》から**手《て》を付《つ》ける**。
- 部屋《へや》を掃除《そうじ》したいが、散《ち》らかりすぎていて、どこから**手《て》を付《つ》ければい**いか分《わ》からない。
- 夏休《なつやす》みの課題《かだい》がたくさん出《で》た。何《なに》から**手《て》を付《つ》けよう**か悩《なや》む。

関連表現3 **「取《と》り付《つ》ける」は、家《いえ》や物《もの》に、機械《きかい》や道具《どうぐ》を足《た》して使《つか》えるようにするという意味《いみ》です。**

- 最近《さいきん》、近所《きんじょ》で泥棒《どろぼう》が入《はい》ったので、安全《あんぜん》のために家《いえ》の周囲《しゅうい》に防犯《ぼうはん》カメラを**取《と》り付《つ》けた**。
- 新《あたら》しいエアコンを買《か》ったが、**取《と》り付《つ》ける**ための工事《こうじ》は来週《らいしゅう》になるそうだ。
- 足《あし》が悪《わる》くなってきた祖母《そぼ》のために、廊下《ろうか》に手《て》すりを**取《と》り付《つ》けた**。
- 子供《こども》が生《う》まれたので、車《くるま》にチャイルドシートを**取《と》り付《つ》けた**。

関連表現4 **「名前《なまえ》を付《つ》ける」は、人《ひと》や動物《どうぶつ》、物《もの》の名前《なまえ》を決《き》めるという意味《いみ》です。**

- ペットの猫《ねこ》に、「たま」という**名前《なまえ》を付《つ》けた**。
- 私《わたし》の**名前《なまえ》は**祖母《そぼ》が**付《つ》けて**くれた。

関連表現5 **「身《み》につける」は、服《ふく》を着《き》たり、靴《くつ》を履《は》いたり、指輪《ゆびわ》などをしたりするという意味《いみ》です。**

- 姉《あね》は黒《くろ》が好《す》きで、ほとんど毎日《まいにち》黒《くろ》い服《ふく》を**身《み》につけて**いる。
- 私《わたし》は結婚指輪《けっこんゆびわ》を**身《み》につけて**いるが、最近《さいきん》太《ふと》ったようで、指《ゆび》が痛《いた》い。
- 祖父《そふ》にもらった腕時計《うでどけい》を**身《み》につける**と、亡《な》くなった祖父《そふ》に守《まも》ってもらっているような気持《きも》ちになる。

関連表現6 **「身《み》に付《つ》ける」は、知識《ちしき》を学《まな》んだり、技術《ぎじゅつ》を覚《おぼ》えたりするという意味《いみ》です。**

- 私《わたし》は大学《だいがく》で法律《ほうりつ》の知識《ちしき》を**身《み》に付《つ》けて**、弁護士《べんごし》になりたい。
- 私《わたし》は、ベトナム語《ご》で話《はな》したり聞《き》いたりするのは得意《とくい》なので、これからは読《よ》んだり書《か》いたりする力《ちから》を**身《み》に付《つ》けたい**。
- 楽器《がっき》やスポーツなど、子供《こども》のときに**身《み》に付《つ》けた**技術《ぎじゅつ》は大人《おとな》になっても忘《わす》れない。

つまらない

い形

対 面白《おもしろ》い、楽《たの》しい

1 **「つまらない」は、することがなくて退屈《たいくつ》で、満足《まんぞく》できないという意味《いみ》です。** **い形** **対** 面白《おもしろ》い（→p.107）、楽《たの》しい（→p.254）

- 昨日《きのう》は日曜日《にちようび》だったが、大雨《おおあめ》でどこへも出《で》掛《か》けられず、**つまらなかった。**
- 今日《きょう》はお客《きゃく》さんが全然《ぜんぜん》来《こ》ないので**つまらない。**
- 毎日会社《まいにちかいしゃ》と家《いえ》を往復《おうふく》するだけの人生《じんせい》なんて**つまらない。**
- せっかく旅行《りょこう》に来《き》たのに、日曜日《にちようび》で店《みせ》がどこも開《あ》いていなくて**つまらない。**

2 「つまらない」は、面白《おもしろ》くなくて興味《きょうみ》を持《も》つことができないという意味《いみ》です。 **い形** **対** 面白《おもしろ》い（→p.107）

- 昨日見《きのうみ》た映画《えいが》は本当《ほんとう》に**つまらなくて**、私《わたし》は途中《とちゅう》で寝《ね》てしまった。
- 最近仕事《さいきんしごと》が単純《たんじゅん》な作業《さぎょう》ばかりで**つまらない。**転職《てんしょく》しようかと思《おも》う。
- 友人1《ゆうじんいち》「昨日《きのう》の初《はつ》デート、どうだった?」友人2《ゆうじんに》「会話《かいわ》が超《ちょう》**つまらなくて**途中《とちゅう》で帰《かえ》りたくなったよ。」
- 魚釣《さかなつ》りに来《き》たが、魚《さかな》が全然釣《ぜんぜんつ》れなくて**つまらない。**

3 「つまらない」は、全《まった》く価値《かち》がなかったり、それをしても良《よ》いことが何《なに》もないという意味《いみ》です。 **い形**

- 宝《たから》くじを買《か》ったが、全部外《ぜんぶはず》れた。**つまらない**ことにお金《かね》を使《つか》ってしまった。
- 今日《きょう》は仕事中《しごとちゅう》、集中力《しゅうちゅうりょく》が下《さ》がって**つまらない**ミスをたくさんしてしまった。
- ささいなことが原因《げんいん》で、友人《ゆうじん》と**つまらない**けんかをしてしまった。

関連表現1 「～をするとつまらない」は、～があると残念《ざんねん》だという意味《いみ》です。気《き》を付《つ》けていれば起《お》きなかったり、防《ふせ》げたりする悪《わる》い出来事《できごと》についていいます。

- 新《あたら》しい自転車《じてんしゃ》を買《か》った。盗《ぬす》まれると**つまらない**から、ちゃんと鍵《かぎ》をかけなければ。
- 準備運動《じゅんびうんどう》は十分《じゅうぶん》にしないとね。けがをしたら**つまらない**から。

つめたい【冷たい】

い形 **名詞形** 冷《つめ》たさ

対 温《あたた》かい、熱《あつ》い、親切《しんせつ》だ、優《やさ》しい

1 「冷《つめ》たい」は、ものの温度《おんど》が低《ひく》いという意味《いみ》です。**い形** **対** 温《あたた》かい（→p.33）、熱《あつ》い（→p.41）

- 氷《こおり》を触《さわ》ると、とても**冷《つめ》たい**。
- 暑《あつ》いので、**冷《つめ》たい**物《もの》が食《た》べたくなり、アイスクリームを注文《ちゅうもん》した。
- ルームメイト1《いち》「今日《きょう》は、寒《さむ》いね。」ルームメイト2《に》「風《かぜ》が**冷《つめ》たい**よね。暖《あたた》かいコートを着《き》て出《で》かけよう。」
- 雪《ゆき》が降《ふ》る中《なか》、バスを待《ま》っていたら、足《あし》が**冷《つめ》たく**なってしまった。

2 「冷《つめ》たい」は、他《ほか》の人《ひと》に親切《しんせつ》にしようという気持《きも》ちがないという意味《いみ》です。 **い形** **対** 温《あたた》かい（→p.33）、親切《しんせつ》だ（→p.207）、優《やさ》しい（→p.431）

- 歩《ある》いている人《ひと》に道《みち》を聞《き》いたが、無視《むし》されてしまった。**冷《つめ》たい**人《ひと》だと思《おも》った。
- 最近《さいきん》、恋人《こいびと》の態度《たいど》が**冷《つめ》たい**。もう、私《わたし》のことは好《す》きではないのだろうか。
- 彼《かれ》は、重要《じゅうよう》な会議《かいぎ》に遅刻《ちこく》して、周囲《しゅうい》から**冷《つめ》たい**視線《しせん》を向《む》けられた。

つよい【強い】

い形 **名詞形** 強《つよ》さ、強《つよ》み

対 弱《よわ》い

1 「強《つよ》い」は、他《ほか》に勝《か》つことができるぐらい、力《ちから》が大《おお》きいという意味《いみ》です。 **い形** **対** 弱《よわ》い（→p.455）

- 佐藤《さとう》さんは、空手《からて》がとても**強《つよ》い**。毎年《まいとし》、大会《たいかい》で優勝《ゆうしょう》している。
- 父《ちち》が応援《おうえん》しているホッケーチームは、あまり**強《つよ》くない**。最近《さいきん》は負《ま》けてばかりだ。
- トランプゲームは、家族《かぞく》の中《なか》で姉《あね》が一番《いちばん》**強《つよ》い**。父《ちち》も母《はは》も、僕《ぼく》も、姉《あね》にはかなわない。

2 「強《つよ》い」は、ものや体《からだ》、気《き》持《も》ちが丈夫《じょうぶ》だという意味《いみ》です。 い形

対 弱《よわ》い（→p.455）

- この建物《たてもの》は、地震《じしん》に**強《つよ》い**。大《おお》きい地震《じしん》でも倒《たお》れない構造《こうぞう》になっている。
- このバッグは水《みず》に**強《つよ》い**素材《そざい》でできている。雨《あめ》に濡《ぬ》れても水《みず》を弾《はじ》いてくれるので便利《べんり》だ。
- 私《わたし》は寒《さむ》さに**強《つよ》い**ので、真冬《まふゆ》でも薄着《うすぎ》だ。
- 私《わたし》たちは**強《つよ》い**絆《きずな》で結《むす》ばれている。この友情《ゆうじょう》は、一生《いっしょう》変《か》わらずに続《つづ》くだろう。

3 「強《つよ》い」は、力《ちから》の程度《ていど》が大《おお》きいという意味《いみ》です。 い形 対 弱《よわ》い（→p.455）

- 突然《とつぜん》、**強《つよ》い**風《かぜ》が吹《ふ》いて、かぶっていた帽子《ぼうし》が吹《ふ》き飛《と》ばされてしまった。
- 私《わたし》は、兄《あに》から**強《つよ》い**影響《えいきょう》を受《う》けた。小《ちい》さいときは服《ふく》も音楽《おんがく》も、読《よ》む本《ほん》も、何《なん》でも兄《あに》の真似《まね》をしたものだ。
- あの選手《せんしゅ》はけがをしているが試合《しあい》に出《で》るそうだ。**強《つよ》い**薬《くすり》で痛《いた》みを抑《おさ》えているらしい。

4 「強《つよ》い」は、相手《あいて》を攻撃《こうげき》するようだという意味《いみ》です。「言葉《ことば》」「口調《くちょう》」など話《はな》し方《かた》を表《あらわ》す言葉《ことば》と一緒《いっしょ》に使《つか》います。 い形

- 大《おお》きいミスをして、上司《じょうし》に**強《つよ》い**言葉《ことば》で叱《しか》られてしまった。
- 私《わたし》は、彼女《かのじょ》が約束《やくそく》を破《やぶ》ったことが許《ゆる》せなくて、**強《つよ》い**口調《くちょう》で責《せ》めた。
- セーリングの試合《しあい》で、相手選手《あいてせんしゅ》が反則《はんそく》をしたので、**強《つよ》い**口調《くちょう》で抗議《こうぎ》した。

5 「～に強《つよ》い」は、～に詳《くわ》しかったり、～が得意《とくい》だったりするという意味《いみ》です。 い形 対 弱《よわ》い（→p.455）

- 友人《ゆうじん》は機械《きかい》**に強《つよ》い**。カメラでもパソコンでも、すぐに使《つか》いこなして、壊《こわ》れたときは修理《しゅうり》までしてしまう。
- この学校《がっこう》はＩＴ《アイティー》系《けい》の企業《きぎょう》の就職《しゅうしょく》**に強《つよ》く**、多《おお》くの卒業生《そつぎょうせい》がＩＴ《アイティー》企業《きぎょう》で活躍《かつやく》している。
- この出版社《しゅっぱんしゃ》は、漫画《まんが》**に強《つよ》い**。売《う》れている漫画《まんが》をたくさん出版《しゅっぱん》している。

関連表現1 「心強《こころづよ》い」は、信《しん》じられる人《ひと》やものと一緒《いっしょ》なので安心《あんしん》だという意味《いみ》です。

- 初《はじ》めての海外旅行《かいがいりょこう》で不安《ふあん》だったが、頼《たよ》りになるガイドさんが案内《あんない》してくれたので**心強《こころづよ》かった**。
- 大学生活《だいがくせいかつ》で困《こま》ったことがあったとき、相談《そうだん》できる支援《しえん》センターがあるのは**心強《こころづよ》い**。

～てあげる

動2 **て形** **～てあげて**

対 **～てもらう**

1 **自分《じぶん》のすることが、相手《あいて》のためになると思《おも》うとき「～てあげる」といいます。動2 対 ～てもらう**（→p.295）

- 妹《いもうと》「あ、コンビニ行《い》くの？」兄《あに》「うん。何《なに》か欲《ほ》しいものがあったら、ついでに買《か》ってき**てあげる**よ。」
- 子《こ》「お父《とう》さん、すごく肩《かた》がこってるね。マッサージし**てあげよう**か？」
  父《ちち》「あ、お願《ねが》い。ありがとう。」
- 友人《ゆうじん》1《いち》「最近《さいきん》歯《は》が痛《いた》いんだけど、どこか良《い》い歯医者《はいしゃ》知《し》らない？」
  友人《ゆうじん》2《に》「私《わたし》が行《い》っているとこ、紹介《しょうかい》し**てあげよう**か？　すごく良《い》い先生《せんせい》だよ。」

～てある

動1 **て形** **～てあって**

1 「～てある」は、誰《だれ》かが、～した結果《けっか》が今《いま》も続《つづ》いているという意味《いみ》です。**動1**

- 会社《かいしゃ》に行《い》ったら、私《わたし》の机《つくえ》の上《うえ》に知《し》らない人《ひと》の帽子《ぼうし》が置《お》い**てあった**。
- 観光地《かんこうち》として有名《ゆうめい》なモスクの壁《かべ》に、いろんな国《くに》の言葉《ことば》でメッセージが書《か》い**てある**。
- エマさんの部屋《へや》には、娘《むすめ》たちと、その家族《かぞく》の写真《しゃしん》が飾《かざ》っ**てあった**。
- 友人１《ゆうじんいち》「お土産《みやげ》においしそうなケーキをもらったよ。冷蔵庫《れいぞうこ》に入《い》れ**てある**ので、あとでみんなで食《た》べよう。」友人２《ゆうじんに》「楽《たの》しみ！」

～ていく

動1　て形　～ていって

対　～てくる

1「～ていく」は、～してから行《い》くという意味《いみ》です。動1　対　～てくる（→p.291）

- 今日《きょう》は恋人《こいびと》の誕生日《たんじょうび》なので、お祝《いわ》いに花《はな》を買《か》っ**ていこう**。
- 海外旅行《かいがいりょこう》に行《い》くときは、空港《くうこう》でＷｉＦｉ《ワイファイ》ルーターを借《か》り**ていく**。
- 前《まえ》の住人《じゅうにん》が置《お》い**ていった**家具《かぐ》を使《つか》っている。

2「～ていく」は、～しながら行《い》くという意味《いみ》です。動1　対　～てくる（→p.291）

- 待《ま》ち合《あ》わせの時間《じかん》に遅《おく》れそうなので、走《はし》っ**ていく**。
- 応接室《おうせつしつ》にいるお客《きゃく》さんにお茶《ちゃ》とお菓子《かし》を持《も》っ**ていく**。
- 子供《こども》が熱《ねつ》を出《だ》したので、病院《びょういん》に連《つ》れ**ていった**。
- 雨《あめ》が降《お》っていたので、車《くるま》で娘《むすめ》を駅《えき》まで送《おく》っ**ていった**。

3「～ていく」は、動《うご》きや変化《へんか》が、これから先続《さきつづ》いたり、進《すす》んだりするという意味《いみ》です。動1　対　～てくる（→p.291）

- 彼《かれ》は練習《れんしゅう》を頑張《がんば》っているから、これからどんどんうまくなっ**ていく**でしょう。
- 息子《むすこ》が今日《きょう》で１５歳《じゅうごさい》になった。これからも親《おや》として成長《せいちょう》を見守《みまも》っ**ていきたい**。
- 夕方《ゆうがた》、空《そら》の色《いろ》がだんだん明《あか》るい色《いろ》から暗《くら》い色《いろ》へと変《か》わっ**ていきます**。

ていねい【丁寧】

な形 **名詞形** 丁寧《ていねい》さ

対 雑《ざつ》、ぞんざい

1 「丁寧《ていねい》」は、他《ほか》の人《ひと》に対《たい》する言葉《ことば》や行動《こうどう》に相手《あいて》を尊敬《そんけい》する気持《きも》ちが現《あらわ》れているという意味《いみ》です。**な形** **対** 雑《ざつ》、ぞんざい

- 人《ひと》に何《なに》かを頼《たの》むときは、**丁寧《ていねい》**な言《い》い方《かた》をした方《ほう》がいい。
- このホテルのスタッフは、子供《こども》に対《たい》しても**丁寧《ていねい》**にあいさつするところが素晴《すば》らしい。
- この企業《きぎょう》に就職《しゅうしょく》したいと思《おも》い、メールをしてみたら、人事担当《じんじたんとう》の方《かた》からとても**丁寧《ていねい》**な返事《へんじ》が来《き》てうれしかった。

2 「丁寧《ていねい》」は、細《こま》かいところまで気《き》を付《つ》けているという意味《いみ》です。

な形 **対** **雑《ざつ》、ぞんざい**

- 休《やす》みの日《ひ》は、シャツを洗《あら》って、**丁寧《ていねい》**にアイロンをかけるのが習慣《しゅうかん》になっている。
- この料理本《りょうりぼん》は、作《つく》り方《かた》の**丁寧《ていねい》**な説明《せつめい》と写真《しゃしん》がついていて分《わ》かりやすい。
- 先生《せんせい》が**丁寧《ていねい》**に教《おし》えてくれたおかげで、試験《しけん》に合格《ごうかく》することができました。どうもありがとうございました。
- 私《わたし》は毎朝《まいあさ》時間《じかん》をかけて、玄関《げんかん》を隅々《すみずみ》まで**丁寧《ていねい》**に掃除《そうじ》する。

～ておく

動1 **て形** **～ておいて**

1 「～ておく」は、何《なに》かの準備《じゅんび》のために、～するという意味《いみ》です。

動1

- 運動《うんどう》する前《まえ》に、きちんとストレッチをし**ておく**ことが大事《だいじ》です。
- 友人１《ゆうじんいち》「明日《あした》の集 合場所《しゅうごうばしょ》を決《き》め**ておこう。**」友人２《ゆうじんに》「じゃあ、駅《えき》の北口《きたぐち》の改札《かいさつ》の前《まえ》にしよう。」
- ケーキを焼《や》くときは、はじめにオーブンを１８０《ひゃくはちじゅう》度《ど》に温《あたた》め**ておきます。**

2 「～ておく」は、そのままにするという意味《いみ》です。 **動1**

- 空気《くうき》の入《い》れ替《か》えをするために、窓《まど》を開《あ》け**ておく。**
- 天気《てんき》が良《よ》かったので、濡《ぬ》れたタオルを干《ほ》し**ておいたら**、1時間《いちじかん》ほどで乾《かわ》いた。
- 子《こ》「お母《かあ》さん、まだ起《お》きてこないね。」父《ちち》「今日《きょう》は休《やす》みだし、もう少《すこ》し寝《ね》かせ**ておこう。**」

関連表現1　「置《お》いておく」は、後回《あとまわ》しにするという意味《いみ》です。

- 妻《つま》「あー、おいしかった。ごちそうさま。片付《かたづ》けはちょっと**置《お》いておいて**、コーヒーでも飲《の》もうよ。」夫《おっと》「そうだね。」
- （不動産屋《ふどうさんや》で）お金《かね》の話《はなし》は**置《お》いておいて**、どんな家《いえ》に住《す》みたいか、まずは希望《きぼう》をお聞《き》かせください。

てきとう【適当】

な形

1　「適当《てきとう》」は、人《ひと》や物《もの》の質《しつ》や量《りょう》が、目的《もくてき》に合《あ》っているという意味《いみ》です。

な形

- この仕事《しごと》を任《まか》せられる**適当《てきとう》**な人材《じんざい》が、うちの会社《かいしゃ》にはいない。新《あたら》しく採用《さいよう》するつもりだ。

- 疲《つか》れたし喉《のど》も渇《かわ》いたので少《すこ》し休《やす》みたいが、この辺《あた》りには休憩《きゅうけい》するのに**適当**《てきとう》なお店《みせ》が全然《ぜんぜん》ない。
- 明日《あした》の会議《かいぎ》の資料《しりょう》を**適当**《てきとう》な部数《ぶすう》、コピーしておきますね。
- 野菜《やさい》を**適当**《てきとう》な大《おお》きさに切《き》ってゆでれば、簡単《かんたん》に温野菜《おんやさい》のサラダが作《つく》れます。
- 植物《しょくぶつ》を上手《じょうず》に育《そだ》てるには、日当《ひあ》たりの良《い》い場所《ばしょ》と、**適当**《てきとう》な量《りょう》の水《みず》が必要《ひつよう》です。

2 「適当《てきとう》」は、きちんと考《かんが》えていなくて、正確《せいかく》ではないという意味《いみ》です。悪《わる》い意味《いみ》で使《つか》います。 **な形**

- 鉢植《はちう》えの植物《しょくぶつ》に、**適当**《てきとう》に水《みず》をあげていたら枯《か》れてしまった。あとで調《しら》べたら、水《みず》をあまりあげてはいけなかったようだ。
- 選択問題《せんたくもんだい》で、答《こた》えが分《わ》からなかったので**適当**《てきとう》に選《えら》んで解答《かいとう》した。やはり不正解《ふせいかい》だった。
- あの人《ひと》は、いつも**適当**《てきとう》なことばかり言《い》うので信用《しんよう》できない。

～てくる

動3 **て形** **～てきて**

対 **～ていく**

1 「～てくる」は、～して戻《もど》って来《く》るという意味《いみ》です。動3

- 彼《かれ》は「ちょっと電話《でんわ》し**てくる**」と言《い》って出《で》ていった。
- （玄関《げんかん》で）親《おや》「ただいま。出張《しゅっちょう》のお土産《みやげ》にケーキを買《か》っ**てきた**よ。」
  子《こ》「やったー！」
- 今《いま》、向《む》こうで何《なに》か物音《ものおと》がしたよね。気《き》になるので、ちょっと確認《かくにん》し**てくる**よ。

2 「～てくる」は、～してから来《く》るという意味《いみ》です。動3 対 ～ていく（→p.286）

- コンサートの開演《かいえん》は7時《しちじ》だから、先《さき》に夕飯《ゆうはん》を済《す》ませ**てきた**。
- しっかり準備《じゅんび》し**てきた**ので、今日《きょう》のプレゼンはうまくいった。
- レポートを書《か》くために、図書館《としょかん》でたくさん本《ほん》を借《か》り**てきた**。

3 「～てくる」は、～をしながら近《ちか》づくという意味《いみ》です。動3 対 ～ていく（→p.286）

- 友人《ゆうじん》1《いち》「来《く》るとき雨《あめ》降《ふ》ってたよね。濡《ぬ》れなかった?」友人《ゆうじん》2《に》「車《くるま》に乗《の》っ**てきた**から大丈夫《だいじょうぶ》だよ。」
- 友人《ゆうじん》1《いち》「来週《らいしゅう》のホームパーティー、みんな1人《ひとり》1品《いっぴん》ずつ食《た》べ物《もの》か飲《の》み物《もの》を持《も》っ**てきて**ね。」友人《ゆうじん》たち「オッケー!」
- 道《みち》を歩《ある》いていたら、向《む》こうから走《はし》っ**てきた**人《ひと》とぶつかりそうになった。

4 「~てくる」は、出来事《できごと》が現《あらわ》れるという意味《いみ》です。 動3

- 大通《おおどお》りに出《で》たら、パレードのにぎやかな音楽《おんがく》が聞《き》こえ**てきた**。
- もう2時間《にじかん》も新《あたら》しい企画《きかく》について考《かんが》えているが、なかなかいいアイデアが浮《う》かんで**こない**。
- 大《おお》きな失敗《しっぱい》をして落《お》ち込《こ》んでいたが、友人《ゆうじん》から励《はげ》ましのメールをもらって、力《ちから》が湧《わ》い**てきた**。

5 「~てくる」は、~の動《うご》きや変化《へんか》が今《いま》まで続《つづ》くという意味《いみ》です。主《おも》に過去形《かこけい》で使《つか》います。 動3 対 ~ていく(➡p.286)

- 朝《あさ》は天気《てんき》が良《よ》かったのに、外《そと》が暗《くら》くなっ**てきた**。もうすぐ雨《あめ》が降《ふ》るだろう。
- 弟《おとうと》はアーチェリーの練習《れんしゅう》を続《つづ》けている。最初《さいしょ》は下手《へた》だったが、最近《さいきん》上手《じょうず》になっ**てきた**。
- ルームメイトが部屋《へや》の掃除《そうじ》をしない。今《いま》まで我慢《がまん》し**てきた**が、「掃除《そうじ》をしてほしい」と言《い》おうと思《おも》う。
- 妻《つま》は大学《だいがく》を卒業《そつぎょう》してからずっと同《おな》じ会社《かいしゃ》で働《はたら》い**てきた**が、来年《らいねん》、仕事《しごと》を辞《や》めて大学院《だいがくいん》へ行《い》くことになった。

てつだう【手伝う】

動1　**て形** 手伝《てつだ》って　**名詞形** 手伝《てつだ》い

1 「手伝《てつだ》う」は、人《ひと》の仕事《しごと》などを助《たす》けるという意味《いみ》です。**動1**

- 忙《いそが》しそうですね。何《なに》か、**手伝《てつだ》う**ことはありますか？
- 姉《あね》が観光地《かんこうち》でカフェを経営《けいえい》しているので、週末《しゅうまつ》は大体店《だいたいみせ》を**手伝《てつだ》い**に行《い》きます。
- 昨夜《さくや》は、友達《ともだち》を招《まね》いて一緒《いっしょ》に夕飯《ゆうはん》を食《た》べた。食事《しょくじ》の後《あと》は、みんなが片付《かたづ》けを**手伝《てつだ》って**くれた。

～てほしい

い形

1 「～てほしい」は、自分《じぶん》のために～をしてもらいたいという意味《いみ》

です。**い形**

- 隣《となり》の部屋《へや》がうるさい。夜《よる》は静《しず》かにし**てほしい**。
- 父《ちち》に喜《よろこ》ん**でほしくて**、誕生日《たんじょうび》に手紙《てがみ》を送《おく》った。
- 恋人《こいびと》はたばこを吸《す》う。私《わたし》はたばこの臭《にお》いが嫌《きら》いなので、できればやめ**てほしい**。

~てみる

動2 て形 **~てみて**

1 「~てみる」は、~をして、良《よ》いのか悪《わる》いのかなどを確《たし》かめるという意味《いみ》です。**動2**

- デパートで買《か》い物《もの》しているとき、新商品《しんしょうひん》のワインを薦《すす》められたので、飲《の》ん**でみたら**おいしかった。
- 夫《おっと》「自然《しぜん》が多《おお》いところに住《す》みたいなあ。田舎《いなか》に引《ひ》っ越《こ》さない?」妻《つま》「うん、ちょっと考《かんが》え**てみる**ね。」
- 外国《がいこく》に旅行《りょこう》に行《い》ったら、その国《くに》の名物料理《めいぶつりょうり》をたくさん食《た》べ**てみたい**。

～てもらう

動1　て形　～てもらって

対　～てあげる

た

1 誰《だれ》かがすることが、自分《じぶん》のためになるとき「～てもらう」といいます。動1　対　～てあげる（→p.284）

- （学校《がっこう》で）友人1《ゆうじんいち》「ごめん、教科書《きょうかしょ》忘《わす》れちゃったから、見《み》せ**てもらって**もいい?」友人2《ゆうじんに》「うん、いいよ。」
- エアコンが動《うご》かなくなってしまったので、電気屋《でんきや》さんに来《き》**てもらった**。
- 鈴木社長《すずきしゃちょう》に送《おく》るメールに失礼《しつれい》なことを書《か》いていないか、先輩《せんぱい》に見《み》**てもらった**。
- （有名《ゆうめい》なアイドルに偶然《ぐうぜん》会《あ》って）「すみません、握手《あくしゅ》し**てもらえません**か?」

でる【出る】

動2　て形　出《で》て

☞　出《だ》す（→p.241）　対　入《はい》る、戻《もど》る

1 「出《で》る」は、人《ひと》やものが中《なか》から外《そと》に移動《いどう》するという意味《いみ》です。

動2　対　入《はい》る（→p.342）

- 今朝《けさ》はとても寒《さむ》い。温《あたた》かいベッドから**出《で》たくない**。
- 春《はる》になると、冬眠《とうみん》していた熊《くま》は穴《あな》から**出《で》て**、食《た》べ物《もの》を探《さが》します。
- 試合《しあい》に負《ま》けてしまい、悔《くや》しくて涙《なみだ》が**出《で》た**。
- （ホテルで）シャワーから水《みず》は**出《で》る**けど、お湯《ゆ》が**出《で》ない**ので、フロントに電話《でんわ》した。

2 「～を出《で》る」は、～を卒業《そつぎょう》するという意味《いみ》です。動2

- 弟《おとうと》は高校《こうこう》**を出《で》て**すぐにシンガポールに留学《りゅうがく》した。
- 大学院《だいがくいん》**を出《で》た**あとの進路《しんろ》については、まだ決《き》めていません。
- レベッカ社《しゃ》の就職試験《しゅうしょくしけん》では、どの大学《だいがく》**を出《で》て**いるかよりも、大学《だいがく》で何《なに》を学《まな》んだかを重視《じゅうし》している。

3 「出《で》る」は、出席《しゅっせき》したり、参加《さんか》したりするという意味《いみ》です。

動2

- 友人《ゆうじん》1《いち》「来月《らいげつ》のジョンさんの結婚式《けっこんしき》、**出《で》る**?」友人《ゆうじん》2《に》「うん、**出《で》る**よ。一緒《いっしょ》に行《い》こうよ。」
- 山本選手《やまもとせんしゅ》は練習中《れんしゅうちゅう》にけがをしてしまった。明日《あした》の試合《しあい》は**出《で》られ**そうにない。
- 1時《いちじ》からの会議《かいぎ》に**出《で》ない**といけないので、ランチを早《はや》めに済《す》ませた。

4 「出《で》る」は、隠《かく》れていたり、見《み》えなかったりするものが見《み》えるようになるという意味《いみ》です。 動2

- 今夜《こんや》は雲《くも》がないので、きれいな満月《まんげつ》が**出《で》て**いる。
- ガオさんは心《こころ》の中《なか》で思《おも》っていることがすぐ顔《かお》に**出《で》る**。うそがつけない人《ひと》だ。
- ミンさんが風邪《かぜ》をひいたらしい。最近《さいきん》忙《いそが》しそうだったから疲《つか》れが**出《で》た**のかもしれない。

5 「出《で》る」は、多《おお》くの人《ひと》に知《し》られるようになるという意味《いみ》です。

動2

- この作家《さっか》の本《ほん》はいろんな出版社《しゅっぱんしゃ》から**出《で》て**いる。
- 100《ひゃく》メートル走《そう》の世界新記録《せかいしんきろく》のニュースが、新聞《しんぶん》に大《おお》きく**出《で》て**いる。
- クルーズさんはたくさんの映画《えいが》や舞台《ぶたい》に**出《で》て**いて、とても人気《にんき》がある。
- 雑誌《ざっし》に**出《で》て**いたT《ティー》シャツを買《か》おうと思《おも》ったら、人気《にんき》で売《う》り切《き》れだった。

6 「出《で》る」は、あるところから別《べつ》のところに向《む》かうという意味《いみ》です。

動2 **対** 戻《もど》る

- 駅《えき》に走《はし》って行《い》ったが、電車《でんしゃ》は５分前《ごふんまえ》に**出《で》て**しまった。
- 今年《ことし》の夏休《なつやす》みは、自転車《じてんしゃ》で日本《にほん》を１周《いっしゅう》する旅《たび》に**出《で》たい**。
- 夫《おっと》「明日《あした》は何時頃《なんじごろ》に会社《かいしゃ》に行《い》くの？」妻《つま》「明日《あした》は会議《かいぎ》があるから、いつもより２０分早《にじゅっぷんはや》く**出《で》る**予定《よてい》。」
- 東京《とうきょう》からウィーンへは、直行便《ちょっこうびん》が**出《で》て**います。

7 「出《で》る」は、行《い》き着《つ》くという意味《いみ》です。 **動2**

- この道《みち》を真《ま》っすぐ進《すす》んでいくと駅《えき》に**出《で》ます**。
- この川《かわ》を下《くだ》っていくと、海《うみ》に**出《で》ます**。
- 巨大《きょだい》な迷路《めいろ》を２時間歩《にじかんある》き回《まわ》って、ようやく出口《でぐち》に**出《で》た**。

8 「出《で》る」は、結果《けっか》がはっきりするという意味《いみ》です。 **動2**

- 先月看護師《せんげつかんごし》になるための試験《しけん》を受《う》けました。結果《けっか》が**出《で》る**のは明日《あした》なので、すごくどきどきしています。
- 会議《かいぎ》で何時間《なんじかん》も議論《ぎろん》したが、結論《けつろん》は**出《で》なかった**。来週《らいしゅう》もう一度話《いちどはな》し合《あ》う予定《よてい》だ。
- 将来《しょうらい》どんな仕事《しごと》をしたいのか、まだ答《こた》えは**出《で》ない**。今《いま》は興味《きょうみ》のあることは何《なん》でも経験《けいけん》してみようと思《おも》う。
- 事件《じけん》があったのは、２年前《にねんまえ》だ。長《なが》い裁判《さいばん》の後《あと》、来月《らいげつ》やっと判決《はんけつ》が**出《で》る**。

9 「出《で》る」は、発生《はっせい》したり増《ふ》えたりするという意味《いみ》です。動2

- 天気予報《てんきよほう》によると夕方《ゆうがた》から霧《きり》が**出《で》る**そうだ。車《くるま》の運転《うんてん》には気《き》を付《つ》けよう。
- フライパンに油《あぶら》を入《い》れて熱《あつ》くしてからニンニクを入《い》れます。ニンニクの香《かお》りが**出《で》たら**次《つぎ》に野菜《やさい》を炒《いた》めます。
- 風邪《かぜ》をひいて３９度《さんじゅうくど》の熱《ねつ》が**出《で》た**。しかし、薬《くすり》を飲《の》んで寝《ね》たら、次《つぎ》の日《ひ》には下《さ》がっていた。
- 落《お》ち込《こ》んでいるときは、コメディ映画《えいが》を見《み》ると元気《げんき》が**出《で》る**。
- この薬《くすり》を飲《の》むと眠《ねむ》くなるという副作用《ふくさよう》が**出《で》る**ので、飲《の》んだ後《あと》は車《くるま》を運転《うんてん》しないでください。

10 「出《で》る」は、人《ひと》のために金《かね》や食《た》べ物《もの》などが用意《ようい》されるという意味《いみ》です。動2

- 今《いま》やっているレストランのアルバイトは、休憩《きゅうけい》のときに食事《しょくじ》が**出《で》る**のでうれしい。
- 残業代《ざんぎょうだい》が**出《で》る**からって、早《はや》く終《お》わらせることができる仕事《しごと》を時間《じかん》をかけてやるのはおかしいと思《おも》う。
- レストランで**出《で》た**料理《りょうり》の盛《も》り付《つ》けが美《うつく》しかったので、写真《しゃしん》を撮《と》りました。

11 「出《で》る」は、課題《かだい》や命令《めいれい》など、しなければいけないことが、伝《つた》えられるという意味《いみ》です。動2

- 冬休《ふゆやす》みは宿題《しゅくだい》がたくさん**出《で》た**。早《はや》く終《お》わらせて、ゆっくり過《す》ごしたい。
- 入院《にゅういん》していた父《ちち》は、外出許可《がいしゅつきょか》が**出《で》た**ので、1日《いちにち》だけ家《いえ》に戻《もど》ってきた。
- イベント開催《かいさい》の1週間前《いっしゅうかんまえ》に、責任者《せきにんしゃ》から当日《とうじつ》の業務《ぎょうむ》の指示《しじ》が**出《で》ます**。

関連表現1 **「足《あし》が出《で》る」は、考《かんが》えていたより金《かね》がかかってしまうという意味《いみ》です。**

- 新《あたら》しい靴《くつ》を買《か》った。予算《よさん》は1万円《いちまんえん》だったが、気《き》に入《い》ったものは12000円《いちまんにせんえん》で、ちょっと**足《あし》が出《で》て**しまった。
- 今回《こんかい》のイベントは、人件費《じんけんひ》が予想《よそう》よりかかってしまい、少《すこ》し**足《あし》が出《で》た**。

関連表現2 **「顔《かお》から火《ひ》が出《で》る」は、顔《かお》が赤《あか》くなるほどとても恥《は》ずかしい気持《きも》ちになるという意味《いみ》です。**

- ステージに上《あ》がったとたんに大勢《おおぜい》の人《ひと》の前《まえ》で転《ころ》んでしまい、**顔《かお》から火《ひ》が出《で》そう**だった。
- 「僕《ぼく》がおごるよ」と言《い》ってダンさんを食事《しょくじ》に誘《さそ》ったのに、財布《さいふ》を忘《わす》れて、結局《けっきょく》ダンさんに払《はら》ってもらった。**顔《かお》から火《ひ》が出《で》る**ほど恥《は》ずかしかった。

関連表現3 **「手《て》が出《で》ない」は、自分《じぶん》の力《ちから》ではどうすることもできないという意味《いみ》です。**

- 新車《しんしゃ》は値段《ねだん》が高《たか》くて**手《て》が出《で》ない**ので、中古車《ちゅうこしゃ》を買《か》うことにしました。
- 乗馬《じょうば》を習《なら》ってみたいが、大人《おとな》になってから習《なら》うのは大変《たいへん》そうで、なかなか**手《て》が出《で》ない**。

関連表現4 **「手《て》も足《あし》も出《で》ない」は、相手《あいて》が強《つよ》すぎたり、問題《もんだい》が難《むずか》しすぎたりして何《なに》もできないという意味《いみ》です。**

- 会計士《かいけいし》の資格試験《しかくしけん》を受《う》けましたが、問題《もんだい》が難《むずか》しくて**手《て》も足《あし》も出《で》ません**でした。
- 前回優勝《ぜんかいゆうしょう》したチームと練習試合《れんしゅうしあい》をしたが、**手《て》も足《あし》も出《で》ず**、大差《たいさ》で負《ま》けてしまった。

関連表現5 **「電話《でんわ》に出《で》る」は、電話《でんわ》をかけてきた人《ひと》と話《はな》すという意味《いみ》です。**

- （電話《でんわ》で）もしもし。さっき**電話《でんわ》に出《で》られなくて**ごめんね。何《なに》か用《よう》だった？
- （電話《でんわ》で）マーティン「すみません。マーティンと申《もう》しますが、ファムさんいらっしゃいますか？」社員《しゃいん》「申《もう》し訳《わけ》ありません。ファムは別《べつ》の**電話《でんわ》に出《で》て**おります。」
- 知《し》らない番号《ばんごう》から電話《でんわ》がかかってきた。**出《で》て**みたら間違《まちが》い電話《でんわ》だった。

関連表現6 **「右《みぎ》に出《で》る人《ひと》はいない」は、その分野《ぶんや》で、これ以上《いじょう》できる人《ひと》はいないという意味《いみ》です。**

- 彼《かれ》の歌声《うたごえ》は素晴《すば》らしい。歌《うた》を歌《うた》わせたら、学校内《がっこうない》で彼《かれ》の**右《みぎ》に出《で》る人《ひと》はいません**。
- 彼女《かのじょ》は走《はし》るのが速《はや》い。国内《こくない》では、足《あし》の速《はや》さで彼女《かのじょ》の**右《みぎ》に出《で》る者《もの》はいない**だろうと言《い》われている。

でんわ【電話】

名 動3

1 離《はな》れたところにいる人《ひと》に声《こえ》を送《おく》って、お互《たが》いに話《はなし》ができる機械《きかい》を「電話《でんわ》」といいます。名

- 最近《さいきん》は友達《ともだち》とメールなどで連絡《れんらく》を取《と》ることが増《ふ》えたので、**電話**《でんわ》はほとんど使《つか》わない。
- 映画《えいが》の上映中《じょうえいちゅう》は携帯**電話**《けいたいでんわ》の電源《でんげん》を切《き》っておくのがマナーだ。
- 今《いま》は小学生《しょうがくせい》のときに携帯**電話**《けいたいでんわ》を持《も》つ子供《こども》が多《おお》いそうだ。

2 電話機《でんわき》を使《つか》って遠《とお》くの人《ひと》と話《はなし》をすることを「電話《でんわ》」といいます。

名 動3

- 部下《ぶか》「先《さき》ほど、ツァイ社《しゃ》のクン様《さま》よりお**電話**《でんわ》がありました。」上司《じょうし》「ありがとう。何《なに》か伝言《でんごん》はある?」
- 昨日《きのう》久《ひさ》しぶりに両親《りょうしん》に**電話**《でんわ》しました。元気《げんき》そうで良《よ》かったです。
- 昨日《きのう》、就職《しゅうしょく》の面接《めんせつ》を受《う》けて「結果《けっか》は今日《きょう》**電話**《でんわ》する」と言《い》われた。まだ電話《でんわ》はかかってこない。

とおい【遠い】

い形 **名詞形** 遠《とお》さ

対 近《ちか》い

1 「遠《とお》い」は、距離《きょり》が離《はな》れているという意味《いみ》です。い形 対 近《ちか》い（→p.262）

- 家《いえ》から会社《かいしゃ》までは**遠《とお》い**。電車《でんしゃ》で2時間《にじかん》くらいかかる。
- 両親《りょうしん》は**遠《とお》く**に住《す》んでいるので、あまり会《あ》えない。もっと近《ちか》くで暮《く》らせたらいいなと思《おも》う。
- バレエを見《み》に行《い》った。ステージから**遠《とお》い**、後《うし》ろの方《ほう》の席《せき》だったので、よく見《み》えなくて残念《ざんねん》だった。
- 最近《さいきん》ソフトボールがうまくなってきた。ボールも随分《ずいぶん》**遠《とお》く**まで飛《と》ぶようになった。

2 「遠《とお》い」は、完成《かんせい》させたり、目標《もくひょう》に届《とど》いたりするまでの時間《じかん》が長《なが》いという意味《いみ》です。い形

- 論文《ろんぶん》を書《か》き始《はじ》めたが、まだ数《すう》ページしか書《か》けていない。完成《かんせい》は**遠《とお》い**。
- 地球温暖化《ちきゅうおんだんか》の対策《たいさく》は少《すこ》しずつ進《すす》んでいるが、二酸化炭素《にさんかたんそ》排出量《はいしゅつりょう》の削減《さくげん》目標《もくひょう》にはまだ**遠《とお》い**。

● 車《くるま》の自動運転技術《じどううんてんぎじゅつ》が実用化《じつようか》されるのは、そんなに**遠**《とお》**い**先《さき》のことではない。

3 「遠《とお》い」は、時間《じかん》が離《はな》れているという意味《いみ》です。 い形 対 近《ちか》い（→p.262）

● 子《こ》「お父《とう》さん、若《わか》い頃《ころ》、アイスホッケーの選手《せんしゅ》だったんでしょう？」
父《ちち》「**遠**《とお》**い**昔《むかし》ね。もう３０年以上前《さんじゅうねんいじょうまえ》だよ。」

● まだ２０代《にじゅうだい》なので**遠**《とお》**い**先《さき》のことだが、５０歳《ごじゅっさい》になったら仕事《しごと》を辞《や》めて、船《ふね》で世界一周旅行《せかいいっしゅうりょこう》をしてみたい。

● 久々《ひさびさ》にアルバムを見《み》たら、忘《わす》れていた**遠**《とお》**い**日々《ひび》のことを思《おも》い出《だ》して、懐《なつ》かしい気持《きも》ちになった。

4 「遠《とお》い」は、関係《かんけい》があまりない、親《した》しくないという意味《いみ》です。

い形 対 近《ちか》い（→p.262）

● 母《はは》の話《はなし》によると、私《わたし》の**遠**《とお》**い**親戚《しんせき》に有名《ゆうめい》な政治家《せいじか》がいるそうだ。母《はは》もその人《ひと》には一度《いちど》も会《あ》ったことがないらしい。

● プライベートジェットで世界中《せかいじゅう》を旅行《りょこう》するなんて、私《わたし》たち一般人《いっぱんじん》には**遠**《とお》**い**世界《せかい》のことだ。

● 大学時代《だいがくじだい》の友達《ともだち》とは卒業《そつぎょう》してからだんだん会《あ》わなくなり、今《いま》ではすっかり**遠**《とお》**い**存在《そんざい》となってしまった。

● 若《わか》い世代《せだい》にとって政治《せいじ》が**遠**《とお》**い**存在《そんざい》になり、選挙《せんきょ》に行《い》く人《ひと》が減《へ》っているそうだ。

関連表現1 「意識《いしき》が遠《とお》くなる」は、我慢《がまん》できずに眠《ねむ》ってしまったり、意識《いしき》がなくなったりするという意味《いみ》です。

- 昨日《きのう》はとても疲《つか》れていて、家《いえ》に帰《かえ》ってソファに座《すわ》ったら、**意識《いしき》が遠《とお》くなって**、そのまま寝《ね》てしまった。
- 自転車《じてんしゃ》で転《ころ》んだ。道路《どうろ》に頭《あたま》をぶつけたところまでは覚《おぼ》えているが、**意識《いしき》が遠《とお》くなって**、気《き》が付《つ》いたら病院《びょういん》のベッドで寝《ね》ていた。

関連表現2 「気《き》が遠《とお》くなる」は、意識《いしき》がなくなるという意味《いみ》です。

- 朝《あさ》から体調《たいちょう》が悪《わる》かったが、通勤電車《つうきんでんしゃ》の中《なか》で**気《き》が遠《とお》くなって**倒《たお》れてしまった。
- 私《わたし》は貧血《ひんけつ》でよく倒《たお》れる。さっきも**気《き》が遠《とお》くなって**きたので、座《すわ》って少《すこ》し休《やす》んだ。

関連表現3 「気《き》が遠《とお》くなる」は、程度《ていど》が大《おお》きすぎて、頭《あたま》が働《はたら》かなくなるという意味《いみ》です。

- レポートを２００《にひゃく》ページも書《か》かなければならない。**気《き》が遠《とお》くなり**そうだ。
- 地球《ちきゅう》ができたのは、４６億年前《よんじゅうろくおくねんまえ》だそうだ。**気《き》が遠《とお》くなる**ような時間《じかん》だ。

関連表現4 「電話《でんわ》が遠《とお》い」は、電話《でんわ》からの声《こえ》がよく聞《き》こえないという意味《いみ》です。

- （電話《でんわ》で友人《ゆうじん》に）「ごめん。ちょっと**電話《でんわ》が遠《とお》い**みたいで聞《き》き取《と》れなかった。もう一度《いちど》言《い》って。」

- 会社《かいしゃ》から連絡《れんらく》があったが、**電話《でんわ》が遠《とお》くて**、よく聞《き》こえなかった。ここは電波《でんぱ》が悪《わる》いようだ。

関連表現5 **「耳《みみ》が遠《とお》い」は、耳《みみ》が悪《わる》くてよく聞《き》こえないという意味《いみ》です。**

- 父《ちち》は７０歳《ななじゅっさい》を過《す》ぎてから**耳《みみ》が遠《とお》く**なり、テレビの音《おと》を大《おお》きくするようになった。
- 「すみません。ちょっと**耳《みみ》が遠《とお》い**ので、大《おお》きい声《こえ》で話《はな》していただけますか?」

とく【得】

な形　動3

対　損《そん》

1 **物《もの》を安《やす》く買《か》えることや、入《はい》って来《く》る予定《よてい》の金《かね》が増《ふ》えることを「得《とく》」といいます。** な形　動3　対　損《そん》（→p.232）

- 昨日《きのう》、早《はや》い時間《じかん》にレストランに行《い》ったら、ドリンクがすべて半額《はんがく》で飲《の》めて**得《とく》**した。
- この靴下《くつした》は１足５００円《いっそくごひゃくえん》だけど、3足《さんぞく》で1000円《せんえん》だから、3足《さんぞく》買《か》った方《ほう》が絶対《ぜったい》に**得**《とく》だよ。

- このコートは、安《やす》いわりに布地《ぬのじ》がとても上質《じょうしつ》で、**得**《とく》な買《か》い物《もの》だったと思《おも》う。
- 1000円《せんえん》で買《か》ったシャツをインターネットオークションに出《だ》したら2000円《にせんえん》で売《う》れた。1000円《せんえん》も**得**《とく》をした。

2 「得《とく》」は、性格《せいかく》や有利《ゆうり》な立場《たちば》のおかげで、自分《じぶん》にとって良《よ》いことがあるという意味《いみ》です。 な形 動3 対 損《そん》（→p.232）

- 私《わたし》は嫌《いや》なことはすぐに忘《わす》れてしまうので、いつも幸《しあわ》せでいられます。**得**《とく》な性格《せいかく》だと思《おも》います。
- 背《せ》が高《たか》いとスポーツで**得**《とく》することが多《おお》い。特《とく》にバスケットボールやバレーボールでは有利《ゆうり》だ。
- 親《おや》の世代《せだい》は、年金《ねんきん》が多《おお》くもらえる**得**《とく》な世代《せだい》だ。老後《ろうご》はあちこち旅行《りょこう》して優雅《ゆうが》に暮《く》らしている。

とくい【得意】

名 な形

対 苦手《にがて》

1 「得意《とくい》」は、何《なに》かをするのがうまいという意味《いみ》です。な形 対 苦手《にがて》（➡p.330）

- 弟《おとうと》はギョーザを作《つく》るのが**得意**《とくい》です。お店《みせ》で食《た》べるギョーザよりおいしいので、よく作《つく》ってもらいます。
- 彼《かれ》は外国語《がいこくご》が**得意**《とくい》で6言語《ろくげんご》が話《はな》せます。将来《しょうらい》はそれを生《い》かして貿易《ぼうえき》会社《かいしゃ》で働《はたら》きたいそうです。
- メンバー全員《ぜんいん》が、自分《じぶん》の**得意**《とくい》なことでチームに貢献《こうけん》できれば理想的《りそうてき》ですよね。

2 「得意《とくい》」は、物事《ものごと》がうまくできたことを他《ほか》の人《ひと》に知《し》らせたいという気《き》持《も》ちだという意味《いみ》です。な形

- 起業《きぎょう》してたった1年《いちねん》で成功《せいこう》した彼女《かのじょ》は、友人《ゆうじん》たちの前《まえ》で**得意**《とくい》そうにビジネスの話《はなし》をしている。
- 娘《むすめ》はスピーチ大会《たいかい》の代表《だいひょう》に選《えら》ばれたことがうれしくて、みんなの前《まえ》で**得意**《とくい》な顔《かお》をした。

● 有名《ゆうめい》な会社《かいしゃ》に就職《しゅうしょく》が決《き》まった友人《ゆうじん》は、**得意**《とくい》になっていろんな人《ひと》に自分《じぶん》の就職先《しゅうしょくさき》のことを話《はな》している。

関連表現1 **店《みせ》などでいつも商品《しょうひん》を買《か》ってくれる客《きゃく》を「お得意様《とくいさま》」「得意先《とくいさき》」「得意客《とくいきゃく》」などと言《い》います。**

● ジッサさんは、週《しゅう》に1度《いちど》はうちの店《みせ》に食《た》べにきてくれる**お得意様**《とくいさま》です。

● もう20年以上《にじゅうねんいじょう》も取引《とりひき》を続《つづ》けている**得意先**《とくいさき》の社長《しゃちょう》が、今朝《けさ》亡《な》くなったと連絡《れんらく》があった。

● この企業《きぎょう》は、**得意客**《とくいきゃく》一人一人《ひとりひとり》に合《あ》った商品《しょうひん》をお薦《すす》めするシステムを導入《どうにゅう》してから、順調《じゅんちょう》に事業《じぎょう》を拡大《かくだい》している。

とくべつ【特別】

名 な形 副

対 普通《ふつう》

1 **「特別《とくべつ》」は、普通《ふつう》のものとは違《ちが》っているという意味《いみ》です。** 名 な形 副 対 普通《ふつう》（→p.380）

● この町《まち》は普段《ふだん》から観光客《かんこうきゃく》が多《おお》いが、年《ねん》に1度《いちど》のお祭《まつ》りの日《ひ》は**特別**《とくべつ》ににぎやかになる。

- この映画館《えいがかん》は、年会費《ねんかいひ》1000円《せんえん》を払《はら》って会員《かいいん》になると、**特別《とくべつ》**に安《やす》い料金《りょうきん》で映画《えいが》を見《み》ることができます。
- アレルギーとか、宗教上《しゅうきょうじょう》のタブーとか、**特別《とくべつ》**な理由《りゆう》があるときは機内食《きないしょく》も変更《へんこう》してもらえるんだって。
- この子《こ》には**特別《とくべつ》**な才能《さいのう》がある。1度《いちど》見《み》た景色《けしき》を、写真《しゃしん》のように正確《せいかく》に描《か》けるという才能《さいのう》だ。

とぶ【飛ぶ】

動1 **て形** **飛《と》んで**

1 「飛《と》ぶ」は、鳥《とり》や飛行機《ひこうき》などが空中《くうちゅう》を進《すす》むという意味《いみ》です。

動1

- 白《しろ》い鳥《とり》が空《そら》を**飛《と》んで**いる。
- 台風《たいふう》が近《ちか》づいているので、今日《きょう》は飛行機《ひこうき》が**飛《と》ぶ**かどうか分《わ》からない。
- （ゴルフで）自分《じぶん》が打《う》ったボールが左《ひだり》へ**飛《と》んで**、林《はやし》の中《なか》に入《はい》ってしまった。
- 今日《きょう》は花粉《かふん》がたくさん**飛《と》んで**いるみたいで、マスクをしてもくしゃみが止《と》まらない。

2 「飛《と》ぶ」は、飛行機《ひこうき》で移動《いどう》するという意味《いみ》です。動1

- 明日《あした》から出張《しゅっちょう》です。朝9時《あさくじ》の便《びん》で香港《ホンコン》へ**飛《と》びます**。
- あさって、東京《とうきょう》からパリへ**飛《と》ぶ**。パリでは空港近《くうこうちか》くのホテルを予約《よやく》した。
- 彼《かれ》はワールドカップの決勝戦《けっしょうせん》を見《み》るために、昨日《きのう》ロシアへ**飛《と》んだ**。今頃《いまごろ》は会場《かいじょう》で試合《しあい》を見《み》ているだろう。

3 「飛《と》ぶ」は、急《いそ》いで行《い》くという意味《いみ》です。「行《い》く」や「来《く》る」など、移動《いどう》の意味《いみ》の動詞《どうし》と一緒《いっしょ》に使《つか》います。動1

- 彼女《かのじょ》は恋人《こいびと》に夢中《むちゅう》で、「会《あ》いたい」と言《い》われるといつでも**飛《と》んで**行《い》く。
- レストランで食事中《しょくじちゅう》にグラスを床《ゆか》に落《お》として割《わ》ってしまったら、すぐに店員《てんいん》が**飛《と》んで**来《き》た。
- 今日《きょう》は、大好《だいす》きなバスケットボールチームの試合《しあい》があったので、仕事《しごと》が終《お》わると家《いえ》に**飛《と》んで**帰《かえ》ってテレビをつけた。

4 「飛《と》ぶ」は、観客《かんきゃく》などの応援《おうえん》や質問《しつもん》、文句《もんく》などがはっきり聞《き》こえるという意味《いみ》です。動1

- チャン教授《きょうじゅ》の講義《こうぎ》の後《あと》には、学生《がくせい》たちからたくさんの質問《しつもん》が**飛《と》ぶ**。
- トライアスロン大会《たいかい》では、たくさんの見物客《けんぶつきゃく》から、「頑張《がんば》れー！」と応援《おうえん》の声《こえ》が**飛《と》んだ**。
- 反則《はんそく》をした選手《せんしゅ》に観客席《かんきゃくせき》からやじが**飛《と》んだ**。

5 「飛《と》ぶ」は、つながっていなければいけないものが離《はな》れるという

意味《いみ》です。**動1**

- 上司《じょうし》は、いつも話《はなし》が**飛《と》ぶ**。仕事《しごと》の話《はなし》をしてると思《おも》ったら、新《あたら》しいレストランの話《はなし》や、前日《ぜんじつ》のニュースの話《はなし》をしてる。
- 昨日《きのう》はお酒《さけ》を飲《の》みすぎて、記憶《きおく》がところどころ**飛《と》んで**いる。どうやって家《いえ》に帰《かえ》ったのか覚《おぼ》えていない。
- この本《ほん》はページが途中《とちゅう》で**飛《と》んで**いる。８５《はちじゅうご》ページの次《つぎ》が８９《はちじゅうきゅう》ページになっている。
- 古《ふる》いレコードをかけたら、傷《きず》があったようで、途中《とちゅう》で音《おと》が**飛《と》んだ**。

関連表現1　**「飛《と》び込《こ》む」は、外《そと》から中《なか》に勢《いきお》いよく入《はい》るという意味《いみ》です。**

- このプールは浅《あさ》いので、**飛《と》び込《こ》む**ことは禁止《きんし》されている。
- 大《おお》きい音《おと》で雷《かみなり》が鳴《な》ったので、庭《にわ》にいた猫《ねこ》が驚《おどろ》いて部屋《へや》に**飛《と》び込《こ》んできた**。
- コンピュータの会社《かいしゃ》を辞《や》めて、広告《こうこく》ビジネスの世界《せかい》に**飛《と》び込《こ》む**ことにした。広告《こうこく》の仕事《しごと》の経験《けいけん》はないが、頑張《がんば》ろうと思《おも》う。

関連表現2　**「飛《と》び出《だ》す」は、中《なか》から外《そと》に勢《いきお》いよく出《て》るという意味《いみ》です。**

- 地震《じしん》に驚《おどろ》いて、靴《くつ》も履《は》かないで、部屋《へや》を**飛《と》び出《だ》した**。
- チョさんは、生《う》まれ育《そだ》った日本《にほん》を**飛《と》び出《だ》して**、今《いま》はドバイで働《はたら》いている。

とまる【泊まる】

動1　て形　泊《と》まって　名詞形　泊《と》まり

た

1 「泊《と》まる」は、自分《じぶん》の家《いえ》ではないところで、夜《よる》から朝《あさ》まで寝《ね》るという意味《いみ》です。動1

- 出張《しゅっちょう》のときは、いつも駅《えき》の近《ちか》くのホテルに**泊《と》まる。**レストランは多《おお》いし、移動《いどう》にも便利《べんり》だ。
- 来月《らいげつ》、海外旅行《かいがいりょこう》に行《い》く。大学時代《だいがくじだい》の友達《ともだち》の家《いえ》に**泊《と》まる**ので、ホテル代《だい》は必要《ひつよう》ない。
- 友人《ゆうじん》1《いち》「今日《きょう》はもう遅《おそ》いから**泊《と》まって**いけば?」友人《ゆうじん》2《に》「ペットの猫《ねこ》に餌《えさ》をやらなくちゃいけないから帰《かえ》るよ。」

とめる【止める】

動2　て形　止《と》めて　名詞形　止《と》め

☞　止《と》まる　対　動《うご》かす

1　「止《と》める」は、動《うご》いているものを動《うご》かないようにするという意味《いみ》です。動2　対　動《うご》かす

- （タクシーで）乗客《じょうきゃく》「あのコンビニの前《まえ》で車《くるま》を**止《と》めて**ください。」
- バイクで湖《みずうみ》がある公園《こうえん》まで行《い》った。エンジンを**止《と》めたら**、とても静《しず》かになった。
- 1年《いちねん》に1度《いちど》、工場《こうじょう》の機械《きかい》を**止《と》めて**点検《てんけん》をしています。

2　「止《と》める」は、それまで続《つづ》いていたことを終《お》わるようにするという意味《いみ》です。動2

- 薬《くすり》を使《つか》えば痛《いた》みを**止《と》める**ことができます。我慢《がまん》しないで早《はや》めに薬《くすり》を飲《の》んでください。
- 料理中《りょうりちゅう》に指《ゆび》を切《き》ってしまった。早《はや》く出血《しゅっけつ》を**止《と》めない**といけない。
- せきを**止《と》めたい**ので、あめをなめたり、こまめに水《みず》を飲《の》んだりしています。

3　「止《と》める」は、他《ほか》の人《ひと》がすることをやめるようにするという意味《いみ》

です。動2

● 妊娠《にんしん》しているのにたばこを吸《す》おうとする姉《あね》を**止《と》めて**、彼女《かのじょ》が持《も》っていたたばこを全部《ぜんぶ》捨《す》てた。

● けがをしてしまい、次《つぎ》の試合《しあい》に出《で》るのは医者《いしゃ》に**止《と》められて**いるが、どうしても諦《あきら》められない。

● 危《あぶ》ないからやめた方《ほう》がいいと周囲《しゅうい》が**止《と》める**のも聞《き》かずに、彼《かれ》は荒《あ》れた海《うみ》に船《ふね》を出《だ》した。

た

とる【取る】

動1　て形　**取《と》って**

1 「取《と》る」は、手《て》で持《も》つという意味《いみ》です。動1

● （会社《かいしゃ》で）会議《かいぎ》が始《はじ》まる前《まえ》に、ここにある資料《しりょう》を１部《いちぶ》ずつ**取《と》って**、読《よ》んでおいてください。

● 少《すこ》し寒《さむ》かったので椅子《いす》にかけてあったスカーフを**取《と》って**、首《くび》に巻《ま》いた。

● （スーパーで）棚《たな》から缶詰《かんづめ》を２《ふた》つ**取《と》って**、かごに入《い》れた。

2 「取《と》る」は、もらうという意味《いみ》です。動1

● 彼女《かのじょ》の夢《ゆめ》は、オリンピックで金《きん》メダルを**取《と》る**ことだそうです。

- 2週間《にしゅうかん》の休《やす》みが**取《と》れる**なら、会社《かいしゃ》から遠《とお》く離《はな》れた町《まち》で、しばらくホテル暮《ぐ》らしをしてみたい。
- コンクールで賞《しょう》を**取《と》ったら**満足《まんぞく》してしまい、練習《れんしゅう》する気《き》がなくなってしまった。

3 「取《と》る」は、野生《やせい》の動物《どうぶつ》や虫《むし》などを捕《つか》まえて自分《じぶん》のものにするという意味《いみ》です。動1

- うちの猫《ねこ》は、外《そと》でネズミや鳥《とり》を**取《と》って**、お土産《みやげ》のように持《も》って帰《かえ》ってくるので困《こま》っている。
- 子供《こども》の頃《ころ》は、朝《あさ》から山《やま》に出《で》かけて、いろんな虫《むし》を**取《と》る**のが楽《たの》しかった。
- 弟《おとうと》は、研究《けんきゅう》するわけでもないのに、珍《めずら》しいチョウを見《み》るとすぐに**取《と》ろう**とする。チョウがかわいそうだ。

4 「取《と》る」は、食《た》べるために野菜《やさい》や果物《くだもの》などを畑《はたけ》などから集《あつ》めて自分《じぶん》のものにするという意味《いみ》です。動1

- 今朝《けさ》、畑《はたけ》で**取《と》った**ばかりのトマトは、新鮮《しんせん》でとてもおいしかった。
- ブルーベリー狩《が》りに来《き》た。たくさん**取《と》れたら**ジャムにしよう。
- 散歩《さんぽ》の途中《とちゅう》で、道端《みちばた》の木《き》になっていたリンゴを取《と》って食《た》べた。

5 「取《と》る」は、体《からだ》の中《なか》に入《い》れたり、食《た》べたりするという意味《いみ》です。動1

- 夏《なつ》はたくさん汗《あせ》をかくので、水分《すいぶん》をたくさん**取《と》って**ください。

- タンパク質《しつ》は大切《たいせつ》な栄養素《えいようそ》ですが、肉《にく》を**取《と》り**すぎると病気《びょうき》のリスクが高《たか》まると言《い》われています。
- 胃《い》が痛《いた》くてごはんが食《た》べられません。今日《きょう》は点滴《てんてき》で栄養《えいよう》を**取《と》りました。**

6 「取《と》る」は、電話《でんわ》などで店《みせ》に注文《ちゅうもん》して家《いえ》に持《も》ってきてもらうという意味《いみ》です。 動1

- イベント中《ちゅう》は昼《ひる》ごはんを買《か》いに行《い》く時間《じかん》もないと思《おも》うから、弁当《べんとう》を**取《と》る**ことにしよう。
- 今日《きょう》は晩《ばん》ごはんを作《つく》りたくないから、ピザでも**取《と》ろう**よ。
- 今日《きょう》、お客《きゃく》さんが来《く》るので寿司《すし》の出前《でまえ》を**取《と》った。**

7 「取《と》る」は、盗《ぬす》むという意味《いみ》です。 動1

- 電車《でんしゃ》の中《なか》で財布《さいふ》を**取《と》られちゃった**みたい。どうしよう、お金《かね》もクレジットカードもない。
- 彼《かれ》はいつも他《ほか》の人《ひと》のアイデアを**取《と》って**、それをまるで自分《じぶん》のアイデアのように話《はな》している。
- 鍵《かぎ》をかけておいたのに、車《くるま》の中《なか》の荷物《にもつ》が全部《ぜんぶ》**取《と》られて**いた。

8 「取《と》る」は、予約《よやく》をするという意味《いみ》です。 動1

- あのレストランはいつも満席《まんせき》なので、席《せき》を**取《と》って**から行《い》った方《ほう》がいいですよ。
- オペラコンサートのチケットを**取《と》ろう**と思《おも》ったのですが、安《やす》い席《せき》はもう売《う》り切《き》れで**取《と》れません**でした。

- この歯医者《はいしゃ》に来《き》ているほとんどの患者《かんじゃ》さんは、次《つぎ》の予約《よやく》を**取《と》って**から帰《かえ》る。

9 「取《と》る」は、離《はな》れたところにあるものを持《も》ってくるという意味《いみ》です。「行《い》く」や「来《く》る」「帰《かえ》る」など、移動《いどう》の意味《いみ》の動詞《どうし》と一緒《いっしょ》に使《つか》います。

動1

- 駅《えき》に着《つ》いたとき、家《いえ》にスマホを忘《わす》れたのに気《き》が付《つ》いて、**取《と》り**に帰《かえ》りました。
- 妻《つま》「クリスマスケーキ、予約《よやく》しておいたから、あとで**取《と》り**に行《い》ってくれる?」夫《おっと》「いいよ。」
- (ホテルで) 客《きゃく》「もしもし。チェックアウトをしたいので部屋《へや》まで荷物《にもつ》を**取《と》り**に来《き》てもらえますか?」フロント「承知《しょうち》いたしました。少々《しょうしょう》お待《ま》ちください。」

10 「取《と》る」は、要《い》らないものをなくすという意味《いみ》です。 **動1**

- 台所《だいどころ》の汚《よご》れを**取《と》る**なら、この洗剤《せんざい》を使《つか》うといいよ。汚《よご》れがきれいに落《お》ちるから。
- 目《め》の疲《つか》れを**取《と》る**ために、温《あたた》めたタオルをまぶたの上《うえ》に置《お》いてリラックスします。
- 服《ふく》に染《し》みがついてしまい、クリーニングに出《だ》しても**取《と》れなかった**。

11 「取《と》る」は、体《からだ》に付《つ》けているものを外《はず》すという意味《いみ》です。 動1

- 眼鏡《めがね》を**取《と》る**のを忘《わす》れて寝《ね》てしまい、起《お》きたときには眼鏡《めがね》が割《わ》れていた。
- サウナに入《はい》るなら、金属《きんぞく》のアクセサリーは**取《と》らない**と。やけどするかもしれないからね。
- レストランで食事《しょくじ》をするときは、帽子《ぼうし》を**取《と》る**のがマナーだとされているところもある。

12 「取《と》る」は、見《み》たり聞《き》いたりしたことを書《か》くという意味《いみ》です。 動1

- 教《おし》えてもらったことを忘《わす》れないように、メモを**取《と》った**。
- 私《わたし》は、ノートを**取《と》る**のは苦手《にがて》だけど、1度《いちど》聞《き》いたことはしっかり覚《おぼ》えている。
- 先輩《せんぱい》に、会議《かいぎ》の議事録《ぎじろく》を上手《じょうず》に**取《と》る**コツを教《おし》えてもらった。

13 「取《と》る」は、2《ふた》つ以上《いじょう》のものから選《えら》ぶという意味《いみ》です。 動1

- 友人1《ゆうじんいち》「どの先生《せんせい》の授業《じゅぎょう》を**取《と》る**か、決《き》めた?」友人2《ゆうじんに》「ううん、まだ。」
- 恋愛《れんあい》も仕事《しごと》も充実《じゅうじつ》しているので、どっちを**取《と》る**?と聞《き》かれても選《えら》べない。
- うちでは、子供《こども》が小《ちい》さいうちは厳《きび》しくしつけるという方針《ほうしん》を**取《と》って**います。

14 「取《と》る」は、学校《がっこう》や会社《かいしゃ》などが、新《あたら》しい人《ひと》を選《えら》んで組織《そしき》の仲間《なかま》に

加《くわ》えるという意味《いみ》です。 **動1**

- プログラミングができる人材《じんざい》が欲《ほ》しいので、新入社員《しんにゅうしゃいん》は理系学部《りけいがくぶ》の卒業生《そつぎょうせい》から**取《と》りたい**。
- 今《いま》は毎年《まいとし》５０名《ごじゅうめい》ですが、来年《らいねん》からは、毎年《まいとし》１００名《ひゃくめい》の新入生《しんにゅうせい》を**取《と》る**予定《よてい》です。
- 先月《せんげつ》５名《ごめい》のアルバイトを**取《と》った**ばかりなのに、みんなすぐに辞《や》めてしまい、また人手不足《ひとでぶそく》になってしまった。

15 「取《と》る」は、言葉《ことば》や物語《ものがたり》を借《か》りて使《つか》うという意味《いみ》です。 **動1**

- 同僚１《どうりょういち》「退職《たいしょく》するジャオさんにあげるカード、良《い》いメッセージですね。」同僚２《どうりょうに》「実《じつ》は、中村先生《なかむらせんせい》が書《か》いた本《ほん》から**取《と》った**んですよ。」
- 病名《びょうめい》には、その病気《びょうき》を発見《はっけん》した医師《いし》の名前《なまえ》から**取《と》った**ものがたくさんある。
- この店《みせ》の名前《なまえ》には、イギリスのことわざから**取《と》った**「希望《きぼう》の光《ひかり》」という意味《いみ》があるそうです。

16 「取《と》る」は、数《かず》を数《かぞ》えたり、数《かず》を確認《かくにん》したりするという意味《いみ》です。

動1

- 天気《てんき》は体調《たいちょう》に関係《かんけい》があるかについて、２０代《にじゅうだい》から６０代《ろくじゅうだい》の男女《だんじょ》にインタビューし、統計《とうけい》を**取《と》って**みました。
- 朝食《ちょうしょく》の後《あと》、ホテルのロビーに集合《しゅうごう》して、ツアーガイドさんが点呼《てんこ》を**取《と》って**から、みんなで観光地《かんこうち》に出発《しゅっぱつ》しました。

● ドラマーがリズムのカウントを**取《と》って**くれるから、メンバーが同《おな》じテンポで演奏《えんそう》できる。

● ボクシングのカウントはタイマーではかっているが、プロレスは、レフェリーによってカウントの**取《と》り**方《かた》が全然《ぜんぜん》違《ちが》う。

17 「取《と》る」は、他《ほか》の人《ひと》から金《かね》を集《あつ》めるという意味《いみ》です。 動1

● 体育館《たいいくかん》の駐車場《ちゅうしゃじょう》が、今年《ことし》から駐車料金《ちゅうしゃりょうきん》を**取《と》る**ようになったのでバスで通《かよ》うことにした。

● このレストランでは、消費税《しょうひぜい》の他《ほか》に、サービス料《りょう》を**取《と》られる**。

● 一生懸命《いっしょうけんめい》働《はたら》いてお金《かね》を稼《かせ》いだのに、税金《ぜいきん》でほとんど**取《と》られて**しまった。

18 「取《と》る」は、目的《もくてき》のために、場所《ばしょ》が必要《ひつよう》になったり、時間《じかん》がかかったりするという意味《いみ》です。 動1

● 部屋《へや》が狭《せま》いから、場所《ばしょ》を**取《と》る**ダイニングテーブルじゃなくて、折《お》り畳《たた》めるテーブルを買《か》おう。

● プリンターは持《も》っていると便利《べんり》だが、場所《ばしょ》を**取《と》る**ので邪魔《じゃま》だ。

● 今日《きょう》は会議《かいぎ》に時間《じかん》を**取《と》られて**、自分《じぶん》の仕事《しごと》があまり進《すす》まなかった。

19 「取《と》る」は、自分《じぶん》が連絡《れんらく》や手続《てつづ》きなどをするという意味《いみ》です。 動1

● パスポート申請《しんせい》の手続《てつづ》きを**取《と》る**なら、このウェブサイトが参考《さんこう》になりますよ。

- マレーシアに旅行《りょこう》に行《い》く前《まえ》にクアラルンプールで暮《く》らしている友人《ゆうじん》に連絡《れんらく》を**取《と》って**、一緒《いっしょ》に食事《しょくじ》する約束《やくそく》をした。
- より良《よ》いコミュニケーションを**取《と》りたい**なら、相手《あいて》に興味《きょうみ》・関心《かんしん》を持《も》つことが大切《たいせつ》です。

20 「取《と》る」は、他《ほか》の人《ひと》に、確認《かくにん》や許可《きょか》などをしてもらうという意味《いみ》です。動1

- 会社《かいしゃ》のテニスコートを使《つか》いたいときは、総務課《そうむか》で許可《きょか》を**取《と》って**ください。
- このオンラインサイトは、買《か》い物《もの》した人《ひと》にメールで注文《ちゅうもん》の確認《かくにん》を**取《と》って**いる。
- ここで写真《しゃしん》を撮《と》りたいなら、まず、撮影《さつえい》の許可《きょか》を**取《と》る**ことが必要《ひつよう》です。

関連表現1 「相撲《すもう》を取《と》る」は、2人《ふたり》で相撲《すもう》をするという意味《いみ》です。

- 子供《こども》の頃《ころ》、よく兄《あに》と庭《にわ》で**相撲《すもう》を取《と》った**。
- この絵《え》は、2匹《にひき》のネズミがまるで**相撲《すもう》を取《と》って**いるように見《み》える。

関連表現2 「責任《せきにん》を取《と》る」は、自分《じぶん》がしなければいけないことを引《ひ》き受《う》けるという意味《いみ》です。

- 社員《しゃいん》の不祥事《ふしょうじ》があったため、社長《しゃちょう》は**責任《せきにん》を取《と》って**辞《や》めることになったそうです。
- 注文《ちゅうもん》した商品《しょうひん》が届《とど》かなかった場合《ばあい》、誰《だれ》がどのように**責任《せきにん》を取《と》って**くれるのかを、最初《さいしょ》に確認《かくにん》しておきたい。

関連表現3　**「態度《たいど》を取《と》る」は、自分《じぶん》の気持《きも》ちや考《かんが》えを行動《こうどう》に表《あらわ》すという意味《いみ》です。悪《わる》い意味《いみ》で使《つか》います。**

- 偉《えら》そうな**態度《たいど》を取《と》る**人《ひと》のことは気《き》にしないで。自分《じぶん》に自信《じしん》がなくて、大《おお》きく見《み》せたいだけだから。
- 最近《さいきん》、彼女《かのじょ》が冷《つめ》たい**態度《たいど》を取《と》る**ようになった。私《わたし》は何《なに》か悪《わる》いことをしてしまったんだろうか。

関連表現4　**「年《とし》を取《と》る」は、年齢《ねんれい》が増《ふ》えるという意味《いみ》です。**

- **年《とし》を取《と》って**から、体力《たいりょく》が落《お》ちたようで、すぐに疲《つか》れるようになった。
- **年《とし》を取《と》って**も、毎日《まいにち》健康《けんこう》で暮《く》らせるように、適度《てきど》な運動《うんどう》を続《つづ》けている。

関連表現5　**「引《ひ》き取《と》る」は、預《あず》けていたものを返《かえ》してもらったり、自分《じぶん》のところへ持《も》ってきたりするという意味《いみ》です。**

- 冬物《ふゆもの》のコートをクリーニング店《てん》に出《だ》したまま、**引《ひ》き取《と》り**に行《い》くのを忘《わす》れていた。
- もし離婚《りこん》したら、妻《つま》と私《わたし》のどちらが子供《こども》を**引《ひ》き取《と》る**のか。これは大《おお》きい問題《もんだい》だ。

ない

い形　名詞形　なさ

対　ある

1 「ない」は、存在《そんざい》しないという意味《いみ》です。い形　対　ある（→p.49）

- 私《わたし》のいる国《くに》には冬《ふゆ》が**ない**。一年中《いちねんじゅう》、ずっと暖《あたた》かい。
- うちの会社《かいしゃ》は残業《ざんぎょう》がほとんど**ない**ので、毎日《まいにち》家族《かぞく》と一緒《いっしょ》に夕食《ゆうしょく》が食《た》べられる。
- 私《わたし》が子供《こども》の頃《ころ》は、携帯電話《けいたいでんわ》もインターネットも**なかった**。

2 「ない」は、見《み》えないという意味《いみ》です。い形　対　ある（→p.49）

- 今日《きょう》は良《い》い天気《てんき》だ。雲《くも》1《ひと》つ**ない**青空《あおぞら》が広《ひろ》がっている。
- あれ、僕《ぼく》のスマホが**ない**。ここに置《お》いたと思《おも》うんだけど、誰《だれ》か知《し》らない?
- ホテルの部屋《へや》にある冷蔵庫《れいぞうこ》の中《なか》に飲《の》み物《もの》が何《なに》も**なかった**。何《なに》か買《か》いに行《い》かなくちゃ。

3 「ない」は、持《も》っていないという意味《いみ》です。い形　対　ある（→p.49）

- 同僚《どうりょう》1《いち》「今《いま》、ちょっと話《はな》してもいい?」同僚《どうりょう》2《に》「ごめん。時間《じかん》が**ない**から、また後《あと》で。」
- お金《かね》が**ない**ので、電車《でんしゃ》に乗《の》らないで歩《ある》くことにした。
- 何《なに》も予定《よてい》が**なくて**暇《ひま》だな。ＤＶＤ《ディーブイディー》でも借《か》りてこようかな。
- せきや鼻水《はなみず》は出《で》るが、熱《ねつ》は**ない**。薬《くすり》を飲《の》んで早《はや》く寝《ね》よう。

4 「ない」は、何《なに》かがその場所《ばしょ》で行《おこな》われたり、起《お》きたりしないという意味《いみ》です。 **い形** **対** **ある**（→p.49）

- 私《わたし》の国《くに》では、今年《ことし》は大《おお》きいテロ事件《じけん》の**ない**年《とし》だった。来年《らいねん》もそうだといい。
- 弟《おとうと》の学校《がっこう》では水泳大会《すいえいたいかい》があるが、私《わたし》の学校《がっこう》では**ない**。
- カタールは、地震《じしん》やハリケーン、津波《つなみ》などの災害《さいがい》が**ない**国《くに》として知《し》られている。

ながい【長い】

い形 **名詞形** 長《なが》さ

対 短《みじか》い

1 「長《なが》い」は、端《はし》から端《はし》までの距離《きょり》が大《おお》きいという意味《いみ》です。

い形 **対** 短《みじか》い（→p.409）

- 妹《いもうと》は髪《かみ》が**長《なが》く**、腰《こし》のあたりまで伸《の》びている。
- その建物《たてもの》は広《ひろ》くて、200《にひゃく》メートルも続《つづ》く**長《なが》い**廊下《ろうか》がある。
- マラソンのように、**長《なが》い**距離《きょり》を走《はし》るためには体力《たいりょく》が必要《ひつよう》だ。

2 「長《なが》い」は、始《はじ》まりから終《お》わりまでの時間《じかん》が多《おお》いという意味《いみ》です。

い形 **対** 短《みじか》い（→p.409）

- このモスクには、1000《せん》年以上《ねんいじょう》の**長《なが》い**歴史《れきし》がある。
- 好《す》きな人《ひと》とは、できるだけ**長《なが》い**時間《じかん》、一緒《いっしょ》にいたい。
- **長《なが》い**間《あいだ》、両親《りょうしん》に会《あ》っていないので、今度《こんど》の休《やす》みには会《あ》いに行《い》こうと思《おも》う。
- 今日《きょう》の会議《かいぎ》は、とても**長《なが》かった**。5時間《ごじかん》もかかった。

3 「長《なが》い」は、文章《ぶんしょう》などの始《はじ》まりから終《お》わりまでの量《りょう》が多《おお》いという

意味《いみ》です。**い形** **対** 短《みじか》い（→p.409）

- この小説《しょうせつ》は**長《なが》い**。１巻《いっかん》から８巻《はっかん》まであり、なかなか読《よ》み終《お》わらない。
- 外国《がいこく》に住《す》んでいる友達《ともだち》から、**長《なが》い**メールが届《とど》いた。最近《さいきん》の出来事《できごと》などがたくさん書《か》いてあって、読《よ》むのに時間《じかん》がかかった。
- ピカソのフルネームは**長《なが》くて**、カタカナで書《か》くと６０《ろくじゅう》文字《もじ》以上《いじょう》になる。ピカソ本人《ほんにん》も覚《おぼ》えられなかったそうだ。

なつかしい【懐かしい】

い形 **名詞形** 懐《なつ》かしさ

1 「懐《なつ》かしい」は、昔《むかし》、見《み》たり聞《き》いたりしたものによって、当時《とうじ》のことを強《つよ》く思《おも》い出《だ》したので、うれしかったり、気持《きも》ちが良《よ》かったりするという意味《いみ》です。**い形**

- 数年《すうねん》ぶりに、故郷《こきょう》に帰《かえ》った。人《ひと》も、景色《けしき》も、とても**懐《なつ》かしかった**。
- 友人１《ゆうじんいち》「すごく久《ひさ》しぶりに、小学校《しょうがっこう》で一緒《いっしょ》だったムーさんに会《あ》ったよ。」友人２《ゆうじんに》「**懐《なつ》かしい**！　ムーさん、元気《げんき》だった?」
- 若《わか》い頃《ころ》、よく、この店《みせ》でデートした。**懐《なつ》かしい**思《おも》い出《で》だ。

ならう【習う】

動1 **て形** 習《なら》って

対 教《おし》える

1 「習《なら》う」は、人《ひと》に教《おし》えてもらって、何度《なんど》も練習《れんしゅう》して覚《おぼ》えるという意味《いみ》です。**動1** **対** 教《おし》える（➡p.96）

- 5歳《ごさい》から12歳《じゅうにさい》までピアノを**習《なら》って**いたので、いろんな曲《きょく》が弾《ひ》ける。
- ホームステイ先《さき》で、イタリアの家庭料理《かていりょうり》をたくさん**習《なら》った**ので、イタリア料理《りょうり》が得意《とくい》です。
- もう5年《ごねん》も英会話《えいかいわ》を**習《なら》って**いるのに、英語《えいご》で道《みち》を聞《き》かれたときに全然答《ぜんぜんこた》えられなくて残念《ざんねん》だ。

にがい【苦い】

い形 **名詞形** 苦《にが》さ、苦《にが》み

1 「苦《にが》い」は、濃《こ》いお茶《ちゃ》や、砂糖《さとう》の入《はい》っていないコーヒーのような

味《あじ》だという意味《いみ》です。悪《わる》い意味《いみ》で使《つか》うことが多《おお》いです。 **い形**

- コーヒーが**苦《にが》くて**おいしくないので、少《すこ》しミルクを入《い》れた。
- 友人１《ゆうじんいち》「このチョコレート、**苦《にが》い**ね。」友人２《ゆうじんに》「カカオ９７％《きゅうじゅうななパーセント》だ。これは**苦《にが》い**ね。」
- 医者《いしゃ》からもらった薬《くすり》は、とても**苦《にが》かった**が、我慢《がまん》して飲《の》んだ。

2 「苦《にが》い」は、つらくて苦《くる》しいという意味《いみ》です。昔《むかし》の嫌《いや》な経験《けいけん》や思《おも》い出《で》に使《つか》います。 **い形**

- 好《す》きだった女《おんな》の子《こ》が、私《わたし》の親友《しんゆう》と付《つ》き合《あ》った。青春時代《せいしゅんじだい》の**苦《にが》い**思《おも》い出《で》だ。
- 旅先《たびさき》で財布《さいふ》をなくした**苦《にが》い**経験《けいけん》があるので、今《いま》は、常《つね》に気《き》を付《つ》けるようにしている。
- 人類《じんるい》には、戦争《せんそう》を続《つづ》けてきたという**苦《にが》い**歴史《れきし》がある。

関連表現1 「苦《にが》い顔《かお》」は、嫌《いや》だという気持《きも》ちのときの表情《ひょうじょう》です。

- 店員《てんいん》に、「このテレビ、少《すこ》し安《やす》くしてくれますか」と聞《き》いたら、少《すこ》し**苦《にが》い顔《かお》**をしたが、値引《ねび》きしてくれた。
- あの政治家《せいじか》は差別的《さべつてき》な発言《はつげん》をよくする。先日《せんじつ》、テレビの取材《しゅざい》でそのことを指摘《してき》されて**苦《にが》い顔《かお》**をしていた。

にがて【苦手】

な形

対 得意《とくい》

1 「苦手《にがて》」は、何《なに》かするのがうまくないという意味《いみ》です。 **な形**

対 得意《とくい》（→p.308）

- 数学《すうがく》が**苦手**《にがて》で、テストの点《てん》はいつもクラスで一番悪《いちばんわる》かった。
- 無理《むり》して**苦手**《にがて》なことを頑張《がんば》るより、得意《とくい》なことを頑張《がんば》った方《ほう》が成果《せいか》が出《で》るし、自信《じしん》も付《つ》くと思《おも》う。
- 文法《ぶんぽう》の勉強《べんきょう》が好《す》きで、単語《たんご》を覚《おぼ》えるのは得意《とくい》ですが、会話《かいわ》は**苦手**《にがて》であまり話《はな》せません。

2 「苦手《にがて》」は、相手《あいて》と性格《せいかく》や考《かんが》え方《かた》が合《あ》わないと考《かんが》えているという意味《いみ》です。 **な形**

- 彼女《かのじょ》は、私《わたし》が**苦手**《にがて》なタイプの人間《にんげん》だが、決《けっ》して悪《わる》い人《ひと》ではない。
- 私《わたし》はのんびりした性格《せいかく》なので、せっかちな人《ひと》が**苦手**《にがて》だ。
- 会社《かいしゃ》では気《き》の合《あ》う人《ひと》だけじゃなく、**苦手**《にがて》な人《ひと》とも協力《きょうりょく》して仕事《しごと》をしていかなくてはいけない。

3 「苦手《にがて》」は、それが好《す》きではなかったり、体調《たいちょう》が悪《わる》くなるので楽《たの》しめないという意味《いみ》です。**な形**

- 友達《ともだち》からスケートに行《い》こうと誘《さそ》われたが、寒《さむ》いところが**苦手《にがて》**なので断《ことわ》った。
- 友人１《ゆうじんいち》「何《なに》を食《た》べに行《い》こうか？　何《なに》か**苦手《にがて》**なものある？」友人２《ゆうじんに》「うん、特《とく》にない。何《なん》でも食《た》べられるよ。」
- 私《わたし》は高《たか》いところが**苦手《にがて》**なので観覧車《かんらんしゃ》に乗《の》ったことがない。

にぎやか

な形 **名詞形** にぎやかさ

対 寂《さび》しい、静《しず》か

1 「にぎやか」は、人《ひと》がたくさん集《あつ》まっているという意味《いみ》です。良《よ》い意味《いみ》で使《つか》います。**な形** **対** 寂《さび》しい（→p.182）

- この辺《あた》りは普段《ふだん》は静《しず》かなのに、今日《きょう》はとても**にぎやか**ですね。近《ちか》くでお祭《まつ》りでもあるんですか？
- 今日《きょう》は、昼《ひる》に**にぎやか**なパレードがあって、子供《こども》たちがたくさん見《み》にきていた。
- １２月《じゅうにがつ》は、クリスマスプレゼントを買《か》う人《ひと》やイルミネーションで、町中《まちじゅう》が**にぎやか**な雰囲気《ふんいき》になる。

2 「にぎやか」は、人《ひと》が集《あつ》まって楽《たの》しく話《はな》したり笑《わら》ったりしているような、明《あか》るくて陽気《ようき》な雰囲気《ふんいき》だという意味《いみ》です。 **な形** **対** 静《しず》か（→p.191）

- いつも誰《だれ》かの話《はな》し声《ごえ》が聞《き》こえている**にぎやか**な家庭《かてい》で育《そだ》った。
- 以前《いぜん》は夫婦《ふうふ》2人《ふたり》の生活《せいかつ》でしたが、子供《こども》が生《う》まれて、随分《ずいぶん》**にぎやか**になりました。
- あの店《みせ》はいつもジャズの生演奏《なまえんそう》があって、**にぎやか**だ。

ぬぐ【脱ぐ】

動1 **て形** 脱《ぬ》いで

☞ 脱《ぬ》がす **対** かぶる、着《き》る、履《は》く

1 「脱《ぬ》ぐ」は、服《ふく》や靴《くつ》、帽子《ぼうし》を体《からだ》から取《と》るという意味《いみ》です。 **動1**

対 かぶる（→p.124）、着《き》る（→p.154）、履《は》く（→p.346）

- 肩《かた》をけがして、服《ふく》を着《き》るときや**脱《ぬ》ぐ**ときに、とても痛《いた》い。
- 長時間飛行機《ちょうじかんひこうき》に乗《の》るときは、リラックスするために靴《くつ》を**脱《ぬ》いで**スリッパを履《は》く。

● レストランに入《はい》るときに、コートと帽子《ぼうし》を**脱《ぬ》いで**、スタッフに預《あず》けた。

ぬるい

い形

1 「ぬるい」は、熱《あつ》くなくて、冷《つめ》たくもないという意味《いみ》です。あまり良《よ》くない意味《いみ》で使《つか》うことが多《おお》いです。**い形**

● 暑《あつ》いのでエアコンをつけたが、**ぬるい**風《かぜ》が出《で》てくるだけで全然《ぜんぜん》涼《すず》しくならない。故障《こしょう》したらしい。

● 父《ちち》は４２度《よんじゅうにど》くらいの熱《あつ》いお風呂《ふろ》が好《す》きだが、私《わたし》は３８度《さんじゅうはちど》くらいの**ぬるい**お風呂《ふろ》にゆっくり入《はい》るのが好《す》きだ。

● 子《こ》「このジュース、**ぬるくて**おいしくない。」親《おや》「氷《こおり》を入《い》れて冷《ひ》やしたら?」

● 喫茶店《きっさてん》で友達《ともだち》との話《はなし》に夢中《むちゅう》になっていたら、コーヒーが**ぬるく**なってしまった。

2 「ぬるい」は、厳《きび》しくなくて、甘《あま》いという意味《いみ》です。悪《わる》い意味《いみ》で使《つか》います。**い形**

● 中学生《ちゅうがくせい》のときの演劇部《えんげきぶ》は、練習《れんしゅう》が**ぬるくて**上達《じょうたつ》しなかったが、高校《こうこう》のときは、毎日《まいにち》とても厳《きび》しい練習《れんしゅう》で、うまくなった。

● あのコーチの指導《しどう》は**ぬるい**と言《い》われているが、彼《かれ》がコーチになってからチームの成績《せいせき》はとても伸《の》びた。厳《きび》しくするだけが指導《しどう》ではないと思《おも》う。

● 確実《かくじつ》に死刑《しけい》になるだろうと見《み》られていた裁判《さいばん》だったが、結果《けっか》は無期《むき》懲役《ちょうえき》だった。世間《せけん》は、**ぬるい**判決《はんけつ》だと批判《ひはん》した。

3 「ぬるい」は、真面目《まじめ》でなくて、真剣《しんけん》に頑張《がんば》っていないという意味《いみ》です。悪《わる》い意味《いみ》で使《つか》います。 い形

● 仕事《しごと》も簡単《かんたん》で、みんなしゃべりながらだらだら働《はたら》いている。そんな**ぬるい**職場《しょくば》が嫌《いや》で転職《てんしょく》した。

● 昨日《きのう》、バレーボールクラブの試合《しあい》があったが、どちらのチームにも緊張感《きんちょうかん》がなく、**ぬるい**試合《しあい》だった。

● 大学生《だいがくせい》の頃《ころ》は、特《とく》に勉強《べんきょう》もせず、毎日《まいにち》楽《たの》しければ良《い》いという、**ぬるい**毎日《まいにち》を送《おく》っていた。

ねっしん【熱心】

な形　名詞形　熱心《ねっしん》さ

1 「熱心《ねっしん》」は、一生懸命《いっしょうけんめい》に頑張《がんば》っているという意味《いみ》です。な形

- 彼《かれ》は、あのアイドルの**熱心**《ねっしん》なファンで、どんなに遠《とお》いところでコンサートがあっても必《かなら》ず行《い》く。
- 母《はは》は最近《さいきん》、地域《ちいき》のボランティア活動《かつどう》に**熱心**《ねっしん》に取《と》り組《く》んでいて、毎日《まいにち》とても忙《いそが》しそうだ。
- 関先生《せきせんせい》の**熱心**《ねっしん》な指導《しどう》のおかげで、それまで嫌《きら》いだった漢字《かんじ》の勉強《べんきょう》が楽《たの》しくなった。とても感謝《かんしゃ》している。

ねむい【眠い】

い形　名詞形　眠《ねむ》さ

1 頭《あたま》や体《からだ》が疲《つか》れていて、寝《ね》たいと思《おも》うことを「眠《ねむ》い」といいます。

い形

- 妻《つま》「**眠《ねむ》い**。もう寝《ね》るね。」夫《おっと》「おやすみなさい。」
- 昨日《きのう》あまり寝《ね》ていないので、今日《きょう》は一日中《いちにちじゅう》、**眠《ねむ》かった**。あくびばかりしていた。
- 運転中《うんてんちゅう》に**眠《ねむ》く**なってきたので、車《くるま》を止《と》めて休憩《きゅうけい》することにした。
- 昼《ひる》ごはんを食《た》べた後《あと》、**眠《ねむ》くて**たまらなくなり、少《すこ》し昼寝《ひるね》をした。

ねる【寝る】

動2　て形　寝《ね》て

対　起《お》きる、立《た》つ

1　「寝《ね》る」は、夜《よる》などに、体《からだ》を横《よこ》にして目《め》を閉《と》じて休《やす》むという意味《いみ》です。動2　対　起《お》きる（→p.89）

- 長時間飛行機《ちょうじかんひこうき》に乗《の》っていて疲《つか》れた。早《はや》く家《いえ》に帰《かえ》ってベッドで**寝《ね》たい**。
- 明日《あした》は朝《あさ》4時《よじ》に起《お》きなくちゃいけないので、今日《きょう》は早《はや》く**寝《ね》よう**。
- ペットの犬《いぬ》はいつも弟《おとうと》の部屋《へや》で**寝《ね》て**いる。
- 親《おや》「おーい、まだ**寝《ね》てる**のか？　もう朝《あさ》だぞ、起《お》きなさい。」子《こ》「今日《きょう》は学校休《がっこうやす》みだから、もうちょっと**寝《ね》る**。」

2　「寝《ね》る」は、体《からだ》を横《よこ》にするという意味《いみ》です。動2　対　起《お》きる

（→p.89）、立《た》つ（→p.249）

● 休《やす》みの日《ひ》は、ソファに**寝**《ね》ながら映画《えいが》を見《み》ています。

● 友人《ゆうじん》1《いち》「ごめん、昨日《きのう》から母《はは》が風邪《かぜ》で**寝て**《ね》いるから、今日《きょう》はもう帰《かえ》るね。」友人《ゆうじん》2《に》「え、そうなんだ。お大事《だいじ》に。」

● 昨日《きのう》から腰《こし》が痛《いた》くて起《お》き上《あ》がれなくて、一日中《いちにちじゅう》**寝て**《ね》いる。

関連表現1 **「寝《ね》ても覚《さ》めても」は、寝《ね》ているときも起《お》きているときも、いつでも、という意味《いみ》です。**

● 来月《らいげつ》の旅行《りょこう》が楽《たの》しみで、**寝**《ね》**ても覚**《さ》**めても**そのことばかり考《かんが》えている。

● 同《おな》じクラスに気《き》になる人《ひと》がいる。**寝**《ね》**ても覚**《さ》**めても**その人《ひと》のことを考《かんが》えている。恋《こい》かもしれない。

な

のむ【飲む】

動1 **て形** **飲《の》んで**

対 **吐《は》く** **尊** **召《め》し上《あ》がる**

1 **「飲《の》む」は、飲《の》み物《もの》や薬《くすり》などを口《くち》からいれて、かまずに喉《のど》を通《とお》して体内《たいない》に流《なが》し込《こ》むという意味《いみ》です。** **動1** **対** **吐《は》く**

● おなかが痛《いた》いときは、この薬《くすり》を**飲**《の》**む**といいよ。

- 暑《あつ》い日《ひ》は熱中症《ねっちゅうしょう》にならないように、こまめに水《みず》を**飲《の》んで**ください。
- 寒《さむ》いときにはあまりコーヒーを**飲《の》みません**が、暑《あつ》いときにはアイスコーヒーをよく**飲《の》みます**。
- みそ汁《しる》が好《す》きで、毎朝《まいあさ》**飲《の》んで**います。

2 「のむ」は、声《こえ》や息《いき》などが外《そと》に出《で》ないようにするという意味《いみ》です。

動1

- 早朝《そうちょう》の山頂《さんちょう》からの景色《けしき》は息《いき》を**のむ**ほどの美《うつく》しさだった。
- 恋人《こいびと》との結婚《けっこん》を家族《かぞく》に反対《はんたい》されて、涙《なみだ》を**のんで**諦《あきら》めた。
- 反論《はんろん》したかったが、彼《かれ》には理解《りかい》してもらえないだろうと思《おも》い、言葉《ことば》を**のんだ**。

3 「のむ」は、要求《ようきゅう》や条件《じょうけん》を受《う》け入《い》れるという意味《いみ》です。 動1

- どうしてもこの会社《かいしゃ》で働《はたら》きたいので、会社《かいしゃ》の出《だ》す条件《じょうけん》は**のむ**つもりだ。
- デモをやっても、政府《せいふ》は要求《ようきゅう》を**のんで**くれないだろう。
- 毎日《まいにち》話《はな》し合《あ》った結果《けっか》、妻《つま》の案《あん》を**のんで**、子供《こども》の教育《きょういく》のために海外《かいがい》に引《ひ》っ越《こ》すことにした。

関連表現1 「固唾《かたず》をのむ」は、どうなるか分《わ》からないので緊張《きんちょう》しているという意味《いみ》です。

- 弟《おとうと》は、応援《おうえん》しているチームの決勝戦《けっしょうせん》を、**固唾《かたず》をのんで**見守《みまも》っている。
- １０分後《じゅっぷんご》に発表《はっぴょう》される試験《しけん》の結果《けっか》を私《わたし》は**固唾《かたず》をのんで**待《ま》った。

● これで優勝《ゆうしょう》が決《き》まる。最後《さいご》のサーブを、観客《かんきゃく》は**固唾《かたず》をのんで**見守《みまも》った。

のりかえる【乗り換える】

動2 て形 **乗《の》り換《か》えて** 名詞形 **乗《の》り換《か》え**

1 **「乗《の》り換《か》える」は、乗《の》っていた乗《の》り物《もの》を降《お》りて、別《べつ》の乗《の》り物《もの》に乗《の》るという意味《いみ》です。** **動2**

● 会場《かいじょう》に行《い》くには、電車《でんしゃ》を降《お》りた後《あと》、バスに**乗《の》り換《か》えます**。

● 東京駅《とうきょうえき》に行《い》くには、次《つぎ》の駅《えき》でオレンジ色《いろ》の電車《でんしゃ》に**乗《の》り換《か》えて**ください。

● 次《つぎ》の駅《えき》で急行《きゅうこう》に**乗《の》り換《か》えよう**。そうすれば10分《じゅっぷん》早《はや》く着《つ》くよ。

● 家《いえ》から会社《かいしゃ》へ行《い》くには、電車《でんしゃ》を2回《にかい》**乗《の》り換《か》えなければ**いけない。

2 **「乗《の》り換《か》える」は、これまで使《つか》っていたサービスをやめて、他《ほか》の会社《かいしゃ》のサービスを使《つか》うという意味《いみ》です。** **動2**

● 来月《らいげつ》からインターネットの料金《りょうきん》が高《たか》くなるので、別《べつ》の会社《かいしゃ》に**乗《の》り換《か》える**つもりだ。

● 今契約《いまけいやく》している自動車保険《じどうしゃほけん》の保険料《ほけんりょう》が高《たか》いので、他《ほか》の自動車保険《じどうしゃほけん》に**乗《の》り換《か》えよう**と思《おも》う。

● 友達《ともだち》に薦《すす》められて、マイレージがたくさんたまるクレジットカードに**乗《の》り換《か》えた**。

のる【乗る】

動1 **て形** **乗《の》って**

対 **下《お》りる、降《お》りる**

1 「乗《の》る」は、物《もの》の上《うえ》に立《た》ったり、座《すわ》ったりするという意味《いみ》です。

動1 **対** 下《お》りる、降《お》りる（→p.110）

● 弟《おとうと》はまだ背《せ》が小《ちい》さいので、台《だい》に**乗《の》らない**と電気《でんき》のスイッチに手《て》が届《とど》かない。

● ペットの猫《ねこ》は、寒《さむ》いと私《わたし》の膝《ひざ》の上《うえ》に**乗《の》って**くる。

● ダイエットをしている息子《むすこ》は、毎朝《まいあさ》体重計《たいじゅうけい》に**乗《の》って**、体重《たいじゅう》を記録《きろく》している。

2 「乗《の》る」は、自分《じぶん》で歩《ある》かないで乗《の》り物《もの》などを使《つか》うという意味《いみ》です。

動1 **対** 降《お》りる（→p.110）

● 祖母《そぼ》の住《す》む町《まち》は、車《くるま》だと5時間以上《ごじかんいじょう》かかるが、新幹線《しんかんせん》に**乗《の》れば**2《に》時間《じかん》で行《い》ける。

● 友人1《ゆうじんいち》「最近《さいきん》、ちょっと太《ふと》ったみたい。」友人2《ゆうじんに》「車《くるま》に**乗《の》らない**で、歩《ある》いた方《ほう》がいいよ。」

● いつもは階段《かいだん》を使《つか》うが、今日《きょう》は荷物《にもつ》が重《おも》いのでエレベーターに**乗《の》った**。

関連表現1 **「相談《そうだん》に乗《の》る」は、困《こま》っている人《ひと》の話《はなし》を聞《き》いて助言《じょげん》をするという意味《いみ》です。**

● 友人1《ゆうじんいち》「元気《げんき》ないけど、どうしたの？　困《こま》ってることがあるなら、相談《そうだん》に**乗《の》る**よ。」友人2《ゆうじんに》「ありがとう。実《じつ》は最近《さいきん》、仕事《しごと》がうまく行《い》かなくて。」

● 姉《あね》は、私《わたし》が悩《なや》んでいると、いつも相談《そうだん》に**乗《の》って**くれる。

関連表現2 **「調子《ちょうし》に乗《の》る」は、得意《とくい》になることです。悪《わる》い意味《いみ》で使《つか》います。**

● 前回《ぜんかい》のテストは勉強《べんきょう》をしなくても良《い》い点数《てんすう》が取《と》れた。**調子《ちょうし》に乗《の》って**今回《こんかい》も勉強《べんきょう》しないでいたら、ひどい点数《てんすう》だった。

● 新《あたら》しい車《くるま》を買《か》った。運転《うんてん》しやすいので、**調子《ちょうし》に乗《の》って**スピードを出《だ》し過《す》ぎてしまった。

はいる【入る】

動1　て形　入《はい》って

対　出《で》る

1 「入《はい》る」は、人《ひと》やものが外《そと》から中《なか》に移動《いどう》するという意味《いみ》です。

動1　対　出《で》る（→p.296）

- 虫《むし》が部屋《へや》に**入《はい》らない**ように窓《まど》を閉《し》める。
- 部屋《へや》に**入《はい》る**ときはノックをしてください。
- 今日《きょう》は少《すこ》し涼《すず》しいせいか、ビーチに人《ひと》はいるけど、海《うみ》に**入《はい》る**人《ひと》は少《すく》ない。
- 喉《のど》が乾《かわ》いたので、喫茶店《きっさてん》に**入《はい》って**、冷《つめ》たいお茶《ちゃ》を飲《の》んだ。

2 「入《はい》る」は、何《なに》かの中《なか》に他《ほか》のものが足《た》されるという意味《いみ》です。

動1

- このチョコレートは、お酒《さけ》が**入《はい》って**いるので、たくさん食《た》べると酔《よ》ってしまう。
- 青《あお》いマグカップはジンさんのコップです。赤《あか》い三角《さんかく》の模様《もよう》が**入《はい》ってる**マグカップは私《わたし》のです。
- グラスを倒《たお》したら、ひびが**入《はい》って**しまった。割《わ》れたら危《あぶ》ないので捨《す》てよう。

● 「ごめんなさい」と謝《あやま》っても、言葉《ことば》に気持《きも》ちが**入《はい》って**いなければ、相手《あいて》には伝《つた》わらない。

3 「入《はい》る」は、組織《そしき》の仲間《なかま》になるという意味《いみ》です。 動1

● 弟《おとうと》は１８歳《じゅうはっさい》のときに大学《だいがく》に**入《はい》って**、２４歳《にじゅうよんさい》で卒業《そつぎょう》しました。

● 大学《だいがく》を出《で》たら、ゲーム開発《かいはつ》の会社《かいしゃ》に**入《はい》って**、プログラミングの仕事《しごと》をしたい。

● 高校《こうこう》でボクシング部《ぶ》に**入《はい》った**が、練習《れんしゅう》がきつかったのですぐにやめてしまった。

4 「入《はい》る」は、保険《ほけん》などの助《たす》け合《あ》いの仲間《なかま》になるという意味《いみ》です。 動1

● 海外旅行《かいがいりょこう》に行《い》くときは、病気《びょうき》になったときのために、保険《ほけん》に**入《はい》った**方《ほう》がいい。

● 大《おお》きいけがをして働《はたら》けなくなってしまったので、娘《むすめ》の扶養《ふよう》に**入《はい》る**ことにしました。

● 個人年金《こじんねんきん》に**入《はい》って**いるが、老後《ろうご》のためにもっと貯金《ちょきん》をしたい。

5 「入《はい》る」は、予定《よてい》などが決《き》まるという意味《いみ》です。 動1

● （レストランで）店員《てんいん》「こちらの料理《りょうり》は注文《ちゅうもん》が**入《はい》って**から調理《ちょうり》をするので、３０分《さんじゅっぷん》ほどお待《ま》たせしますが、お時間大丈夫《じかんだいじょうぶ》でしょうか？」客《きゃく》

「はい。構《かま》いません。」

- 駅前《えきまえ》のホテルの禁煙《きんえん》ルームは全《すべ》て予約《よやく》が**入《はい》って**いて空《あ》きがなかった。別《べつ》のホテルを探《さが》そう。
- 土曜日《どようび》の昼《ひる》に、友達《ともだち》とごはんを食《た》べる約束《やくそく》をしていたが、仕事《しごと》の予定《よてい》が**入《はい》って**しまった。

6 「入《はい》る」は、服《ふく》や靴《くつ》が小《ちい》さくないので、服《ふく》が着《き》られたり、靴《くつ》を履《は》けたりするという意味《いみ》です。 動1

- 最近《さいきん》太《ふと》ったので、去年《きょねん》買《か》ったスカートが**入《はい》らなく**なった。
- 飛行機《ひこうき》がそろそろ目的地《もくてきち》に到着《とうちゃく》するので靴《くつ》を履《は》こうとしたが、足《あし》がむくんで**入《はい》らない**。
- ダイエットをして５《ご》キロ痩《や》せたら、１《ひと》つ下《した》のサイズのズボンが**入《はい》る**ようになった。

7 「入《はい》る」は、１《ひと》つの時間《じかん》から別《べつ》の時間《じかん》になるという意味《いみ》です。 動1

- ２１世紀《にじゅういっせいき》に**入《はい》り**、経済《けいざい》のグローバル化《か》はますます進《すす》んだ。
- ニュースによると、雨季《うき》に**入《はい》った**らしい。毎日雨《まいにちあめ》ばかりで嫌《いや》だ。
- （会社《かいしゃ》で）会議《かいぎ》の開始時間《かいしじかん》となりましたが、本題《ほんだい》に**入《はい》る**前《まえ》に、１《ひと》つ連絡《れんらく》があります。

関連表現１ 「頭《あたま》に入《はい》る」は、理解《りかい》したり、記憶《きおく》したりするという

意味《いみ》です。

● 昨日《きのう》見《み》た映画《えいが》は、話《はなし》が難《むずか》しくて全然《ぜんぜん》**頭《あたま》に入《はい》って**こなかった。

● 仲《なか》の良《い》い友達《ともだち》の電話番号《でんわばんごう》と住所《じゅうしょ》は、**頭《あたま》に入《はい》って**る。

関連表現2 **「手《て》に入《はい》る」は、自分《じぶん》のものになるという意味《いみ》です。**

● コンビニでは生活《せいかつ》に必要《ひつよう》なものがほとんど**手《て》に入《はい》る**。

● 人気《にんき》アイドルのコンサートは、チケットがすぐに売《う》り切《き》れてしまうので、なかなか**手《て》に入《はい》らない**。

関連表現3 **「風呂《ふろ》に入《はい》る」は、風呂場《ふろば》で体《からだ》を洗《あら》ったり、湯舟《ゆぶね》に入《はい》ったりするという意味《いみ》です。**

● 運動《うんどう》をして汗《あせ》をかいたので、家《いえ》に帰《かえ》ったらすぐ**お風呂《ふろ》に入《はい》りたい**。

● 疲《つか》れていたので、**風呂《ふろ》に入《はい》った**まま寝《ね》てしまった。

関連表現4 **「耳《みみ》に入《はい》る」は、うわさや知《し》られたくない情報《じょうほう》が人《ひと》に伝《つた》わるという意味《いみ》です。**

● 麻衣《まい》さんが転職活動《てんしょくかつどう》をしているらしいといううわさが部長《ぶちょう》の**耳《みみ》に入《はい》った**。

● 大学《だいがく》で単位《たんい》を落《お》として留年《りゅうねん》が決《き》まったことが、両親《りょうしん》の**耳《みみ》に入《はい》って**しまった。

関連表現5 **「目《め》に入《はい》る」は、見《み》えるという意味《いみ》です。**

- 駅《えき》を出《で》ると、すぐ**目《め》に入《はい》る**ところに、赤《あか》い看板《かんばん》があります。
- 電車《でんしゃ》の外《そと》を見《み》ていたら、大《おお》きい桜《さくら》の木《き》が**目《め》に入《はい》って**きた。
- 友人1《ゆうじんいち》「駅前《えきまえ》に新《あたら》しい喫茶店《きっさてん》ができたね。」友人2《ゆうじんに》「先月《せんげつ》からあるよ。今《いま》まで**目《め》に入《はい》らなかった**の？」

関連表現6 「〜に熱《ねつ》が入《はい》る」は、〜に強《つよ》く集中《しゅうちゅう》するという意味《いみ》です。

- 姉《あね》は、ギターの練習《れんしゅう》**に熱《ねつ》が入《はい》る**と、誰《だれ》かが話《はな》しかけても気《き》が付《つ》かない。
- 子供《こども》にテコンドーを教《おし》えていたら、つい**熱《ねつ》が入《はい》って**、気付《きづ》いたら夕飯《ゆうはん》の時間《じかん》になっていた。

はく【履く】

動1 **て形** 履《は》いて

対 脱《ぬ》ぐ

1 「〜を履《は》く」は、ズボンやスカートに足《あし》を通《とお》したり、靴《くつ》に足《あし》を入《い》れたりするという意味《いみ》です。**動1** **対** 脱《ぬ》ぐ（➡p.332）

- 釣《つ》りに行《い》くときは、日《ひ》に焼《や》けないように長袖《ながそで》シャツを着《き》て、長《なが》ズボンを**履《は》いた**方《ほう》がいい。
- 山《やま》に登《のぼ》るときは、底《そこ》が厚《あつ》い靴《くつ》を**履《は》いた**方《ほう》がいい。

● 寒《さむ》い日《ひ》は、夜《よる》寝《ね》るときにも靴下《くつした》を**履《は》いて**いる。

はげしい【激しい】

い形 **名詞形** 激《はげ》しさ

対 穏《おだ》やかだ、緩《ゆる》やかだ

1 「激《はげ》しい」は、勢《いきお》いが強《つよ》いという意味《いみ》です。**い形** **対** 穏《おだ》やかだ

● **激《はげ》しい**雨《あめ》が降《ふ》って、家《いえ》の前《まえ》の道路《どうろ》が川《かわ》のようになった。

● 地震《じしん》で、建物《たてもの》が**激《はげ》しく**揺《ゆ》れた。棚《たな》にあった皿《さら》が落《お》ちて、割《わ》れてしまった。

● 最近《さいきん》、スマホのバッテリーの消耗《しょうもう》が**激《はげ》しい**。すぐになくなってしまうので、電池《でんち》の交換《こうかん》が必要《ひつよう》だ。

2 「激《はげ》しい」は、怒《いか》りや、悲《かな》しみなどの感情《かんじょう》が強《つよ》く現《あらわ》れているという意味《いみ》です。**い形** **対** 穏《おだ》やかだ

● あの人《ひと》は**激《はげ》しい**性格《せいかく》だ。怒《おこ》りっぽくて、すぐに興奮《こうふん》して怒鳴《どな》る。

● 今後《こんご》の方針《ほうしん》について、5時間《ごじかん》にもおよぶ**激《はげ》しい**議論《ぎろん》が行《おこな》われた。

● 強《つよ》い危機感《ききかん》をもった若者《わかもの》が、**激《はげ》しい**口調《くちょう》で環境問題《かんきょうもんだい》を訴《うった》えている。

3 「激《はげ》しい」は、程度《ていど》がとても大《おお》きいという意味《いみ》です。悪《わる》いことに

使《つか》います。い形

- 突然《とつぜん》、おなかに**激《はげ》しい**痛《いた》みを感《かん》じて病院《びょういん》に行《い》った。すぐに手術《しゅじゅつ》をすることになった。
- 最近《さいきん》、気温《きおん》の差《さ》が**激《はげ》しい**。昨日《きのう》は暑《あつ》かったのに、今日《きょう》はとても寒《さむ》い。
- 息子《むすこ》は食《た》べものの好《す》き嫌《きら》いが**激《はげ》しく**、気《き》に入《い》った料理《りょうり》しか食《た》べない。

4 「～が激《はげ》しい」は、繰《く》り返《かえ》し起《お》きて、数《かず》や程度《ていど》がとても大《おお》きいという意味《いみ》です。い形 対 緩《ゆる》やかだ

- 若者《わかもの》のファッションは変化《へんか》**が激《はげ》しい**。毎年《まいとし》のように流行《りゅうこう》が変《か》わる。
- 彼《かれ》は、感情《かんじょう》の起伏《きふく》**が激《はげ》しく**、突然《とつぜん》怒《おこ》ったり、泣《な》いたりする。
- 隣《となり》の事務所《じむしょ》は、毎日《まいにち》、いろいろな人《ひと》が訪《たず》ねてきて、人《ひと》の出入《でい》り**が激《はげ》しい**。

はじまる【始まる】

動1 て形 始《はじ》まって 名詞形 始《はじ》まり

☞ 始《はじ》める（→p.350） 対 終《お》わる

1 「始《はじ》まる」は、何《なに》か新《あたら》しいことが起《お》こるという意味《いみ》です。動1

対 終《お》わる（→p.111）

- 明日《あした》から企業《きぎょう》での研修《けんしゅう》が**始《はじ》まります**。研修《けんしゅう》は来週《らいしゅう》の金曜日《きんようび》までです。
- とてもかわいいコートを見《み》つけました。バーゲンが**始《はじ》まる**まで待《ま》って、安《やす》くなっていたら買《か》うつもりです。
- 午後8時《ごごはちじ》に最初《さいしょ》の花火《はなび》が打《う》ち上《あ》げられ、毎年恒例《まいとしこうれい》の花火大会《はなびたいかい》が**始《はじ》まった**。

2 「始《はじ》まる」は、人《ひと》がいつもしてしまう癖《くせ》が出《で》るという意味《いみ》です。

動1

- また**始《はじ》まった**。不安《ふあん》になるとすぐ爪《つめ》を噛《か》む癖《くせ》、やめた方《ほう》がいいよ。
- ほら、また**始《はじ》まった**。あの人《ひと》って、いつも誰《だれ》かの悪口《わるぐち》を言《い》っているよね。
- また母《はは》の愚痴《ぐち》が**始《はじ》まった**。同《おな》じことを何回《なんかい》も言《い》うから、もう誰《だれ》も真剣《しんけん》には聞《き》かない。

関連表現1 「〜ても始《はじ》まらない」は、それをしてもどうにもならない、無駄《むだ》だという意味《いみ》です。

- 将来《しょうらい》のことを心配《しんぱい》し**ても始《はじ》まらない**。今《いま》できることに集中《しゅうちゅう》した方《ほう》がいい。
- 思《おも》い通《どお》りにならないからと言《い》って、人《ひと》に八《や》つ当《あ》たりし**ても始《はじ》まらない**よ。どうにもならないことだってあるんだから。

はじめる【始める】

動2　て形　始《はじ》めて　名詞形　始《はじ》め

☞　始《はじ》まる（→p.348）　対　終《お》える、やめる

1　「始《はじ》める」は、それまでしていなかったことをするという意味《いみ》です。動2　対　終《お》える、やめる

- 今日《きょう》からタイ語《ご》の勉強《べんきょう》を**始《はじ》めます**。来月《らいげつ》までに、せめてあいさつくらいはできるようになりたいです。
- 明日《あした》から3泊《さんぱく》の出張《しゅっちょう》だ。そろそろ荷物《にもつ》の準備《じゅんび》を**始《はじ》めない**と間《ま》に合《あ》わない。
- 親《おや》の遺産《いさん》を受《う》け取《と》ったが、銀行《ぎんこう》に預《あず》けても利息《りそく》がつかないので、そのお金《かね》で投資《とうし》を**始《はじ》める**ことにしました。

2　「始《はじ》める」は、会社《かいしゃ》や店《みせ》などを作《つく》るという意味《いみ》です。動2　対　やめる

- 旅行会社《りょこうかいしゃ》を辞《や》めて、体験型《たいけんがた》のツアーを企画《きかく》する会社《かいしゃ》を**始《はじ》めた**。
- この町《まち》でレストランを**始《はじ》めて**、今年《ことし》で１０年《じゅうねん》になります。
- 自分《じぶん》が本当《ほんとう》に好《す》きな物《もの》だけを集《あつ》めたお店《みせ》を**始《はじ》めました**。

3 「始《はじ》める」は、いつもしてしまう癖《くせ》を出《だ》すという意味《いみ》です。

動2 **対** やめる

- 子供《こども》たちが集《あつ》まると、すぐにみんなでいたずらを**始《はじ》める**ので、親《おや》たちは落《お》ち着《つ》いて話《はなし》もできない。
- 介護施設《かいごしせつ》にいる祖母《そぼ》は、私《わたし》が面会《めんかい》に行《い》くたびに昔《むかし》の話《はなし》を**始《はじ》める**。
- 彼《かれ》は若《わか》いスタッフを見《み》るとすぐに説教《せっきょう》を**始《はじ》める**ので、最近《さいきん》はみんな近寄《ちかよ》らないようにしている。

はずかしい【恥ずかしい】

い形 **名詞形** 恥《は》ずかしさ

1 「恥《は》ずかしい」は、欠点《けってん》があったり、失敗《しっぱい》をしたりして、そこから逃《に》げたいような落《お》ち着《つ》かない気持《きも》ちだという意味《いみ》です。**い形**

- 私《わたし》は歌《うた》が下手《へた》なので、人前《ひとまえ》で歌《うた》うのは**恥《は》ずかしい**。
- フォーマルなパーティーなのに、カジュアルな服装《ふくそう》で来《き》てしまった。**恥《は》ずかしかった**ので早《はや》めに帰《かえ》った。
- 友人《ゆうじん》と間違《まちが》えて、知《し》らない人《ひと》に話《はな》しかけてしまった。ちょっと**恥《は》ずかしかった**。

2 **「恥《は》ずかしい」は、他《ほか》の人《ひと》から注目《ちゅうもく》されて、そこから逃《に》げたいような落《お》ち着《つ》かない気持《きも》ちだという意味《いみ》です。** **い形**

- たくさんの人《ひと》の前《まえ》で話《はな》すのは、**恥《は》ずかしい**から嫌《いや》だ。
- 子供《こども》の頃《ころ》は、人《ひと》の前《まえ》に出《で》るのが**恥《は》ずかしくて**、劇《げき》やダンスの発表会《はっぴょうかい》は好《す》きではなかった。
- 友人《ゆうじん》「アンドラダさんって、料理《りょうり》が上手《じょうず》だね。プロみたい。」アンドラダ「そんなに褒《ほ》められると、**恥《は》ずかしい**よ。」

3 **「恥《は》ずかしい」は、犯罪《はんざい》など、悪《わる》いことをしてしまって、そのことを人《ひと》に話《はな》せないと思《おも》うほど落《お》ち着《つ》かない気持《きも》ちだという意味《いみ》です。**

い形

- **恥《は》ずかしい**ことに、私《わたし》は、道《みち》で拾《ひろ》った財布《さいふ》を警察《けいさつ》に届《とど》けず、お金《かね》を自分《じぶん》のものにしてしまったことがある。
- 彼《かれ》は、人《ひと》をだましてばかりいる。**恥《は》ずかしい**と思《おも》わないのだろうか。
- 私《わたし》は、あなたにうそをついていました。**恥《は》ずかしい**限《かぎ》りです。

はたらく【働く】

動1 て形 働《はたら》いて　名詞形 働《はたら》き

対 遊《あそ》ぶ

1 「働《はたら》く」は、仕事《しごと》をするという意味《いみ》です。**動1** 対 遊《あそ》ぶ（→p.32）

- 兄《あに》は、ＩＴ《アイティー》の会社《かいしゃ》でエンジニアとして**働《はたら》いて**いる。
- 将来《しょうらい》は海外《かいがい》で医者《いしゃ》として**働《はたら》きたい**。
- 学費《がくひ》を稼《かせ》ぐために、**働《はたら》き**ながら大学《だいがく》を卒業《そつぎょう》した。

2 「働《はたら》く」は、人《ひと》の頭《あたま》や機械《きかい》などが動《うご》くという意味《いみ》です。**動1**

- 会議《かいぎ》が3時間《さんじかん》以上《いじょう》続《つづ》いて、頭《あたま》が**働《はたら》かなく**なってきた。ちょっと休《やす》もう。
- 今日《きょう》の商談《しょうだん》は、「失敗《しっぱい》したくない」という意識《いしき》が**働《はたら》いた**せいか、すごく緊張《きんちょう》した。
- とても頭《あたま》にきたが、理性《りせい》が**働《はたら》いて**冷静《れいせい》に相手《あいて》に思《おも》いを伝《つた》えることができた。
- 指紋《しもん》認証《にんしょう》機能《きのう》が**働《はたら》かなく**なってしまった。これではスマホのロックが解除《かいじょ》できない。
- 新《あたら》しい車《くるま》は、前方《ぜんぽう》に障害物《しょうがいぶつ》があると安全装置《あんぜんそうち》が**働《はたら》いて**、自動的《じどうてき》にブレーキがかかるので安心《あんしん》だ。

3 「働《はたら》く」は、自然《しぜん》や社会《しゃかい》などの仕組《しく》みが動《うご》くという意味《いみ》です。

動1

- 海《うみ》では塩《しお》のおかげで浮力《ふりょく》が**働《はたら》く**ので、プールより海《うみ》の方《ほう》が泳《およ》ぎやすいです。
- 月《つき》や太陽《たいよう》が地球《ちきゅう》の周《まわ》りを回《ま》るのは、引力《いんりょく》が**働《はたら》いて**いるからです。
- 規制《きせい》をなくせば競争原理《きょうそうげんり》が**働《はたら》いて**、商品《しょうひん》やサービスの質《しつ》は良《よ》くなるはずだ。
- 市場《しじょう》メカニズムが**働《はたら》いて**、株価《かぶか》は適正《てきせい》な価格《かかく》に落《お》ち着《つ》いた。

はなす【話す】

動1 て形 話《はな》して　名詞形 話《はなし》

尊 おっしゃる　謙 申《もう》し上《あ》げる

1 「話《はな》す」は、考《かんが》えや経験《けいけん》などを声《こえ》に出《だ》して相手《あいて》に伝《つた》えるという意味《いみ》です。**動1**

- 私《わたし》は1週間《いっしゅうかん》に1度《いちど》、母《はは》と電話《でんわ》で**話《はな》す**。仕事《しごと》のことや生活《せいかつ》の様子《ようす》などを伝《つた》えている。
- 私《わたし》は人前《ひとまえ》で**話《はな》す**のは得意《とくい》ではない。緊張《きんちょう》して、声《こえ》が震《ふる》えて小《ちい》さくなってしまう。

- 友達《ともだち》の結婚式《けっこんしき》のスピーチを頼《たの》まれた。何《なに》を**話《はなし》そう**かいろいろ考《かんが》えている。
- 恋人《こいびと》に、もっと2人《ふたり》で過《す》ごす時間《じかん》を増《ふ》やしたいと正直《しょうじき》に気持《きも》ちを**話《はな》した**。

2 「話《はな》す」は、何《なに》かを決《き》めるために他《ほか》の人《ひと》の考《かんが》えを聞《き》いたり、自分《じぶん》の考《かんが》えを言《い》ったりするという意味《いみ》です。 **動1**

- 4人《よにん》で5時間《ごじかん》**話《はな》して**、やっと新《あたら》しい商品《しょうひん》の名前《なまえ》が決《き》まった。
- 卒業後《そつぎょうご》の進路《しんろ》について、昨日《きのう》両親《りょうしん》と**話《はな》した**。両親《りょうしん》が私《わたし》の意見《いけん》に賛成《さんせい》してくれたのでうれしかった。
- どんな結婚式《けっこんしき》にするか、パートナーと2人《ふたり》で**話《はな》して**決《き》めようと思《おも》う。

3 「～を話《はな》す」は、～の言語《げんご》を聞《き》いて分《わ》かったり、言《い》いたいことが言《い》えたりするという意味《いみ》です。 **動1**

- 祖母《そぼ》と祖父《そふ》は古《ふる》い方言《ほうげん》**を話《はな》す**ので、時々《ときどき》分《わ》からないことがある。
- 夫《おっと》は日本語《にほんご》**を話《はな》さない**ので、日本《にほん》に行《い》くときはいつも私《わたし》が通訳《つうやく》をしている。
- うちの会社《かいしゃ》には4つ《よっ》の言語《げんご》**を話《はな》す**社員《しゃいん》がいます。

はやい【早い】

い形 **名詞形** 早《はや》さ

対 遅《おそ》い

1 「早《はや》い」は、予定《よてい》していた時間《じかん》や、いつもの時間《じかん》より前《まえ》だという意味《いみ》です。 い形 対 遅《おそ》い（→p.97）

- 最近《さいきん》とても忙《いそが》しいので、今日《きょう》は、いつもより1時間**早**《いちじかんはや》**く**会社《かいしゃ》に行《い》って、仕事《しごと》を始《はじ》めた。
- 今朝《けさ》は、とても**早**《はや》**く**起《お》きた。4時《よじ》にベッドから出《で》て、散歩《さんぽ》をして、シャワーを浴《あ》びて、ゆっくり朝《あさ》ごはんを食《た》べた。
- 子《こ》「あれ、お父《とう》さん、今日《きょう》は帰《かえ》りが**早**《はや》**い**ね。」父《ちち》「うん、今日《きょう》は仕事《しごと》が**早**《はや》**く**終《お》わったからね。」

2 「早《はや》い」は、簡単《かんたん》だという意味《いみ》です。 い形

- （待《ま》ち合《あ》わせで）友人1《ゆうじんいち》「オカンポさん、遅《おそ》いね。メールしてみようか。」
  友人2《ゆうじんに》「メールするより電話《でんわ》した方《ほう》が**早**《はや》**い**よ。」
- 分《わ》からないことがあるときは、インターネットで調《しら》べるのが一番**早**《いちばんはや》**い**。
- やり方《かた》を説明《せつめい》して誰《だれ》かにやってもらうより、自分《じぶん》でやった方《ほう》が**早**《はや》**い**。

3 「早《はや》い」は、何《なに》かをするのに必要《ひつよう》な時間《じかん》が短《みじか》いという意味《いみ》です。

い形　**対** 遅《おそ》い（→p.97）

- （病院《びょういん》で友人《ゆうじん》のお見舞《みま》い）「けがの具合《ぐあい》はどう？　**早《はや》く**良《よ》くなってね。」
- 弟《おとうと》が足《あし》の骨《ほね》を折《お》って入院《にゅういん》していたが、来週《らいしゅう》には退院《たいいん》できるそうだ。医者《いしゃ》は、「若《わか》い人《ひと》は回復《かいふく》が**早《はや》い**ですね」と驚《おどろ》いていた。
- 部下《ぶか》のヒョヌさんは理解《りかい》が**早《はや》くて**助《たす》かる。細《こま》かく説明《せつめい》しなくても分《わ》かってくれる。

4 「（まだ）～は早《はや》い」は、まだ～をするのに良《よ》い時間《じかん》ではないという意味《いみ》です。**い形**

- （テレビでサッカーを見《み》ていて）友人1《ゆうじんいち》「あー、もう駄目《だめ》だ。負《ま》けたー。」
友人2《ゆうじんに》「諦《あきら》めるの**は早《はや》い**よ。試合《しあい》の時間《じかん》はまだ、3分《さんぷん》あるんだから。」
- 今夜《こんや》は暇《ひま》だ。しかし寝《ね》るに**は**まだ**早《はや》い**ので、本《ほん》でも読《よ》もう。
- 果樹園《かじゅえん》のリンゴの実《み》が少《すこ》しずつ赤《あか》くなってきたが、収穫《しゅうかく》に**は**まだ少《すこ》し**早《はや》い**。来週《らいしゅう》あたりがちょうどよさそうだ。

関連表現1 「話《はなし》が早《はや》い」は、相手《あいて》が自分《じぶん》の言《い》いたいことを短《みじか》い時間《じかん》で分《わ》かってくれるという意味《いみ》です。

- トラブルが起《お》こったときは、スタッフではなく、責任者《せきにんしゃ》に相談《そうだん》すると**話《はなし》が早《はや》い**。
- 上司《じょうし》「君《きみ》、前《まえ》の会社《かいしゃ》では生産管理《せいさんかんり》の仕事《しごと》してたんだよね。だったら**話《はなし》が早《はや》い**、ちょっと人手《ひとで》が足《た》りないから手伝《てつだ》ってくれないかな。」

部下《ぶか》「分《わ》かりました。」

はやい【速い】

い形 **名詞形** 速《はや》さ

対 遅《おそ》い

1 「速《はや》い」は、短《みじか》い時間《じかん》でたくさん進《すす》んでいるという意味《いみ》です。

い形 **対** 遅《おそ》い（→p.97）

- 飛行機《ひこうき》は、とても**速《はや》い**。１時間《いちじかん》に８００《はっぴゃっ》キロ以上《いじょう》も進《すす》む。
- 私《わたし》の恋人《こいびと》は歩《ある》くのが**速《はや》い**ので、一緒《いっしょ》に歩《ある》いていると疲《つか》れる。もう少《すこ》しゆっくり歩《ある》いてほしい。
- 親《おや》「この川《かわ》は、流《なが》れが**速《はや》くて**危《あぶ》ないから、ここで遊《あそ》んじゃ駄目《だめ》だよ。」
  子《こ》「分《わ》かった。」

2 「速《はや》い」は、短《みじか》い時間《じかん》でたくさん動《うご》いているという意味《いみ》です。

い形 **対** 遅《おそ》い（→p.97）

- 新《あたら》しいパソコンは、処理速度《しょりそくど》が**速《はや》い**ので、ストレスがなく、ビデオを編集《へんしゅう》することができる。
- ドラムの練習《れんしゅう》をしているが、今度《こんど》の曲《きょく》はテンポが**速《はや》くて**、とても難《むずか》しい。

- すみません。**速《はや》くて**聞《き》き取《と》れないので、もう少《すこ》しゆっくり話《はな》していただけますか？
- 友人1《ゆうじんいち》「え、もう食《た》べ終《お》わったの？食《た》べるの**速《はや》いね！**」友人2《ゆうじんに》「うん、すごくおなかすいてたから……。」

関連表現1 **「頭《あたま》の回転《かいてん》が速《はや》い」は、短《みじか》い時間《じかん》で、いろいろなことを考《かんが》えるという意味《いみ》です。**

- サラさんは、**頭《あたま》の回転《かいてん》が速《はや》くて**、会議中《かいぎちゅう》にどんどん新《あたら》しいアイデアを出《だ》してくれる。
- あの俳優《はいゆう》は**頭《あたま》の回転《かいてん》が速《はや》い**。インタビューでどんな質問《しつもん》をされても、すぐに的確《てきかく》に答《こた》える。

はらう【払う】

動1 て形 **払《はら》って**

1 **「払《はら》う」は、物《もの》を買《か》うときなどに金《かね》をあげるという意味《いみ》です。**

動1

- 財布《さいふ》の中《なか》に現金《げんきん》が少《すこ》ししかなかったので、クレジットカードで**払《はら》った。**
- 高《たか》いお金《かね》を**払《はら》って**海外旅行《かいがいりょこう》に行《い》ったが、風邪《かぜ》をひいてしまってあまり観光《かんこう》できなかった。

● 両親《りょうしん》が学校《がっこう》の授業料《じゅぎょうりょう》を**払《はら》って**くれているので、一生懸命勉強《いっしょうけんめいべんきょう》します。

関連表現1　「敬意《けいい》を払《はら》う」は、相手《あいて》を尊敬《そんけい》しているということを表《あらわ》すという意味《いみ》です。

● スポーツの試合《しあい》では、相手《あいて》のチームに**敬意《けいい》を払《はら》う**べきだ。負《ま》けても汚《きたな》い言葉《ことば》を使《つか》ったりしてはいけない。

● お客《きゃく》だからといって偉《えら》そうにしている人《ひと》は嫌《いや》だ。店員《てんいん》さんにも**敬意《けいい》を払《はら》う**べきだと思《おも》う。

関連表現2　「注意《ちゅうい》を払《はら》う」は、気《き》を付《つ》けるという意味《いみ》です。

● 道《みち》を渡《わた》るときには、車《くるま》が来《こ》ないか、十分《じゅうぶん》に**注意《ちゅうい》を払《はら》う**。

● 契約書《けいやくしょ》など、大事《だいじ》な書類《しょるい》を作《つく》るときには、ミスがないように細心《さいしん》の**注意《ちゅうい》を払《はら》って**います。

ひくい【低い】

い形 名詞形 低《ひく》さ

対 高《たか》い

1 「低《ひく》い」は、下《した》から上《うえ》までの距離《きょり》が短《みじか》いという意味《いみ》です。い形

対 高《たか》い（→p.238）

- 全員《ぜんいん》で写真《しゃしん》を撮《と》ります。身長《しんちょう》が**低《ひく》い**人《ひと》は前《まえ》に、身長《しんちょう》が高《たか》い人《ひと》は後《うし》ろに並《なら》んでください。
- 庭《にわ》に小《ちい》さい木《き》を植《う》えた。まだ細《ほそ》くて背《せ》も**低《ひく》い**が、これから大《おお》きく成長《せいちょう》していくだろう。
- 新《あたら》しくソファを買《か》ったので、これに合《あ》う**低《ひく》い**テーブルが欲《ほ》しい。

2 「低《ひく》い」は、地面《じめん》や床《ゆか》などに近《ちか》いという意味《いみ》です。い形 対 高《たか》い（→p.238）

- 鳥《とり》が、水面《すいめん》に近《ちか》い、**低《ひく》い**位置《いち》を飛《と》んでいる。魚《さかな》を取《と》ろうとしているのだろう。
- この部屋《へや》は天井《てんじょう》が**低《ひく》**すぎる。私《わたし》は背《せ》が高《たか》いので、天井《てんじょう》に頭《あたま》をぶつけてしまった。
- 津波《つなみ》が来《き》たら、**低《ひく》い**場所《ばしょ》は危《あぶ》ない。なるべく高《たか》いところに逃《に》げた方《ほう》

がいい。

3 **「低《ひく》い」は、計算《けいさん》したり、測《はか》ったりした数字《すうじ》が他《ほか》より小《ちい》さいという意味《いみ》です。** **い形** **対** 高《たか》い（→p.238）

- 最近《さいきん》、気温《きおん》が**低《ひく》く**なってきた。寒《さむ》いので、外《そと》に出《で》るときにはコートや手袋《てぶくろ》が必要《ひつよう》だ。
- 今回《こんかい》の選挙《せんきょ》は、投票率《とうひょうりつ》がとても**低《ひく》かった**。国民《こくみん》の政治《せいじ》への関心《かんしん》が薄《うす》くなっているようだ。
- 財布《さいふ》をなくしてしまった。残念《ざんねん》だが、見《み》つかる可能性《かのうせい》は**低《ひく》い**だろう。
- あの俳優《はいゆう》は、**低《ひく》い**声《こえ》が魅力《みりょく》だ。落《お》ち着《つ》いた、良《い》い声《こえ》をしている。

4 **「低《ひく》い」は、他《ほか》のものより質《しつ》が悪《わる》かったり、大事《だいじ》ではなかったりするという意味《いみ》です。** **い形** **対** 高《たか》い（→p.238）

- この宝石《ほうせき》はきれいだが、ダイヤモンドよりも価値《かち》は**低《ひく》**そうだ。
- この作家《さっか》の作品《さくひん》は、前作《ぜんさく》はとても評判《ひょうばん》が良《よ》かったが、今回《こんかい》の作品《さくひん》の評価《ひょうか》は**低《ひく》く**、あまり売《う》れていないようだ。
- このスポーツは競技人口《きょうぎじんこう》も少《すく》なく、世間《せけん》の関心《かんしん》はとても**低《ひく》い**。

関連表現1 **「腰《こし》が低《ひく》い」は、他《ほか》の人《ひと》に対《たい》して丁寧《ていねい》だという意味《いみ》です。良《よ》い意味《いみ》で使《つか》います。**

- 友人1《ゆうじんいち》「社会的《しゃかいてき》に成功《せいこう》している人《ひと》ほど**腰《こし》が低《ひく》い**人《ひと》が多《おお》いと思《おも》う。」
  友人2《ゆうじんに》「偉《えら》そうにしても敵《てき》を作《つく》るだけで、得《とく》することはないと知《し》ってるんだろうね。」

- 同僚《どうりょう》1《いち》「初《はじ》めて訪問《ほうもん》する会社《かいしゃ》で緊張《きんちょう》したけど、社長《しゃちょう》がわざわざ出迎《でむか》えてくれて驚《おどろ》いたね。」同僚《どうりょう》2《に》「本当《ほんとう》に感《かん》じの良《い》い、**腰《こし》の低《ひく》い**社長《しゃちょう》さんだったね。」

ひさしぶり【久しぶり】

名 **な形**

は

1 「久《ひさ》しぶり」は、前《まえ》に起《お》きたことから次《つぎ》に起《お》きるまでの期間《きかん》が長《なが》いという意味《いみ》です。**名** **な形**

- この前《まえ》、高校《こうこう》の同級生《どうきゅうせい》と**久《ひさ》しぶり**に会《あ》った。卒業《そつぎょう》してから10年《じゅうねん》もたったのに、全然《ぜんぜん》変《か》わっていなかった。
- 子供《こども》の頃《ころ》に暮《く》らしていた町《まち》を**久《ひさ》しぶり**に訪《たず》ねたら、昔《むかし》のことを思《おも》い出《だ》してとても懐《なつ》かしかった。
- 最近《さいきん》パソコンで映画《えいが》を見《み》ることが多《おお》くなったが、**久《ひさ》しぶり**に昨日《きのう》は映画館《えいがかん》の大《おお》きいスクリーンで映画《えいが》を見《み》た。

ひじょう【非常】

名 な形

対 通常《つうじょう》

1 事故《じこ》や、火事《かじ》や地震《じしん》などの災害《さいがい》があって、いつもと違《ちが》うことを「非常《ひじょう》」といいます。名 対 通常《つうじょう》

- **非常**《ひじょう》の場合《ばあい》は、エレベーターではなく、階段《かいだん》で逃《に》げてください。
- 地震《じしん》や台風《たいふう》など**非常**《ひじょう》のときには、システムも機能《きのう》しないので、クレジットカードより現金《げんきん》を持《も》っていた方《ほう》が安心《あんしん》だ。
- 病院《びょういん》のトイレには、急《きゅう》に体調《たいちょう》が悪《わる》くなるなど**非常**《ひじょう》のときのために、呼《よ》び出《だ》しボタンがついている。

2 「非常《ひじょう》」は、程度《ていど》が大《おお》きいという意味《いみ》です。な形

- 新《あたら》しい薬《くすり》の開発《かいはつ》には、**非常**《ひじょう》な困難《こんなん》を伴《ともな》います。この薬《くすり》も完成《かんせい》するまでに１０年《じゅうねん》もかかりました。
- 高齢化《こうれいか》という問題《もんだい》をどう解決《かいけつ》していくのか。これは**非常**《ひじょう》に難《むずか》しい課題《かだい》だ。
- この映画《えいが》は人気《にんき》があり、テレビで放映《ほうえい》したときも、視聴率《しちょうりつ》が**非常**《ひじょう》に高《たか》かったそうだ。

ひっし【必死】

名 **な形** 名詞形 必死《ひっし》さ

1 「必死《ひっし》」は、自分《じぶん》の持《も》っている力《ちから》を全部《ぜんぶ》使《つか》って頑張《がんば》っているという意味《いみ》です。 **名** **な形**

- 姉《あね》は、医者《いしゃ》になるために**必死《ひっし》**に努力《どりょく》をしていた。寝《ね》る時間《じかん》を減《へ》らし、ごはんを食《た》べるときも、電車《でんしゃ》の中《なか》でも、いつでも勉強《べんきょう》していた。
- 海《うみ》で溺《おぼ》れそうになったとき、**必死《ひっし》**に叫《さけ》んだら、ライフセーバーが助《たす》けてくれた。
- できるだけ早《はや》く借金《しゃっきん》を返《かえ》したいので、朝《あさ》から晩《ばん》まで**必死《ひっし》**に働《はたら》いている。

ひつよう【必要】

名 **な形**

対 不必要《ふひつよう》、不要《ふよう》

1 何《なに》かをするために、それがないと困《こま》ると思《おも》うことを「必要《ひつよう》」と

いいます。**名** **な形** **対** 不必要《ふひつよう》、不要《ふよう》

- クレジットカードを作《つく》るときは、パスポートなどの本人確認用書類《ほんにんかくにんようしょるい》が**必要**《ひつよう》です。
- 私《わたし》たちは来年結婚《らいねんけっこん》する予定《よてい》です。今《いま》、2人《ふたり》で新生活《しんせいかつ》に**必要**《ひつよう》なお金《かね》をためています。
- 天気予報《てんきよほう》によると台風《たいふう》が近《ちか》づいているので、今夜《こんや》から明日《あした》の朝《あさ》にかけて強風《きょうふう》に注意《ちゅうい》する**必要**《ひつよう》があるそうだ。

2 **どうしてもしなければいけないと思《おも》うことを「必要《ひつよう》」といいます。**

名 **な形** **対** 不必要《ふひつよう》、不要《ふよう》

- 2つ《ふた》の会社《かいしゃ》から採用通知《さいようつうち》が来《き》た。来週《らいしゅう》までにどちらの会社《かいしゃ》にするか、決《き》める**必要**《ひつよう》がある。
- プロのスポーツ選手《せんしゅ》として成功《せいこう》するには、他《ほか》の人《ひと》の2倍《にばい》も3倍《さんばい》も努力《どりょく》する**必要**《ひつよう》がある。
- この書類《しょるい》には個人情報《こじんじょうほう》が含《ふく》まれているので、処分《しょぶん》するときは注意《ちゅうい》が**必要**《ひつよう》だ。

ひどい

い形 **名詞形** **ひどさ**

1 「ひどい」は、他《ほか》の人《ひと》を傷《きず》つけるようでとても悪《わる》いという意味《いみ》です。**い形**

- あの政治家《せいじか》は、差別的《さべつてき》な**ひどい**発言《はつげん》をすることが多《おお》い。
- 野良猫《のらねこ》をいじめたり、殺《ころ》したりする人《ひと》がいるというニュースを見《み》た。**ひどい**人《ひと》がいる。
- ぶつかってきたのに謝《あやま》らないなんて、**ひどい**な。

2 「ひどい」は、痛《いた》みや、汚《よご》れなどの悪《わる》いことの程度《ていど》がとても大《おお》きいという意味《いみ》です。**い形**

- 朝《あさ》から頭痛《ずつう》が**ひどい**ので、薬《くすり》を飲《の》んで寝《ね》ている。
- 車《くるま》の汚《よご》れが**ひどい**ので、久《ひさ》しぶりに洗《あら》うことにした。
- この辺《あた》りはいつも渋滞《じゅうたい》するが、今日《きょう》は特《とく》に**ひどい**。もう20分《にじゅっぷん》くらい全然《ぜんぜん》進《すす》まない。
- 朝《あさ》から吐《は》き気《き》がしていたが、午後《ごご》になって、吐《は》き気《き》がどんどん**ひどく**なってきた。
- 今週《こんしゅう》は**ひどく**疲《つか》れているので、週末《しゅうまつ》はゆっくりと休《やす》みたい。

3 「ひどい」は、とても悪《わる》いという意味《いみ》です。**い形**

- あまり勉強《べんきょう》しなかったら、**ひどい**成績《せいせき》をとってしまった。
- あのホテルは**ひどかった**。鍵《かぎ》は壊《こわ》れているし、トイレは流《なが》れないし、もう二度《にど》と泊《と》まらない。
- 爆破事件《ばくはじけん》があったそうだ。けが人《にん》や死者《ししゃ》が何人《なんにん》も出《で》るという**ひどい**状況《じょうきょう》らしい。

関連表現 1 「ひどい目《め》にあう」は、とても嫌《いや》な、つらい経験《けいけん》をするという意味《いみ》です。**い形**

- 前《まえ》の職場《しょくば》では**ひどい目《め》にあった**。仕事《しごと》が大変《たいへん》なだけじゃなく、給料《きゅうりょう》も払《はら》われなかった。
- 信《しん》じていた友人《ゆうじん》にだまされて、**ひどい目《め》にあった**。

ひま【暇】

な形

対 忙《いそが》しい

1 「暇《ひま》」は、することがなくて自由《じゆう》な時間《じかん》がたくさんあるという意味《いみ》です。**な形** **対** 忙《いそが》しい（→p.59）

- **暇**《ひま》な時《とき》は、ゆっくりコーヒーを飲《の》みながら、クロスワードパズルをするのが好《す》きだ。
- 友人《ゆうじん》1《いち》「明日《あした》、**暇**《ひま》？　よかったら映画《えいが》でも行《い》かない？」友人《ゆうじん》2《に》「**暇**《ひま》じゃないよ、バイトがある。また今度《こんど》誘《さそ》って。」
- 今月中《こんげつちゅう》に大《おお》きいプロジェクトが終《お》わるから、来月《らいげつ》は**暇**《ひま》になると思《おも》う。ゆっくり休《やす》もう。

2 何《なに》かをするために必要《ひつよう》な時間《じかん》のことを「暇《ひま》」といいます。 な形

- 読《よ》みたい本《ほん》がたくさんあるのに、忙《いそが》しすぎて、なかなか本《ほん》を読《よ》む**暇**《ひま》がない。
- 友人《ゆうじん》が写真展《しゃしんてん》を開《ひら》いている。近《ちか》いうちに**暇**《ひま》を見《み》つけて見《み》に行《い》こうと思《おも》う。
- 私《わたし》は、悩《なや》むことは無駄《むだ》だと思《おも》う。悩《なや》んだり、落《お》ち込《こ》んだりする**暇**《ひま》があるなら、ジョギングでもした方《ほう》がいい。

ひろい【広い】

い形　名詞形　広《ひろ》さ

対　狭《せま》い

1 「広《ひろ》い」は、幅《はば》が大《おお》きいという意味《いみ》です。い形　対　狭《せま》い

（→p.230）

- パレードを見《み》るために、**広《ひろ》い**道路《どうろ》の両側《りょうがわ》に大勢《おおぜい》の人《ひと》が並《なら》んでいる。
- 家《いえ》をリフォームした。廊下《ろうか》を**広《ひろ》く**したので、車《くるま》いすでも楽《らく》に移動《いどう》できるようになった。
- 私《わたし》は痩《や》せているが肩幅《かたはば》が**広《ひろ》い**ので、洋服《ようふく》のサイズは大《おお》きめのものがちょうどいい。
- 私《わたし》は、片側《かたがわ》2台《にだい》以上《いじょう》走《はし》ることができるような**広《ひろ》い**道《みち》でなら車《くるま》を運転《うんてん》できるが、狭《せま》い道《みち》では怖《こわ》くて運転《うんてん》できない。

2 「広《ひろ》い」は、面積《めんせき》が大《おお》きいという意味《いみ》です。い形　対　狭《せま》い

（→p.230）

- 子供《こども》が生《う》まれたので、**広《ひろ》い**ところに引《ひ》っ越《こ》したい。今《いま》は2部屋《ふたへや》しかないので、3部屋《さんへや》以上《いじょう》あるところがいい。
- 私《わたし》の家《いえ》の近《ちか》くに**広《ひろ》い**公園《こうえん》がある。よくそこでジョギングしたり、散歩《さんぽ》

をしたりしている。

- 結婚披露宴《けっこんひろうえん》に100人《ひゃくにん》くらい招待《しょうたい》する予定《よてい》なので、**広《ひろ》い**会場《かいじょう》を探《さが》している。

3 「広《ひろ》い」は、体積《たいせき》が大《おお》きいという意味《いみ》です。 い形

- **広《ひろ》い**空《そら》に、星《ほし》がたくさん輝《かがや》いていて、とてもきれいだ。
- 宇宙《うちゅう》はとても**広《ひろ》い**ので、どこかにきっと地球《ちきゅう》に似《に》た星《ほし》もあるのではないかと思《おも》う。
- 私《わたし》は、シュノーケリングが趣味《しゅみ》だ。**広《ひろ》い**海《うみ》の中《なか》を、たくさんの魚《さかな》が泳《およ》いでいるのを見《み》るのは楽《たの》しい。

4 「広《ひろ》い」は、範囲《はんい》が大《おお》きいという意味《いみ》です。 い形 対 狭《せま》い

（→p.230）

- 暴風雨《ぼうふうう》が原因《げんいん》で、首都《しゅと》とその周辺《しゅうへん》の地域《ちいき》に及《およ》ぶ**広《ひろ》い**範囲《はんい》で停電《ていでん》になっているそうだ。
- 私《わたし》の大学《だいがく》の先生《せんせい》は歴史《れきし》が専門《せんもん》だったが、それ以外《いがい》にも政治学《せいじがく》や言語学《げんごがく》、物理学《ぶつりがく》など、**広《ひろ》い**知識《ちしき》を持《も》っていた。
- ノーベル賞《しょう》を受賞《じゅしょう》したことで、柴田《しばた》さんの研究《けんきゅう》は一般《いっぱん》の人々《ひとびと》にも**広《ひろ》く**知《し》られることになった。

関連表現1 「顔《かお》が広《ひろ》い」は、いろいろなところに知《し》り合《あ》いが多《おお》いという意味《いみ》です。

- 彼女《かのじょ》はとても**顔《かお》が広《ひろ》い**。どこに行《い》っても大体《だいたい》彼女《かのじょ》の知《し》り合《あ》いがいる。
- 大学卒業後《だいがくそつぎょうご》はジャーナリストを志望《しぼう》している。そこで報道業界《ほうどうぎょうかい》に**顔《かお》が広《ひろ》い**と言《い》われている人《ひと》に相談《そうだん》に乗《の》ってもらった。

関連表現2 **「心《こころ》が広《ひろ》い」は、人《ひと》の失敗《しっぱい》などを許《ゆる》すことができるという意味《いみ》です。**

- 私《わたし》は他人《たにん》の小《ちい》さいミスにもすぐいらいらしてしまう。もっと**心《こころ》の広《ひろ》い**人間《にんげん》になりたい。
- 彼《かれ》は、自分《じぶん》には理解《りかい》できない言動《げんどう》や行動《こうどう》でも尊重《そんちょう》できる、**広《ひろ》い心《こころ》**を持《も》っている。

関連表現3 **「幅広《はばひろ》い」は、種類《しゅるい》が多《おお》かったり、範囲《はんい》が大《おお》きかったりするという意味《いみ》です。**

- デパートには子供《こども》からお年寄《としよ》りまで**幅広《はばひろ》い**年齢《ねんれい》向《む》けの服《ふく》が売られている。
- 私《わたし》は映画《えいが》が好《す》きで、古《ふる》いものから新《あたら》しいもの、国内《こくない》のものから海外《かいがい》のものまで、**幅広《はばひろ》く**いろいろなものを見《み》ている。

ふあん【不安】

名 な形

対 安心《あんしん》

1 「不安《ふあん》」は、何《なに》か悪《わる》いことが起《お》きないかと考《かんが》えて心配《しんぱい》だという意味《いみ》です。名 な形 対 安心《あんしん》

- 近所《きんじょ》で窃盗事件《せっとうじけん》があった。犯人《はんにん》がまだ捕《つか》まっていないので、住民《じゅうみん》たちから**不安**《ふあん》の声《こえ》が上《あ》がっている。
- 明日《あした》から新《あたら》しいチームに配属《はいぞく》される。**不安**《ふあん》で緊張《きんちょう》しているが、新《あたら》しい仕事《しごと》は楽《たの》しみだ。
- コンビニへ行《い》ったはずの夫《おっと》がなかなか帰《かえ》ってこない。事故《じこ》に巻《ま》き込《こ》まれたりしていないか**不安**《ふあん》だ。

ふかい【深い】

い形 **名詞形** 深《ふか》さ、深《ふか》み

対 浅《あさ》い

1 「深《ふか》い」は、地面《じめん》や表面《ひょうめん》から、底《そこ》までの距離《きょり》が長《なが》いという意味《いみ》です。**い形** **対** 浅《あさ》い（→p.30）

- このプールの深《ふか》さは2《に》メートルだ。**深《ふか》くて**足《あし》が着《つ》かない。
- 海《うみ》はとても**深《ふか》い**。一番《いちばん》**深《ふか》い**ところは、11000《いちまんせん》メートルもあるそうだ。
- 料理《りょうり》をしていたら包丁《ほうちょう》で指《ゆび》を切《き》ってしまった。傷《きず》が**深《ふか》く**、血《ち》もたくさん出《で》たので、病院《びょういん》に行《い》った。
- 父《ちち》は昨年《さくねん》大《おお》きい病気《びょうき》をしてから急《きゅう》に老《ふ》けた。白髪《しらが》が増《ふ》え、顔《かお》のしわも**深《ふか》く**なった。

2 「深《ふか》い」は、入《い》り口《ぐち》から奥《おく》までの距離《きょり》が長《なが》いという意味《いみ》です。

い形

- モグラは、地面《じめん》に**深《ふか》い**穴《あな》をほって、地面《じめん》の下《した》で暮《く》らしている。
- あの森《もり》は**深《ふか》い**ので、地図《ちず》やコンパスを持《も》たないで入《はい》るとすぐに迷《まよ》ってしまう。
- その神殿《しんでん》は、人《ひと》がめったに訪《おとず》れない**深《ふか》い**山《やま》の中《なか》にある。

3 「深《ふか》い」は、すぐに全部《ぜんぶ》を知《し》ったり、分《わ》かったりすることができないほど、難《むずか》しいという意味《いみ》です。良《よ》い意味《いみ》で使《つか》います。 い形

- 神《かみ》の**深《ふか》い**教《おし》えは、一生《いっしょう》をかけてもなかなか理解《りかい》することは難《むずか》しい。
- 彼女《かのじょ》がなぜそんなことを言《い》ったのか分《わ》からないけど、きっと何《なに》か**深《ふか》い**理由《りゆう》があるんだと思《おも》う。
- 彼《かれ》はいろいろ考《かんが》えているように見《み》えるが、実《じつ》は思《おも》い付《つ》きで動《うご》いている。彼《かれ》の発言《はつげん》や行動《こうどう》に特《とく》に**深《ふか》い**意味《いみ》はない。

4 「深《ふか》い」は、質《しつ》がよく、十分《じゅうぶん》だという意味《いみ》です。 い形 対 浅《あさ》い（➡p.30）

- 昨夜《さくや》は、とても疲《つか》れていて、ベッドに入《はい》ってすぐに**深《ふか》い**眠《ねむ》りに落《お》ちた。
- 授業《じゅぎょう》で分《わ》からなかったところを小室先生《こむろせんせい》に質問《しつもん》したら、丁寧《ていねい》に説明《せつめい》してくれた。おかげで**深《ふか》く**理解《りかい》できた。
- ヨガでは息《いき》をしっかり吸《す》って、しっかり吐《は》くことを意識《いしき》する。呼吸《こきゅう》が**深《ふか》く**なるのでリラックスできる。
- 私《わたし》は、**深《ふか》く**考《かんが》えもしないで進路《しんろ》を決《き》めてしまったことを後悔《こうかい》している。

5 「深《ふか》い」は、程度《ていど》が大《おお》きいという意味《いみ》です。 い形

- ペットの猫《ねこ》が死《し》んで、母《はは》は**深《ふか》く**悲《かな》しんでいる。
- 弟《おとうと》は、小《ちい》さい頃《ころ》から動物《どうぶつ》に**深《ふか》い**関心《かんしん》を持《も》っていて、大学《だいがく》を出《で》て獣医《じゅうい》になった。
- 昨日《きのう》聞《き》いたオーケストラの演奏《えんそう》に**深《ふか》い**感銘《かんめい》を受《う》けた。これまでクラ

シック音楽《おんがく》はあまり聞《き》くことがなかったが、大好《だいす》きになってしまった。

6 「深《ふか》い」は、色《いろ》や香《かお》りなどが濃《こ》くて強《つよ》いという意味《いみ》です。 い形

- スキューバダイビングをテーマにした映画《えいが》を見《み》た。海《うみ》の底《そこ》の**深《ふか》い**青《あお》がとても美《うつく》しかった。
- 今日《きょう》は霧《きり》が**深《ふか》くて**、前《まえ》があまり見《み》えない。
- 先日《せんじつ》、レストランでとても高価《こうか》な赤《あか》ワインを飲《の》んだ。複雑《ふくざつ》で**深《ふか》い**香《かお》りが印象的《いんしょうてき》だった。

関連表現1 「奥《おく》が深《ふか》い」は、最後《さいご》まできちんと理解《りかい》したり、身《み》に付《つ》けたりするのに長《なが》い時間《じかん》がかかるという意味《いみ》です。

- 最近《さいきん》、茶道《さどう》を習《なら》い始《はじ》めたが、とても**奥《おく》が深《ふか》い**。一生学《いっしょうまな》び続《つづ》けることができそうだ。
- 陶芸《とうげい》の世界《せかい》は**奥《おく》が深《ふか》い**。やればやるほど、まだ先《さき》は長《なが》いと思《おも》い知《し》らされる。

ふくざつ【複雑】

な形 **名詞形** 複雑《ふくざつ》さ

対 単純《たんじゅん》

1 「複雑《ふくざつ》」は、構造《こうぞう》が分《わ》かりにくかったり、考《かんが》え方《かた》ややり方《かた》が説明《せつめい》しにくかったりするという意味《いみ》です。**な形** **対** 単純《たんじゅん》（→p.257）

- スペインにあるサグラダファミリアは、とても**複雑《ふくざつ》**な形《かたち》をしている建築物《けんちくぶつ》だ。
- 大学《だいがく》の合格発表《ごうかくはっぴょう》の日《ひ》、私《わたし》は合格《ごうかく》したけど、親友《しんゆう》は不合格《ふごうかく》だった。**複雑《ふくざつ》**な気《き》持《も》ちになった。
- 役所《やくしょ》の手続《てつづ》きって、どうしてこんなに**複雑《ふくざつ》**で分《わ》かりにくいんだろう。
- このプログラムは**複雑《ふくざつ》**なので、プログラミング初心者《しょしんしゃ》に説明《せつめい》するのは難《むずか》しい。

ふこう【不幸】

名 な形

対 幸福《こうふく》、幸《しあわ》せ

1 悲《かな》しいことやつらいことが多《おお》いことを「不幸《ふこう》」といいます。名

な形 対 幸福《こうふく》、幸《しあわ》せ（→p.188）

- この映画《えいが》は、**不幸**《ふこう》な状況《じょうきょう》に負《ま》けずに、前向《まえむ》きに生《い》きていく女《おんな》の子《こ》が主人公《しゅじんこう》だ。
- 戦争《せんそう》は人《ひと》を**不幸**《ふこう》にする。絶対《ぜったい》にしてはならない。
- 今年《ことし》は、病気《びょうき》になったり、失恋《しつれん》したりと**不幸**《ふこう》なことが続《つづ》いた。来年《らいねん》は幸《しあわ》せな年《とし》になるといいな。

2 家族《かぞく》や親戚《しんせき》などの身近《みぢか》な人《ひと》が死《し》ぬことを「不幸《ふこう》」といいます。

名

- 最近《さいきん》、知《し》り合《あ》いに**不幸**《ふこう》が続《つづ》いて、寂《さび》しい気持《きも》ちでいっぱいだ。
- お世話《せわ》になった先生《せんせい》の**不幸**《ふこう》の知《し》らせが届《とど》いた。先月《せんげつ》お会《あ》いしたときには元気《げんき》だったので、とてもショックだ。
- 身内《みうち》に**不幸**《ふこう》があり、１週間《いっしゅうかん》ほど実家《じっか》に帰《かえ》ります。ご迷惑《めいわく》をおかけしますが、よろしくお願《ねが》いします。

ぶじ【無事】

名　な形

1 「無事《ぶじ》」は、病気《びょうき》や事故《じこ》、大《おお》きい失敗《しっぱい》がないという意味《いみ》です。

名　な形

- 試験《しけん》が**無事**《ぶじ》に終《お》わって、ほっとしました。やっとのんびりできます。
- 明日《あした》から海外出張《かいがいしゅっちょう》なんだって？　**無事**《ぶじ》なフライトを祈《いの》ってるよ。
- 昨日《きのう》、**無事**《ぶじ》に私《わたし》たちの赤《あか》ちゃんが生《う》まれました。３５００《さんぜんごひゃく》グラムの元気《げんき》な女の子《こ》です。

は

ふしぎ【不思議】

名　な形　名詞形　不思議《ふしぎ》さ

1 原因《げんいん》や理由《りゆう》を考《かんが》えても分《わ》からないことを「不思議《ふしぎ》」といいます。

名　な形

- あんなに高《たか》い所《ところ》から落《お》ちたのに、どこもけがをしていないなんて本当《ほんとう》に**不思議《ふしぎ》**です。

● あの人《ひと》には、体《からだ》に手《て》を当《あ》てると、悪《わる》いところが分《わ》かるという**不思議《ふしぎ》**な力《ちから》がある。

● 若《わか》い頃《ころ》は、食《た》べるのに困《こま》るほどお金《かね》がなかったのに、**不思議《ふしぎ》**と不安《ふあん》はなくて、毎日《まいにち》が楽《たの》しかった。

ふつう【普通】

名 な形 副

対 特別《とくべつ》、珍《めずら》しい

1 毎日《まいにち》のように見《み》たり、聞《き》いたりして、珍《めずら》しくないことを「普通《ふつう》」といいます。名 な形 副 対 特別《とくべつ》(→p.309)、珍《めずら》しい(→p.427)

● アルヨさんは有名《ゆうめい》な俳優《はいゆう》だが、近所《きんじょ》の安《やす》いスーパーで買《か》い物《もの》したり、公園《こうえん》を散歩《さんぽ》したり、**普通《ふつう》**の人《ひと》と同《おな》じような生活《せいかつ》をしている。

● 知《し》っている人《ひと》に会《あ》ったらあいさつするというのは、**普通《ふつう》**のことでしょう?

● 胃《い》の手術《しゅじゅつ》をした。1週間《いっしゅうかん》ぐらいしたら、**普通《ふつう》**に食事《しょくじ》はできるようになるそうだ。

ふとい【太い】

い形 **名詞形** 太《ふと》さ

対 細《ほそ》い

1 「太《ふと》い」は、長《なが》くて幅《はば》が大《おお》きいという意味《いみ》です。**い形** **対** 細《ほそ》い（→p.396）

- 友人《ゆうじん》1《いち》「この木《き》、随分《ずいぶん》**太《ふと》い**ね。直径《ちょっけい》10《じゅう》メートルだって。」友人《ゆうじん》2《に》「1000年《せんねん》も前《まえ》からここにあるらしいよ。すごい木《き》だね。」
- 友人《ゆうじん》「ムハマッドさん、腕《うで》が**太《ふと》い**ね。すごい。毎日《まいにち》トレーニングしてるの？」ムハマッド「うん。3年前《さんねんまえ》からジムに通《かよ》ってる。」
- 資料《しりょう》の中《なか》の重要《じゅうよう》な数字《すうじ》は、目立《めだ》つように**太《ふと》い**字《じ》で示《しめ》すようにした。

関連表現1 「神経《しんけい》が太《ふと》い」は、他《ほか》の人《ひと》から何《なに》を言《い》われても気《き》にしない性格《せいかく》だという意味《いみ》です。

- 小説家《しょうせつか》や音楽家《おんがくか》は、ファンに褒《ほ》められるだけでなく、批判《ひはん》されることも少《すく》なくないので、**神経《しんけい》が太《ふと》くなければ**、続《つづ》けられない仕事《しごと》だと思《おも》う。
- 私《わたし》は人《ひと》からどう思《おも》われるかをすごく気《き》にするタイプで、時々《ときどき》疲《つか》れてしまう。もっと**神経《しんけい》が太《ふと》く**なりたい。

ふべん【不便】

な形　名詞形　不便《ふべん》さ

対　便利《べんり》

1 「不便《ふべん》」は、何《なに》かをするときに物《もの》がなかったり、使《つか》えなかったりして、必要《ひつよう》な時間《じかん》や力《ちから》が増《ふ》えて、良《よ》くないという意味《いみ》です。な形

対　便利《べんり》（→p.394）

- この駅《えき》は、段差《だんさ》も多《おお》いし、エレベーターもないし、お年寄《としよ》りには**不便**《ふべん》かもしれない。
- このノートパソコンは重《おも》くて、持《も》ち運《はこ》ぶのは**不便**《ふべん》だ。
- ほとんどのものが、右利《みぎき》きの人《ひと》のために作《つく》られているので、左利《ひだりき》きにはとても**不便**《ふべん》です。

ふゆかい【不愉快】

な形

対 愉快《ゆかい》

1 「不愉快《ふゆかい》」は、人《ひと》のしたことや言《い》ったことで、嫌《いや》な気持《きも》ちだという意味《いみ》です。**な形** **対** 愉快《ゆかい》（→p.443）

- 自分《じぶん》の悪口《わるぐち》を耳《みみ》にしたら、誰《だれ》でも少《すこ》しは**不愉快《ふゆかい》**な気分《きぶん》になると思《おも》います。
- テレビでコメディ・ショーを見《み》ていたが、人《ひと》をばかにする言葉《ことば》が多《おお》くて**不愉快《ふゆかい》**だったので見《み》るのをやめた。
- 私《わたし》が言《い》ったことで、あなたを**不愉快《ふゆかい》**にさせてしまったのなら申《もう》し訳《わけ》ありません。

ふり【不利】

な形

対 有利《ゆうり》

1 「不利《ふり》」は、他《ほか》より条件《じょうけん》が悪《わる》いという意味《いみ》です。 **な形** **対** 有利《ゆうり》（→p.442）

- 仕事《しごと》のキャリアについて考《かんが》えたとき、男性《だんせい》より女性《じょせい》の方《ほう》が**不利**《ふり》な立場《たちば》にある国《くに》はまだまだ多《おお》い。
- 部屋《へや》を借《か》りるときは、借《か》りる人《ひと》に**不利**《ふり》な条件《じょうけん》になっていないかどうか、契約書《けいやくしょ》をよく読《よ》んだ方《ほう》がいいですよ。
- 価値観《かちかん》は国《くに》によってさまざまだ。何度《なんど》も転職《てんしょく》をすると就職《しゅうしょく》に**不利**《ふり》になる国《くに》もあるし、転職《てんしょく》を繰《く》り返《かえ》した方《ほう》が、就職《しゅうしょく》に有利《ゆうり》になる国《くに》もある。

ふる【降る】

動1　て形　降《ふ》って

対　やむ

1　「降《ふ》る」は、雨《あめ》、雪《ゆき》などが空《そら》から落《お》ちてくるという意味《いみ》です。

動1　対　やむ

- 空《そら》が暗《くら》くなったと思《おも》ったら、急《きゅう》に雨《あめ》が**降《ふ》って**きました。
- 朝《あさ》のニュースで、寒《さむ》い地域《ちいき》では今年《ことし》初《はじ》めての雪《ゆき》が**降《ふ》った**と伝《つた》えていた。
- 火山《かざん》が噴火《ふんか》したので、火山灰《かざんばい》がたくさん**降《ふ》る**と思《おも》う。洗濯物《せんたくもの》は外《そと》に干《ほ》さない方《ほう》がいい。

ふるい【古い】

い形　名詞形　古《ふる》さ

対　新《あたら》しい、新鮮《しんせん》だ

1　「古《ふる》い」は、長《なが》い時間《じかん》がたっているという意味《いみ》です。　い形　対

新《あたら》しい（➡p.36）

- この建物《たてもの》は、８００年以上前《はっぴゃくねんいじょうまえ》の**古《ふる》い**時代《じだい》に作《つく》られたものです。
- 引《ひ》っ越《こ》しで片付《かたづ》けをしていたら、**古《ふる》い**写真《しゃしん》が出《で》てきた。祖父《そふ》の若《わか》いころの写真《しゃしん》だった。
- 母《はは》が使《つか》っている財布《さいふ》が**古《ふる》く**なってきたので、新《あたら》しい財布《さいふ》をプレゼントした。

2 「古《ふる》い」は、長《なが》い間《あいだ》続《つづ》いているという意味《いみ》です。 い形

- 子供《こども》の頃《ころ》から仲《なか》の良《い》い、**古《ふる》い**付《つ》き合《あ》いの友達《ともだち》が、週末《しゅうまつ》、遊《あそ》びに来《く》ることになった。とても楽《たの》しみだ。
- 今回《こんかい》の旅行《りょこう》の目的《もくてき》は、１０００年以上続《せんねんいじょうつづ》いている**古《ふる》い**祭《まつ》りを見《み》ることだ。
- エチオピアは世界《せかい》で一番《いちばん》**古《ふる》い**歴史《れきし》を持《も》つ国《くに》の１《ひと》つと言《い》われている。２０００年《にせんねん》の歴史《れきし》があるそうだ。

3 「古《ふる》い」は、昔《むかし》のものなので、今《いま》の時代《じだい》のものと合《あ》っていないという意味《いみ》です。 い形

- パソコンが**古《ふる》く**なってしまって、使《つか》えないソフトがあるので、新《あたら》しいものを買《か》おうと思《おも》う。
- 「結婚《けっこん》して子供《こども》を持《も》つのが当《あ》たり前《まえ》」という考《かんが》え方《かた》は**古《ふる》い**と思《おも》う。今《いま》はもっといろんな生《い》き方《かた》がある。
- カーナビの地図《ちず》のデータが**古《ふる》い**せいか、地図《ちず》と道《みち》が合《あ》っていない。どっ

ちに行《い》けばいいのだろう。

- この洋服《ようふく》のデザインは5年前《ごねんまえ》に流行《りゅうこう》したもので、もう**古**《ふる》**い**。

4 「古《ふる》い」は、時間《じかん》がたっていて、質《しつ》が悪《わる》くなっているという意味《いみ》です。 い形 対 **新鮮《しんせん》だ**（→p.208）

- 2週間前《にしゅうかんまえ》に買《か》ったキュウリを、冷蔵庫《れいぞうこ》に入《い》れたままずっと忘《わす》れていた。**古**《ふる》**く**なってしまって、もう食《た》べられないので、捨《す》てることにした。
- コーヒーを入《い》れたが、豆《まめ》が**古**《ふる》**かった**ので香《かお》りがあまり良《よ》くなかった。
- パンが**古**《ふる》**く**なって硬《かた》くなってしまったが、少《すこ》し焼《や》いたら柔《やわ》らかくなった。

へいき【平気】

な形

1 「平気《へいき》」は、嫌《いや》なことや大変《たいへん》なことがあっても、驚《おどろ》いたり騒《さわ》いだりしていないという意味《いみ》です。 な形

- 彼《かれ》は辛《から》いものが大好《だいす》きで、みんなが「辛《から》い辛《から》い」と大騒《おおさわ》ぎしても、1人《ひとり》だけ**平気**《へいき》な顔《かお》をして食《た》べている。
- 林《はやし》の中《なか》を散歩《さんぽ》していたら蛇《へび》が出《で》た。みんな悲鳴《ひめい》を上《あ》げたが、彼女《かのじょ》だけ**平気**《へいき》そうにしていた。

- 友人《ゆうじん》1《いち》「僕《ぼく》、高《たか》いところ苦手《にがて》なんだ。スカイダイビングとか絶対《ぜったい》無理《むり》。」
  友人《ゆうじん》2《に》「私《わたし》は**平気**《へいき》だよ。スカイダイビングもバンジージャンプもやってみたいな。」

2 「平気《へいき》」は、特《とく》に気《き》にしていないという意味《いみ》です。 な形

- 海外《かいがい》で1人《ひとり》暮《ぐ》らしを始《はじ》めたばかりの頃《ころ》、人前《ひとまえ》では**平気**《へいき》なふりをしていたが、本当《ほんとう》はとても寂《さび》しかった。
- 政治家《せいじか》には、**平気**《へいき》でうそをつく人《ひと》がいる。うそをつくことが悪《わる》いことだとは思《おも》っていないようだ。
- スキー場《じょう》に到着《とうちゃく》したときは寒《さむ》くてたまらなかったが、少《すこ》し滑《すべ》ったら寒《さむ》さも**平気**《へいき》になってきた。
- 友人《ゆうじん》1《いち》「1人《ひとり》で旅行《りょこう》に行《い》くのは寂《さび》しいでしょ？」友人《ゆうじん》2《に》「そう？ 私《わたし》は1人《ひとり》でも**平気**《へいき》。好《す》きなときに好《す》きなところに行《い》けて、気楽《きらく》で良《い》いじゃん。」
- さっきまで頭《あたま》が痛《いた》くてつらかったが、少《すこ》し休《やす》んだら**平気**《へいき》になった。

へた【下手】

な形

対 上手《じょうず》

1 「下手《へた》」は、何《なに》かをうまくしたり、作《つく》ったりすることができないという意味《いみ》です。**な形** 対 上手《じょうず》（➡p.202）

- どんなに**下手**《へた》な字《じ》でも、手書《てが》きの手紙《てがみ》をもらうとうれしいです。
- 私《わたし》は絵《え》を描《か》くのが**下手**《へた》なので、簡単《かんたん》なイラストを上手《じょうず》に描《か》ける人《ひと》がうらやましい。
- 姉《あね》は歌《うた》は**下手**《へた》ですが、歌《うた》うのが好《す》きでカラオケによく行《い》きます。

2 「下手《へた》」は、よく考《かんが》えていないという意味《いみ》です。**な形**

- **下手**《へた》をすれば命《いのち》に関《かか》わることだからよく聞《き》いて。もし山《やま》で道《みち》に迷《まよ》ったら、来《き》た道《みち》を引《ひ》き返《かえ》すのが鉄則《てっそく》だよ。
- （骨折《こっせつ》した友人《ゆうじん》2《に》のお見舞《みま》いで）友人《ゆうじん》1《いち》「いつからリハビリ始《はじ》めるの？」友人《ゆうじん》2《に》「まだ分《わ》からない。**下手**《へた》に動《うご》かすと回復《かいふく》が遅《おそ》くなるから、もう少《すこ》し様子《ようす》を見《み》ようって、先生《せんせい》に言《い》われてるんだ。」
- 心配《しんぱい》でも、子供《こども》が夢中《むちゅう》で遊《あそ》んでいるときには、**下手**《へた》に口出《くちだ》ししない方《ほう》がいい。

関連表現1 「下手《へた》な〜より」は、平凡《へいぼん》な専門家《せんもんか》と比《くら》べて、専門《せんもん》ではない人《ひと》の方《ほう》がいいという意味《いみ》です。

- 兄《あに》は、私《わたし》によく勉強《べんきょう》を教《おし》えてくれる。**下手《へた》な**先生《せんせい》**より**兄《あに》に教《おし》えてもらった方《ほう》がずっと分《わ》かりやすい。
- 恋人《こいびと》は自分《じぶん》の思《おも》い通《どお》りにならないことがあるとすぐに泣《な》いたふりをする。**下手《へた》な**役者《やくしゃ》**より**ずっと演技《えんぎ》が上手《じょうず》だと思《おも》う。
- 祖母《そぼ》は料理《りょうり》が上手《じょうず》で、祖母《そぼ》の料理《りょうり》は**下手《へた》な**料理人《りょうりにん》の作《つく》った料理《りょうり》**より**おいしい。

べつ【別】

名　な形

対　同《おな》じ

1 今話《いまはな》したり考《かんが》えたりしているものとは違《ちが》う、他《ほか》のことを「別《べつ》」といいます。 名　な形　対　同《おな》じ（→p.102）

- 部下《ぶか》「大切《たいせつ》な話《はなし》があるんですが……。」上司《じょうし》「分《わ》かりました。ここは人《ひと》がたくさんいるから、**別《べつ》**の場所《ばしょ》で話《はな》しましょう。」
- 私《わたし》は毎日《まいにち》3時間《さんじかん》、プログラミングの勉強《べんきょう》をしている。ちゃんと覚《おぼ》えているかどうかは**別《べつ》**だけど。

● 駅《えき》から会社《かいしゃ》まで、毎日《まいにち》同《おな》じ道《みち》を通《とお》っているけど、今朝《けさ》は**別**《べつ》の道《みち》を通《とお》ってみた。今《いま》まで知《し》らなかったお店《みせ》がたくさんあってびっくりした。

2 種類《しゅるい》や性質《せいしつ》などの違《ちが》いによって、分《わ》けていることを「別《べつ》」といいます。名 な形

● 最近《さいきん》、男女《だんじょ》の**別**《べつ》がないトイレが増《ふ》えてきている。

● 好《す》きな仕事《しごと》だからといって、公私《こうし》の**別**《べつ》を考《かんが》えないで働《はたら》いていると、プライベートの時間《じかん》がなくなってしまうよ。

●（レストランで会計中《かいけいちゅう》に）客《きゃく》「お会計《かいけい》は**別**《べつ》でお願《ねが》いします。」店員《てんいん》「かしこまりました。カレーライスの方《かた》は７００円《ななひゃくえん》です。」

● ごみを捨《す》てるときは、燃《も》えるものと燃《も》えないものを**別**《べつ》にしてください。

3 いくつかのものの中《なか》から、何《なに》かを分《わ》けていることを「別《べつ》」といいます。な形

● 旅行先《りょこうさき》で食事《しょくじ》に使《つか》うお金《かね》は、他《ほか》のお金《かね》とは**別**《べつ》にとってある。

● 最近《さいきん》、本《ほん》も雑誌《ざっし》もスマホやパソコンで読《よ》むが、新聞《しんぶん》だけは**別**《べつ》だ。今《いま》でも紙《かみ》の新聞《しんぶん》を買《か》っている。

● 社長《しゃちょう》は誰《だれ》に対《たい》しても厳《きび》しいが、孫《まご》だけは**別**《べつ》で、孫《まご》の言《い》うことなら何《なん》でも聞《き》いてしまうらしい。

へん【変】

な形

1 「変《へん》」は、普通《ふつう》と違《ちが》っていて良《よ》くないという意味《いみ》です。 **な形**

- この牛乳《ぎゅうにゅう》は**変**《へん》な臭《にお》いがするね。腐《くさ》っているかもしれないから、飲《の》まない方《ほう》がいいよ。
- 友人1《ゆうじんいち》「髪型《かみがた》を変《か》えてみたんだけど、**変**《へん》じゃない？」友人2《ゆうじんに》「ううん。似合《にあ》ってるよ。」
- 隣《となり》の部屋《へや》に住《す》んでいる人《ひと》が毎日大音量《まいにちだいおんりょう》で音楽《おんがく》をかけている。音《おと》がうるさくてストレスで気《き》が**変**《へん》になりそうだ。

2 「変《へん》」は、普通《ふつう》と違《ちが》っていて、不思議《ふしぎ》だという意味《いみ》です。 **な形**

- 自分《じぶん》の声《こえ》を録音《ろくおん》して聞《き》いてみた。他《ほか》の人《ひと》の声《こえ》みたいで、なんだか**変**《へん》な感《かん》じだ。
- **変**《へん》な転《ころ》び方《かた》をしたせいで、足首《あしくび》を痛《いた》めてしまった。
- （待《ま》ち合《あ》わせ場所《ばしょ》で）友人1《ゆうじんいち》「アマンダさん、遅《おそ》いね。」友人2《ゆうじんに》「いつも彼女《かのじょ》が一番《いちばん》に来《き》てるのに、連絡《れんらく》もなく遅《おく》れるなんて**変**《へん》だね。何《なに》かあったのかな。」

べんきょう【勉強】

名 動3

1 分《わ》からないこと、知《し》らないことを知《し》ろうと頑張《がんば》ることを「勉強《べんきょう》」といいます。名 動3

- 歴史的《れきしてき》な都市《とし》をめぐって観光《かんこう》することは、歴史《れきし》の**勉強**《べんきょう》になります。
- 日本語《にほんご》の**勉強**《べんきょう》を始《はじ》めたのは15歳《じゅうごさい》のときです。日本《にほん》のアニメが好《す》きだったことがきっかけです。
- 大学《だいがく》では授業《じゅぎょう》の予習《よしゅう》が欠《か》かせないので、毎日《まいにち》、夜8時《よるはちじ》から11時《じゅういちじ》くらいまでは**勉強**《べんきょう》している。

2 将来役《しょうらいやく》に立《た》つかもしれない大切《たいせつ》な経験《けいけん》をすることを「勉強《べんきょう》」といいます。名 動3

- 学生《がくせい》のとき、1年間休学《いちねんかんきゅうがく》して世界《せかい》のいろんな国《くに》を回《まわ》った。たくさんの文化《ぶんか》に触《ふ》れて良《い》い**勉強**《べんきょう》になった。
- アンケートに書《か》かれたお客様《きゃくさま》からの感想《かんそう》を読《よ》んで、良《よ》いサービスとは何《なに》か、いつも**勉強**《べんきょう》している。
- シンポジウムの活発《かっぱつ》な議論《ぎろん》だけでなく、質疑応答《しつぎおうとう》も**勉強**《べんきょう》になった。
- リウさんの経験談《けいけんだん》を聞《き》きました。これから自分《じぶん》の仕事《しごと》に役立《やくだ》つ情報《じょうほう》ばかりで、とても**勉強《べんきょう》**になりました。

3 「勉強《べんきょう》する」は、値段《ねだん》を安《やす》くするという意味《いみ》です。 動3

● 客《きゃく》「これ、もう少《すこ》し**勉強《べんきょう》して**もらえませんか?」店員《てんいん》「すみませんが、これ以上《いじょう》は難《むずか》しいです。」

● 店《みせ》の人「お客《きゃく》さん、こちら**勉強《べんきょう》させて**いただきますので、いかがですか? １《ひと》つ７００円《ななひゃくえん》を、２《ふた》つまとめて１０００円《せんえん》にします!」

べんり【便利】

な形 名詞形 便利《べんり》さ

対 不便《ふべん》

1 「便利《べんり》」は、物事《ものごと》が役《やく》に立《た》ったり、それを使《つか》うと簡単《かんたん》にできたりして良《よ》いという意味《いみ》です。 な形 対 不便《ふべん》(→p.382)

● インターネットさえつながっていれば、スマホで何《なん》でも調《しら》べられるし、チケットの予約《よやく》も、買《か》い物《もの》もできる。**便利《べんり》**になりましたね。

● 私《わたし》がここに住《す》もうと思《おも》ったのは、駅《えき》から近《ちか》くて、買《か》い物《もの》に**便利《べんり》**だからです。

● ロボット掃除機《そうじき》は**便利《べんり》**です。部屋《へや》がいつでもきれいなので、家事《かじ》も楽《らく》になりました。

ほしい【欲しい】

い形

☞ ～てほしい（➡ p.293）

1 「～が欲《ほ》しい」は、～を自分《じぶん》のものにしたいという意味《いみ》です。

い形

- 私《わたし》は、友達《ともだち》**が**たくさん**欲《ほ》しい**ので、いろいろな人《ひと》に積極的《せっきょくてき》に声《こえ》をかけている。
- 友人1《ゆうじんいち》「そのバッグ、いいね。私《わたし》も**欲《ほ》しい**な。」友人2《ゆうじんに》「あそこの店《みせ》で買《か》えるよ。」
- 妻《つま》「もうすぐ誕生日《たんじょうび》だね。プレゼント、何《なに》**が欲《ほ》しい**?」夫《おっと》「新《あたら》しい時計《とけい》**が欲《ほ》しい**な。」

2 「～が欲《ほ》しい」は、～があったらうれしいという意味《いみ》です。 **い形**

- 買《か》い物《もの》が不便《ふべん》なので、家《いえ》の近《ちか》くにコンビニ**が欲《ほ》しい**。
- 新《あたら》しいスタッフの松本《まつもと》さんは、消極的《しょうきょくてき》な性格《せいかく》だ。もう少《すこ》し積極性《せっきょくせい》**が欲《ほ》しい**。

- 接待《せったい》で取引先《とりひきさき》の人《ひと》を連《つ》れて行《い》くレストランは、味《あじ》の良《よ》さだけでなく、高級感《こうきゅうかん》も**欲《ほ》しい**。

ほそい【細い】

い形　名詞形 細《ほそ》さ

対 太《ふと》い

1 「細《ほそ》い」は、長《なが》くて幅《はば》が小《ちい》さいという意味《いみ》です。 い形　対 太《ふと》い（→p.381）

- ここから先《さき》の道《みち》は**細《ほそ》く**なっていて、人《ひと》や自転車《じてんしゃ》は通《とお》れるが、車《くるま》は通《とお》れない。
- 小《ちい》さい文字《もじ》を書《か》くときは、ペン先《さき》が**細《ほそ》い**方《ほう》が書《か》きやすい。
- 最近《さいきん》、友人《ゆうじん》が**細《ほそ》く**なってきた。ダイエットをして、体重《たいじゅう》がかなり減《へ》ったそうだ。
- 病気《びょうき》の祖父《そふ》のお見舞《みま》いに行《い》った。あまり食欲《しょくよく》がないそうで、**細《ほそ》い**体《からだ》をしていた。
- この布《ぬの》は**細《ほそ》い**糸《いと》で織《お》られているので、薄《うす》くてしなやかなのが特徴《とくちょう》だ。

関連表現1 「食《しょく》が細《ほそ》い」は、いつも食《た》べる量《りょう》が少《すく》ないという意味《いみ》です。

- 母《はは》は、年《とし》を取《と》って**食《しょく》が細《ほそ》く**なった。あまりごはんを食《た》べてくれないので、体《からだ》を壊《こわ》さないか心配《しんぱい》だ。
- 妹《いもうと》は**食《しょく》が細《ほそ》く**、私《わたし》の半分《はんぶん》くらいしか食《た》べない。

ほんき【本気】

名 な形

1 真面目《まじめ》で、真剣《しんけん》な気持《きも》ちのことを「本気《ほんき》」といいます。名 な形

- 趣味《しゅみ》でテニスをする人《ひと》は多《おお》いが、私《わたし》の兄《あに》は**本気《ほんき》**でプロになりたいと思《おも》っているようだ。
- 面接《めんせつ》では、「この企業《きぎょう》に**本気《ほんき》**で入社《にゅうしゃ》したい」という熱意《ねつい》と、自分《じぶん》の良《よ》さをしっかり伝《つた》えることが大切《たいせつ》だ。
- 自分《じぶん》の子供《こども》が危《あぶ》ないことをしたら**本気《ほんき》**で叱《しか》る。それが、子供《こども》を守《まも》ることになると思《おも》う。

まがる【曲がる】

動1 **て形** **曲《ま》がって**

☞ **曲《ま》げる**

1 **「曲《ま》がる」は、真《ま》っすぐの物《もの》が、真《ま》っすぐではなくなるという意味《いみ》です。** **動1**

- 強《つよ》い雨《あめ》と風《かぜ》のせいで、傘《かさ》が**曲《ま》がって**しまった。
- 裁縫《さいほう》をしていたら、布《ぬの》が固《かた》くて針《はり》が**曲《ま》がって**しまった。
- 私《わたし》はかなづちを使《つか》うのが下手《へた》だ。上手《じょうず》に打《う》てないので、釘《くぎ》が**曲《ま》がって**しまう。

2 **「曲《ま》がる」は、進《すす》む方向《ほうこう》を変《か》えたり、進《すす》む方向《ほうこう》が変《か》わったりするという意味《いみ》です。** **動1**

- （タクシーで）乗客《じょうきゃく》「すみません。次《つぎ》の信号《しんごう》を右《みぎ》に**曲《ま》がって**ください。」
- 台風《たいふう》の進路《しんろ》が西《にし》へと**曲《ま》がった**ので、この地方《ちほう》の被害《ひがい》は少《すく》なかった。
- スキーは、左足《ひだりあし》に体重《たいじゅう》を乗《の》せると右《みぎ》に**曲《ま》がり**、右足《みぎあし》に体重《たいじゅう》を乗《の》せると左《ひだり》に**曲《ま》がる**。

3 **「曲《ま》がる」は、壁《かべ》にかけたものや、身《み》につけたものが、正《ただ》しい**

角度《かくど》ではなくなるという意味《いみ》です。**動1**

● 壁《かべ》にかけた絵《え》が**曲《ま》がって**いたので、真《ま》っすぐに直《なお》した。

● 友人1《ゆうじんいち》「ネクタイが少《すこ》し**曲《ま》がって**いるよ。直《なお》してあげる。」友人2《ゆうじんに》「ありがとう、お願《ねが》い。」

● 友人1《ゆうじんいち》「ポスター、この位置《いち》でいい?」友人2《ゆうじんに》「ちょっと**曲《ま》がってる**かな。右側《みぎがわ》はもう少《すこ》し上《うえ》。」

● この戸棚《とだな》は、扉《とびら》が少《すこ》し**曲《ま》がって**いるので、ぴったりと閉《し》まらない。

4 「曲《ま》がる」は、真《ま》っすぐにしようとしたが、真《ま》っすぐにならないという意味《いみ》です。動1

● ゴルフで、真《ま》っすぐボールを飛《と》ばしたいのですが、なぜか右《みぎ》に**曲《ま》がって**しまいます。

● 平行《へいこう》に線《せん》を引《ひ》こうとしたが、少《すこ》し**曲《ま》がって**しまったので、やり直《なお》した。

● 買《か》ったばかりのミシンにまだ慣《な》れていないので、縫《ぬ》い目《め》が少《すこ》し**曲《ま》がって**しまいました。

5 「曲《ま》がる」は、考《かんが》えなどが正《ただ》しくなかったり、性格《せいかく》が素直《すなお》ではなかったりするという意味《いみ》です。動1

● 私《わたし》は**曲《ま》がった**ことが大嫌《だいきら》いで、間違《まちが》ったことをしている人《ひと》を見《み》ると、すぐに注意《ちゅうい》してしまう。

● 高齢者《こうれいしゃ》からお金《かね》をだまし取《と》るとは、犯人《はんにん》は心《こころ》が**曲《ま》がって**いる。

● 伊藤《いとう》さんのような**曲《ま》がった**性格《せいかく》の人《ひと》は見《み》たことない。いつも周囲《しゅうい》に助《たす》けられているのに、全《まった》く感謝《かんしゃ》しないし、自分《じぶん》の失敗《しっぱい》も周《まわ》りのせいにする。

まじめ【真面目】

な形　名詞形　真面目《まじめ》さ

対　不真面目《ふまじめ》

1 「真面目《まじめ》」は、人《ひと》のすることが、本気《ほんき》で真剣《しんけん》だという意味《いみ》です。

な形　対　不真面目《ふまじめ》

- 普段《ふだん》ふざけてばかりいる彼《かれ》が**真面目《まじめ》**な顔《かお》で相談《そうだん》に来《き》たので、大切《たいせつ》なことを話《はな》したいのだとすぐに分《わ》かった。
- そろそろバイトで生活《せいかつ》するのはやめて、自分《じぶん》の将来《しょうらい》のことを**真面目《まじめ》**に考《かんが》えようと思《おも》う。
- 弊社《へいしゃ》の**真面目《まじめ》**な取《と》り組《く》みがお客様《きゃくさま》に評価《ひょうか》されて、とてもうれしかった。

2 「真面目《まじめ》」は、人《ひと》が、決《き》まりを守《まも》って、うそをついていないという意味《いみ》です。

な形　対　不真面目《ふまじめ》

- 今《いま》まで悪《わる》いことをたくさんしてきたが、気持《きも》ちを入《い》れ替《か》えて**真面目《まじめ》**に生《い》きて行《い》こうと思《おも》っている。

● 彼女《かのじょ》は**真面目**《まじめ》なので、一度《いちど》も授業《じゅぎょう》に遅刻《ちこく》したことがないし、宿題《しゅくだい》を忘《わす》れたこともない。

● アルバイトの井上《いのうえ》さんは、とても**真面目**《まじめ》に働《はたら》いてくれるので信頼《しんらい》している。

まつ【待つ】

動１ て形 **待《ま》って**

１ 「～を待《ま》つ」は、～が来《く》るまでその場所《ばしょ》にいるという意味《いみ》です。

動１

● 駅前《えきまえ》には、朝早《あさはや》くからバス**を待《ま》つ**人《ひと》たちがたくさんいます。

● （電話《でんわ》で）友人１《ゆうじんいち》「もしもし。今《いま》、映画館《えいがかん》着《つ》いたよ。」友人２《ゆうじんに》「私《わたし》もうすぐ着《つ》くから、ちょっと**待《ま》って**て。」

● うちの犬《いぬ》は散歩《さんぽ》に行《い》く時間《じかん》になると、玄関《げんかん》で私《わたし》**を待《ま》って**いる。

２ 「待《ま》つ」は、しばらくの間《あいだ》、次《つぎ》の行動《こうどう》をしないという意味《いみ》です。

動１

● カップラーメンは、お湯《ゆ》を入《い》れて３分《さんぷん》**待《ま》てば**食《た》べられる。

● 友人１《ゆうじんいち》「この写真《しゃしん》、ＳＮＳ《エスエヌエス》に上《あ》げていい？」友人２《ゆうじんに》「ちょっと**待《ま》って**。

どんな写真《しゃしん》か見《み》せて。」

- ひどい雨《あめ》だったので、喫茶店《きっさてん》で雨《あめ》がやむのを**待《ま》って**から家《いえ》に帰《かえ》った。

3 「待《ま》つ」は、ものや状況《じょうきょう》を手《て》に入《い》れることを期待《きたい》して過《す》ごすという意味《いみ》です。動1

- ヒーロー映画《えいが》の続《つづ》きを、1年前《いちねんまえ》からずっと**待《ま》って**いる。来週《らいしゅう》新《あたら》しい作品《さくひん》が見《み》られるので本当《ほんとう》に楽《たの》しみだ。
- **待《ま》って**いた試験結果《しけんけっか》が、今日《きょう》届《とど》いた。結果《けっか》は、合格《ごうかく》だった。
- 友人1《ゆうじんいち》「土曜日《どようび》の待《ま》ち合《あ》わせ時間《じかん》、決《き》まったら連絡《れんらく》するね。」友人《ゆうじん》2《に》「うん、**待《ま》ってる**！」

まっすぐ【真っすぐ】

な形　副

1 「真《ま》っすぐ」は、同《おな》じ方向《ほうこう》で、曲《ま》がらないで続《つづ》いているという意味《いみ》です。な形　副

- 定規《じょうぎ》を使《つか》わないで、**真《ま》っすぐ**な線《せん》を引《ひ》くのは難《むずか》しい。
- パソコンで仕事《しごと》をする人《ひと》は姿勢《しせい》が悪《わる》くなりやすいので、ときどき背筋《せすじ》を**真《ま》っすぐ**伸《の》ばすようにしましょう。

- 通行人《つうこうにん》「近《ちか》くにコンビニはありますか?」住民《じゅうみん》「ここから**真《ま》っすぐ**行《い》ったところにありますよ。歩《ある》いて2《に》、3分《さんぷん》です。」

2 「真《ま》っすぐ」は、途中《とちゅう》でどこにも行《い》かないで目的地《もくてきち》に直接《ちょくせつ》向《む》かっているという意味《いみ》です。 な形 副

- 父《ちち》が倒《たお》れて入院《にゅういん》したという連絡《れんらく》が入《はい》ったので、会社《かいしゃ》を出《で》て**真《ま》っすぐ**病院《びょういん》に向《む》かった。
- 今日《きょう》は子供《こども》の誕生日《たんじょうび》なので、仕事《しごと》が終《お》わったら、**真《ま》っすぐ**家《いえ》に帰《かえ》ります。
- 午前中《ごぜんちゅう》に取引先《とりひきさき》を訪問《ほうもん》したら、お昼《ひる》ごはんを食《た》べないで会社《かいしゃ》へ**真《ま》っすぐ**戻《もど》る予定《よてい》です。

3 「真《ま》っすぐ」は人《ひと》が、正義感《せいぎかん》があって正直《しょうじき》だという意味《いみ》です。 な形

- 毎日大変《まいにちたいへん》なことやつらいこともたくさんあるが、明《あか》るく**真《ま》っすぐ**に生《い》きていきたい。
- 最近人気《さいきんにんき》の政治家《せいじか》は、言葉《ことば》に迷《まよ》いがなく、**真《ま》っすぐ**で力強《ちからづよ》い演説《えんぜつ》をする。
- 面接官《めんせつかん》「どんな人《ひと》を尊敬《そんけい》しますか?」応募者《おうぼしゃ》「自分《じぶん》を信《しん》じて、**真《ま》っすぐ**な気持《きも》ちを持《も》ち続《つづ》けられる人《ひと》です。」

まるい【丸い】

い形 **名詞形** **丸《まる》さ、丸《まる》み**

1 「丸《まる》い」は、球《たま》のような形《かたち》だという意味《いみ》です。 い形

- 地球《ちきゅう》は、青《あお》くて**丸《まる》い**形《かたち》をしている。
- サッカーボールは**丸《まる》い**形《かたち》をしているが、ラグビーボールは楕円形《だえんけい》で、**丸《まる》くない。**
- 妻《つま》は、来月《らいげつ》、出産《しゅっさん》予定《よてい》だ。最近《さいきん》おなかがとても大《おお》きく、**丸《まる》く**なってきた。

2 「丸《まる》い」は、円《えん》のような形《かたち》だという意味《いみ》です。 い形

- 今日《きょう》の月《つき》は**丸《まる》い**と思《おも》ったら、満月《まんげつ》だった。
- 紙《かみ》を**丸《まる》く**切《き》って、ＵＦＯ《ユーフォー》の模型《もけい》を作《つく》った。
- 中華料理店《ちゅうかりょうりてん》の特徴《とくちょう》の１《ひと》つは、回転台《かいてんだい》のついた**丸《まる》い**テーブルがあることだ。

3 「丸《まる》い」は、角《かど》がとがっていないという意味《いみ》です。 い形

- 子供《こども》が机《つくえ》の角《かど》に頭《あたま》をぶつけると危《あぶ》ないので、角《かど》を**丸《まる》く**削《けず》った。
- このはさみは安全《あんぜん》のために先《さき》が**丸《まる》く**なっている。
- 川《かわ》の上流《じょうりゅう》にある石《いし》は大《おお》きくてごつごつしているが、下流《かりゅう》の石《いし》は小《ちい》さ

くて**丸《まる》い**。長《なが》い年月《ねんげつ》をかけて削《けず》られたのだろう。

4 「丸《まる》い」は、背中《せなか》が曲《ま》がっているという意味《いみ》です。 い形

- 座《すわ》る姿勢《しせい》が悪《わる》いと、背中《せなか》が**丸《まる》く**なる。なるべく背筋《せすじ》を伸《の》ばすようにしよう。
- 年《とし》を取《と》ったからか、母《はは》は最近《さいきん》、背筋《せすじ》が**丸《まる》く**なったような気《き》がする。
- 昨夜《さくや》は、友達《ともだち》の家《いえ》の小《ちい》さいソファで、体《からだ》を**丸《まる》く**して寝《ね》た。

関連表現1 「目《め》を丸《まる》くする」は、驚《おどろ》くという意味《いみ》です。

- ビュッフェでケーキを１０個《じゅっこ》お皿《さら》にのせて席《せき》に戻《もど》ったら、友人《ゆうじん》が「そんなに食《た》べるの？」と、**目《め》を丸《まる》くした**。
- 友達《ともだち》が車《くるま》を買《か》った。値段《ねだん》を聞《き》いて**目《め》を丸《まる》くした**。予想《よそう》の１０倍《じゅうばい》の値段《ねだん》だった。

関連表現2 「丸《まる》くなる」は、性格《せいかく》が優《やさ》しくなるという意味《いみ》です。

- 父《ちち》は、若《わか》い頃《ころ》は怒《おこ》ってばかりいたが、年《とし》を取《と》って随分《ずいぶん》**丸《まる》くなった**。
- あの作家《さっか》は年々《ねんねん》、作風《さくふう》が過激《かげき》になっている。性格《せいかく》も**丸《まる》くなる**どころか、とがっていく一方《いっぽう》だ。

まんぞく【満足】

名 **な形** **動3**

対 残念《ざんねん》、不満《ふまん》、不満足《ふまんぞく》

1 自分《じぶん》が望《のぞ》んだ通《とお》りになってうれしいことを「満足《まんぞく》」といいます。

名 **な形** **動3** **対** 残念《ざんねん》（→p.186）、不満《ふまん》

- 子供《こども》たちは、普段《ふだん》は食《た》べられないようなお菓子《かし》をたくさんもらって、**満足**《まんぞく》そうな笑顔《えがお》を見《み》せた。
- 仕事《しごと》は面白《おもしろ》いし、お給料《きゅうりょう》も十分《じゅうぶん》もらえるので、私《わたし》は今《いま》の会社《かいしゃ》に**満足**《まんぞく》しています。
- オンラインショップで買《か》ったソファが届《とど》いた。画像《がぞう》で見《み》た通《とお》り、色《いろ》もデザインもすてきで、**満足**《まんぞく》な買《か》い物《もの》ができた。

2 「満足《まんぞく》」は、十分《じゅうぶん》だという意味《いみ》です。 **な形** **対** 不満足《ふまんぞく》

- 世界《せかい》には、病院《びょういん》がなかったり、医者《いしゃ》が足《た》りなかったりして、**満足**《まんぞく》な医療《いりょう》を受《う》けられない地域《ちいき》がたくさんある。
- 料理《りょうり》も**満足**《まんぞく》にできない頃《ころ》から、「将来《しょうらい》の夢《ゆめ》は一流《いちりゅう》シェフになることです」と言《い》い続《つづ》けた。ついに夢《ゆめ》がかなって、明日《あした》、自分《じぶん》の店《みせ》をオープンする。
- その選手《せんしゅ》は、けがで**満足**《まんぞく》に練習《れんしゅう》ができないまま試合《しあい》に出場《しゅつじょう》し、負《ま》

けてしまった。

みがく【磨く】

動1 て形 磨《みが》いて

1 「磨《みが》く」は、硬《かた》いものの表面《ひょうめん》を布《ぬの》などの道具《どうぐ》を使《つか》ってきれいにするという意味《いみ》です。**動1**

- 私《わたし》は、1日3回《いちにちさんかい》歯《は》を**磨《みが》く**。会社《かいしゃ》にも歯《は》ブラシが置《お》いてある。
- 週末《しゅうまつ》に靴《くつ》を**磨《みが》いて**いる。靴《くつ》がきれいになると気分《きぶん》が良《い》い。
- 銀《ぎん》の食器《しょっき》は黒《くろ》くなってしまっても、**磨《みが》けば**また美《うつく》しくなる。

2 「磨《みが》く」は、学《まな》んで知識《ちしき》を増《ふ》やしたり、練習《れんしゅう》して技術《ぎじゅつ》を良《よ》くしたりするという意味《いみ》です。**動1**

- 高校《こうこう》を卒業《そつぎょう》したらイギリスの大学《だいがく》に留学《りゅうがく》したい。そのために毎日《まいにち》勉強《べんきょう》して英語力《えいごりょく》を**磨《みが》いて**いる。
- 弟《おとうと》は毎日《まいにち》空手《からて》の練習《れんしゅう》をして技術《ぎじゅつ》を**磨《みが》いて**いる。今度《こんど》の試合《しあい》ではきっと活躍《かつやく》すると思《おも》う。
- 将来《しょうらい》はデザインの仕事《しごと》がしたい。センスを**磨《みが》く**ために週末《しゅうまつ》は美術館《びじゅつかん》に行《い》って、いろいろな作品《さくひん》を見《み》ている。

関連表現1 **「腕《うで》を磨《みが》く」は、練習《れんしゅう》して技術《ぎじゅつ》を良《よ》くするという意味《いみ》です。**

- 彼女《かのじょ》はフランスに行《い》って料理《りょうり》の**腕《うで》を磨《みが》いた**後《あと》、帰国《きこく》して自分《じぶん》のレストランを開《ひら》いた。
- 友達《ともだち》とビリヤードに行《い》ったが、自分《じぶん》が一番《いちばん》下手《へた》だった。**腕《うで》を磨《みが》いて**、次《つぎ》はみんなを驚《おどろ》かせたい。

関連表現2 **「自分《じぶん》を磨《みが》く」は、学《まな》んで知識《ちしき》を増《ふ》やしたり、練習《れんしゅう》して技術《ぎじゅつ》を良《よ》くしたりして、すてきな人《ひと》になるという意味《いみ》です。**

- 私《わたし》の友達《ともだち》は、仕事《しごと》の後《あと》に英会話教室《えいかいわきょうしつ》に行《い》ったり、スポーツジムに通《かよ》ったりして**自分《じぶん》を磨《みが》いて**いるそうだ。
- 彼女《かのじょ》は今年《ことし》、仕事《しごと》を辞《や》めて大学院《だいがくいん》で学《まな》ぶことにしたそうだ。何歳《なんさい》になっても**自分《じぶん》を磨《みが》く**ことを忘《わす》れないのはすごいと思《おも》う。

みじかい【短い】

い形 **名詞形** 短《みじか》さ

対 長《なが》い

1 「短《みじか》い」は、端《はし》から端《はし》までの長《なが》さが小《ちい》さいという意味《いみ》です。

い形 **対** 長《なが》い（→p.326）

- とても暑《あつ》いので、膝《ひざ》までしかない**短《みじか》い**ズボンを履《は》くことにした。
- フルマラソンは自信《じしん》がないけど、５《ご》キロや１０《じゅっ》キロの**短《みじか》い**距離《きょり》なら走《はし》れると思《おも》う。
- 友人《ゆうじん》１《いち》「あれ、髪《かみ》の毛《け》切《き》ったんだね。」友人《ゆうじん》２《に》「うん。１０《じゅっ》センチ**短《みじか》く**した。髪《かみ》を洗《あら》った後《あと》に、すぐ乾《かわ》くから楽《らく》だよ。」

2 「短《みじか》い」は、始《はじ》まりから終《お》わりまでの時間《じかん》が少《すく》ないという意味《いみ》です。

い形 **対** 長《なが》い（→p.326）

- 偶然《ぐうぜん》、昔《むかし》の友達《ともだち》と駅《えき》で会《あ》って、１０分《じゅっぷん》くらい話《はなし》をした。**短《みじか》い**時間《じかん》だったが、とても楽《たの》しかった。
- 楽《たの》しい時間《じかん》は、**短《みじか》く**感《かん》じる。
- 学生《がくせい》のとき、友達《ともだち》と３０分《さんじゅっぷん》くらいの**短《みじか》い**映画《えいが》を作《つく》ったことがある。

3 「短《みじか》い」は、文章《ぶんしょう》などの始《はじ》まりから終《お》わりまでの量《りょう》が少《すく》ないという意味《いみ》です。 **い形** 対 長《なが》い（→p.326）

- 最近《さいきん》、ブログの記事《きじ》は長《なが》いものより、**短《みじか》い**もののほうが人気《にんき》がある。手軽《てがる》に読《よ》めるのがいいようだ。
- 友達《ともだち》から、「遅《おく》れます」という、一言《ひとこと》だけの**短《みじか》い**メッセージが届《とど》いた。
- 上司《じょうし》「この間《あいだ》の報告書《ほうこくしょ》、**短《みじか》く**要点《ようてん》がまとまっていて分《わ》かりやすかったよ。」部下《ぶか》「ありがとうございます。」

関連表現1 「気《き》が短《みじか》い」は、長《なが》い時間《じかん》待《ま》つことができないという意味《いみ》です。

- 私《わたし》は**気《き》が短《みじか》い**ので、待《ま》ち合《あ》わせで相手《あいて》が遅《おく》れても、5分以上《ごふんいじょう》は待《ま》てない。
- 上司《じょうし》は**気《き》が短《みじか》い**ので、頼《たの》まれた仕事《しごと》はすぐにやらないと怒《おこ》られる。

みせる【見せる】

動2 て形 見《み》せて

☞ 見《み》る（→p.412） 対 隠《かく》す 謙 ご覧《らん》にいれる

1 「〜を見《み》せる」は、他《ほか》の人《ひと》に見《み》えるようにするという意味《いみ》です。

動2　**対**　**隠《かく》す**

- 友人1《ゆうじんいち》「夏休《なつやす》みに南《みなみ》の島《しま》に旅行《りょこう》に行《い》ってきたんだ。」友人2《ゆうじんに》「いいね！写真《しゃしん》、**見《み》せて**？」
- 空港《くうこう》の入国審査《にゅうこくしんさ》のときは、係員《かかりいん》にパスポートを**見《み》せる**。
- 自分《じぶん》が書《か》いた小説《しょうせつ》を、出版社《しゅっぱんしゃ》の人《ひと》に**見《み》せた**。とても良《い》い作品《さくひん》なので、出版《しゅっぱん》したいと言《い》われた。

2 「〜を見《み》せる」は、他《ほか》の人《ひと》から〜が分《わ》かるようになるという意味《いみ》です。**動2**

- ペットの猫《ねこ》が死《し》んでずっと元気《げんき》がなかった息子《むすこ》が、最近《さいきん》は少《すこ》し笑顔《えがお》を**見《み》せる**ようになった。
- クルスムさんは試合《しあい》で3回《さんかい》もシュートを決《き》め、素晴《すば》らしい活躍《かつやく》を**見《み》せた**。
- 今年《ことし》完成《かんせい》したこのタワーに、大勢《おおぜい》の観光客《かんこうきゃく》が訪《おとず》れて、にぎわいを**見《み》せて**います。

3 「見《み》せる」は、医者《いしゃ》などの専門家《せんもんいえ》に調《しら》べてもらうという意味《いみ》です。
動2

- 体調《たいちょう》が悪《わる》いので病院《びょういん》に行《い》って、医者《いしゃ》に**見《み》せた**が原因《げんいん》は分《わ》からなかった。
- 車《くるま》のエンジンから変《へん》な音《おと》がするので、整備士《せいびし》に**見《み》せたら**、この車《くるま》はもう乗《の》らない方《ほう》がいいと言《い》われてしまった。
- 家《いえ》の倉庫《そうこ》から立派《りっぱ》な絵《え》が出《で》てきた。専門家《せんもんか》に**見《み》せた**ところ、有名《ゆうめい》な画家《がか》が描《か》いた500年前《ごひゃくねんまえ》の絵《え》だと言《い》われて驚《おどろ》いた。

みる【見る】

動2　て形　**見《み》て**

☞　**見《み》せる**（→p.410）、**〜てみる**（→p.294）　尊　**ご覧《らん》になる**

謙　**拝見《はいけん》する**

1　目《め》で物《もの》の形《かたち》や色《いろ》が分《わ》かるとき、「見《み》る」を使《つか》います。**動2**

- あの木《き》の上《うえ》を**見《み》て**。珍《めずら》しい鳥《とり》がいるよ。
- ずっと勉強《べんきょう》していて時計《とけい》を**見《み》る**と、もう3時間《さんじかん》もたっていて驚《おどろ》いた。
- 目《め》が疲《つか》れたら、遠《とお》くの風景《ふうけい》を**見《み》て**目《め》を休《やす》めましょう。
- （学校《がっこう》で）友人1《ゆうじんいち》「ねえ、ジャイディーさん**見《み》なかった**？　探《さが》してるんだけど。」友人2《ゆうじんに》「**見《み》てない**なあ。今日《きょう》は来《き》てないんじゃない?」

2　「見《み》る」は、映像《えいぞう》や演劇《えんげき》などを目《め》で楽《たの》しむという意味《いみ》です。**動2**

- 美術館《びじゅつかん》に行《い》って、大好《だいす》きな画家《がか》の作品《さくひん》を**見《み》た**。
- 休《やす》みの日《ひ》は一日中《いちにちじゅう》、ＤＶＤ《ディーブイディー》で映画《えいが》を**見《み》て**いる。
- ニューヨークに行《い》ったら、ミュージカルを**見《み》に**行《い》きたい。

3 「〜を見《み》る」は、〜を使《つか》って調《しら》べるという意味《いみ》です。 動2

● 分《わ》からない言葉《ことば》があったら、そのままにしないで、辞書《じしょ》**を見《み》る**ようにしてください。

● あさっては友人《ゆうじん》の結婚式《けっこんしき》だ。天気《てんき》が気《き》になったので、天気予報《てんきよほう》**を見《み》たら**晴《は》れだった。良《よ》かった。

● グルメサイトの口《くち》コミ**を見《み》て**、どのレストランに行《い》くかを考《かんが》えます。

4 「見《み》る」は、読《よ》むという意味《いみ》です。 動2

● 新聞《しんぶん》で飛行機事故《ひこうきじこ》のニュースを**見《み》て**、たくさんの人《ひと》が亡《な》くなったと知《し》りました。

● いつもすぐ返事《へんじ》をくれる山下《やました》さんが返事《へんじ》をくれないということは、まだメールを**見《み》て**ないのかもしれない。

● テストのときに問題《もんだい》をよく**見《み》なかった**ので、思《おも》った以上《いじょう》に間違《まちが》えていた。

● 新製品《しんせいひん》の家電《かでん》を買《か》った。使《つか》い方《かた》がよく分《わ》からなかったので、説明書《せつめいしょ》を**見《み》た**。

5 「見《み》る」は、物《もの》の様子《ようす》を観察《かんさつ》したり確認《かくにん》したりするという意味《いみ》です。食《た》べたり触《さわ》ったりして確認《かくにん》するときにも使《つか》います。 動2

● 昨晩《さくばん》の嵐《あらし》はひどかった。心配《しんぱい》なので畑《はたけ》に行《い》って、作物《さくもつ》の様子《ようす》を**見《み》て**こよう。

● 友人1《ゆうじんいち》「スープを作《つく》ってみたんだけど、味《あじ》を**見《み》て**くれない？」友人2《ゆうじんに》「……ちょうどいいと思《おも》う。おいしいよ。」

- ホテルの部屋《へや》のバスタブにお湯《ゆ》をためた。湯加減《ゆかげん》を**見《み》て**、ちょうどよい温度《おんど》だったのでお風呂《ふろ》に入《はい》った。

6 「見《み》る」は、医者《いしゃ》などの専門家《せんもんか》が、調《しら》べて評価《ひょうか》するという意味《いみ》です。

動2

- 友人《ゆうじん》1《いち》「最近頭痛《さいきんずつう》がどんどんひどくなっているんだ。」友人《ゆうじん》2《に》「一度《いちど》医者《いしゃ》に**見《み》て**もらった方《ほう》がいいんじゃない?」
- 医者《いしゃ》が山田《やまだ》さんを**見《み》た**ところ、重《おも》い病気《びょうき》が見《み》つかった。
- この間《あいだ》歯医者《はいしゃ》で**見《み》て**もらったら、虫歯《むしば》が4本《よんほん》もあることが分《わ》かりました。
- 土地《とち》を売《う》ることにしたので、いくらくらいで売《う》れそうか、不動産屋《ふどうさんや》に**見《み》て**もらった。

7 「～を見《み》る」は、人《ひと》や動物《どうぶつ》などの世話《せわ》をしたり、仕事《しごと》の指導《しどう》をしたりするという意味《いみ》です。 **動2**

- 姉《あね》が夫婦《ふうふ》で出《で》かける予定《よてい》なので、明日《あした》姉《あね》の子供《こども》**を見《み》て**あげることになった。
- 今年《ことし》初《はじ》めて指導役《しどうやく》としてインターンの学生《がくせい》**を見《み》る**ことになった。
- 私《わたし》は週《しゅう》に2回《にかい》、ボランティアで小学生《しょうがくせい》の子供《こども》たちの勉強《べんきょう》**を見《み》て**いる。

関連表現1 「面倒《めんどう》を見《み》る」は、人《ひと》や動物《どうぶつ》の世話《せわ》をするという意味《いみ》です。

- 小《ちい》さい子供《こども》の**面倒《めんどう》を見《み》る**のが好《す》きなので、保育士《ほいくし》になった。
- 新入社員《しんにゅうしゃいん》には、仕事《しごと》の分《わ》からないところを教《おし》えるなど、**面倒《めんどう》を見《み》る**必要《ひつよう》がある。
- 私《わたし》が旅行《りょこう》に行《い》っている間《あいだ》、友人《ゆうじん》にペットの犬《いぬ》の**面倒《めんどう》を見《み》て**もらった。

関連表現2 **「夢《ゆめ》を見《み》る」は、眠《ねむ》っているときに、いろいろなものを見《み》たり聞《き》いたりするという意味《いみ》です。**

- 昨晩《さくばん》、とても怖《こわ》い**夢《ゆめ》を見《み》て**飛《と》び起《お》きてしまった。
- とても緊張《きんちょう》しているせいか、明日《あした》の試合《しあい》の**夢《ゆめ》を見《み》た**。

関連表現3 **「夢《ゆめ》を見《み》る」は、将来《しょうらい》こうなったらよいなと希望《きぼう》するという意味《いみ》です。**

- 子供《こども》の頃《ころ》、親友《しんゆう》と僕《ぼく》は、「プロの陸上選手《りくじょうせんしゅ》になる」という同《おな》じ**夢《ゆめ》を見《み》て**いた。
- だれでも高額当選《こうがくとうせん》の**夢《ゆめ》を見《み》て**、宝《たから》くじを買《か》う。

むがい【無害】

な形

対 有害《ゆうがい》

1 「無害《むがい》」は、人《ひと》や動物《どうぶつ》、植物《しょくぶつ》などに悪《わる》い影響《えいきょう》がないという意味《いみ》です。 **な形** **対** 有害《ゆうがい》（→p.439）

- このハンドクリームは、人体《じんたい》に**無害**《むがい》な原料《げんりょう》で作《つく》られているので、子供《こども》が間違《まちが》ってなめても大丈夫《だいじょうぶ》だ。
- この赤《あか》いキノコは毒《どく》があるが、茶色《ちゃいろ》いキノコは**無害**《むがい》なので、食《た》べても大丈夫《だいじょうぶ》だ。
- 水素《すいそ》には毒《どく》はないので**無害**《むがい》だが、爆発《ばくはつ》する危険性《きけんせい》があるので取《と》り扱《あつか》いには注意《ちゅうい》が必要《ひつよう》だ。

むかえる【迎える】

動2 て形 迎《むか》えて 名詞形 迎《むか》え

対 送《おく》る

1 「迎《むか》える」は、自分《じぶん》のところに人《ひと》が来《く》るのを待《ま》つという意味《いみ》です。

動2 対 送《おく》る（→p.93）

- 12《じゅうに》時《じ》前《まえ》のレストランは客《きゃく》を**迎《むか》える**準備《じゅんび》でとても忙《いそが》しい。
- 今晩《こんばん》は大勢《おおぜい》のお客様《きゃくさま》を**迎《むか》えて**、わが家《や》はとてもにぎやかだ。
- 観客《かんきゃく》は、舞台《ぶたい》に登場《とうじょう》するピアニストを拍手《はくしゅ》で**迎《むか》えた**。

2 「迎《むか》える」は、家族《かぞく》や組織《そしき》の一員《いちいん》として人《ひと》を受《う》け入《い》れるという意味《いみ》です。 動2

- 私《わたし》たちは子供《こども》がいなかったので、両親《りょうしん》を事故《じこ》で亡《な》くした5《ご》歳《さい》の女《おんな》の子《こ》を養子《ようし》として**迎《むか》える**ことにしました。
- （SNS《エスエヌエス》の投稿《とうこう》で）新《あたら》しく家族《かぞく》の一員《いちいん》として**迎《むか》えました**。猫《ねこ》のミミちゃんです。
- そのロックバンドは、辞《や》めたボーカリストに代《か》わり、新《あら》たなメンバーを**迎《むか》えた**。

3 「迎《むか》える」は、人《ひと》にお願《ねが》いして来《き》てもらうという意味《いみ》です。

動2

- 明日《あした》は有名《ゆうめい》なマナー講師《こうし》を**迎《むか》えて**、ビジネスマナー研修《けんしゅう》を開《ひら》く予定《よてい》です。
- オリンピック代表選手《だいひょうせんしゅ》だったユン氏《し》を監督《かんとく》に**迎《むか》え**、この地域《ちいき》の新体操《しんたいそう》クラブはとても強《つよ》くなった。
- 世界的《せかいてき》な演奏家《えんそうか》をソリストに**迎《むか》えた**コンサートは大成功《だいせいこう》だった。

4 「迎《むか》える」は、その時間《じかん》、その時期《じき》になるという意味《いみ》です。

動2

- 来週《らいしゅう》で結婚10周年《けっこんじゅっしゅうねん》を**迎《むか》える**ので、夫婦《ふうふ》で旅行《りょこう》に行《い》こうと思《おも》っています。
- 日本《にほん》の人口《じんこう》は2008年《にせんはちねん》にピークを**迎《むか》え**、その後《あと》は減少《げんしょう》しています。
- 病気《びょうき》で長《なが》くは生《い》きられない祖母《そぼ》は、自分《じぶん》が生《う》まれ育《そだ》った家《いえ》で死《し》を**迎《むか》えたい**と言《い》って病院《びょういん》を退院《たいいん》した。
- 春《はる》を**迎《むか》え**、庭《にわ》にはたくさんの花《はな》が咲《さ》き始《はじ》めた。

関連表現1 「迎《むか》えに行《い》く」は、人《ひと》や動物《どうぶつ》を連《つ》れて帰《かえ》ってくるために、どこかまで行《い》くという意味《いみ》です。

- 今日《きょう》は仕事《しごと》が忙《いそが》しくて、娘《むすめ》を保育園《ほいくえん》に**迎《むか》えに行《い》けな**そうだったので、代《か》わりに夫《おっと》に行《い》ってもらった。
- 駅《えき》から私《わたし》の家《いえ》までの道《みち》は分《わ》かりにくいので、**迎《むか》えに行《い》きます。**駅《えき》で待《ま》っていてください。

● 外国《がいこく》から友達《ともだち》が遊《あそ》びに来《く》るので、空港《くうこう》まで**迎《むか》えに行《い》く**。

むかんけい【無関係】

な形

1 「無関係《むかんけい》」は、他《ほか》から何《なに》も影響《えいきょう》を受《う》けていなくて、他《ほか》に何《なに》も影響《えいきょう》を与《あた》えていないという意味《いみ》です。**な形**

● メールアドレスを間違《まちが》えてしまったので、このプロジェクトには**無関係《むかんけい》**な人《ひと》にもメールを送《おく》ってしまった。

● チウンさんはその事件《じけん》とは**無関係《むかんけい》**だ。なぜなら、その時間《じかん》は別《べつ》の場所《ばしょ》にいたからだ。

● あのテロ事件《じけん》では、その場《ば》にいただけの全《まった》く**無関係《むかんけい》**な人《ひと》を大勢《おおぜい》巻《ま》き込《こ》んで、多数《たすう》の死傷者《ししょうしゃ》を出《だ》した。

ま

むこう【無効】

な形

対 有効《ゆうこう》

1 「無効《むこう》」は、指示《しじ》や許可《きょか》、証明《しょうめい》のための書類《しょるい》が、役《やく》に立《た》たないという意味《いみ》です。**な形** **対** 有効《ゆうこう》（→p.440）

- 使用期限《しようきげん》が過《す》ぎたチケットは、**無効《むこう》**です。使《つか》えません。
- クレジットカードをなくしてしまったので、カード会社《かいしゃ》に連絡《れんらく》してカードを**無効《むこう》**にしてもらった。
- サイトにログインしようとしたが、「**無効《むこう》**なパスワードです」という表示《ひょうじ》が出《で》て、見《み》ることができない。
- 合格《ごうかく》したら期日《きじつ》までに手続《てつづ》きをしないと、入学許可《にゅうがくきょか》が**無効《むこう》**になる。
- 消費者《しょうひしゃ》にとって一方的《いっぽうてき》に不利《ふり》な契約《けいやく》は、**無効《むこう》**と認《みと》められることがある。

むしあつい【蒸し暑い】

い形 **名詞形** 蒸《む》し暑《あつ》さ

1 「蒸《む》し暑《あつ》い」は、湿度《しつど》と気温《きおん》が高《たか》くて、気持《きも》ちが悪《わる》いという意味《いみ》です。**い形**

- 東京《とうきょう》の6月《ろくがつ》は、雨《あめ》が多《おお》く、気温《きおん》も高《たか》いので、じめじめして**蒸《む》し暑《あつ》い**。
- この町《まち》は山《やま》に囲《かこ》まれていて、あまり風《かぜ》が吹《ふ》かないので、夏《なつ》はすごく**蒸《む》し暑《あつ》い**。
- 今日《きょう》は**蒸《む》し暑《あつ》くて**、汗《あせ》で肌《はだ》がべとべとする。シャワーを浴《あ》びてさっぱりしたい。

むずかしい【難しい】

い形 **名詞形** 難《むずか》しさ

対 簡単《かんたん》だ、易《やさ》しい

1 「難《むずか》しい」は、複雑《ふくざつ》で、分《わ》かりにくいという意味《いみ》です。**い形**

対 簡単《かんたん》だ（→p.136）、易《やさ》しい（→p.432）

- 漢字《かんじ》は**難《むずか》しい**。なかなか覚《おぼ》えられない。
- 専門家《せんもんか》の講演《こうえん》を聞《き》いたが、内容《ないよう》が**難《むずか》しくて**、よく理解《りかい》できなかった。
- 友人１《ゆうじんいち》「試験《しけん》どうだった？」友人２《ゆうじんに》「**難《むずか》しかった**。あまり答《こた》えられなかったよ。」

2 「難《むずか》しい」は、それをするのがとても大変《たいへん》だったり、大変《たいへん》でできなかったりするという意味《いみ》です。**い形** **対** 易《やさ》しい（→p.432）

- 試合《しあい》の相手《あいて》はとても強《つよ》い。勝《か》つのは**難《むずか》しい**かもしれない。
- 祖父《そふ》は足《あし》をけがして、１人《ひとり》で歩《ある》くのが**難《むずか》しく**なった。
- 奨学金《しょうがくきん》がもらえなかったら、大学《だいがく》へ進学《しんがく》するのは**難《むずか》しく**なる。

3 「難《むずか》しい」は、解決《かいけつ》したり、答《こた》えたりするのが大変《たいへん》だという意味《いみ》です。**い形**

- 学生《がくせい》「人《ひと》は何《なん》のために生《い》きているのですか？」先生《せんせい》「**難《むずか》しい**質問《しつもん》だね。君《きみ》はどう思《おも》う？」
- 友人１《ゆうじんいち》「仕事《しごと》を決《き》めるとき、お金《かね》とやりがいのどっちを選《えら》ぶ？」友人《ゆうじん》２《に》「それは**難《むずか》しい**選択《せんたく》だなあ。」
- 夜中《よなか》に急《きゅう》に子供《こども》が高《たか》い熱《ねつ》を出《だ》した。救急車《きゅうきゅうしゃ》を呼《よ》ぶか、もう少《すこ》し様子《ようす》を見《み》るか、判断《はんだん》が**難《むずか》しい**。

4 「難《むずか》しい」は、立場《たちば》や状況《じょうきょう》が悪《わる》くて、良《よ》くするのがとても大変《たいへん》だ

という意味《いみ》です。 い形

- 叔母《おば》は、**難《むずか》しい**病気《びょうき》で長《なが》い間《あいだ》入院《にゅういん》している。
- 転職《てんしょく》したいが、家族《かぞく》に反対《はんたい》されている。今《いま》すぐに会社《かいしゃ》を辞《や》めるのは**難《むずか》しい**状況《じょうきょう》だ。
- 友人《ゆうじん》の達也《たつや》さんとニコラスさんがけんかをした。仲直《なかなお》りしてほしいが、どちらの味方《みかた》もできない私《わたし》は、**難《むずか》しい**立場《たちば》に置《お》かれている。

関連表現1 **「難《むずか》しい顔《かお》」は、大変《たいへん》な問題《もんだい》について考《かんが》えているような表情《ひょうじょう》だという意味《いみ》です。**

- 父《ちち》と母《はは》は、けんかをしたようで、**難《むずか》しい顔《かお》**で朝食《ちょうしょく》を食《た》べている。
- 友人《ゆうじん》1《いち》「どうしたの。なんだか**難《むずか》しい顔《かお》**をしているね。」友人《ゆうじん》2《に》「実《じつ》は、ちょっと困《こま》ったことが起《お》きてしまったんだ。」

むだ【無駄】

名 な形

1 **それをしても意味《いみ》がなかったり、結果《けっか》が変《か》わらなかったりすることを「無駄《むだ》」といいます。** 名 な形

- 台風《たいふう》の中《なか》、傘《かさ》をさしたが**無駄《むだ》**だった。全身《ぜんしん》濡《ぬ》れてしまった。

- 私《わたし》は投資《とうし》のことは分《わ》かりません。私《わたし》に株式投資《かぶしきとうし》について聞《き》いても**無駄**《むだ》です。
- 弟《おとうと》は頑固《がんこ》なので、一度《いちど》決《き》めたことは変《か》えない。周《まわ》りが何《なに》を言《い》っても**無駄**《むだ》だ。

2 **時間《じかん》や金《かね》を、大事《だいじ》ではないことに使《つか》ったり、必要《ひつよう》とする以上《いじょう》に使《つか》ったりすることを「無駄《むだ》」といいます。悪《わる》い意味《いみ》で使《つか》います。** **名** **な形**

- せっかくの休日《きゅうじつ》なのでどこかへ出《で》かけたかったが、結局《けっきょく》何《なに》もしなかった。1日《いちにち》を**無駄**《むだ》に過《す》ごしてしまった。
- 誰《だれ》もいない部屋《へや》の電灯《でんとう》をつけっ放《ぱな》しにするのは、電気《でんき》の**無駄**《むだ》なのでやめましょう。
- 宝《たから》くじを10年《じゅうねん》買《か》い続《つづ》けたが、一度《いちど》も当《あ》たらなかった。お金《かね》の**無駄**《むだ》だった。

むちゃくちゃ

な形 **副**

1 **「むちゃくちゃ」は、考《かんが》え方《かた》や行動《こうどう》が理屈《りくつ》に合《あ》わなかったり、**

論理的《ろんりてき》でなかったりするという意味《いみ》です。 **な形**

- 普通《ふつう》１週間《いっしゅうかん》かかる仕事《しごと》を２日《ふつか》でやれなんて、**むちゃくちゃ**だ。
- プロジェクトを始《はじ》める前《まえ》に調査《ちょうさ》もしないような**むちゃくちゃ**な計画《けいかく》だったので、失敗《しっぱい》した。
- 使用済《しようず》みの化粧品《けしょうひん》を返品《へんぴん》したいなんて、**むちゃくちゃ**なことを言《い》う客だ。

2 「むちゃくちゃ」は、量《りょう》や力《ちから》などの程度《ていど》が普通《ふつう》ではないという意味《いみ》です。 **な形** **副**

- **むちゃくちゃ**暑《あつ》い！　温度計《おんどけい》を見《み》たら４２度《よんじゅうにど》だった。
- 飛行機《ひこうき》に乗《の》り遅《おく》れそうになって、搭乗口《とうじょうぐち》まで**むちゃくちゃ**に走《はし》った。
- 初《はじ》めてプレゼンテーションをしたときは、**むちゃくちゃ**緊張《きんちょう》して声《こえ》が震《ふる》えてしまった。

3 「むちゃくちゃ」は、傷《きず》が付《つ》いたり壊《こわ》れたりして、直《なお》せないぐらい悪《わる》い状態《じょうたい》だという意味《いみ》です。 **な形**

- 大《おお》きい地震《じしん》が来《き》て、家《いえ》の中《なか》が**むちゃくちゃ**になった。
- 働《はたら》かないだけでなく、暴力《ぼうりょく》を振《ふ》るう人《ひと》と結婚《けっこん》したせいで、人生《じんせい》が**むちゃくちゃ**になった。
- 最近《さいきん》忙《いそが》しくて、徹夜《てつや》したり早起《はやお》きしたりで、生活《せいかつ》リズムが**むちゃくちゃ**だ。

むちゅう【夢中】

な形

1 「夢中《むちゅう》」は、1《ひと》つのことばかり考《かんが》えて、他《ほか》のことを考《かんが》えることができないという意味《いみ》です。 な形

- ミステリー小説《しょうせつ》がおもしろかったので、ごはんを食《た》べるのも忘《わす》れて**夢中**《むちゅう》で読《よ》んだ。
- 久《ひさ》しぶりに会《あ》った友人《ゆうじん》と話《はな》すことに**夢中**《むちゅう》になって、目《め》の前《まえ》の料理《りょうり》を食《た》べるのをすっかり忘《わす》れた。
- 電車《でんしゃ》の中《なか》でスマホゲームに**夢中**《むちゅう》になってしまったので、降《お》りる駅《えき》を乗《の》り過《す》ごしてしまった。

めずらしい【珍しい】

い形 **名詞形** 珍《めずら》しさ

対 一般的《いっぱんてき》だ、普通《ふつう》だ

1 「珍《めずら》しい」は、見《み》たり聞《き》いたりすることがあまりないという意味《いみ》です。**い形** **対** 一般的《いっぱんてき》だ、普通《ふつう》だ（→p.380）

- その店《みせ》の料理《りょうり》は、これまで食《た》べたことのない**珍《めずら》しい**ものばかりだった。
- 私《わたし》の名前《なまえ》は**珍《めずら》しくて**、同《おな》じ名前《なまえ》の人《ひと》はほとんどいない。
- 道端《みちばた》に、見《み》たことのない花《はな》が咲《さ》いていた。**珍《めずら》しかった**ので、写真《しゃしん》を撮《と》って、図鑑《ずかん》で調《しら》べた。

ま

2 「珍《めずら》しい」は、いつもと違《ちが》っているという意味《いみ》です。**い形**

- この時期《じき》に雨《あめ》が降《ふ》るのは**珍《めずら》しい**ことだ。普段《ふだん》は、めったに降《ふ》らない。
- いつもは時間《じかん》を守《まも》る友達《ともだち》が、**珍《めずら》しく**遅刻《ちこく》した。何《なに》かあったのだろうか。
- 友人《ゆうじん》1《いち》「あれ、ネクタイをしてるなんて**珍《めずら》しい**ね。どうしたの?」
  友人《ゆうじん》2《に》「うん。これから就職《しゅうしょく》の面接《めんせつ》なんだ。」

めんどう【面倒】

名　な形

1　「面倒《めんどう》」は、大変《たいへん》で、やりたくないという意味《いみ》です。な形

- 旅行《りょこう》から帰《かえ》って疲《つか》れたので、後片付《あとかたづ》けが**面倒《めんどう》**になってしまった。
- コーヒーを豆《まめ》から入《い》れるのは**面倒《めんどう》**なので、粉末《ふんまつ》のインスタントコーヒーをよく利用《りよう》している。
- オンラインで簡単《かんたん》に銀行口座《ぎんこうこうざ》が開《ひら》けると思《おも》ったのに、身分証《みぶんしょう》のコピーを郵送《ゆうそう》しなくてはいけないと言《い》われて、**面倒《めんどう》**だった。

2　人《ひと》や動物《どうぶつ》の世話《せわ》をすることを「面倒《めんどう》」といいます。名

- 海外出張《かいがいしゅっちょう》があるので、その間《あいだ》子供《こども》たちの**面倒《めんどう》**をベビーシッターにお願《ねが》いした。
- 寝《ね》たきりになった親《おや》の**面倒《めんどう》**を、両親《りょうしん》の近《ちか》くに住《す》んでいる兄《あに》に頼《たの》んだ。
- １週間《いっしゅうかん》ほど入院《にゅういん》することになり、ペットの**面倒《めんどう》**を友人《ゆうじん》に頼《たの》んだ。

めんどうくさい【面倒くさい】

い形

1 「面倒《めんどう》くさい」は、それに時間《じかん》や力《ちから》を使《つか》うのが嫌《いや》だという意味《いみ》です。い形

- 今日《きょう》は、天気《てんき》も悪《わる》いし、疲《つか》れているので、外出《がいしゅつ》するのが**面倒《めんどう》くさく**なってきた。
- 会議《かいぎ》の資料《しりょう》をたくさん準備《じゅんび》しなければならないのだが、**面倒《めんどう》くさくて**、やる気《き》が出《で》ない。
- 駅《えき》に向《む》かう途中《とちゅう》で、家《いえ》に財布《さいふ》を忘《わす》れたのに気付《きづ》いたが、取《と》りに戻《もど》るのが**面倒《めんどう》くさかった**ので、友達《ともだち》にお金《かね》を借《か》りた。

もらう

動1 **て形** **もらって**

☞ **～てもらう（→p.295）** **対** **あげる** **謙** **いただく**

1 「もらう」は、人《ひと》から与《あた》えられたものを受《う》け取《と》るという意味《いみ》です。

動1 **対** **あげる（→p.28）**

- 胃《い》の薬《くすり》を**もらう**ために、いつもの薬局《やっきょく》へ行《い》った。
- １８歳《じゅうはっさい》の誕生日《たんじょうび》に父《ちち》に時計《とけい》を**もらった。**
- 初《はじ》めてアルバイトしてお金《かね》を**もらった**のは、１６歳《じゅうろくさい》のときだ。
- 保険金《ほけんきん》を請求《せいきゅう》するために、病院《びょういん》で診断書《せいきゅうしょ》を**もらって**きた。

2 「もらう」は、風邪《かぜ》などの病気《びょうき》をうつされるという意味《いみ》です。

動1

- インフルエンザがはやっていて、私《わたし》の子供《こども》も、学校《がっこう》でインフルエンザを**もらって**きた。
- 病院《びょういん》では病気《びょうき》を**もらう**ことが多《おお》いので、マスクをして行《い》った方《ほう》がいい。
- どこで風邪《かぜ》を**もらった**のか分《わ》からないが、さっきから寒気《さむけ》がする。

やさしい【優しい】

い形　名詞形　優《やさ》しさ

対　きつい、冷《つめ》たい

1 「優《やさ》しい」は、他《ほか》の人《ひと》に親切《しんせつ》だという意味《いみ》です。い形　対　きつい（→p.142）、冷《つめ》たい（→p.280）

- 失敗《しっぱい》して落《お》ち込《こ》んでいたとき、「失敗《しっぱい》は誰《だれ》にでもあるから、気《き》にするな」と上司《じょうし》が**優《やさ》しい**言葉《ことば》をかけてくれた。
- 弟《おとうと》とけんかをして泣《な》かせてしまった。「もっと**優《やさ》しく**してあげなさい」と親《おや》に叱《しか》られた。
- 高齢者《こうれいしゃ》や子供《こども》、障害《しょうがい》がある人《ひと》たちが安心《あんしん》して暮《く》らせる**優《やさ》しい**社会《しゃかい》にしなければならない。

2 「優《やさ》しい」は、雰囲気《ふんいき》が落《お》ち着《つ》いていておとなしいという意味《いみ》です。良《よ》い意味《いみ》で使《つか》います。い形

- 子供《こども》の頃《ころ》、夜《よる》寝《ね》る前《まえ》には、いつも父《ちち》や母《はは》が**優《やさ》しい**声《こえ》で絵本《えほん》を読《よ》んでくれた。
- レストランの中《なか》には、オルゴールの**優《やさ》しい**音《おと》が流《なが》れていて、落《お》ち着《つ》いて食事《しょくじ》ができる。

- 私《わたし》は、強《つよ》い香《かお》りは苦手《にがて》だが、この香水《こうすい》は、花《はな》のような**優《やさ》しい**香《かお》りがするので、大好《だいす》きだ。
- 夜《よる》の海辺《うみべ》を散歩《さんぽ》した。**優《やさ》しい**月《つき》の光《ひかり》に波《なみ》が照《て》らされて、とてもきれいだった。

3 「～に優《やさ》しい」は、～に悪《わる》い影響《えいきょう》がないという意味《いみ》です。 い形

- 私《わたし》は、肌《はだ》が弱《よわ》いので、刺激《しげき》が弱《よわ》くて肌《はだ》**に優《やさ》しい**せっけんを使《つか》っている。
- おなかを壊《こわ》したので、消化《しょうか》が良《よ》くて胃《い》**に優《やさ》しい**ものを食《た》べた。
- 私《わたし》は、エコバッグや水筒《すいとう》を使《つか》うなど、環境《かんきょう》**に優《やさ》しい**行動《こうどう》を心掛《こころが》けている。

やさしい【易しい】

い形

対 難《むずか》しい

1 「易《やさ》しい」は、理解《りかい》するのが簡単《かんたん》だという意味《いみ》です。 い形 対 難《むずか》しい（→p.421）

- 教科書《きょうかしょ》の内容《ないよう》が難《むずか》しくて、よく分《わ》からなかったので、尾沼先生《おぬませんせい》に質問《しつもん》したら、**易《やさ》しく**説明《せつめい》してくれた。

● 今回《こんかい》のテストの問題《もんだい》は、**易《やさ》しかった**ので、簡単《かんたん》に解《と》くことができた。

● 小学生《しょうがくせい》でも理解《りかい》できるように、**易《やさ》しい**言葉《ことば》を使《つか》って、文章《ぶんしょう》を書《か》いてください。

2 「易《やさ》しい」は、それをするのが大変《たいへん》ではないという意味《いみ》です。

い形 対 難《むずか》しい（→p.421）

● この機械《きかい》は、操作《そうさ》が**易《やさ》しくて**、スイッチを入《い》れるだけで動《うご》く。

● オリンピックの代表選手《だいひょうせんしゅ》になるのは、**易《やさ》しい**ことではない。大変《たいへん》な努力《どりょく》と才能《さいのう》が必要《ひつよう》だ。

● ギターの練習《れんしゅう》をしている。**易《やさ》しい**曲《きょく》は弾《ひ》けるようになったので、次《つぎ》は、難《むずか》しい曲《きょく》に挑戦《ちょうせん》しようと思《おも》う。

やすい【安い】

い形 名詞形 安《やす》さ

対 高《たか》い

1 「安《やす》い」は、値段《ねだん》が低《ひく》いという意味《いみ》です。 **い形** 対 高《たか》い

（→p.238）

● セールで本《ほん》が**安《やす》く**なってたので、たくさん買《か》った。

- 友人1《ゆうじんいち》「ごはん食《た》べに行《い》かない?」友人2《ゆうじんに》「いいよ。今《いま》あんまりお金《かね》ないから、**安《やす》い**店《みせ》がいいな。」
- 働《はたら》き始《はじ》めたばかりでまだ給料《きゅうりょう》は**安《やす》い**が、資格《しかく》を取《と》れば給料《きゅうりょう》は上《あ》がるので頑張《がんば》りたい。
- あの店《みせ》は会員《かいいん》になると**安《やす》く**買《か》える。いつでも5《ご》%《パーセント》値《ね》引《び》きしてくれる。

やすむ【休む】

動1 て形 **休《やす》んで** 名詞形 **休《やす》み**

☞ **休《やす》める**

1 「休《やす》む」は、体《からだ》や心《こころ》を楽《らく》にするという意味《いみ》です。動1

- 食事《しょくじ》のあとで少《すこ》し**休《やす》んで**から仕事《しごと》を始《はじ》めます。
- 休暇《きゅうか》でリゾートに来《き》ています。仕事《しごと》を忘《わす》れてここでゆっくり**休《やす》みます**。
- 僕《ぼく》が台所《だいどころ》で料理《りょうり》をしている間《あいだ》、君《きみ》はソファで**休《やす》ん**でいて。

2 「〜を休《やす》む」は、学校《がっこう》や仕事《しごと》、習《なら》い事《ごと》などに行《い》かないという意味《いみ》です。動1

- 来週《らいしゅう》は友達《ともだち》と旅行《りょこう》に行《い》くので、仕事《しごと》**を**2日《ふつか》ほど**休《やす》む**予定《よてい》だ。
- 昨日《きのう》から体調《たいちょう》が良《よ》くありません。今日《きょう》は学校《がっこう》**を休《やす》んで**、家《いえ》で寝《ね》ることにします。

- チャイさんは作業《さぎょう》をしているときにけがをしてしまい、昨日《きのう》から仕事《しごと》**を休《やす》んで**います。
- 毎週木曜日《まいしゅうもくようび》はダンスの教室《きょうしつ》があるのですが、風邪《かぜ》をひいてしまったので、今日《きょう》は**休《やす》みます**。

3 「休《やす》む」は、学校《がっこう》や図書館《としょかん》、店《みせ》などが、閉《し》まるという意味《いみ》です。

動1

- 図書館《としょかん》は、来週《らいしゅう》1週間《いっしゅうかん》、本《ほん》の点検《てんけん》をするために**休《やす》みます**。
- このデパートは12月《じゅうにがつ》は**休《やす》まず**に営業《えいぎょう》するそうだ。
- このお店《みせ》は先週《せんしゅう》、店内改装《てんないかいそう》のため**休《やす》んで**いましたが、今日《きょう》からまた開《あ》いています。

4 「～を休《やす》む」は、それまでしてきたことを、しばらくの間《あいだ》、しないという意味《いみ》です。 動1

- 足《あし》をけがしたので、しばらくの間《あいだ》、毎朝《まいあさ》のジョギング**を休《やす》む**ことにした。
- この先1カ月《さきいっかげつ》くらい仕事《しごと》が忙《いそが》しくなるので、仕事《しごと》が落《お》ち着《つ》くまでブログ**を休《やす》もう**と思《おも》います。
- 試験勉強《しけんべんきょう》のために2週間《にしゅうかん》ボランティア活動《かつどう》**を休《やす》みました**が、今日《きょう》からまた再開《さいかい》します。

5 「休《やす》む」は、寝《ね》るという意味《いみ》です。 動1

- 昨日《きのう》は気分《きぶん》が悪《わる》かったので、いつもより早《はや》く**休《やす》んだ**。
- 医者《いしゃ》「昨晩《さくばん》はよく眠《ねむ》れましたか?」入院患者《にゅういんかんじゃ》「はい。朝《あさ》までぐっすり**休《やす》みました**。」
- 明日《あした》は朝早《あさはや》い飛行機《ひこうき》に乗《の》らなければならないので、今日《きょう》はいつもより早《はや》い時間《じかん》に**休《やす》みたい**。
- そろそろ**休《やす》もう**と思《おも》っていたところに友人《ゆうじん》から電話《でんわ》がかかってきた。長電話《ながでんわ》になり、寝《ね》るのが遅《おそ》くなってしまった。

やめる【辞める】

動2 て形 **辞《や》めて**

1 **「～を辞《や》める」は、自分《じぶん》の意志《いし》で、仕事《しごと》や役割《やくわり》から離《はな》れるという意味《いみ》です。** **動2**

- 仕事《しごと》が忙《いそが》しすぎて家族《かぞく》との時間《じかん》が取《と》れないから、この会社《かいしゃ》**を辞《や》める**つもりだ。
- 就職先《しゅうしょくさき》が見《み》つかったので、アルバイトは来月《らいげつ》で**辞《や》めます**。
- したいことが見《み》つかったから、大学《だいがく》**を辞《や》めて**起業《きぎょう》しようと思《おも》っている。

やわらかい【柔らかい】

い形　名詞形　柔《やわ》らかさ

対　硬《かた》い、きつい、固《かた》い

1「柔《やわ》らかい」は、外《そと》から力《ちから》を加《くわ》えると簡単《かんたん》に形《かたち》が変《か》わりやすいという意味《いみ》です。い形　対　硬《かた》い（→p.122）

- 歯《は》が痛《いた》くて、豆腐《とうふ》やプリン、ゼリーなど、**柔《やわ》らかい**ものしか食《た》べられない。
- 友人1《ゆうじんいち》「このお肉《にく》、**柔《やわ》らかくて**おいしいね。どうやったらこんなに**柔《やわ》らかく**なるの？」友人2《ゆうじんに》「弱《よわ》い火《ひ》で1時間《いちじかん》ぐらいゆっくり煮《に》ると、**柔《やわ》らかく**なるよ。」
- ペットの猫《ねこ》は、硬《かた》い床《ゆか》の上《うえ》より、**柔《やわ》らかい**ソファの上《うえ》で寝《ね》るのが好《す》きなようだ。

2「柔《やわ》らかい」は、光《ひかり》や音《おと》が強《つよ》くなくて気持《きも》ち良《よ》かったり、人《ひと》の性格《せいかく》が優《やさ》しかったりするという意味《いみ》です。い形　対　きつい（→p.142）

- 今日《きょう》は、天気《てんき》が良《い》いので、散歩《さんぽ》に出《で》かけた。木《こ》の葉《は》の間《あいだ》から太陽《たいよう》の**柔《やわ》らかい**光《ひかり》が降《ふ》ってきて、とても気持《きも》ちが良《よ》かった。
- ウクレレの音《おと》はとても**柔《やわ》らかくて**、聞《き》いていると気持《きも》ちが落《お》ち着《つ》くの

や

で好《す》きだ。

- 彼《かれ》は注意《ちゅうい》するときも、**柔《やわ》らかい**口調《くちょう》でゆっくりと話《はな》すので、みんな素直《すなお》に耳《みみ》を傾《かたむ》ける。
- ボッティチェッリが描《か》いたヴィーナスの**柔《やわ》らかい**表情《ひょうじょう》は、見《み》る人《ひと》を優《やさ》しい気持《きも》ちにする。

3 「柔《やわ》らかい」は、その時《とき》の状況《じょうきょう》に合《あ》わせて、自由《じゆう》に考《かんが》えることができるという意味《いみ》です。良《よ》い意味《いみ》で使《つか》います。 い形 対 固《かた》い

- 子供《こども》は頭《あたま》が**柔《やわ》らかく**、大人《おとな》が考《かんが》えつかないようなことを考《かんが》えることができる。
- 商売《しょうばい》で成功《せいこう》するためには、**柔《やわ》らかい**発想《はっそう》が必要《ひつよう》だ。これまでのやり方《かた》にこだわらないで、常《つね》にもっと良《よ》い方法《ほうほう》や、新《あたら》しい方法《ほうほう》を試《ため》していかなければならない。
- この数学《すうがく》の問題《もんだい》は、一見《いっけん》難《むずか》しそうだけど、頭《あたま》を**柔《やわ》らかく**して考《かんが》えれば、小学生《しょうがくせい》でも簡単《かんたん》に解《と》ける問題《もんだい》だ。

ゆうがい【有害】

な形

対 無害《むがい》

1 「有害《ゆうがい》」は、人《ひと》や動物《どうぶつ》、植物《しょくぶつ》などに悪《わる》い影響《えいきょう》があるという意味《いみ》です。**な形** **対** 無害《むがい》(→p.416)

- タマネギには犬《いぬ》や猫《ねこ》に**有害《ゆうがい》**な成分《せいぶん》が含《ふく》まれているので、与《あた》えてはいけない。死《し》んでしまうこともある。
- たばこの煙《けむり》にはニコチン、タール、一酸化炭素《いっさんかたんそ》などの**有害《ゆうがい》**な物質《ぶっしつ》が含《ふく》まれています。
- オゾン層《そう》の破壊《はかい》によって、人体《じんたい》に**有害《ゆうがい》**な紫外線《しがいせん》が増《ふ》えている。外《そと》で活動《かつどう》するときは、紫外線対策《しがいせんたいさく》を忘《わす》れないようにしよう。
- 作物《さくもつ》に**有害《ゆうがい》**な寄生虫《きせいちゅう》が大発生《だいはっせい》し、畑《はたけ》はひどい被害《ひがい》にあった。

ゆうこう【有効】

な形

対 無効《むこう》

1 「有効《ゆうこう》」は、役《やく》に立《た》って、良《よ》い結果《けっか》にすることができるという意味《いみ》です。な形

- 通勤電車《つうきんでんしゃ》の中《なか》の時間《じかん》を**有効**《ゆうこう》に活用《かつよう》したかったので、英語学習《えいごがくしゅう》のアプリをインストールした。毎日少《まいにちすこ》しずつ勉強《べんきょう》するぞ。
- エスカレーターやエレベーターを使《つか》わないで、なるべく階段《かいだん》を使《つか》うと、足《あし》の筋肉《きんにく》を鍛《きた》えるのに**有効**《ゆうこう》です。
- この病気《びょうき》は難病《なんびょう》の１《ひと》つで、まだ**有効**《ゆうこう》な治療法《ちりょうほう》が見《み》つかっていない。

2 「有効《ゆうこう》」は、指示《しじ》や許可《きょか》、証明《しょうめい》のための書類《しょるい》が、役《やく》に立《た》つという意味《いみ》です。な形 対 無効《むこう》（→p.420）

- 私《わたし》のパスポートは、来年《らいねん》の５月１０日《ごがつとおか》まで**有効**《ゆうこう》です。
- この電車《でんしゃ》の切符《きっぷ》は発売日《はつばいび》から２日間《ふつかかん》**有効**《ゆうこう》なので、次《つぎ》の日《ひ》も使《つか》えます。
- 私《わたし》が利用《りよう》している航空会社《こうくうかいしゃ》のマイレージは、３年間《さんねんかん》**有効**《ゆうこう》だそうだ。そろそろ有効期限《ゆうこうきげん》が切《き》れるので使《つか》ってしまおう。

ゆうしゅう【優秀】

な形 名詞形 **優秀《ゆうしゅう》さ**

1 「優秀《ゆうしゅう》」は、人《ひと》や機械《きかい》の、能力《のうりょく》や技術《ぎじゅつ》がとても高《たか》いという意味《いみ》です。**な形**

- 彼女《かのじょ》は音楽大学《おんがくだいがく》を**優秀**《ゆうしゅう》な成績《せいせき》で卒業《そつぎょう》し、今《いま》はプロのバイオリニストとして世界中《せかいじゅう》でコンサートを行《おこな》っている。
- 応募作品《おうぼさくひん》の中《なか》で最《もっと》も**優秀**《ゆうしゅう》な作品《さくひん》に金賞《きんしょう》がおくられる。
- このメーカーは、小《ちい》さい部品《ぶひん》を作《つく》る技術《ぎじゅつ》が**優秀**《ゆうしゅう》だと認《みと》められて、表彰《ひょうしょう》された。
- ドイツの家電《かでん》は、高性能《こうせいのう》で耐久性《たいきゅうせい》もあるし、デザインも洗練《せんれん》されているし、本当《ほんとう》に**優秀**《ゆうしゅう》だ。

ゆうめい【有名】

な形

対 無名《むめい》

1 「有名《ゆうめい》」は、たくさんの人《ひと》が知《し》っているという意味《いみ》です。**な形**

対 無名《むめい》

- 空港《くうこう》の免税店《めんぜいてん》には、**有名《ゆうめい》**なブランドがたくさんそろっている。
- あの作家《さっか》は、ノーベル賞《しょう》を受賞《じゅしょう》して世界的《せかいてき》に**有名《ゆうめい》**になった。
- この地方《ちほう》の名産《めいさん》はブドウで、ワインがおいしいので**有名《ゆうめい》**です。

ゆうり【有利】

な形 **名詞形** 有利《ゆうり》さ

対 不利《ふり》

1 「有利《ゆうり》」は、他《ほか》より条件《じょうけん》が良《よ》いという意味《いみ》です。**な形** **対** 不利《ふり》(→p.384)

● 資金《しきん》や人脈《じんみゃく》がある候補者《こうほしゃ》の方《ほう》が、選挙《せんきょ》を**有利**《ゆうり》に戦《たたか》うことができる。

● この会社《かいしゃ》の主《おも》な取引先《とりひきさき》はロシアなので、ロシア語《ご》ができると就職《しゅうしょく》試験《しけん》で**有利**《ゆうり》だ。

● 国際試合《こくさいじあい》は、やはり開催国《かいさいこく》のチームや選手《せんしゅ》が**有利**《ゆうり》だ。慣《な》れた環境《かんきょう》でできるし、応援《おうえん》も多《おお》いからだ。

ゆかい【愉快】

な形

対 不愉快《ふゆかい》

1 「愉快《ゆかい》」は、楽《たの》しくて、気持《きも》ちが良《よ》いという意味《いみ》です。な形

対 不愉快《ふゆかい》（→p.383）

● 久《ひさ》しぶりに仲《なか》の良《い》い友達《ともだち》と会《あ》って話《はなし》をするのは、とても楽《たの》しくて**愉快**《ゆかい》だ。

● 私《わたし》の親友《しんゆう》は、ユーモアがあって一緒《いっしょ》にいると楽《たの》しくて**愉快**《ゆかい》な人《ひと》です。

● 昨日《きのう》のパーティでは、食《た》べたり、飲《の》んだり、ダンスをしたりして、みんなで**愉快**《ゆかい》に過《す》ごしました。

ゆたか【豊か】

な形 **名詞形** 豊《ゆた》かさ

対 乏《とぼ》しい、貧《まず》しい

1 「豊《ゆた》か」は、人《ひと》の能力《のうりょく》や金《かね》、自然《しぜん》などがたくさんあるという意味《いみ》です。良《よ》い意味《いみ》で使《つか》います。**な形** **対** 乏《とぼ》しい、貧《まず》しい

- サウジアラビアは、石油《せきゆ》などの資源《しげん》が**豊《ゆた》か**だ。
- 彼《かれ》は才能《さいのう》が**豊《ゆた》か**なバレエダンサーで、数々《かずかず》のコンクールで優勝《ゆうしょう》している。
- 経済《けいざい》が発展《はってん》して、国民《こくみん》の生活《せいかつ》は**豊《ゆた》か**になった。
- 私《わたし》の故郷《こきょう》は、美《うつく》しい森《もり》やきれいな川《かわ》など、**豊《ゆた》か**な自然《しぜん》に囲《かこ》まれています。

2 「豊《ゆた》か」は、気持《きも》ちや心《こころ》などが自由《じゆう》で、時間《じかん》が十分《じゅうぶん》あるという意味《いみ》です。**な形** **対** 貧《まず》しい

- この幼稚園《ようちえん》では、子供《こども》の**豊《ゆた》か**な心《こころ》を育《そだ》てるために、自由《じゆう》に遊《あそ》ぶ時間《じかん》を大切《たいせつ》にしている。
- 美術館《びじゅつかん》でゆっくり過《す》ごしているときは、**豊《ゆた》か**な気持《きも》ちになる。
- 自然《しぜん》の中《なか》をのんびりと散歩《さんぽ》した。とても**豊《ゆた》か**な時間《じかん》だった。

ゆるい【緩い】

い形 **名詞形** 緩《ゆる》さ、緩《ゆる》み

対 固《かた》い、きつい、急《きゅう》だ、厳《きび》しい

1 「緩《ゆる》い」は、ものとものの間《あいだ》に隙間《すきま》があるという意味《いみ》です。い形

対 固《かた》い、きつい（→p.142）

- 最近《さいきん》、痩《や》せたので、ズボンのベルトが**緩《ゆる》く**なった。
- 私《わたし》は、首《くび》が苦《くる》しいのが嫌《いや》なので、いつもネクタイを**緩《ゆる》く**締《し》めている。
- （靴屋《くつや》で）店員《てんいん》「靴《くつ》のサイズはいかがですか？」客《きゃく》「ちょっと**緩《ゆる》い**かな。もう少《すこ》し小《ちい》さいのはありますか？」
- このセーターは、**緩《ゆる》く**編《あ》んであるので、体《からだ》を締《し》め付《つ》けなくて着心地《きごこち》が良《い》い。

2 「緩《ゆる》い」は、角度《かくど》が小《ちい》さいという意味《いみ》です。い形 対 きつい（→p.142）、急《きゅう》だ（→p.148）

- 家《いえ》から学校《がっこう》までの道《みち》は、**緩《ゆる》い**上《のぼ》り坂《ざか》だ。急《きゅう》な坂《さか》ではないので、歩《ある》いてもそれほど疲《つか》れない。
- きついカーブだけでなく、**緩《ゆる》い**カーブでも事故《じこ》が起《お》こりやすいので、車《くるま》を運転《うんてん》するときは注意《ちゅうい》が必要《ひつよう》だ。

- スノーボードの初心者《しょしんしゃ》なので、**緩**《ゆる》**い**斜面《しゃめん》が多《おお》いコースで滑《すべ》ろうと思《おも》う。

3 「緩《ゆる》い」は、速度《そくど》が遅《おそ》いという意味《いみ》です。 い形 対 急《きゅう》だ

（→p.148）

- 川《かわ》で魚《さかな》釣《つ》りをするときは、水《みず》の流《なが》れが速《はや》いところではなく、流《なが》れが**緩**《ゆる》**い**場所《ばしょ》を選《えら》ぶといい。
- 弟《おとうと》とキャッチボールをするときは、取《と》りやすいように**緩**《ゆる》**い**球《たま》を投《な》げるようにしている。
- ジョギングは、会話《かいわ》ができるくらいの**緩**《ゆる》**い**ペースでゆっくりと長《なが》い距離《きょり》を走《はし》るのが良《い》い。

4 「～が緩《ゆる》い」は、規則《きそく》や、禁止《きんし》されていることが少《すく》なかったり、真剣《しんけん》に守《まも》ろうとしていないという意味《いみ》です。 い形 対 厳《きび》しい

（→p.145）

- 飲酒《いんしゅ》に関《かん》する規制《きせい》は、国《くに》によって異《こと》なる。規制《きせい》**が緩**《ゆる》**い**国《くに》もあれば、飲酒《いんしゅ》を禁止《きんし》している国《くに》もある。
- このｅ《イー》スポーツ大会《たいかい》は、参加条件《さんかじょうけん》**が緩**《ゆる》**く**、１８歳以上《じゅうはっさいいじょう》なら誰《だれ》でも参加《さんか》することができる。
- 友人１《ゆうじんいち》「あの車《くるま》、すごいスピードで走《はし》っているね。」友人２《ゆうじんに》「このあたりは警察《けいさつ》の取《と》り締《し》まり**が緩**《ゆる》**い**から、スピードを出《だ》す車《くるま》が多《おお》いんだよ。」

5 「緩《ゆる》い」は、雰囲気《ふんいき》が、緊張《きんちょう》していなくて大《おお》きい変化《へんか》がないという意味《いみ》です。 い形

- 休《やす》みの日《ひ》には、**緩《ゆる》い**感《かん》じの音楽《おんがく》を聞《き》きながら、のんびり過《す》ごすのが好《す》きだ。
- 私《わたし》が入会《にゅうかい》しているバドミントンクラブは**緩《ゆる》くて**、練習《れんしゅう》も厳《きび》しくない。好《す》きな時間《じかん》に来《き》て、自分《じぶん》のペースで練習《れんしゅう》すればいいから気楽《きらく》に楽《たの》しめる。
- 友達《ともだち》がおすすめのアニメを教《おし》えてくれた。日常《にちじょう》の出来事《できごと》を描《えが》いた**緩《ゆる》い**アニメで、見《み》ると、ほのぼのとした気持《きも》ちになる。

6 「緩《ゆる》い」は、水《みず》をたくさん含《ふく》んでいて、柔《やわ》らかいという意味《いみ》です。

い形 対 固《かた》い

- おなかを壊《こわ》してしまい、昨日《きのう》から便《べん》が**緩《ゆる》い**。
- この辺《あた》りは、地盤《じばん》が**緩《ゆる》く**、大雨《おおあめ》が降《ふ》ると土砂崩《どしゃくず》れが起《お》きることがある。
- パンを作《つく》るとき、生地《きじ》が**緩《ゆる》くて**まとまらない場合《ばあい》は、小麦粉《こむぎこ》を足《た》すといい。

関連表現 1 「おなかが緩《ゆる》い」は、水《みず》っぽい便《べん》が出《で》るという意味《いみ》です。

- 食《た》べたものが悪《わる》かったのか、**おなかが緩《ゆる》い**。朝《あさ》から5回《ごかい》もトイレに行《い》っている。
- 親《おや》「冷《つめ》たいものを飲《の》みすぎると、**おなかが緩《ゆる》く**なるよ。」子《こ》「分《わ》かった、もうやめる。」

よい／いい【良い】

い形 **名詞形** 良《よ》さ

対 悪《わる》い、嫌《いや》だ

1 「良《よ》い」は、姿《すがた》や形《かたち》など、目《め》に見《み》えるものが、美《うつく》しいという意味《いみ》です。**い形** **対** 悪《わる》い（→p.469）

- 彼女《かのじょ》はスタイルが**良《い》い**ので、何《なに》を着《き》ても似合《にあ》う。
- 彼《かれ》はいつも姿勢《しせい》が**良《い》い**。背中《せなか》が丸《まる》くなっているのを見《み》たことがない。
- このソフトを使《つか》えば、簡単《かんたん》にWEB《ウェブ》サイトの見栄《みば》えを**良《よ》く**することができる。

2 「良《よ》い／いい」は、うれしかったり、便利《べんり》だったり、好《す》きだったりするという意味《いみ》です。**い形** **対** 嫌《いや》だ（→p.63）

- 今日《きょう》は、久《ひさ》しぶりに、家族《かぞく》とゆっくり過《す》ごすことができた。とても**良《い》い**日《ひ》だった。
- 恋人1《こいびといち》「プレゼントありがとう。すごくすてきなセーターだね。」恋人《こいびと》2《に》「気《き》に入《い》ってもらえて**良《よ》かった**！」
- 友人1《ゆうじんいち》「遊《あそ》びに行《い》く日《ひ》、土曜日《どようび》と日曜日《にちようび》、どっちが**いい**？」友人《ゆうじん》2《に》「日曜日《にちようび》の方《ほう》が**いい**な。」

● 恋人《こいびと》の誕生日《たんじょうび》プレゼントにちょうど**いい**ものを見《み》つけた。

● 友人《ゆうじん》1《いち》「今度《こんど》、海外旅行《かいがいりょこう》に行《い》くんだ。」友人《ゆうじん》2《に》「**いい**ね。どこへ行《い》くの?」

3 「良《よ》い/いい」は、事実《じじつ》に合《あ》っていて、正《ただ》しいという意味《いみ》です。

い形

● 故障《こしょう》した部分《ぶぶん》を直《なお》しましたが、これで**いい**でしょうか。

● 博物館《はくぶつかん》へ行《い》くには、この道《みち》をまっすぐ行《い》けば**いい**。

● 友人《ゆうじん》1《いち》「明日《あした》の待《ま》ち合《あ》わせ、夜《よる》の7時《しちじ》で**いい**んだよね?」友人《ゆうじん》2《に》「うん。そうだよ。」

4 「良《よ》い」は、人《ひと》や機械《きかい》の能力《のうりょく》や、ものの質《しつ》が高《たか》いという意味《いみ》です。

い形 対 悪《わる》い(→p.469)

● 浅野《あさの》さんは、頭《あたま》が**良《よ》くて**、難《むずか》しい問題《もんだい》も簡単《かんたん》に解《と》いてしまう。

● **良《い》い**スピーカーにしたら、音《おと》がとてもきれいに聞《き》こえる。

● 今回《こんかい》のテストは、一生懸命勉強《いっしょうけんめいべんきょう》したので**良《い》い**点数《てんすう》が取《と》れた。

● 1人暮《ひとりぐ》らしをすることになった。できるだけ治安《ちあん》の**良《い》い**町《まち》に住《す》みたい。

5 「良《よ》い」は、性格《せいかく》や態度《たいど》が素晴《すば》らしいという意味《いみ》です。 **い形**

対 悪《わる》い(→p.469)

● 人《ひと》に親切《しんせつ》にするのは、**良《い》い**ことだと思《おも》う。

● 子《こ》「夏休《なつやす》みはボランティア活動《かつどう》をしようと思《おも》う。」親《おや》「それは**良《い》い**ことだね。頑張《がんば》って。」

- 私《わたし》の先生《せんせい》は、**良《い》い**先生《せんせい》だ。いつも親身《しんみ》になって、相談《そうだん》に乗《の》ってくれる。

6 「良《よ》い」は、問題《もんだい》がなかったり、いつも通《どお》りだったりするという意味《いみ》です。 い形 対 悪《わる》い（→p.469）

- 父《ちち》が病気《びょうき》になった。早《はや》く**良《よ》く**なるように祈《いの》っている。
- パソコンの調子《ちょうし》が**良《よ》く**ない。修理《しゅうり》が必要《ひつよう》かもしれない。
- 私《わたし》の両親《りょうしん》は、仲《なか》が**良《よ》くて**、ほとんどけんかをしない。
- 社長《しゃちょう》は、今日《きょう》は機嫌《きげん》が**良《い》い**ようだ。あまり怒《おこ》らず、にこにこしている。

7 「良《よ》い」は、役《やく》に立《た》つという意味《いみ》です。 い形 対 悪《わる》い（→p.469）

- 最近《さいきん》、目《め》が疲《つか》れることが多《おお》いので、目《め》に**良《い》い**と言《い》われるサプリを飲《の》み始《はじ》めた。
- 今年《ことし》は何《なに》か健康《けんこう》に**良《い》い**ことをしてみようと思《おも》い、ジョギングを始《はじ》めた。
- 高《たか》い化粧品《けしょうひん》を使《つか》うより、睡眠《すいみん》をしっかりとる方《ほう》が肌《はだ》に**良《い》い**。

関連表現1 「元気《げんき》が良《よ》い」は、元気《げんき》だという意味《いみ》です。

- 祖父《そふ》は８０歳《はちじゅっさい》になるが、**元気《げんき》が良《よ》くて**、体《からだ》も丈夫《じょうぶ》だ。
- うちの子《こ》は**元気《げんき》が良《よ》くて**、いつも走《はし》り回《まわ》って遊《あそ》んでいる。

関連表現2 「天気《てんき》が良《よ》い」は、晴《は》れているという意味《いみ》です。

- 今日《きょう》は、**良《い》い天気《てんき》**だから、みんなで公園《こうえん》に出《で》かけよう。
- 最近《さいきん》、**天気《てんき》が良《よ》くない**。曇《くも》りや雨《あめ》の日《ひ》が続《つづ》いている。

よぶ【呼ぶ】

動1 て形 呼《よ》んで

1 「呼《よ》ぶ」は、相手《あいて》に向《む》かって名前《なまえ》などを声《こえ》に出《だ》すという意味《いみ》です。

動1

- 「マービンさん！」と大《おお》きい声《こえ》で**呼《よ》んだ**が、聞《き》こえなかったようだ。
- はじめまして。斎藤浩《さいとうひろし》です。ヒロと**呼《よ》んで**ください。
- 自分《じぶん》の名前《なまえ》を**呼《よ》ばれたら**、大《おお》きい声《こえ》で返事《へんじ》をしてください。

2 「呼《よ》ぶ」は、こちらに来《く》るように頼《たの》むという意味《いみ》です。**動1**

- 荷物《にもつ》が多《おお》いので、フロントでタクシーを**呼《よ》んで**もらった。
- 母《はは》「お父《とう》さん、庭《にわ》にいるから、ちょっと**呼《よ》んで**きてくれる?」子《こ》「うん、分《わ》かった。」
- レストランで食《た》べた料理《りょうり》がとてもおいしかったので、店員《てんいん》さんを**呼《よ》んで**、おいしくて感動《かんどう》したと伝《つた》えた。
- 口笛《くちぶえ》を吹《ふ》いて、飼《か》い犬《いぬ》を**呼《よ》んだ**。

3 「呼《よ》ぶ」は、客《きゃく》として自分《じぶん》のところに来《く》るように誘《さそ》うという意味《いみ》です。**動1**

- 前《まえ》よりも広《ひろ》い部屋《へや》に引《ひ》っ越《こ》しをしたので、友達《ともだち》を**呼《よ》んで**パーティーをした。
- 友人１《ゆうじんいち》「明日《あした》みんなで行《い》くハイキング、私《わたし》の友達《ともだち》も**呼《よ》んで**いい?」
  友人２《ゆうじんに》「うん、もちろんいいよ。」
- 会社《かいしゃ》の後輩《こうはい》の結婚式《けっこんしき》に**呼《よ》ばれた**。出席《しゅっせき》するのがとても楽《たの》しみだ。

4 「〜と呼《よ》ぶ」は、何《なに》かを説明《せつめい》するのに、その名前《なまえ》を付《つ》けるという意味《いみ》です。動1

- 歩《ある》きながらスマホを使《つか》うことを「歩《ある》きスマホ」**と呼《よ》んで**います。
- ペットボトルや新聞《しんぶん》など、リサイクルできるごみを「資源《しげん》ごみ」**と呼《よ》びます。**
- 北《きた》の空《そら》にある、明《あか》るくて動《うご》かない星《ほし》を「北極星《ほっきょくせい》」**と呼《よ》びます。**

5 「〜を呼《よ》ぶ」は、〜を集《あつ》めるという意味《いみ》です。動1

- この歌《うた》はとても歌《うた》いやすいので、今子供《いまこども》たちの間《あいだ》で人気《にんき》**を呼《よ》んで**います。
- この小説《しょうせつ》は大変《たいへん》な評判《ひょうばん》**を呼《よ》び**、映画化《えいがか》されることになった。
- スーワイさんの熱意《ねつい》が多《おお》くの共感《きょうかん》**を呼《よ》び**、チャリティーイベントには仲間《なかま》が大勢《おおぜい》集《あつ》まった。

よむ【読む】

動1 て形 読《よ》んで　名詞形 読《よ》み

1 「読《よ》む」は、本《ほん》などの字《じ》を見《み》て意味《いみ》を知《し》るという意味《いみ》です。

動1

- 昨日《きのう》は雨《あめ》だったので、一日中《いちにちじゅう》家《いえ》で本《ほん》を**読《よ》んで**いた。
- 今朝《けさ》の新聞《しんぶん》で、電車《でんしゃ》の料金《りょうきん》が値上《ねあ》げされるという記事《きじ》を**読《よ》んだ**。
- 目《め》が悪《わる》くなったようで、遠《とお》くの看板《かんばん》の文字《もじ》が**読《よ》めない**。眼鏡《めがね》が必要《ひつよう》だ。

2 「読《よ》む」は、本《ほん》などの字《じ》を見《み》て、書《か》いてあることを声《こえ》に出《だ》すという意味《いみ》です。**動1**

- 小《ちい》さい頃《ころ》、夜《よる》寝《ね》る前《まえ》に父《ちち》が本《ほん》を**読《よ》んで**くれた。父《ちち》の声《こえ》を聞《き》いていると、すぐに眠《ねむ》くなった。
- (教室《きょうしつ》で授業中《じゅぎょうちゅう》に) 先生《せんせい》「センダーオさん、９５《きゅうじゅうご》ページを**読《よ》んで**ください。大《おお》きい声《こえ》でお願《ねが》いします。」
- 夕方《ゆうがた》のニュース番組《ばんぐみ》の新《あたら》しいアナウンサーは、ニュースを**読《よ》む**のが下手《へた》で、何度《なんど》も間違《まちが》えていた。

関連表現1 「空気《くうき》を読《よ》む」は、行動《こうどう》する前《まえ》に、相手《あいて》のしてほしい

こと、してほしくないことを考《かんが》えるという意味《いみ》です。

- おごってくれるというので先輩《せんぱい》と一緒《いっしょ》に食事《しょくじ》に行《い》った。**空気《くうき》を読《よ》んで**先輩《せんぱい》より安《やす》い料理《りょうり》を頼《たの》んだ。
- 上司《じょうし》とカラオケに行《い》った。最近《さいきん》の曲《きょく》は知《し》らないようだったので、**空気《くうき》を読《よ》んで**昔《むかし》はやった歌《うた》を歌《うた》った。

関連表現2 **「先《さき》を読《よ》む」は、これからどうなるかを想像《そうぞう》するという意味《いみ》です。**

- チェスをするときは、相手《あいて》がこれから何《なに》をするか、**先《さき》を読《よ》む**ことが大事《だいじ》だ。
- 現代《げんだい》は変化《へんか》のスピードが速《はや》く、世《よ》の中《なか》がどうなっていくか、**先《さき》を読《よ》む**のが難《むずか》しい時代《じだい》だ。

関連表現3 **「読《よ》み取《と》る」は、カメラなどの機械《きかい》を使《つか》って、別《べつ》の場所《ばしょ》にある情報《じょうほう》を得《え》るという意味《いみ》です。**

- スマホのカメラ機能《きのう》でＱＲ《キューアール》コードを**読《よ》み取《と》る**ことができる。
- バーコードを機械《きかい》にかざしたが、うまく**読《よ》み取《と》れず**、チケットが発券《はっけん》されなかった。

よわい【弱い】

い形 **名詞形** 弱《よわ》さ、弱《よわ》み

対 強《つよ》い、丈夫《じょうぶ》だ

1 「弱《よわ》い」は、他《ほか》に勝《か》つことができないほど力《ちから》が小《ちい》さいという意味《いみ》です。 **い形** **対** 強《つよ》い（→p.281）

- 私《わたし》はチェスが**弱《よわ》い**。いつも妹《いもうと》に負《ま》けている。
- 娘《むすめ》が所属《しょぞく》しているバスケットボールチームは**弱《よわ》くて**、今《いま》まで１度《いちど》も試合《しあい》で勝《か》ったことがない。
- 柔道《じゅうどう》の試合《しあい》で**弱《よわ》い**選手《せんしゅ》に当《あ》たったので、楽《らく》に勝《か》てた。

2 「弱《よわ》い」は、ものや体《からだ》、気持《きも》ちが丈夫《じょうぶ》ではないという意味《いみ》です。 **い形** **対** 強《つよ》い（→p.281）

- 革靴《かわぐつ》は水《みず》に**弱《よわ》い**ので、雨《あめ》の日《ひ》は履《は》かない方《ほう》がいい。
- 私《わたし》は酒《さけ》に**弱《よわ》くて**、ビールを１杯《いっぱい》飲《の》んだだけで顔《かお》が真《ま》っ赤《か》になって酔《よ》っ払《ぱら》う。
- 彼女《かのじょ》はプレッシャーに**弱《よわ》い**ので、責任《せきにん》のある仕事《しごと》を受《う》けて体調《たいちょう》を崩《くず》さないか心配《しんぱい》だ。
- 体力《たいりょく》をつけようと水泳《すいえい》を始《はじ》めたが、面倒《めんどう》になって3日《みっか》でやめてしまっ

た。私《わたし》は意志《いし》が**弱《よわ》くて**何《なに》も続《つづ》かない。

3 「弱《よわ》い」は、体調《たいちょう》が悪《わる》くなったり、病気《びょうき》になったりしやすいという意味《いみ》です。 **い形** **対** **丈夫《じょうぶ》だ**（→p.203）

- 息子《むすこ》は体《からだ》が**弱《よわ》く**、すぐ風邪《かぜ》をひく。
- 私《わたし》は、おなかが**弱《よわ》くて**、辛《から》いものは苦手《にがて》だ。
- 私《わたし》は肌《はだ》が**弱《よわ》い**ので、お皿《さら》を洗《あら》う洗剤《せんざい》は、肌《はだ》に優《やさ》しいものを使《つか》っている。
- 息子《むすこ》は、生《う》まれつき心臓《しんぞう》が**弱《よわ》い**ので、激《はげ》しい運動《うんどう》ができない。

4 「弱《よわ》い」は、力などが小《ちい》さいという意味《いみ》です。 **い形** **対** **強《つよ》い**（→p.281）

- 柔《やわ》らかいものばかり食《た》べていると、かむ力《ちから》が**弱《よわ》く**なるそうだ。
- 妹《いもうと》「ねえ、ちょっとストーブ**弱《よわ》く**してもいい？　暑《あつ》くて。」兄《あに》「ああ、いいよ。」
- この薬《くすり》は効《き》き目《め》は**弱《よわ》い**が、胃《い》に優《やさ》しくて副作用《ふくさよう》も少《すく》ないので安心《あんしん》だ。

5 「～に弱《よわ》い」は、～が得意《とくい》ではないという意味《いみ》です。 **い形** **対** **強《つよ》い**（→p.281）

- 私《わたし》は漢字《かんじ》**に弱《よわ》くて**、読《よ》み方《かた》をよく間違《まちが》えるし、書《か》けない漢字《かんじ》も多《おお》い。
- 父《ちち》はパソコン**に弱《よわ》い**。なかなかできるようにならないので、パソコン教室《きょうしつ》に通《かよ》い始《はじ》めた。
- 理科《りか》は、生物分野《せいぶつぶんや》は得意《とくい》だけど、物理分野《ぶつりぶんや》は**弱《よわ》い**。基礎《きそ》からやり直《なお》そうと思《おも》う。

6 「～に弱《よわ》い」は、～が出《で》てくると、言《い》うことを聞《き》いてしまったり、我慢《がまん》できなくなってしまったりするという意味《いみ》です。

- 私《わたし》は割引《わりびき》という言葉《ことば》**に弱《よわ》くて**、安《やす》くなっているとあまり必要《ひつよう》のないものでも買《か》ってしまう。
- 父《ちち》は、妹《いもうと》**に弱《よわ》く**、頼《たの》まれると断《ことわ》れない。
- 母《はは》は、甘《あま》いもの**に弱《よわ》くて**、ダイエットが続《つづ》かない。

関連表現1 「朝《あさ》が弱《よわ》い」は、朝早《あさはや》く起《お》きるのが苦手《にがて》だという意味《いみ》です。

- 私《わたし》は**朝《あさ》が弱《よわ》く**、目覚《めざ》まし時計《どけい》を3個《さんこ》セットしても起《お》きられないことがある。
- **朝《あさ》が弱《よわ》い**ので、飛行機《ひこうき》は午後《ごご》の便《びん》を予約《よやく》した。ゆっくりと寝《ね》ていられるので安心《あんしん》だ。

関連表現2 「気《き》が弱《よわ》い」は、自分《じぶん》の考《かんが》えを言《い》ったり、戦《たたか》ったりするのが苦手《にがて》だという意味《いみ》です。

- 私《わたし》は**気《き》が弱《よわ》い**ので、嫌《いや》なことでもはっきり断《ことわ》れない。こんな性格《せいかく》を変《か》えたい。
- うちの犬《いぬ》は、**気《き》が弱《よわ》くて**、自分《じぶん》より小《ちい》さい犬《いぬ》も怖《こわ》がる。

らく【楽】

な形 **動3**

対 苦《くる》しい、大変《たいへん》

1 「楽《らく》」は、体《からだ》が痛《いた》くなかったり、気持《きも》ちが穏《おだ》やかだという意味《いみ》です。

な形 **対** 苦《くる》しい（→p.165）

- 昨日《きのう》の夜《よる》から頭《あたま》が痛《いた》かったが、薬《くすり》を飲《の》んだら**楽**《らく》になった。
- 家《いえ》の中《なか》では、体《からだ》を締《し》め付《つ》けない**楽**《らく》な服《ふく》を着《き》て過《す》ごします。
- 友人《ゆうじん》に悩《なや》みを相談《そうだん》したら、少《すこ》し気持《きも》ちが**楽**《らく》になった。

2 「楽《らく》」は、努力《どりょく》があまり必要《ひつよう》でなかったり、苦労《くろう》が少《すく》なかったりするという意味《いみ》です。 **な形** **動3** **対** 大変《たいへん》（→p.237）

- このバイトは商品《しょうひん》に値札《ねふだ》のシールを貼《は》るだけなので**楽**《らく》です。誰《だれ》でもできます。
- 相手《あいて》のチームが思《おも》ったより弱《よわ》かったので、**楽**《らく》に勝《か》てた。
- 友人1《ゆうじんいち》「**楽**《らく》してお金《かね》を稼《かせ》ぐ方法《ほうほう》ないかなあ。」友人2《ゆうじんに》「特別《とくべつ》なスキルもないのに、そんな仕事《しごと》があるわけないよ。」
- ロシア語《ご》を勉強《べんきょう》している。目標《もくひょう》は、トルストイの原書《げんしょ》を**楽**《らく》に読《よ》めるようになることだ。

- この観葉植物《かんようしょくぶつ》は水《みず》もあまり必要《ひつよう》ないし、日陰《ひかげ》でも大丈夫《だいじょうぶ》なので、育《そだ》てるのが**楽**《らく》だ。

3 **「楽《らく》」は、金《かね》が十分《じゅうぶん》にあって、生活《せいかつ》のための心配《しんぱい》がないという意味《いみ》です。** **な形** **動3** **対** 苦《くる》しい（→p.165）

- 一生懸命《いっしょうけんめい》働《はたら》いても給料《きゅうりょう》が少《すく》ないので、なかなか**楽**《らく》にならない。
- もし宝《たから》くじが当《あ》たったら、**楽**《らく》な暮《く》らしができる。
- 給料《きゅうりょう》の良《い》い会社《かいしゃ》に就職《しゅうしょく》できた。これからは毎月《まいつき》仕送《しおく》りをして、母《はは》を**楽**《らく》させてあげたい。

りっぱ【立派】

な形

1 **「立派《りっぱ》」は、堂々《どうどう》としていてとても素晴《すば》らしいという意味《いみ》です。**

な形

- あの大《おお》きくて**立派**《りっぱ》な木《き》は、約《やく》100《ひゃく》年前《ねんまえ》からここに立《た》っているそうです。
- このあたりは高級住宅街《こうきゅうじゅうたくがい》なので、プールやテニスコートがある**立派**《りっぱ》な建物《たてもの》が並《なら》んでいる。
- 娘《むすめ》はコンクールで優勝《ゆうしょう》して表彰台《ひょうしょうだい》に立《た》った。とても**立派**《りっぱ》に見《み》えた。

2 「立派《りっぱ》な～」「立派《りっぱ》に～」は、～の条件《じょうけん》を満《み》たしているという意味《いみ》です。 **な形**

- もう**立派《りっぱ》な**大人《おとな》なので、いつまでも親《おや》に頼《たよ》らないで、自分《じぶん》のことは自分《じぶん》でしようと思《おも》う。
- コンビニでお菓子《かし》を万引《まんび》きするのは、**立派《りっぱ》な**犯罪《はんざい》だ。警察《けいさつ》を呼《よ》んだ方《ほう》がいい。
- 親《おや》「入学《にゅうがく》おめでとう。今日《きょう》からあなたも**立派《りっぱ》な**大学生《だいがくせい》だね。」子《こ》「ありがとう。一生懸命勉強《いっしょうけんめいべんきょう》するよ。」
- 今《いま》は、Ｙｏｕｔｕｂｅ《ユーチューブ》に動画《どうが》を出《だ》したり、インターネットにブログを書《か》いたりすることが、職業《しょくぎょう》として**立派《りっぱ》に**成《な》り立《た》っている。

りょうり【料理】

名 **動3**

1 肉《にく》、魚《さかな》、野菜《やさい》などの材料《ざいりょう》を、切《き》ったり焼《や》いたり味《あじ》を付《つ》けたりして、食《た》べられるようにすることを「料理《りょうり》」といいます。また、作《つく》った食《た》べ物《もの》も「料理《りょうり》」といいます。 **名** **動3**

- 週末《しゅうまつ》にゆっくり**料理《りょうり》**をして家族《かぞく》といっしょに食《た》べるのが楽《たの》しみの1《ひと》つです。

- 家族《かぞく》でキャンプに出かけて、釣《つ》った魚《さかな》を**料理**《りょうり》して食《た》べた。とてもおいしかった。
- （レストランで）頼《たの》んだ**料理**《りょうり》が次々《つぎつぎ》に運《はこ》ばれてきた。冷《さ》めないうちに食《た》べよう。

りょこう【旅行】

名 動3

1 **乗《の》り物《もの》などを使《つか》って、住《す》んでいるところからしばらくの間《あいだ》離《はな》れて、他《ほか》の土地《とち》に行《い》くことを「旅行《りょこう》」といいます。** 名 動3

- 父《ちち》と母《はは》は、一泊《いっぱく》で**旅行**《りょこう》に出《で》かけた。昔《むかし》、新婚**旅行**《しんこんりょこう》で行《い》ったところにもう一度《いちど》行《い》くそうだ。
- 夏休《なつやす》みは外国《がいこく》を**旅行**《りょこう》したいので、今《いま》、アルバイトをして一生懸命《いっしょうけんめい》お金《かね》をためている。
- 去年《きょねん》は、親友《しんゆう》と2人《ふたり》でカナダに**旅行**《りょこう》した。ナイアガラの滝《たき》がとても印象的《いんしょうてき》だった。

れんしゅう【練習】

名 動3

1 勉強《べんきょう》、スポーツ、音楽《おんがく》などを、上手《じょうず》にできるように何度《なんど》も繰《く》り返《かえ》すことを「練習《れんしゅう》」といいます。名 動3

- 漢字《かんじ》の**練習**《れんしゅう》は大変《たいへん》だったが、毎日《まいにち》少《すこ》しずつやったら今《いま》では３００《さんびゃく》以上《いじょう》、漢字《かんじ》が書《か》けるようになった。
- 私《わたし》はダンスを習《なら》っている。振《ふ》り付《つ》けがなかなか覚《おぼ》えられないので、家《いえ》でも**練習**《れんしゅう》している。
- 兄《あに》は、新《あたら》しい曲《きょく》が吹《ふ》けるように、毎日《まいにち》２時間《にじかん》サックスを**練習**《れんしゅう》している。

わかい【若い】

い形 名詞形 若《わか》さ

1 「若《わか》い」は、生《う》まれてから長《なが》い時間《じかん》がたっていないという意味《いみ》です。い形

● この店《みせ》は10代《じゅうだい》、２０代《にじゅうだい》の**若《わか》い**人《ひと》たちに人気《にんき》があるそうだ。

● 年《とし》を取《と》ると、体力《たいりょく》がなくなるので、**若《わか》い**うちに世界《せかい》のいろいろな国《くに》を旅《たび》した方《ほう》が良《い》い。

● 近所《きんじょ》の公園《こうえん》には**若《わか》い**桜《さくら》の木《き》が立《た》っている。まだ細《ほそ》い木《き》だが、毎年《まいとし》きれいな花《はな》を咲《さ》かせている。

● うちの会社《かいしゃ》は、５年前《ごねんまえ》にできた**若《わか》い**会社《かいしゃ》だが、急速《きゅうそく》に成長《せいちょう》して、今《いま》ではこの業界《ぎょうかい》のトップだ。

2 「若《わか》い」は、元気《げんき》だったり、体力《たいりょく》があったりするという意味《いみ》です。

い形

● ７０歳《ななじゅっさい》の祖父《そふ》は、体《からだ》は年《とし》を取《と》っているけど、気持《きも》ちはまだまだ**若《わか》くて**、好奇心《こうきしん》でいっぱいだ。

● 同僚１《どうりょういち》「ヤーピンさん、お孫《まご》さんと一緒《いっしょ》にサーフィンしてるらしいよ。**若《わか》い**ねえ。」同僚２《どうりょうに》「ほんと、６０代《ろくじゅうだい》だとは思《おも》えないよね。」

● いつまでも**若《わか》く**いたいので、毎日《まいにち》、水泳《すいえい》と筋力《きんりょく》トレーニングをしている。

3 「若《わか》い」は、経験《けいけん》が足《た》りていないという意味《いみ》です。 い形

● 会社《かいしゃ》の上司《じょうし》が、「まだ**若《わか》い**から」と私《わたし》のことを認《みと》めてくれない。もっといろいろ任《まか》せてほしい。

● あの時《とき》の恋《こい》がうまくいかなかったのは、私《わたし》たちが**若《わか》くて**自分《じぶん》のことしか考《かんが》えられなかったからだと思《おも》う。

● 一生懸命仕事《いっしょうけんめいしごと》をすれば会社《かいしゃ》に認《みと》めてもらえるという考《かんが》えは**若《わか》い**。

4 「若《わか》い」は、番号《ばんごう》や数字《すうじ》が小《ちい》さいという意味《いみ》です。 い形

- ファイルは001《ゼロゼロいち》から300《さんびゃく》まであります。ファイル名《めい》の数字《すうじ》が**若《わか》い**ほど、古《ふる》い資料《しりょう》です。
- 筆記試験《ひっきしけん》の後《あと》は、受験番号《じゅけんばんごう》の**若《わか》い**順《じゅん》に面接《めんせつ》があった。私《わたし》は5番《ごばん》だったので、試験《しけん》が終《お》わってすぐに面接《めんせつ》だった。
- 受付《うけつけ》スタッフ「6時《ろくじ》になったら、予約番号《よやくばんごう》が**若《わか》い**方《かた》から順番《じゅんばん》にご案内《あんない》します。まずは、1番《いちばん》から30番《さんじゅうばん》までの方《かた》をご案内《あんない》しますので、もう少《すこ》しお待《ま》ちください。」

わがまま

な形

1 「わがまま」は、他《ほか》の人《ひと》が迷惑《めいわく》だと思《おも》っていることも気《き》にしないで、自分《じぶん》の思《おも》う通《とお》りにしているという意味《いみ》です。 な形

- 私《わたし》の妹《いもうと》は**わがまま**な性格《せいかく》で、自分《じぶん》の思《おも》い通《どお》りにならないとすぐに怒《おこ》る。
- みんなはボーリングに行《い》きたいのに、彼《かれ》がどうしてもローラースケートに行《い》きたいと**わがまま**を言《い》うので困《こま》った。
- 恋人《こいびと》が**わがまま**で、一緒《いっしょ》にいることに疲《つか》れてしまった。別《わ》れようと思《おも》う。

わかる【分かる】

動1　て形　分《わ》かって

1 「分《わ》かる」は、意味《いみ》、違《ちが》い、気持《きも》ちなどを理解《りかい》するという意味《いみ》です。

動1

- この本《ほん》に書《か》いてあることは難《むずか》しすぎてよく**分《わ》からない**。
- 彼《かれ》は白《しろ》い杖《つえ》を持《も》っているので、目《め》が不自由《ふじゆう》な人《ひと》だと**分《わ》かる**。
- ワインの味《あじ》はよく**分《わ》からない**ので、安《やす》いワインで十分《じゅうぶん》だ。
- 友人１《ゆうじんいち》「遊《あそ》びたい気持《きも》ちは**分《わ》かる**けど、来週《らいしゅう》から試験《しけん》なんだから勉強《べんきょう》した方《ほう》がいいよ。」友人２《ゆうじんに》「そんなの**分《わ》かって**るよ。」

2 「分《わ》かる」は、明《あき》らかになるという意味《いみ》です。動1

- 夜中《よなか》に台風《たいふう》が町《まち》を通《とお》り過《す》ぎた。朝《あさ》になって家《いえ》の窓《まど》が割《わ》れていることが**分《わ》かった**。
- 調査《ちょうさ》の結果《けっか》、毎日《まいにち》朝食《ちょうしょく》を食《た》べていない子供《こども》が増《ふ》えていることが**分《わ》かった**。
- 事件《じけん》の現場《げんば》に残《のこ》された毛髪《もうはつ》のＤＮＡ《ディーエヌエー》から、犯人《はんにん》が**分《わ》かった**。

3 「分《わ》かる」は、知《し》っているという意味《いみ》です。動1

- 友人1《ゆうじんいち》「このペンケース、忘《わす》れ物《もの》らしいんだけど誰《だれ》のか**分《わ》かる**?」
  友人2《ゆうじんに》「あ、ユジンさんのじゃない?　持《も》ってるの見《み》たことある。」
- 彼《かれ》に連絡《れんらく》を取《と》りたいが、メールアドレスも電話番号《でんわばんごう》も**分《わ》からなくて**困《こま》っている。
- 街《まち》で観光客《かんこうきゃく》らしい人《ひと》に美術館《びじゅつかん》はどこか聞《き》かれたが、場所《ばしょ》が**分《わ》からなくて**答《こた》えられなかった。

4 「分《わ》かる」は、その言語《げんご》で話《はな》したり、聞《き》いたり、書《か》いたり、読《よ》んだりできるという意味《いみ》です。動1

- 夫《おっと》は日本語《にほんご》が**分《わ》からない**。私《わたし》の親《おや》は日本語《にほんご》しか話《はな》せないので、家族《かぞく》で話《はな》すときは私《わたし》が通訳《つうやく》をしている。
- お土産《みやげ》に韓国《かんこく》の料理本《りょうりぼん》をもらったけど、私《わたし》は韓国語《かんこくご》が**分《わ》からない**ので作《つく》れない。韓国語《かんこくご》が**分《わ》かる**友人《ゆうじん》に聞《き》いてみよう。
- (店《みせ》で)客《きゃく》「中国語《ちゅうごくご》が**分《わ》かる**店員《てんいん》さんはいますか?」店員《てんいん》「はい、おります。ただいま呼《よ》んでまいりますので少々《しょうしょう》お待《ま》ちください。」

関連表現1 「話《はなし》が分《わ》かる」は、相手《あいて》の気持《きも》ちや状況《じょうきょう》を理解《りかい》して、相手《あいて》の都合《つごう》を考《かん》えることができるという意味《いみ》です。動1

- 隣《となり》に住《す》むおばあさんは怖《こわ》い人《ひと》かと思《おも》っていたが、意外《いがい》と**話《はなし》の分《わ》かる**人《ひと》だった。子供《こども》が生《う》まれたときに「泣《な》き声《こえ》がうるさかったらすみません」と言《い》ったら、「赤《あか》ちゃんは泣《な》くのが仕事《しごと》だから気《き》にしませんよ」と言《い》ってくれた。

● 娘《むすめ》「お母《かあ》さん、明日《あした》友達《ともだち》と映画《えいが》に行《い》くんだけど、今月《こんげつ》おこづかい足《た》りなくなっちゃったから、2000円《にせんえん》ちょうだい。」母《はは》「しょうがないわね、はい。」娘《むすめ》「さすがお母《かあ》さん！　**話《はなし》が分《わ》かる。**」

わすれる【忘れる】

動2　**て形**　**忘《わす》れて**

対　**覚《おぼ》える、思《おも》い出《だ》す**

1 **「忘《わす》れる」は、昔《むかし》のことや、覚《おぼ》えたことが分《わ》からなくなるという意味《いみ》です。** **動2**　**対** **覚《おぼ》える****（→p.103）****、思《おも》い出《だ》す**

● E《イー》メールのパスワードを**忘《わす》れて**しまって、メールが確認《かくにん》できない。

● 子供《こども》の頃《ころ》スペイン語《ご》が話《はな》せたが、大人《おとな》になって**忘《わす》れて**しまった。今《いま》はあいさつしかできない。

● 恋人《こいびと》の誕生日《たんじょうび》を**忘《わす》れて**しまった。3月《さんがつ》だということは覚《おぼ》えているが、何日《なんにち》だったか思《おも》い出《だ》せない。

2 **「忘《わす》れる」は、物《もの》を置《お》いてきてしまうという意味《いみ》です。** **動2**

● 家《いえ》に財布《さいふ》を**忘《わす》れて**出《で》かけてしまった。急《いそ》いで家《いえ》に、取《と》りに戻《もど》った。

● 大事《だいじ》な書類《しょるい》がない。会社《かいしゃ》にも家《いえ》にもなかったので、電車《でんしゃ》の中《なか》に**忘《わす》れて**

きたのかもしれない。

● 家《いえ》の鍵《かぎ》を**忘《わす》れて**外出《がいしゅつ》してしまったので、家《いえ》に入《い》れなくて困《こま》った。

3 「忘《わす》れる」は、しようと思《おも》っていたのに、気《き》が付《つ》かないで、それをしないという意味《いみ》です。 動2

● 昨夜《さくや》は疲《つか》れていて歯磨《はみが》きを**忘《わす》れて**寝《ね》てしまった。

● 子供《こども》の頃《ころ》、よく宿題《しゅくだい》をするのを**忘《わす》れて**先生《せんせい》に叱《しか》られた。

● 先輩社員《せんぱいしゃいん》「明日《あした》、お客《きゃく》さんに商品《しょうひん》を送《おく》るのを**忘《わす》れない**でね。」後輩《こうはい》社員《しゃいん》「はい。分《わ》かりました。」

4 「忘《わす》れる」は、何《なに》かに集中《しゅうちゅう》してそれに気《き》が付《つ》かないという意味《いみ》です。 動2

● 図書館《としょかん》で借《か》りた小説《しょうせつ》が面白《おもしろ》くて、食事《しょくじ》をするのも**忘《わす》れて**読《よ》んだ。

● 久《ひさ》しぶりに友達《ともだち》と会《あ》って、時間《じかん》を**忘《わす》れて**話《はなし》をした。気《き》が付《つ》いたら、5《ご》時間《じかん》も話《はな》していた。

● こんなに雪《ゆき》が降《ふ》るのはこの町《まち》では珍《めずら》しい。子供《こども》たちは寒《さむ》さも**忘《わす》れて**雪遊《ゆきあそ》びをした。

5 「忘《わす》れる」は、考《かんが》えないようにするという意味《いみ》です。 動2 対 気《き》にする

● 毎日忙《まいにちいそが》しいが、日曜日《にちようび》は仕事《しごと》を**忘《わす》れて**遊《あそ》びに行《い》こうと思《おも》う。

● 今日《きょう》は仕事《しごと》で失敗《しっぱい》をしてしまった。落《お》ち込《こ》んでも仕方《しかた》ないので、早《はや》く

忘《わす》れて、明日《あした》からまた頑張《がんば》ろう。

- 先月《せんげつ》別《わか》れた恋人《こいびと》のことが**忘《わす》れられない**。早《はや》く新《あたら》しい恋人《こいびと》を探《さが》したいが、無理《むり》だ。
- ボルダリングが大好《だいす》きだ。ボルダリングをしている時《とき》は、嫌《いや》なことが全《すべ》て**忘《わす》れられる**。

わるい【悪い】

い形 **名詞形** 悪《わる》さ

対 良《よ》い

1 「悪《わる》い」は、姿《すがた》や形《かたち》など、目《め》に見《み》えるものが、美《うつく》しくなかったり良《よ》くなかったりするという意味《いみ》です。**い形** **対** 良《よ》い（→p.448）

- クッキーを作《つく》った。ちょっと形《かたち》は**悪《わる》い**が、味《あじ》はおいしいと思《おも》う。
- 歯並《はなら》びが**悪《わる》い**のが悩《なや》みだ。歯医者《はいしゃ》さんで治《なお》してもらおうかと思《おも》っている。
- 深海魚《しんかいぎょ》には、見《み》た目《め》は**悪《わる》い**が、食《た》べるとおいしい魚《さかな》もいる。

2 「悪《わる》い」は、人《ひと》や機械《きかい》の能力《のうりょく》や、ものの質《しつ》が低《ひく》いという意味《いみ》です。

い形 **対** 良《よ》い（→p.448）

- 私《わたし》は、目《め》が**悪《わる》い**ので眼鏡《めがね》がないと遠《とお》くのものが見《み》えない。

- プリンターの性能《せいのう》が**悪**《わる》**い**ので、写真《しゃしん》をきれいに印刷《いんさつ》できない。
- このやり方《かた》はむだが多《おお》くて効率《こうりつ》が**悪**《わる》**い**と思《おも》う。

3 **「悪《わる》い」は、性格《せいかく》や態度《たいど》が、他《ほか》の人《ひと》を嫌《いや》な気《き》持《も》ちにしたり、傷《きず》つけていたりするという意味《いみ》です。** **い形** **対** 良《よ》い（→p.448）

- 人《ひと》の不幸《ふこう》を喜《よろこ》ぶなんて、性格《せいかく》が**悪**《わる》**い**。
- 相手《あいて》の目《め》を見《み》て話《はな》さないと、**悪**《わる》**い**印象《いんしょう》を与《あた》えることがある。
- 道《みち》にごみを捨《す》てたり、列《れつ》に並《なら》ぶ順番《じゅんばん》を守《まも》らなかったり、マナーの**悪**《わる》**い**人《ひと》が増《ふ》えている。

4 **「悪《わる》い」は、問題《もんだい》があったり普通《ふつう》の状態《じょうたい》ではなかったりするという意味《いみ》です。** **い形** **対** 良《よ》い（→p.448）

- 今週《こんしゅう》はずっと天気《てんき》が**悪**《わる》**い**。毎日《まいにち》雨《あめ》が降《ふ》っている。
- 私《わたし》には姉《あね》がいるが、仲《なか》が**悪**《わる》**くて**、もう5年《ごねん》くらい話《はなし》をしていない。
- （電話《でんわ》で）「すみません。ちょっと具合《ぐあい》が**悪**《わる》**い**ので、病院《びょういん》に寄《よ》ってから出社《しゅっしゃ》します。」
- ここ数年《すうねん》、景気《けいき》が**悪**《わる》**くて**会社《かいしゃ》の売《う》り上《あ》げが毎年《まいとし》落《お》ちている。

5 **「～に悪《わる》い」は、～に害《がい》があるという意味《いみ》です。** **い形** **対** 良《よ》い（→p.448）

- たばこは体《からだ》**に悪**《わる》**い**ので、吸《す》わない方《ほう》がいい。
- ダイエットをしすぎると、骨《ほね》が弱《よわ》くなるなど、健康《けんこう》**に悪**《わる》**い**影響《えいきょう》がある。

● プラスチックのごみは環境《かんきょう》**に悪《わる》い**ので、減《へ》らす努力《どりょく》をしよう。

6 「悪《わる》い」は、相手《あいて》が困《こま》るので、謝《あやま》りたいという気持《きも》ちだという意味《いみ》です。 い形

● 今日《きょう》は道《みち》が混《こ》んでいるらしい。遅刻《ちこく》すると相手《あいて》に**悪《わる》い**ので、早《はや》めに家《いえ》を出《で》よう。

● 友人1《ゆうじんいち》「**悪《わる》い**んだけど、ちょっとお金《かね》貸《か》してくれない？　今日《きょう》、財布《さいふ》忘《わす》れちゃって。」友人2《ゆうじんに》「いいよ、いくら必要《ひつよう》？」

● 友達《ともだち》に借《か》りた本《ほん》、忘《わす》れててずっと返《かえ》していなかった。**悪《わる》い**ことしちゃった。

関連表現1 「都合《つごう》が悪《わる》い」は、他《ほか》の人《ひと》と自分《じぶん》の予定《よてい》が合《あ》わなかったり、時間《じかん》がなかったりするという意味《いみ》です。

● 同僚1《どうりょういち》「明日《あした》の4時《よじ》に打《う》ち合《あ》わせできる？」同僚2《どうりょうに》「4時《よじ》はちょっと**都合《つごう》が悪《わる》い**な。午前中《ごぜんちゅう》はどう？」

● 友人1《ゆうじんいち》「映画《えいが》、いつ見《み》に行《い》こうか？　来週《らいしゅう》の土曜日《どようび》は**都合悪《つごうわる》い**？」友人2《ゆうじんに》「ううん。大丈夫《だいじょうぶ》。土曜日《どようび》に行《い》こう。」

関連表現2 「都合《つごう》が悪《わる》い」は、自分《じぶん》にとって損《そん》だという意味《いみ》です。

● テストで0点《れいてん》を取《と》ったことを親《おや》に知《し》られると**都合《つごう》が悪《わる》い**ので、解答《かいとう》用紙《ようし》を隠《かく》した。

● 政府《せいふ》にとって**都合《つごう》の悪《わる》い**情報《じょうほう》は、国民《こくみん》に知《し》らせない政府《せいふ》もある。

普通形《ふつうけい》と丁寧形《ていねいけい》

	普通形《ふつうけい》			
	非過去《ひかこ》		過去《かこ》	
	肯定《こうてい》	否定《ひてい》	肯定《こうてい》	否定《ひてい》
動詞《どうし》	遊《あそ》ぶ	遊《あそ》ばない	遊《あそ》んだ	遊《あそ》ばなかった
	話《はな》す	話《はな》さない	話《はな》した	話《はな》さなかった
	食《た》べる	食《た》べない	食《た》べた	食《た》べなかった
	見《み》る	見《み》ない	見《み》た	見《み》なかった
	来《く》る	来《こ》ない	来《き》た	来《こ》なかった
	する	しない	した	しなかった
い形容詞《けいようし》	楽《たの》しい	楽《たの》しくない	楽《たの》しかった	楽《たの》しくなかった
	良《よ》い	良《よ》くない	良《よ》かった	良《よ》くなかった
な形容詞《けいようし》	元気《げんき》だ	元気《げんき》じゃない	元気《げんき》だった	元気《げんき》じゃなかった
	好《す》きだ	好《す》きじゃない	好《す》きだった	好《す》きじゃなかった
名詞《めいし》	仕事《しごと》だ	仕事《しごと》じゃない	仕事《しごと》だった	仕事《しごと》じゃなかった

	丁寧形《ていねいけい》			
	非過去《ひかこ》		過去《かこ》	
	肯定《こうてい》	否定《ひてい》	肯定《こうてい》	否定《ひてい》
	遊《あそ》びます	遊《あそ》びません	遊《あそ》びました	遊《あそ》びませんでした
	話《はな》します	話《はな》しません	話《はな》しました	話《はな》しませんでした
	食《た》べます	食《た》べません	食《た》べました	食《た》べませんでした
	見《み》ます	見《み》ません	見《み》ました	見《み》ませんでした
	来《き》ます	来《き》ません	来《き》ました	来《き》ませんでした
	します	しません	しました	しませんでした
	楽《たの》しいです	楽《たの》しくないです 楽《たの》しくありません	楽《たの》しかったです	楽《たの》しくなかったです 楽《たの》しくありませんでした
	良《よ》いです	良《よ》くないです 良《よ》くありません	良《よ》かったです	良《よ》くなかったです 良《よ》くありませんでした
	元気《げんき》です	元気《げんき》じゃないです 元気《げんき》ではありません	元気《げんき》でした	元気《げんき》じゃなかったです 元気《げんき》ではありませんでした
	好《す》きです	好《す》きじゃないです 好《す》きではありません	好《す》きでした	好《す》きじゃなかったです 好《す》きではありませんでした
	仕事《しごと》です	仕事《しごと》じゃないです 仕事《しごと》ではありません	仕事《しごと》でした	仕事《しごと》じゃなかったです 仕事《しごと》ではありませんでした

動詞《どうし》の活用《かつよう》

	～る	～ます	～ない	～(ら)れる	～(られ)る
	辞書形《じしょけい》／る形《けい》	ます形《けい》	ない形《けい》	受身形《うけみけい》	可能形《かのうけい》
グループ1	会《あ》う	会《あ》います	会《あ》わない	会《あ》われる	会《あ》える
	待《ま》つ	待《ま》ちます	待《ま》たない	待《ま》たれる	待《ま》てる
	切《き》る	切《き》ります	切《き》らない	切《き》られる	切《き》れる
	死《し》ぬ	死《し》にます	死《し》なない	死《し》なれる	死《し》ねる
	遊《あそ》ぶ	遊《あそ》びます	遊《あそ》ばない	遊《あそ》ばれる	遊《あそ》べる
	読《よ》む	読《よ》みます	読《よ》まない	読《よ》まれる	読《よ》める
	話《はな》す	話《はな》します	話《はな》さない	話《はな》される	話《はな》せる
	書《か》く	書《か》きます	書《か》かない	書《か》かれる	書《か》ける
	泳《およ》ぐ	泳《およ》ぎます	泳《およ》がない	泳《およ》がれる	泳《およ》げる
	行《い》く	行《い》きます	行《い》かない	行《い》かれる	行《い》ける
グループ2	食《た》べる	食《た》べます	食《た》べない	食《た》べられる	食《た》べれる
	見《み》る	見《み》ます	見《み》ない	見《み》られる	見《み》られる
グループ3	来《く》る	来《き》ます	来《こ》ない	来《こ》られる	来《こ》られる／来《こ》れる
	する	します	しない	される	できる

	～ば	～ろ	～よう	～て	～た	～せる
	条件形《じょうけんけい》	命令形《めいれいけい》	意向形《いこうけい》	て形《けい》	た形《けい》	使役形《しえきけい》
	会《あ》えば	会《あ》え	会《あ》おう	会《あ》って	会《あ》った	会《あ》わせる
	待《ま》てば	待《ま》て	待《ま》とう	待《ま》って	待《ま》った	待《ま》たせる
	切《き》れば	切《き》れ	切《き》ろう	切《き》って	切《き》った	切《き》らせる
	死《し》ねば	死《し》ね	死《し》のう	死《し》んで	死《し》んだ	死《し》なせる
	遊《あそ》べば	遊《あそ》べ	遊《あそ》ぼう	遊《あそ》んで	遊《あそ》んだ	遊《あそ》ばせる
	読《よ》めば	読《よ》め	読《よ》もう	読《よ》んで	読《よ》んだ	読《よ》ませる
	話《はな》せば	話《はな》せ	話《はな》そう	話《はな》して	話《はな》した	話《はな》させる
	書《か》けば	書《か》け	書《か》こう	書《か》いて	書《か》いた	書《か》かせる
	泳《およ》げば	泳《およ》げ	泳《およ》ごう	泳《およ》いで	泳《およ》いだ	泳《およ》がせる
	行《い》けば	行《い》け	行《い》こう	行《い》って	行《い》った	行《い》かせる
	食《た》べれば	食《た》べろ	食《た》べよう	食《た》べて	食《た》べた	食《た》べさせる
	見《み》れば	見《み》ろ	見《み》よう	見《み》て	見《み》た	見《み》させる
	来《く》れば	来《こ》い	来《こ》よう	来《き》て	来《き》た	来《こ》させる
	すれば	しろ	しよう	して	した	させる

索引《さくいん》

動詞《どうし》グループ1

動詞《どうし》グループ2

動詞《どうし》グループ3

い形容詞《けいようし》

な形容詞《けいようし》

名詞《めいし》

副詞《ふくし》

関連表現《かんれんひょうげん》

発信を助ける本格的な辞書への第一歩：学習者の多様な背景を尊重して

小室夕里

『nekko 日日学習辞書』は、「画期的な」日本語学習辞典であり、これまでに類を見ないものであるけれども、筆者にとっては非常に肌馴染みのよい辞書でもある。なぜなら、「コーパス準拠の辞書編纂」「文定義の活用」というのは筆者が専門とする英英学習辞典の編纂においては、今や当たり前になっているからである。その意味において、本辞書は、確立された英語辞書学の成果を上手に取り込んだ辞書と言える。また、語釈の書き方や「良い」例文の基準を作り上げていく過程において、ユーザーの声を重視している点においても同様である。語釈の執筆方針を決めて語釈を書き、できあがった語釈を実際に学習者に見せてフィードバックをもらい、分かりにくい点を改めると同時に改善ポイントを執筆方針にも反映させてチームで共有していく。この過程はまさしく 1990 年代半ばにロングマン辞書編集部の編集会議で筆者がインターンとして見聞きしたものと同じである。そして、もう一つ懐かしさを覚えたのは、編集チームの、本当に役立つものを作りたい、これまでにはなかったものを作りたい、という情熱である。「コーパス」「文定義」「ユーザー・フレンドリー」というのは 1995 年に出版され、Big 4 と呼ばれて話題となった *Oxford Advanced Learner's Dictionary of Current English* 第 5 版、*Longman Dictionary of Contemporary English* 第 3 版、

Cambridge International Dictionary of English 初版、*Collins COBUILD English Dictionary* 第２版について語る時に用いられたキーワードである。

『nekko 日日学習辞書』と日本語母語話者を対象とする国語辞典の項目を比べてみると、学習者のためにどのような工夫がなされているのかが分かりやすいだろう。「売り切れる」の説明を比較してみよう。

『nekko 日日学習辞書』

「売り切れる」は、たくさんの人が買って、売るものがなくなるという意味です。

・近所の本屋に好きな作家の新しい小説を買いに行ったが、売り切れてしまっていて買うことが出来なかった。

・あのケーキ屋さんは人気で、夕方にはほとんどのケーキが売り切れる。買うなら予約をしたほうがいい。

『広辞苑』（第７版）

全部売れてしまう。「午前中で——・れる」

『明鏡国語辞典』（第２版）

すべて売れて手持ちの品物がなくなる。売れつくす。「初版五万部は——・れた」

『大辞林』（第４版）

用意した商品がすべて売れる。「大好評で、すぐ——・れた」

第一に、語釈のスタイルが大きく異なる。先生が生徒に説明するかのような「文定義」と呼ばれるスタイルは『コウビルド英英辞典』が編み出し、その分かりやすさから、現在では他社の辞書も適宜取り入れてより一般的に用いられるようになった定義方法である。また、「売るものがなくなる」理由を「たくさんの人が買って」と明確に示しているのも特徴的だろう。(時に、少数の人が買い占めてしまった結果、ということもあるかもしれないが。) そして、例文の違いも顕著である。場面 (本屋・ケーキ屋) の設定が明確で、何が (新しい小説・ケーキ) 売り切れていて、その結果どうなるのか (買えない・予約をした方がいい) が言語化されている。日本語学習者に日本語的思考を、書かれていないことを「読み取る」ことを期待すべきではなく、仮に若干の不自然さ (「新刊」ではなく「新しい小説」) を伴ったとしても、学習者が理解できる説明であることを第一としていることが分かる。

例文についてより詳しく見てみよう。本辞書は「辞書の編集方針と凡例」において、例文に「語義の理解を助ける」「(見出し語の) 使い方を示す」という２つの機能を持たせていると明記している。辞書の例文がどのようにあるべきかは、辞書の種類や対象とする使用者のニーズによって異なるが、Atkins and Rundell (2008: 458-461) は以下の3要素はたいていの辞書に当てはまると述べている。

1. 見出し語の自然で典型的な使われ方を示す
2. 定義を補足する
3. 使用者が理解できる文法／分構造・語彙を用いる

1点目と２点目は明記された機能と同じであり、３点目についても「作例のガイドライン」内の「多様な背景と多様な価値観を持つ学習者たちが、同じ意味で理解できるように、文章として論理の飛躍がないこと、そして日本文化や日本社会に関する経験と知識がなくても理解できる文章であることを重視しています。」に対応している。1点目の「典型的な使われ方」は、コーパス・データにより客観的な判断と記述が可能になっている。ただし、コーパスから取り出しただけの文は、文脈への依存度が高く、使用者にとっては理解しづらいものになることがあるため、3点目とのバランスをうまく取る必要がある。コーパス・データを参考にして、またはコーパスから取り出した文を適宜編集して、執筆者がよりよい例文を作成するのが英語辞書では主流で、本書も執筆者はコーパスを参照して例文を作成している。たとえば、見出し語「送る」の語義２「『送る』は、人がどこかへ行くときに、途中まで一緒に行くという意味です。」においては、「…空港まで送った」「…駅まで車で送るよ」「…子供たちを小学校に送ってから…」と、典型的な送り先が例示されている。また、例文が学習者にとって理解困難になってしまう理由は、使用されている語彙や文構造の難易度や前提とする文化的知識など多々あり、かつ複合的であるが、本辞書は日本文化や日本社会についての知識を前提としないことに拘っている。以下の１～３は編集過程において不採択になった例文である。(括弧内に見出し語を示す。)

1. 新入社員は、会議室では一番入り口に近い下座に座らなければなりません。(「すわる【座る】」)
2. 今回の問題は、部長の間違いが原因なのに、部長は係長に泥をかぶらせるつもりだ。(「泥をかぶる」)

3. 子育てのため、10 年勤めた会社を先月辞めました。今は看護師の勉強をしています。(「やめる」【辞める】)

1. は「上座、下座」といった概念を、2. は「部長、係長」といった日本企業における役職を知らないと因果関係の理解が困難になる。3. は、子育てをするために会社を辞めなくてはならない現実は、残念ながらまだ日本社会には存在するが、「子育てのために会社を辞める」を非論理的であると使用者が捉えても全く不思議はない。日本語教育に長年携わった経験、耳にしてきた学習者の生の声に基づき、編集部の鋭い目でこのような例文は徹底的に取り除かれた。

さらに、例文の場面設定を必要に応じて行なっている。場所を特定したり、会話文であれば、話し手がどのような立場の人か、または話し手同士がどのような関係であるのかを明示している。

(講演で) 講師「質問がある人は、いつでも聞いてください。」

お客「すみません。ちょっとお聞きしたいんですが、食器売り場はどこでしょうか?」店員「はい、食器は4階にございます。」

(「きく【聞く】」語義 3)

このように見出し語の意味を理解し、使えるようにするための創意工夫に満ちた本書であるが、見出し語数が基本動詞と形容詞 300 語ほどからなるだけで、果たして「辞書」と呼べるのか、という批判もあるだろう。しかし、巻頭言にもあるように、300 項目を足がかりとし、オンライン上で多くの学習者が頼ることのできる辞書へと育っていくことを期待している。各項目内において、学習や発信を助けるためにさらに充実した言語情報の記述が求められるだろう。具体的には、見出し語の重要度または頻度に関する情報（学習英和辞典は重要度を学習英英辞典は頻度表示を行なっている）、発音表記（音声含む）、文体ラベル、コロケーション情報、文法情報の充実（動詞であれば使用されることが多い形の情報など）、類語の使い分け情報、地域語の収録などがあげられる。たとえば、「しょっぱい」という語を「結果が残念だという意味」（語義2）で、学校のレポート課題において使用するのは好まれないであろう。しかし、そのような文体に関する情報は与えられていない。「つうじる【通じる】」の語義3「相手が自分の考えを分かったり、相手が自分の話す言語を分かったりするという意味」には、例文が4つあげられていて、うち3つが否定形（通じない）である。否定形で用いられることが実際に多いのであれば、そのことをコーパス・データに基づいて示すことができるとよりよいだろう。

最後に、辞書が果たす文化的・社会的役割を考える時に、「作例のガイドライン」で「6．国籍・性別・人種・宗教・社会階層・障害・性的指向などのステレオタイプを含まない。」と、辞書が差別の再生産に加担しうる危険性を認識し、そのようなことを行わないと明言するこの辞書の今後の発展を心から願っている。

参考文献：Atkins, B. T. S., and Rundell, M. (2008) *The Oxford Guide to Practical Lexicography*. Oxford University Press.

小室夕里：中央大学法学部教授、JACET英語辞書研究会代表。博士(辞書学)。『ライトハウス英和辞典』『コンパスローズ英和辞典』（共に研究社）などの執筆に関わる。

The First Step: A Learner's Dictionary to Encourage Diverse Self-expression

KOMURO Yuri

Nekko Japanese-Japanese Learner's Dictionary is a revolutionary dictionary, a heretofore unseen type of dictionary, and yet it is still a dictionary that feels very comfortable and familiar to me. After all, the ideas of a corpus-based dictionary and the use of sentence definitions have become standard in my field: the compilation of English learner's dictionaries. In this regard, it can be said that *Nekko* has successfully incorporated the successes of established English lexicography. The same can also be said for the process of creating a set of standards for how to write definitions and what constitutes a "good" example sentence based on user feedback.

Creating a set of guidelines and applying them in the creation of definitions, showing these definitions to learners and receiving feedback, and then using this feedback to correct things that learners found difficult to understand as well as to update the guidelines. This process is exactly the same as what I saw as an intern in the mid-90s at editorial meetings in the dictionary department at Longman. The other thing about *Nekko* that brought me back to those days was the editorial team's drive to create a truly useful dictionary and to create something completely new and original. "Corpus-based," "complete sentences," and "user-friendly" are all keywords that come up in reference to what is now referred to as the "Big 4" of learner's dictionaries, released in 1995: the *Oxford Advanced Learner's Dictionary of Current English*, 5th ed., the *Longman Dictionary of Contemporary English*, 3rd ed., the *Cambridge International Dictionary of English*, 1st ed., and the *COBUILD English Dictionary*, 2nd ed.

What has been done to make *Nekko* easier for learners to use is evident when compared to Japanese dictionaries developed

ねっこプロジェクトチーム
企画・制作　水野寿子　安田葵　浅野未華　田中由紀
監修　砂川有里子
執筆　関かおる　尾沼玄也
協力　小室夕里

装幀・組版デザイン　原田恵都子（Harada + Harada）
DTP　ファーインク

ねっこ　日日学習辞書　動詞・形容詞 300

Nekko Japanese-Japanese Learner's Dictionary 300 of the Most Common Verbs and Adjectives

2020 年 6 月 1 日　第 1 刷発行

発行者　前田 俊秀
発行所　株式会社三修社

〒150-0001　東京都渋谷区神宮前 2-2-22
TEL 03-3405-4511　FAX 03-3405-4522
振替　00190-0-72758
https://www.sanshusha.co.jp/

印刷・製本　日経印刷株式会社

 ISBN978-4-384-05761-4　C0581

dictionary. However, I expect, as mentioned in the Foreword, that *Nekko* will use these 300 entries as a stepping stone to go on to become a trusted and valued online resource for learners. To deepen learning and understanding and to enable richer and more natural self-expression in the Japanese language, learners will want a great deal more information in each entry. Specifically, importance or frequency of each headword (English-Japanese learner's dictionaries include importance, and English learner's dictionaries indicate frequency), pronunciation (including sound), style, collocation, more detailed grammatical information (e.g., the form in which verbs are most commonly used), difference in use between synonyms, and the inclusion of regional language are all notable examples of useful information that should be included.

For example, using the word しょっぱい (shoppai), which is described in its second definition as "describing an unfavorable outcome," in a school report would not be considered appropriate. However, this information is not provided in the definition. Similarly, the third definition of つうじる【通じる】(tsuujiru) is "used when somebody understands what you are thinking, or the meaning of what you have said to them." There are four examples for this, and three of these use the word in its negative form: 通じない (tsuujinai). If it is indeed most common for this verb to be used in its negative form, it would be better to show this using corpus data.

Finally, a word about this dictionary's cultural and societal role. Item 6 in the Example Guidelines is as follows: "Examples must not include stereotypes of any kind, including those concerning nationality, sex, race, religion, social class, physical ability, or sexual orientation." I hope from the bottom of my heart for the success of this dictionary, which is aware of the risk of dictionaries spreading and contributing negative stereotypes and plainly states that it will actively avoid doing so.

Work Cited : Atkins, B. T. S., and Rundell, M. (2008) *The Oxford Guide to Practical Lexicography*. Oxford University Press.

ています。(「やめる」【辞める】)

Last month, I quit the company that I had worked at for ten years to raise my child. I am now studying to become a nurse. (「やめる」【辞める】, yameru, to quit)

Number 1 has the Japanese concept of low/high seating positions, and number 2 contains notions of typical Japanese corporate hierarchy that make it difficult for a reader without experience in that realm to understand the situation. As for number 3, while it is an unfortunate reality that, in Japanese society, it is sometimes necessary for people, most often women, to quit their jobs when they have children, it is not difficult to imagine that some users would find this idea troubling or illogical. The editors have vigilantly eliminated such examples, using their years of experience in Japanese language education and the feedback from learners that these years have afforded them.

There is also an effort to clarify the setting or occasion of examples by indicating where they take place or, in a conversation example, clearly stating the speakers and making their relationship clear.

(講演で) 講師「質問がある人は、いつでも聞いてください。」

(At a lecture) Speaker: "If you have any questions, please ask at any time."

お客「すみません。ちょっとお聞きしたいんですが、食器売り場はどこでしょうか?」店員「はい、食器は4階にございます。」

Customer: "Excuse me, may I ask you a question? Where can I find the tableware department?"

Clerk: "Yes, the tableware is on the fourth floor."

(「きく【聞く】」, kiku, to ask, Definition 3)

Nekko is filled with such ingenious efforts to make its entries easy to understand, but there remains some debate over whether a collection of only 300 basic verbs and adjectives can be called a not be dependent on experience or knowledge of either Japanese culture or society”. A look at corpus data allows us to determine whether an example displays the “typical usage” mentioned in criterion 1 and to write such an example. However, phrases pulled directly from corpus data can be highly dependent on cultural context and may be difficult for learners to understand, making it very important to maintain a balance between criteria 1 and 3.

Consulting, or even directly extracting phrases from, corpus data is common practice in English dictionaries, and *Nekko* makes use of the same practices. For example, the second definition of 送る (okuru, to see off or take somewhere) contains a series of typical usages as far as the destinations mentioned go: 「…空港まで送った」 ([I] took [my friend] to the airport)「…駅まで車で送るよ」(I will take you to the station),「…子供たちを小学校に送ってから…」(after [he] sees the kids off to school).

There are a number of other factors that can compound the difficulty of a given example for learners, including vocabulary or syntax that are either of a high level of difficulty or require specific cultural knowledge. *Nekko* makes a point of constructing its examples so as not to require any knowledge of Japanese culture or society. Here are three example sentences that were rejected in the editing process. (The headword in question is given in brackets)

1. 新入社員は、会議室では一番入り口に近い下座に座らなければなりません。(「すわる【座る】」)
   New employees at a company must sit closest to the door, in the lowest position. (すわる【座る】, suwaru, to sit)
2. 今回の問題は、部長の間違いが原因なのに、部長は係長に泥をかぶらせるつもりだ。(「泥をかぶる」)
   Even though it was the manager who caused this problem, he intends to pass the blame to the assistant manager. (「泥をかぶる」, doro wo kaburu, to take the blame)
3. 子育てのため、10 年勤めた会社を先月辞めました。今は看護師の勉強をし

English Dictionary, and has since been utilized by other dictionaries for how easy-to-understand it is. Another aspect worth mentioning is that the definition makes explicit both the fact that "there is none of something left to sell" as well as the fact that it is the result of "a lot of people buying it." (Disregarding the possibility that it could be the result of a few people buying a lot of something) The difference in examples is also notable. In *Nekko*'s definition, the setting (a bookstore or a cake shop), what is sold out (the new novel, cakes), and what happens as a result of that item being sold out (could not buy it, it is better to make a reservation) are all put into words. It is wrong to expect Japanese language learners to also think in the way that is common in the Japanese language (to extract meaning from limited information). Even if the usage of words is perhaps different from what may be typical in native speech (using 新しい小説 [atarashii shousetsu, a new novel] as opposed to 新刊 [shinkan, a new book]), it is evident that priority has been placed on what is easiest to understand for Japanese language learners.

Let us take a closer look at the examples. It is clearly stated in *Nekko*'s Editorial Policy and Usage Guide that *Nekko*'s examples have two functions: to assist the reader's understanding of the definition and to show how the word is used. The best way to write an example depends on the type of dictionary and the needs of its users, but Atkins and Rundell (2008: 458-461) say that examples in most dictionaries fulfill the following criteria:

1. To display a typical usage of the headword
2. To supplement the definition
3. To be intelligible to the user in terms of grammar, structure, or vocabulary

Criterion 1 and 2 are both plainly stated in the Editorial Policy and Usage Guide. Criteria 3 is covered by this part of the Example Guidelines: "To ensure that learners, regardless of background or values, can all arrive at the same understanding of a given word, it is important that examples should contain no leaps in logic and should for native speakers of the Japanese language. For example, let us compare definitions of 売り切れる (uri-kireru, to sell out):

Nekko Japanese-Japanese Learner's Dictionary:

「売り切れる」は、たくさんの人が買って、売るものがなくなるという意味です。

売り切れる is used when a lot of people buy something, and the person selling it runs out of things to sell.

・近所の本屋に好きな作家の新しい小説を買いに行ったが、売り切れてしまっていて買うことが出来なかった。

I went to the bookstore to buy the latest novel by my favorite author, but it was sold out, and I could not buy it.

・あのケーキ屋さんは人気で、夕方にはほとんどのケーキが売り切れる。買うなら予約をしたほうがいい。

That cake shop is so popular that they are usually sold out of almost every cake by the evening. If you want to buy something, you should make a reservation.

Kojien (7th ed.)

全部売れてしまう。「午前中で——・れる」

To sell all of something: *sold out in the morning*.

Meikyou Japanese Dictionary (2nd ed.)

すべて売れて手持ちの品物がなくなる。売れつくす。「初版五万部は——・れた」

To sell everything and be left without any other items. To sell completely: *All 50,000 copies of the first edition sold out*.

Daijirin (4th ed.)

用意した商品がすべて売れる。「大好評で、すぐ——・れた」

To sell all of a product you have prepared: *It was very popular and sold out immediately*.

First of all, the style of the definitions is drastically different. The method of writing a definition in the same language that a teacher might use to explain to a student was developed by the *COBUILD*